U0907497

"十三五"江苏省高等学校重点教材（编号：2019-2-028）

大学语文

人文思考与写作实践

乔芳 周衡 王祥 等 编著

镇 江

图书在版编目(CIP)数据

大学语文：人文思考与写作实践 / 乔芳等编著. —镇江：江苏大学出版社，2020.1
ISBN 978-7-5684-1216-2

Ⅰ. ①大… Ⅱ. ①乔… Ⅲ. ①大学语文课－高等学校－教材 Ⅳ. ①H19

中国版本图书馆 CIP 数据核字(2020)第 006943 号

大学语文：人文思考与写作实践
Daxue Yuwen: Renwen Sikao yu Xiezuo Shijian

编　　著/乔　芳　周　衡　王　祥　等
责任编辑/张　平　张　冠
出版发行/江苏大学出版社
地　　址/江苏省镇江市梦溪园巷 30 号(邮编：212003)
电　　话/0511-84446464(传真)
网　　址/http://press.ujs.edu.cn
排　　版/镇江文苑制版印刷有限责任公司
印　　刷/句容市排印厂
开　　本/718 mm×1 000 mm　1/16
印　　张/22.5
字　　数/410 千字
版　　次/2020 年 1 月第 1 版　2020 年 1 月第 1 次印刷
书　　号/ISBN 978-7-5684-1216-2
定　　价/58.00 元

如有印装质量问题请与本社营销部联系(电话:0511-84440882)

序　一

暑假将至，我收到学校乔芳、周衡、王祥等老师编著的《大学语文：人文思考与写作实践》书稿、书函。此书编著苦运匠心，颇具特色，读罢掩卷之际，不禁想起了朱熹“问渠那得清如许，为有源头活水来”的诗句。

2018年9月10日，党中央召开全国教育大会，习近平总书记在大会上发表了重要讲话；今年2月，国家印发了《中国教育现代化2035》（中共中央、国务院）和《加快推进教育现代化实施方案（2018—2022年）》（中共中央办公厅、国务院办公厅）两个纲领性文件。由此吹响了加快教育现代化、建设教育强国、办好人民满意的教育的进军号角。高等学校高质量发展之路更重要、更迫切，践行立德树人、促进人才的高质量成长是其核心使命。高质量人才培养的抓手仍然是三方面：一份好培养方案、一套好教材、一批好老师；学生的成长要素也仍然是三方面：素养、知识、能力，只是要求、内涵应与时俱进。

就培养方案而言，大学语文课程是否应该开以及如何开一直是我国大学的热点问题。上世纪初乃至整个民国时期，西学东渐引发对中华文化缺失的担忧，“大一国文”成为必修课，《大学国文选》作为基本教材。新中国成立后，国家工业体系百废待兴，科学、技术、工程人才严重缺乏，院系调整、课程调整强化了专业知识学习，弱化了素质素养教育。1978年，基于新入学大学生因政治探索和社会变革所造成的中华文化缺失和语文能力衰弱，南京大学校长匡亚明倡导重开大学语文，很快成为高等教育界的共识，围绕“汉语应用，文化传承，提升文明，影响世界”等功能的大学语文课程在全国高校广泛、持续开设。随着国民教育体系的完善，对大学语文功能的不同认知引发了大学语文“应作为公共必修课还是公共选修课”的争议；互联网时代网络阅读、手机阅读兴起对国学的冲击又引发了对大学语文教学内容应注重国学还是应注重人文的思考。在实施本科人才卓越培养和推进新工科、新农科、新医科、新文科建设的今天，大学语文在高等教育人才人文素养和知识基础培养中的重要性毋庸置疑。

其实，在总学分有限的情况下，确定一门课能否列入培养方案，既有办学定位、专业内涵等必然性因素的要求，也有师资、教材等偶然性条件的影响。读一本好书如登“天子堂”，可见教材的重要性。历史上已有许多优秀的《大学语文》教材，如民国时朱自清等《大学国文选》，如当代徐中玉等多版本《大学语文》、王步高等《大学语文》等，这些教材各具特色、堪称经典。在这种背景下，重新编著《大学语文》教材，编著者有压力，出版社有压力，作序者也有压力。这就要求教材编著必须要有新的教学理念、价值追求和教材思路，也需要有更准确切实的实践认知和课程经验。所幸本书参编者都是学校承担大学语文课程的主干教师，他们有着鲜明的教学探索意识和丰富的课程教学积累，积极分析新工科背景下大学语文的发展态势，努力探索建构大学生社会思考、文化阐释、表达实践等高质量人文育人之路。他们精心编著了本书，做了十分有益的尝试，让我不仅没有作序的压力，反而有了写几句的冲动。

乔芳、周衡、王祥等编著的《大学语文：人文思考与写作实践》一书，针对当代大学生厚植人文底蕴的需求，摒弃网络阅读和手机阅读“一点之知谬点点，一人之识误人人”的大众阅读弊端，在“如何读”和“如何写”两方面各成一编。在“如何读”方面，反常规语文教材的先文后解模式，先著说后编文，按照读书、治学、做人、行事、悟道、观世的教育顺序形成了思考与探索、大学之道、内圣与外王、困局与出口、自然与生命、中国与西方等六章。各章先进行系统的学理与人文阐述，之后列出参读经典文献，再给出拓展思考、延伸阅读等研讨与作业提纲。系统的学理阐发本身就引述了大量经典文本，与参读经典文献相呼应，坚守了人文性；学理阐发更明确了各章的主题和命意，凸显了育人功能，具有典型的课程育人特色。各章节之间衔接天成、逻辑严密，引用、引述经典文献、著作近千条，参阅价值、教学发挥空间非常大。在“如何写”方面，不是局限于“写”而是着眼于“写好”，既有针对学术论文、调研报告、讲话稿、公务文书、文学创作等方面的写作方法、写作技巧等硬能力的教学内容，也针对写作关联的道德、法规、精神、智慧等软气质进行了规范和指导。叙述结构先阐发写作理论，后精选范文并作评析，再给出拓展思考、延伸阅读等供研讨与作业，体现了全书编著体例的一致性。

我也认同作者自述。本书既立足于新时代高等教育特点定位大学语文课程的大学人文通识平台属性，又根据新时代高等教育“立德树人”要求强化“文化觉醒”“人格塑造”的课程育人功能，更按照新工科、新农科、新医科等的“新”特点和卓越教育培养计划的“卓越”特点突出了编著模式和体例创新，兼顾素质培养和能力培养。本书不为选文而选文，注意涉猎古今中外、兼收雅俗典用，是高等学校大学生阅读鉴赏能力提升、人文精神和人格塑造、文化视野与文化修为拓展、阅读方法和写作技巧培养等的很好的教材和参考书，也是有志于提升人文素养、人文情怀、人文技巧的大众阅读者的好读本。

江苏大学校长

2019 年 8 月 9 日

序　二

大学语文，曾经有过辉煌的历史。由于高等学校公共基础必修课的特殊定位，大学语文风靡高校，仅以《大学语文》为书名的教材就达一千多种，各级各类精品课程、精品教材、规划教材中，都有她靓丽的身影，而且还有全国性的大学语文教学研究会。居然因为大学语文教材而导致出版社天下闻，记得有新闻报道过华东师范大学出版社：一本教材，激活一家出版社。

大学语文，正面临退出课程舞台的挑战。随着素质教育的长期推进，高中生、大学生的文化素质、人文素质不断提高，大学语文的“补课”功能、拓展功能逐步消退。而时代发展的迅速、专业教育的深化，专业核心课程的确定、专业教学标准的出台，使得大学开设的课程种类繁多，有些课程被挤出“通识教育”平台，大学语文课程在全国高等学校呈现不断压缩、不断萎缩的趋势，有被迫退出课程体系的征兆。

我曾经见证过大学语文课程、教材的辉煌，从开设、推广、实践到研究、探究，不仅多次执教过大学语文课，而且先后主编过五个版本的《大学语文》教材：江苏师专统编本，江苏古籍出版社，1987 年 10 月版；全国专科统编本，华东师范大学出版社，1997 年 6 月版；江苏小学教育统编本，南京大学出版社，2000 年 8 月版；全国地方本科院校本，北京交通大学出版社，2007 年 8 月版；全国地方高校规划本，高等教育出版社，2010 年 8 月版。其中有的一版再版，有的修订过几次。2009 年，我主编的《大学语文》教材获评江苏省高等学校精品教材。我到一些不同层次、不同类型的学校评估、讲学，总有一些不相识的朋友介绍正在使用我主编的教材。但由于种种原因，我也逐渐远离了大学语文课程建设、教材建设一线，而听到的则是关于大学语文课在各大高校相关专业停止开设的消息。大学语文课程发起人匡亚明校长，全国精品课程、精品教材主持人王步高先生，《大学语文》教材创始人徐中玉先生，先后仙逝，学界关于大学语文课程的讨论和研究也陷入瓶颈，似乎弥漫着大学语文的一个时代即将终结的悲伤氛围。

的确，大学语文，正处于寻求出路、升级改版的突围阶段。生活本身就是这样，很多人总是在追赶时代的热点，趋势应景，获取时誉，但也有一些人坚守阵地，不离不弃，不断探索，涅槃跨越，寻求突破。

乔芳、周衡、王祥等编著的《大学语文：人文思考与写作实践》，就是这方面的代表作。我读后激动不已、振奋不已，觉得大学语文依然青春不老，有点像佛陀本生，致力于课堂教学改革，从沉默单向的氛围升华为碰撞思想、启迪智慧的互动场所，从文学作品赏析深化为阐释精神、激发力量的哲理思考，从单纯的理论讲解外化为完成任务、提升能力的实践行为。基于此，《大学语文：人文思考与写作实践》构建了“人文思考 + 写作实践”的教材框架。上编从经典阅读、大学之道、知识分子、人类命运、倾听天地、多元文明六方面阐述人文精神，有深度有思想，有论述有文本有引导，超越了普及性、介绍性的泛文化层面，深度伴随着热度。下编从学术论文、调研报告、讲话稿、公务文书、创意写作五个方面探索写作实践训练，强调应用，突出实效，又能自成高格，从学术道德、实证精神、语言艺术、规则意识、创新精神予以统领贯穿，高屋建瓴，别开生面，又恰到好处，有顶天立地兼具形而上形而下之感。体例上设计的一些栏目，比如“参读文献”（文选）、“拓展思考”、“延伸阅读”（阅读书目），都切合学生实际，有档次有价值。我相信，通过他们的探索，通过师生互动，不断思考，勇于思辨，与学生一起奔跑、一起研讨，就一定能够达到预期的目的：提高经典阅读鉴赏水平，塑造健康健全的人格心灵，构建坚实的人文精神，培养良好的表达能力，逐步走向文化自觉、文化自信。

末尾，我对编著者的写作态度与敬业精神表示敬意，用写论文的高要求、高标准来编著教材，体现了教书育人的师德典范。有诗为证：

桐叶飘零红叶敷，残荷婉谢露凝珠。
教材升级谋新路，读本换代识旧途。
阐释从容唯实践，吟思沉醉尽通衢。
不离不弃开瑶席，每恨蒹葭斗转枢。

国家万人计划教学名师
国家教材委员会语文专家委员会委员　周建忠

2019 年 9 月 19 日

目录

下　编

第七章　学术道德与学术论文

第八章　实证精神与调研报告

第九章　语言艺术与讲话稿

第十章　规则意识与公务文书

绪论

实现人的自由全面发展是任何教育理念和教育实践共同追求的目标。在实现全程育人、全方位育人的过程中，当代高等教育必然需要从国际视野、专业素质、人文精神和实践能力等方面进行人才知识结构和精神世界的塑造。大学语文作为人文素质教育课程，工具性与人文性的融合统一是其根本属性，围绕人文精神、写作实践进行人才素养的拓展与建构是大学语文最根本的课程目标。因此，在当前全面深化教育改革、全面落实“立德树人”根本任务、全面推进素质教育、全面促进本科教育“四个回归”之际，总结百年大学语文课程史、评估大学语文现实境遇、谋划大学语文的未来功能，正是新时代赋予大学语文教育者和研究者的新使命。十九大报告指出:“时代是思想之母，实践是理论之源。”大学语文教学与研究需要聆听时代声音，明确学科和课程定位，革新教学理念，致力于推进课堂革命，切实担当起时代赋予的课程使命。

一、大学语文百年课程史

课程是高等教育人才培养的重要支撑，课程教学是高等教育活动最为关键的教学行为。随着社会经济、时代文化和教育形势的发展与递嬗，高等教育的课程结构也发生了重要变化，越来越多契合时代特征和社会诉求的新型课程成为高校课堂和教育网络关注的中心，而一些具有悠久历史的传统课程，由于其基础性和公共性特质，很难完全依照人才市场和经济发展的需要进行课程内部的重大变革，逐渐被挤压并退出高等教育课程结构的中心。大学语文作为一门具有百年发展史的课程，也在社会文化和教育观念的冲击下逐渐边缘化。但是从人才全面发展和国家文化建构的角度来说，大学语文应该而且必须是高校素质教育或通识教育的重要课程，其百年课程史也呈现出与社会发展需要的密切关系。

“大学语文”作为课程名称使用较晚，但是就大学语文在高等教育课程结构中所承担的语言、文学、文化教育功能而言，其发轫可追溯到新文化运动时期。受清末洋务派推行“中学为体，西学为用”“新教育”改革的导引，辛亥革命后急剧而深刻的社会变革推动和加快了我国大学教育的现代化改革进程。迎合国际教育潮流和取向，高等教育开始实行分科制，“在课程编制上，废止讲经读经、拜孔祭孔活动，不再囿于传统的经典著作或经史子集，知识体系进一步开放，增加了实用性、技能型及自然科学类课程，如图画、手工、农工商、数理化、家政等等，知识的立体化、开放性程度明显提高”。①这一变革，一方面可促使学生的知识体系进一步开放，增强其实用性、技能性等；另一方面也会导致学生文言文知识、文学和文化知识的薄弱甚至缺失。因此，当时的大学大多开设“国文”课。如国立北京大学文科、理科、法科的本科和预科均在第一学年和第二学年开设“国文”课。②国立山西大学预科第一部和第二部第一学年、第二学年、第三学年均开设“国文”课。③私立大学如南开大学等亦如此。④20 世纪 20 年代初，经过充分酝酿，从民间团体发动，到召开多次教育会联合会的讨论和酝酿，民国政府公布被称为“新学制”的《壬戌学制》（1922）。为配合新学制的实施和白话文运动的需要，改“国文”为“国语”，使语言和文字的教学在实施中统一起来。⑤当时，高等学校大学语文课的名称不一，有“中国名著选读”“文选及习作”等，后逐渐口头统称为“大一国文”。这一阶段，大学语文课程是高等教育的重要组成部分，课程的宗旨一方面在于推动学生从童蒙教育、科举教育等传统模式中转变出来，更好地适应白话文的发展；另一方面也基于对传统文化的理性思考，帮助学生奠定文言文基础和理解把握新的语体文。这一阶段的大学语文，无论是课程设置还是师资配备，都是当下大学语文教育所难企及的。杨振宁先生回忆其在西南联大的学习生涯时称：“那时的教授阵容实在很强，轮流教学法给了我们多方面的文史知识。记得教过我大一国文的老师有朱自清先生、闻一多先生、罗常培先生、王力先生等很多人。”⑥许渊冲先生也回忆称：“这一年度的‘大一国文’

① 田正平：《中国教育通史 · 中华民国卷（上）》，北京师范大学出版社，2013 年，第 47 页。

② 潘懋元、刘海峰编：《中国近代教育史资料汇编：高等教育》，上海教育出版社，2007 年，第 391 页。

③ 潘懋元、刘海峰编：《中国近代教育史资料汇编：高等教育》，上海教育出版社，2007 年，第 431 页。

④《南开大学 1920 年概况》载：“一切体制系照美国大学最新分科、选科办法。”必修课中有“国文十八绩点”。关于绩点，南开大学的计算方法是“各科每星期授课一小时、自习二小时，满一学期者，为一绩点”。可见，南开大学国文课的授课时数很多。潘懋元、刘海峰编：《中国近代教育史资料汇编：高等教育》，上海教育出版社，2007 年，第 446 页。

⑤ 喻本伐、熊贤君：《中国教育发展史》，华中师范大学出版社，2005 年，第 438 页。

⑥ 西南联大北京校友会：《我心中的西南联大》，清华大学出版社，2008 年，第 194 页。

是空前绝后的精彩：中国文学系的教授，每人授课两个星期……清华、北大、南开的名教授，八仙过海，各显神通。如闻一多讲《诗经》，陈梦家讲《论语》，许骏斋讲《左传》，刘文典讲《文选》，罗庸讲《唐诗》，浦江清讲《宋词》，鲁迅的学生魏建功讲《狂人日记》，还有罗常培、唐兰等教授也都各展所长，学生大饱耳福。”①1948 年，华北人民政府教育部教科书编审委员会将“国语”一律改称“语文”，“国语”或“大一国文”也就演变为“大学语文”了。

新中国成立后，大学语文课程受到国家政治环境和教育环境的影响，课程地位起伏不定。新中国成立初期，各高校仍然开设大学语文课程。1952 年，高等院校采用苏联教育模式，以文理分科，实施院系调整，大学语文在文理交叉融合中重要性不再，停开了近 30 年。直到 1978 年，在教育家苏步青、匡亚明等教授的重视和倡导下，南京大学和华东师范大学率先恢复开设大学语文，随后山东大学等一批高校也陆续恢复了大学语文课程。②20 世纪 80 年代以来，大学语文课程迎来了一个发展的小高潮，教材编写作为课程开设的基础保障首先实现了从无到有的重大突破。1981 年，徐中玉、齐森华主编的《大学语文》由华东师范大学出版社出版，“两年时间里，三百多所大专院校都采用了这本教材，一次发行量高达 34 万册”。③大学语文也在包括高职高专院校在内的大学课堂里得到普及。但是，在长达十余年的政治探索后，青年一代的文化素质、语言修养、文字表达能力等与当时的经济建设、体制改革、政治转型、传统文化回归认同等国家意志的需求相距甚远。因此，这一时期的大学语文教育与大学契合不紧密，大学语文在教材编写和课堂教学上，主要还是围绕文本进行语文知识传授和写作表达训练的基础教育，在强化课程的政治教化功能的同时，更多是基于对十余年荒废的语文教育进行补课，突出的是课程的实用性、工具性，大学语文因此被讥为“高四语文”。

新世纪以来，大学语文学科性质和教育宗旨发生了明显转变。转变的直接动因来自我国深化教育改革、全面提高国民素质的需要。1998 年 4 月 10 日，教育部高教司颁布《关于加强大学生文化素质教育的若干意见》（以下简称《意见》），要求各高校加强大学生文化素质教育。《意见》指

---

① 孙哲：《春风化雨：百名校友忆清华》，清华大学出版社，2011 年，第 29 页。

② 徐中玉口述、张英记录：《徐中玉：大学语文三十年》，《南方周末》，2007 年 5 月24 日。

③ 徐中玉口述、张英记录：《徐中玉：大学语文三十年》，《南方周末》，2007 年 5 月24 日。

出:“大学生的基本素质包括思想道德素质、文化素质、专业素质和身体心理素质，其中文化素质是基础。我们所进行的加强文化素质教育工作，重点指人文素质教育，主要是通过对大学生加强文学、历史、哲学、艺术等人文社会科学方面的教育，同时对文科学生加强自然科学方面的教育，以提高全体大学生的文化品位、审美情趣、人文素养和科学素质。”1999 年 6 月 13 日，中共中央、国务院又出台了《关于深化教育改革全面推进素质教育的决定》，明确要求“深化教育改革，全面推进素质教育，构建一个充满生机的有中国特色社会主义教育体系，为实施科技兴国战略奠定坚实的人才和知识基础”。从此，大学语文课开始承担起培养学生文化素质特别是文学素质，兼顾思想道德素质教育等的多重责任。大学语文课得到国家和教育行政部门的高度重视，课程性质也由强调实用性和工具性转向工具性和人文性的统一。2006 年发布的《国家“十一五”时期文化发展规划纲要》提出:“高等学校要创造条件，面向全体大学生开设中国语文课。”2007 年 3 月，教育部又进一步强调:“大学语文课程对提高人才培养质量具有重要作用，希望高校结合实际，积极创造条件，重视加强大学语文课程改革和建设。”在此背景下，2008 年，南开大学首次将大学语文作为中国语言文学学科语言学及应用语言学的研究方向列入博士招生计划，大学语文相关研究也随着学科建设的加强而得到加强。

但事实上，教育行政部门的认可和倡导并未带来大学语文课程地位的明显提升。资料显示，即使是 2006 年国家相关要求出台的当年，调查所及的 100 所高校中就有 26 所并未开设大学语文课程，而且不少高校只是将大学语文列为“公共任选课”。①2007 年初的调查显示，全国只有 40 所高校将大学语文列为全校必修课。②显然，大学语文实际处于“上头热下头冷”的境遇中。在母语危机和人文危机背景下，大学语文受到人文通识平台课程多元化等的冲击和影响，在人才培养体系中的地位逐渐边缘化。当然，造成大学语文边缘化趋势的原因是多方面的，我国高等教育教学的功利化、实用化发展是大学语文边缘化的主要外在原因；大学语文课程自身发展的困境是其被边缘化的首要内在原因。一方面，大学语文课程教学内容与社

---

① 佘丹清、张曦微:《强化母语意识，深化大学语文教学改革——高等学校大学语文教学改革研讨会纪要》，《湖南文理学院学报（社会科学版）》，2006 年第 6 期。

② 《语文不是鸡肋，高校掀起语文“复兴”运动》，长城网：河北新闻频道，http：//news. hebei. com. cn/system/2007/05/17/005980777. shtml，2007 年 5 月 17 日。

会发展脱节，无法更好地承担起衔接传统与现代的教学使命；另一方面，大学语文缺乏学科属性，大学语文教师缺乏从学科层面上升的合理通道，教学师资出现一定偏差，无法促进大学语文课程专业化，从而导致教师课程意识淡薄、教学内容设置随意、课程教学效果模糊化等结果。凡此，均会挫伤大学语文接受者的心理，也影响到课程评价，从而失去课程管理者的信任和认同。故而，近十多年来，不少高校将大学语文由必修课改为选修课，或用其他课程取代大学语文，或者停开大学语文，这些现象的出现就不难理解了。

其实，新时代要重新思考和定位大学语文的时代使命。2014 年，教育部印发《完善中华优秀传统文化教育指导纲要》，要求大学生要“深入学习中国古代思想文化的重要典籍，理解中华优秀传统文化的精髓，强化学生文化主体意识和文化创新意识；深刻认识中华优秀传统文化是中国特色社会主义植根的沃土，辩证看待中华优秀传统文化的当代价值，正确把握中华优秀传统文化与中国化马克思主义、社会主义核心价值观的关系。引导学生完善人格修养，关心国家命运，自觉把个人理想和国家梦想、个人价值与国家发展结合起来，坚定为实现中华民族伟大复兴的中国梦不懈奋斗的理想信念。”2017 年，中共中央办公厅、国务院办公厅印发《关于实施中华优秀传统文化传承发展工程的意见》，明确指出要“推动高校开设中华优秀传统文化必修课，在哲学社会科学及相关学科专业和课程中增加中华优秀传统文化的内容”。大学语文作为母语教育的高学段课程，通过引导学生阅读和阐释包含着丰富中华优秀传统文化美德、理念、价值和精神的经典作品，必然会在学生母语能力提升、民族文化自信塑造、美好品德涵养、健康人格塑造等多方面发挥更加契合时代需要的积极作用。

二、大学语文的时代使命

大学语文教育的根本任务是什么？在百年大学语文发展和研究历程中，课程实施者和研究者基于不同时代的文化趋势和人才培养需求，对大学语文教育的根本任务作出过维度相异、内涵多元的阐释。德国存在主义哲学家卡尔·西奥多·雅斯贝尔斯（Karl Theodor Jaspers）曾说：“一个人要精通一门学科，就要付出毕生的精力，在语言方面，则是母语。”①母语学习的

① ［德］雅斯贝尔斯：《什么是教育》，邹进译，生活·读书·新知三联书店，1991 年，第 85 页。

过程就是语文学习的过程，这一过程具有阶段性。因此，作为高等院校的一门人文通识平台课程，大学语文既要考虑有效衔接中学语文的课程任务，又不能将大学语文简单化为“高四语文”；同时也必须要区别于汉语言文学专业的“专业语文”。新时代，大学语文要坚守工具性与人文性相统一的根本属性，充分激活和挖掘大学语文蕴含的多重价值资源，充分呼应高等教育改革和现实人才培养的需要，为培养德智体美劳全面发展的社会主义建设者和接班人发挥应有作用。

其一，发扬大学语文的文学功能，坚持经典回归导向，致力于培养学生良好的鉴赏能力和理解能力。在百年课程和教育史中，大学语文始终将经典作为课程教学的主要载体，在不同教育机制和教学理念中发挥着经典教育的课程功能。经典作为民族文化的精神展览馆，也是当代民众的文化乡愁，它涵盖了一个国家和民族在历史发展中所创造的所有具有民族精神和文化智慧的作品。从文学层面来说，文学经典是意义持久、价值深远、具有深层内涵、能引起人们永恒思索的名作。文学经典的真正阅读势必能够建构起传统与现代、先贤与大众之间的对话通道，让思想阐说者和接受者在语言文字所架设的桥梁之上实现情感交流和智慧碰撞，从而促进民族精神和文化智慧的当代延伸，甚至焕发新生。但随着社会经济的高度发展和科学技术的迅猛变革，青年学生的阅读受到网络媒体、影视图像等技术潮流的影响，宏大的技术魅影有时会造成阅读者内在心灵的空洞，其阅读呈现出碎片化、电子化、图像化的弊端，其阅读取向或追求知识温饱的低级满足，或追求轻浅愉悦的感官刺激，阅读行为缺少必要的梳理、总结和深层次的思考、探索，阅读视野也趋于现实化和功利化，无法真正在阅读中进行文化思考和心灵沉潜。因此，大学语文课的重要任务就是要通过对经典文化和文学的研读、分析，提升学生的文字感受能力、文学鉴赏能力和文化评价能力，引导他们理解情感、体悟伦理、关注现实，最终塑造出有思想、善感知、能表达的文化接受者。

其二，挖掘大学语文的思政资源，坚持立德树人导向，致力于塑造学生健康健全的人格和心灵。大学的人才培养具有多元性和适时性，其人才培养目标不应局限于以技术为核心的生存能力，或者是单纯以知识为兴趣中心的知识匠。2003 年，《中共中央国务院关于进一步加强人才工作的决定》提出要树立科学的人才观，“要坚持德才兼备原则，把品德、知识、能力和业绩作为衡量人才的主要标准”。党的十九大报告指出：“要全面贯彻党的教育方针，落实立德树人根本任务，发展素质教育，推进教育公平，培养德智体美全面发展的社会主义建设者和接班人。”青年大学生作为未来国家政治、经济和文化的承担者和建构者，培养以道德、解释、批评为兴趣中心的知识分子精神应该是大学教育至关重要的向度。习近平强调，“各门课都要守好一段渠、种好责任田，使各类课程与思想政治理论课同向同行，形成协同效应”。作为传统思想和当代意识的重要载体，大学语文教学内容具有极为丰厚广泛的思政资源，大学语文课堂教学可以通过对优秀文化思想的阐释和实践来提高学生的思想意识和道德境界。因此，大学语文教育应避免课程教学中知识传授、能力培养与价值引领之间的割裂甚至冲突，充分围绕“课程思政”这一教育理念，立足于“立德树人”这一教育根本任务，在知识传播、技术阐释的基础上，将课堂教学推广到学生的心灵世界和道德领域，促进学生完整人格和健康心灵的塑造。

其三，彰显大学语文的人文性，坚持文化体认导向，致力于构建学生坚实的人文精神和文化自信。文化自信是一个民族、一个国家及社会大众对自身文化价值的充分肯定和积极践行，以及对其文化的生命力保有的持久坚定的信心。在多元文化冲击、中西文化碰撞的历史浪潮中，每一个青年都肩负着改变国家命运、重振民族气象的艰巨使命，每一个青年在成长过程中都应竭力培养和树立起对国家、民族、社会的文化自信。作为人文教育和语文教育的重要组成部分，大学语文在课程教学对象更新和社会文化多样性发展的宏观背景下，要积极突破以语言文字运用为中心的传统任务模式，结合新时代青年精神的特定现象，逐渐调整为以文化自觉和文化自信为中心的任务模式。文化是语文教育的核心，也只有将文化放置于中心位置，语文教育才能真正具备改造人生、塑造心灵的价值，推动学生心灵的自我改造和自我深化。21 世纪的人文教育具有统合传统思考和未来展望的立体结构，大学语文作为高校人文教育的重要课程，应该推动学生以文化乡愁的思维去溯源中华文化和省察当代社会，在体悟文化得失和社会臧否的过程中，自觉建立态度端正、评价中肯、体认真切的文化实践观念，并由此建构坚实的人文精神和丰沛的文化自信。

其四，凸显大学语文的工具性，坚持实践训练导向，致力于培养和提高学生的表达能力。表达能力是指通过口头或者书面语言形式及其他适当形式，准确清晰表达主体意图，和他人进行双向（或多向）信息传递，以达到相互了解、相互影响的一种能力，是一种可迁移的、从事任何职业都必不可少的、跨职业的关键性能力。口头表达能力和书面表达能力其实都是个人写作能力的反映和表现，诉诸写作实践活动，并以一定的文本为载体得以反映和呈现。写作实践本质上是一种信息、思想和情感的交流沟通活动，其成果即是传递信息、交流思想、表达情感的工具和媒介。大学语文的工具性特质一方面表现为语言文学和文化等知识的传授和累积，更为重要的一方面即在于学生交流沟通、传情达意能力的提升。叶圣陶曾经说过:“大学毕业生不一定要能写诗歌、小说，但一定要能写工作和生活中的实用文章，而且非写得通顺又扎实不可。”诚然，大学语文不可能也没必要把每个学生都培养成作家，即使是中文系也不以培养作家为目的，这一传统观念仍然有其现实性。在职场中，不会写小说、诗歌不是问题，但是不会写报告，不会作总结，不善于传情达意可能就是弊病，可能就是问题，可能就难以胜任工作。因此，大学语文课要通过情境创设、任务赋予、工作开展等形式，让学生在写作中体会文章的起承转合，学会主题的提炼和确立、材料的分析和使用、结构的组合和布局、语言的表达和运用，致力于把学生培养成生活、工作中的语言艺术家，使其学会准确表达感情、交流思想、传递信息，学会与人交往和沟通。当然，在“互联网+”时代背景下，创意写作以其鲜明的创新意识和创新精神改变着传统写作观念，创意写作能力的培养也是大学语文时代使命的题中应有之义。

三、大学语文的课堂革命

课堂是课程教学的核心阵地和主战场。在我国高等教育推进“立德树人”“以本为本”“四个回归”的新时代，大学语文也要与专业课、专业基础课和其他人文通识平台课程一样，抓住课堂教学环节，在课程的理念更新、价值追求、难度提升、深度扩展等方面掀起课堂教与学的双重革命，不断激发学生的学习兴趣和潜能，促进课堂教学质量的稳步提升。

其一，把沉默单向的课堂变成碰撞思想、启迪智慧的互动场所，建设声音共响型大学语文课堂环境。大学语文与中学语文授课对象不同。大学生已经积累了基本的语言知识和文学知识，也具备了一定的理解、鉴赏文学作品的能力，学生完全可以凭借已有能力，结合自己的人生阅历、知识储备等对作品进行个性化的解读和阐释。传统大学语文授课内容单一（以作品赏析为主），授课方式机械（以教师“一言堂”单向传递知识、灌输观念为主），无法吸引和说服学生回归课堂、关注课堂，导致大学语文教师的权威性、教学水平、欣赏和解读的可信度与说服力等受到严重的质疑和挑战，学生对大学语文课程和课堂产生了强烈的抵触情绪和不合作心理。因此，大学语文的课堂要针对授课对象的性质，调整教学内容，改革教学模式，激活“沉默的大多数”，使其充分参与到解读和阐释中来，建立起师生之间民主平等的合作对话关系，建设声音共响型课堂。教师要以专业的眼光和应有的学术素养，以师生双方的知识体系为基础，引导学生在更为深入的层面探析作品背后的时代风貌、审美情趣、士人心态、人文精神和价值追求。必要时，教师应该是学生探寻的顾问和督导，激发学生潜在的自主精神和自由意识，释放学生自由阐释和平等交流的心灵之声，让学生成为课堂的建设者和完成者。教师也应该转变观念，培养自己的合作精神，成为学生学习和探寻的合作伙伴。教师还要勇于迎接来自学生的不同思想和不同声音的挑战，必要时还要有意识地制造思维和思想的碰撞。只有师生声音共响的大学语文课堂才是真正激发潜力、引领思考、激活思维和培养精神的课堂。

其二，把注重文学作品赏析的课堂变成阐释精神、激发力量的场所，建设价值引领型大学语文课堂环境。大学语文与其他人文通识平台课程相比，教学资源优势突出，可以通过 PBL（Problem-Based Learning，问题式学习）、CBL（Case-Based Learning，案例式学习）、探究等多种教学形式，设计基于经典文学作品的课内外阅读活动，将经典作品中蕴含的人文精神和文化价值挖掘出来，将经典精神和价值与当代社会现实问题结合起来，并进行时代性的文化解读。通过师生共读共响，学生在领悟和感受人文情感和文化精神的过程中，不断受到熏陶和感染，并逐步内化为自身的文化修养、人文精神，积淀为自身的健康健全的人格品质。通过这一转化，激发学生的学习原动力，启迪学生的理性思维，这正是大学语文“润物细无声”的教学魅力所在。徐中玉先生曾说：“好的教学方法应该是通过作品艺术分析，把人固有的精神和力量表现出来，使学生通过积极的思考，感悟文章的力量。”[①] 文学是人学，“把人固有的精神和力量表现出来”既是把文学作品中的人的精神和力量充分挖掘出来；同时，通过师生共同的阅读和阐释活动，使作品中人物的精神力量转化为现实中读者的精神力量，这是大学语文课堂有别于而且必须有别于其他人文素质课堂的重要方面。苏联著名教育理论和教育实践家苏霍姆林斯基深信，“只有能够激发学生进行自我教育的教育，才是真正的教育”。这种借助人的内在精神和力量激发出的内在精神和力量正是自我教育的原动力，是持久的、根本的，也正是大学语文

① 徐中玉口述、张英记录：《徐中玉：大学语文三十年》，《南方周末》，2007 年 5 月 24 日。

课堂所需要的。

其三，把偏重理论讲解的课堂变成完成任务、提升能力的实践场所，建设实践导向型大学语文课堂环境。实践出真知，让学生边学习感知、边实践体悟，在实践中积累经验、提升能力，是提高大学语文课堂教学质量的方向所在。众所周知，多写多练是提高写作能力的不二途径，但是如果不去考虑为什么写、为谁而写、写了以后能产生什么作用，写出来的文稿势必无血无肉、为文造情、令人生厌，势必对交流思想、传递信息、推动工作无所助益。如果能通过模拟一次开学典礼，让学生扮演领导、教师、学生等不同角色，分组撰写与角色相对应的讲话稿，就会促使学生深入思考诸如表达欢迎祝贺、帮助新生了解校史和领悟校训、确立理想志向等的写作细节，使学生在思考与写作过程中明志向学，培养和提高学生的写作能力。学生撰写的讲话稿是在开学典礼上讲出来，还是放在案头完成任务了事，对学生的意义会有很大不同。因此，模拟开学典礼、模拟角色讲话，就能促使学生深刻体认换位思考、代位思维的重要性，充分体悟读者意识对文稿写作的限制和意义，从而有效提高学生的角色扮演意识和口头表达能力。总之，课堂活动的实践性和综合性给予学生多向度、多层面的训练、体悟和感受，学生的综合能力就可以在实践任务完成过程中得到全面提升。

四、本书的编著特色

《大学语文：人文思考与写作实践》的编著立足于语文课程本身具有的工具性和人文性统一特质，在遵循教材编写的基本原则、体现现代教育思想、反映学科发展最新成果、推动教材内容国际化和多元化等的前提下，充分融入编著者的教学理念和教研成果，呼应大学语文教材建设和教学中的现实困境，有效集成课程人文性和工具性统一属性对应的课程内容与价值功能，形成了以下三个方面特色：

其一，《大学语文：人文思考与写作实践》的编著积极响应我国高等教育提升内涵、“立德树人”的改革方向和新工科建设需求，定位明确。本书定位为大学人文通识平台课程教材，表面看与传统大学语文教材没有区别，其实内涵有明显差异。现有大学语文教材多围绕“培养学生汉语言文学方面的阅读、欣赏、理解和表达能力”①进行教材整体目标设计，这一整体目

① 徐中玉、齐森华：《大学语文》，华中师范大学出版社，2013 年，出版前言。

标一方面导致教材在人才能力方面侧重于语文能力的培养，另一方面导致教材在篇目选择上侧重于具有深厚文学性的文本。在此目标导引下，编著者便将大学语文对学生的影响局限于文学作品的阅读、鉴赏和表达能力等素质培养上，适应了传统大学语文所强调的语文运用目标的达成，但却无法完全满足新时代新工科背景下高等教育内涵式提升的需要，也无法完全对标“立德树人”教育根本任务和呼应培养学生文化自信的教育需求。这类教材相对于新时代教育理念而言，局限性明显。本书的编著立足于国家教育战略和教育方针的要求，积极呼应我国高等教育改革发展方向，在注重培养大学生阅读鉴赏能力的同时，全面盘活大学语文与写作所秉承的文化传承、人格建构、心灵自觉等方面的价值和功能。新工科建设要求更新工程人才知识体系，创新工程教育方式与手段，打造工程教育开放融合新生态，注重人才培养质量。主要面向理工科学生开设的大学语文与写作课，必然需要从教材理念和体系上契合新工科教育发展，以广博的人文教育为出发点，自觉培养新工科学生的人文情怀、人文视野和人文底蕴，促使他们在积极接受科学技术教育的过程中主动融入人文之光，从而建构人文精神与科学思维的自然统合。

其二，《大学语文：人文思考与写作实践》的编著有效呼应我国高校大学语文课程建设与教材编写的现实困境，理念创新。百年大学语文教育史，也是百年大学语文教材的编撰史。在百年发展历程中，大学语文的课堂教学和教材编撰在特定时代满足了特定教育的需求，但进入新世纪以来，大学语文课程在高等教育课程体系中被边缘化的趋势明显。其中的原因很复杂：一方面，大学语文师资薄弱、教师教学动力不足、教学质量参差不齐等导致课程生命力疲乏和教学有效性低下；另一方面，大学语文教材编写也存在定位不清或定位过窄、教材体例单一重复、教材编写缺乏学术性、教材不适合教学等问题。基于此，本书的编著站在国家教育战略和高等教育“以本为本”“四个回归”立场上，立足于新时代新工科背景下对人才培养的现实需要，切实体现大学语文与写作课“立德树人”“文化觉醒”“人格塑造”等的“人文性”功能，充分贯穿“科学精神”“创新精神”“规则意识”“沟通意识”“表达能力”等“工具性”功能，将科学精神培养和人文精神塑造融为一体，教材的学术性、理论性与内容编排的内在逻辑性大大加强。同时，本书“编”“著”结合，绪论及前六章均可看作独立的学术论作，后五章虽属于“编写”范畴，但其中的“意识”与“精神”等部分融入了编著者关于教学研究的学术思考，总体上“著”的比例达到 70%。可以说，

《大学语文：人文思考与写作实践》是编著者从事大学语文、应用写作及大学语文与写作等课程几十年教学与研究工作的产物，充分反映编著者从事相关教学的经验和心得，充分融入编著者多年相关教学研究的学术积淀，充分体现编著者参与相关课程课堂教学改革的成果，充分响应学生将相关内容编写成教材的诉求，是一部兼具学理性、科学性和系统性的学术型教材。

其三，《大学语文：人文思考与写作实践》的编著打破现有大学语文教材以专题或朝代选文的编写模式，体例独特。据统计，目前我国馆藏大学语文教材及相关教学参考资料多达1400余种，较为通行的教材就有100多种，权威者亦可列出数种。但是，教材编写体例单一，内容、结构大同小异，或以文学史集结作品，或以文体类别集结作品，或以人文精神（专题）集结作品，教材就是根据某一标准选择的古今中外经典作品（或节选）的汇集，辅之以简短导读，有的甚至连导读都没有。教材体例的单一性、趋同性也直接导致教材内容缺乏系统性和逻辑性，编写教材就是集合作品，教材没有学术含量和实际应用价值，对教师授课和学生学习都不能提供实质性参考价值和帮助。为此，本书打破传统教材集结作品式体例，以系统的理论阐释统领经典作品，不为选文而选文，所选文学作品统摄于阅读鉴赏能力提升、人文精神和健全人格塑造、文化自信培养等目标之下，体现出鲜明的独特性。本书分上下两编，基本体例为“人文思考”和“写作实践”两个模块。“人文思考”模块强调阅读思考、情感体验、价值认同等，注重对学生鉴赏阐释、人文精神、文化自信、健全人格等的培养，体现课程的人文性特质；“写作实践”模块强调科学精神、实证精神、创新精神、规则意识、交流沟通等，注重培养学生的表达能力和综合素质，体现课程的工具性特质。全书各章均以理论阐述分析为先导，辅之以参读文献、阅读延伸、例文评析、拓展思考等内容，与大学语文的课程性质、历史使命与价值追求相互呼应。此种编著体例和模式的优势非常明显，既便于教师组织课堂教学，又易于学生学习和提升。全书系统而富有学术性的理论阐述是教师确立授课思路、建构授课体系的重要依据，也是学生抓得住、靠得实的知识学习、情感体会、精神领悟和价值认同的重要依托。开放式参读文献、阅读延伸和拓展思考等又为教师自主选择例文、自主设计教学方法、自主组织课堂教学等提供了便利，也为学生自主性探究、批判性接受、创新性思考等提供了可能，最大限度体现人文素质教育教材应该具备的功用和价值。

基于以上编著特色，《大学语文：人文思考与写作实践》适合大学语文等人文素质课程教学之用，也适用于党政机关、企事业单位、社会团体等各行各业工作人员和社会大众阅读，有助于阅读和使用者不断提升文学、文化素养和综合素质，不断丰富人文底蕴，培养人文情怀，拓展人文视野，健全文化人格。

上编

第一章　思考与探索：经典阅读的意义

经典在阅读中传承，读者在阅读中思考；有思考才有探索，有传承才有创新。在“娱乐至死”的时代，阅读成了“悦读”，读者在享乐中放松，放弃了思考乃至思想。没有思考与探索，创新精神也就无从谈起。当今社会，越来越多的学者意识到，大众娱乐文化的肆行给社会、民众，尤其是给大中小学生的精神和心灵带来了严重伤害，故而大力提倡经典阅读具有非常重要的现实意义。大学生一方面具备相当的知识积累，有能力阅读经典；另一方面他们仍在求知问学的路上，有必要阅读经典。大学生更应该成为经典阅读的主力军，为提升整个社会整个民族的思想素养和创新精神而发挥自己的作用。

第一节　中国国民的阅读现状

传统社会的阅读必然与书籍联系在一起。作为人类知识和文化的载体，书籍的重要性不言而喻。从宏观的方面讲，书籍是“人类的编年史，它将整个人类积累的无数丰富的经验，世世代代传下去”（坎耶里），是“人类知识的总结”，是“全世界的营养品。生活里没有书籍，就好像没有阳光；智慧里没有书籍，就好像鸟儿没有翅膀”（莎士比亚）。因此，高尔基说：“书籍是人类进步的阶梯。”书籍的重要价值，要经过阅读才能实现。从微观的方面讲，读书于个人的全面发展意义同样重大，古今中外的哲人、学者、文人对此都深有体会。孟德斯鸠一再感叹：“喜爱读书，就等于把生活中寂寞无聊的时光换成巨大享受的时刻。”“我从未知道过有什么苦恼是不能为一小时的读书所排遣的。”读书使人愉悦，喜爱读书的人手不释卷，博览群书，因为不同的书能给人不同的享受。一年之中，不同季节可以读不同的书：“读经宜冬，其神专也。读史宜夏，其时久也。读诸子宜秋，其致别也。读诸集宜春，其机畅也。”①一日之中，不同状态可以读不同的书。北宋钱惟演“坐则读经史，卧则读小说，上厕则阅小辞”。②读不同的书，有

① 〔明〕张潮：《幽梦影》，孙硕夫译评，吉林文史出版社，1993 年，第 1 页。

② 〔宋〕欧阳修：《归田录》（卷二），唐宋史料笔记丛刊本，中华书局，1981 年，第 24 页。

不同的收获:“读书使人充实……读史使人明智，读诗使人灵秀，数学使人周密，科学使人深刻，伦理学使人庄重，逻辑修辞之学使人善辩：凡有所学，皆成性格。”①读书之所以能够排忧解闷，是因为这是一种超越时空的精神旅行和交友:“书籍把我们引入最美好的社会，使我们认识各个时代的伟大智者。”（史美尔斯）“读一本好书，就是与许多高尚的人交流。”（歌德）“理想的书籍是智慧的钥匙。”（托尔斯泰）读者在一次次自由的精神之旅中，阅历得以丰富，智慧得以增长，情感得以交流，心灵得以沟通。这是读书最可贵的地方，它所带来的愉悦享受是来自于精神的满足。少年苏轼立下“读尽人间书”的宏愿，也可以从这个角度来理解。然而，这种可贵的阅读传统在21世纪却面临着严重的挑战。

一、中国国民的传统阅读现状

读书本来是一种个体行为，却能够突破时空限制，实现不同时代、不同地域的知识和文化的传播、交流和融合，不仅给个体带来精神上的愉悦，而且对人类文明的进步意义重大。因此，联合国教科文组织于1972年向全世界发出“走向阅读社会”的号召，呼吁社会成员人人读书，让读书成为人们日常生活中不可或缺的部分，并于1995年宣布4月23日为“世界读书日”，希望借此鼓励人们尤其是年轻人去发现阅读的乐趣。中国政府于2006年开始倡导全民阅读，每年4月全国各地都组织丰富多彩的读书活动，甚至连幼儿园都举办各种形式的“读书·分享”活动。近几年，从中央到地方发布了一系列政策、法律、法规以推动全民阅读。②倡导全民阅读至今已有十余年，中国步入“书香社会”了吗？我国国民的阅读现状如何呢？

事实上，中国国民的阅读状况堪忧。由中国新闻出版研究院组织实施的“全国国民阅读调查”项目，1999年启动，先期两年一次，后改为每年一次，迄今已连续开展了16次。据调查，2011年，我国人均纸质图书阅读

---

① ［英］培根:《随笔三则》，王佐良译，《世界文学》，1961年第1期。

② 李苑、孙嘉靖《书香中国更可期》:“2016年12月，我国首个全民阅读规划——《全民阅读“十三五”时期发展规划》发布，首次明确全民阅读工作的指导思想、基本原则和主要目标。随后，2017年3月1日，我国公共文化服务保障法正式施行，2018年1月1日，公共图书馆法正式施行，都对开展全民阅读提出明确要求。《全民阅读促进条例（送审稿）》已经提交国务院等待审议。近年来，江苏、湖北、辽宁、四川、吉林、黑龙江、深圳等多个省市先后颁布了地方全民阅读立法，将全民阅读纳入制度化轨道。党的十八大报告、国务院政府工作报告首次将全民阅读纳入国家文化发展战略。”参见《光明日报》，2018年4月23日08版“光明视野”，http://epaper.gmw.cn/gmrb/html/2018-04/23/nw.D110000gmrb_20180423_1-08.htm。

量为4.35本，2012年为4.39本。2013年《中国青年报》曾报道："与世界上一些发达国家相比，我国的国民阅读水平更显落后。联合国教科文组织进行的一项调查显示，全世界每年阅读书籍数量排名第一的是犹太人，平均每人一年读书64本。而中国13亿人口，扣除教科书，平均每人一年读书1本都不到。"报道以当时中国新闻出版方面的官方、权威人物提供的相关数据作为印证："欧美国家年人均阅读量约为16本，北欧国家达到24本，而我国年人均阅读量仅为6本。""严谨的国际阅读率比较研究显示，当下韩国国民人均阅读量约为每年11本，法国约为8.4本，日本在8.4－8.5本之间。"①具体的数字虽有出入，但中国国民的人均阅读量远低于欧美韩日等发达国家却是一个不争的事实。6年之后，2019年4月16日，第十六次全国国民阅读调查结果发布，报告显示：2018年我国成年国民全年阅读10本及以上纸质图书的只占11.5%，人均纸质图书阅读量为4.67本（2017年4.66本），人均电子书阅读量为3.32本（2017年3.12本）。未成年人的阅读情况也不容乐观，2018年我国0－17周岁未成年人图书阅读率为80.4%（2017年84.8%），人均课外图书阅读量为8.91本（2017年8.81本）。②较之成年国民，中国未成人的人均阅读量高出不少，但是与发达国家的同龄人相比依然低得多。据2017年学乐出版社（全球最大童书出版社）发布的《儿童与家庭阅读报告》（第六版），2016年美国6－17岁的孩子平均阅读23本课外书。③又据阿里巴巴发布的2018年中国人读书报告，国人的阅读仍以教材教辅为主。④由此可见，这几年中国人的阅读状况其实没有什么实质性的变化，人均阅读量很少，以实用性、功利性阅读为主，这与中国作为文明古国、礼仪之邦的地位极不相称。

---

① 《我国民图书阅读率较1999年下降5.5个百分点》，《中国青年报》，http：//zqb.cyol.com/html/2013－05/02/nw.D110000zgqnb_20130502_1－07.htm，2013年5月2日07版。

② 具体来说，2018年0－8周岁儿童图书阅读率为68.0%，9－13周岁少年儿童图书阅读率为96.3%，14－17周岁青少年图书阅读率为86.4%；14－17周岁未成年人课外图书的阅读量为11.56本，9－13周岁少年儿童人均图书阅读量为9.49本，0－8周岁儿童人均图书阅读量为7.10本。参见《第十六次全国国民阅读调查成果发布》，搜狐网 http：//www.sohu.com/a/308512376_120060294，2019年4月16日。

③ *Kids & Family Reading Report 6th Edition*：On average，kids ages 6－17 report having read 23 books over the past year，yet frequent readers are reading nearly six times the number of books compared with infrequent readers. https：//www.scholastic.com/content/dam/KFRR/PastReports/KFRR2017_6th.pdf，P12.

④ 《阿里巴巴发布2018年中国人读书报告》，《经济日报》，2019年1月9日，https：//baijiahao.baidu.com/s?id＝1622146932822787094&wfr＝spider&for＝pc。

造成阅读传统低迷的一个重要原因在于，当代中国国民正陷入一种“大众阅读”的状态。一般人大概都有个错觉，认为当代社会获取知识和资讯的途径便利又多样，似乎没必要、也没时间再去读书了。

二、大众阅读的特征和弊端

进入21世纪，信息技术和大众传媒高度发达，全世界范围内出现了新的阅读现象，即“大众阅读”。①詹福瑞先生指出，所谓“大众阅读”，不是大众或民众的阅读，而是包括了所有阶层的阅读群体，是以大众传媒为载体、以大众文化为消费对象的新的阅读现象。

就阅读对象而言，大众阅读是一种“泛阅读”，即人们的阅读兴趣和阅读对象已经远远超越了文字阅读，扩大到对所有信息和图像的接受，而且越来越倾心并沉迷于图像和电子信息产品，如电影、电视、时尚报刊、网络信息、卡拉OK等。尤其是近几年，大众阅读已经进入了视频与读图及图文混融的时代。同时，互联网提供了一个互动的平台，读者不再只是单向地阅读、接受信息，还可以对信息作出评判，形成双向甚至多向交流。也就是说，在互联网上，读者既是信息的阅读主体，也可以是信息制造、发布的主体。随着手机功能的日益强大和嵌入功能的“无微不至”，这种网络阅读和互动已经可以轻松地在手机上进行，随时随地，应有尽有。根据最新的全民阅读调查报告，2018年我国成年国民上网率为78.4%（2017年79.1%），其中近八成的网民是通过手机上网的。进一步分析成年国民网上活动的行为，报告显示，他们以浏览新闻、社交、观看视频和购物为主，娱乐化和碎片化特征明显，深度的图书阅读行为占比偏低（只有15.9%）。②正

---

① 以下关于“大众阅读”的论述主要是对詹福瑞先生《大众阅读与经典的边缘化》一文（《复旦学报》2014年第6期第121－135页，后收入其《论经典》一书）的概括和提要，笔者在此基础上做了调整和补充，特此说明并致谢。

② 我国成年网民上网从事的活动中，信息获取功能受到越来越多网民的重视，具体来说，有61.6%的网民将“阅读新闻”作为主要网上活动之一，有28.2%的网民将“查询各类信息”作为主要网上活动之一。同时，互联网的娱乐功能仍然占据很重要的位置，有62.3%的网民将“网上聊天/交友”作为主要网上活动之一，有50.0%的网民将“看视频”作为主要网上活动之一，有41.1%的网民将“网上购物”作为主要网上活动之一，有36.5%的网民将“在线听歌/下载歌曲和电影”作为主要网上活动之一，还分别有28.0%和19.2%的网民将“网络游戏”和“即时通讯”作为主要网上活动之一。有15.9%的网民将“阅读网络书籍、报刊”作为主要网上活动之一。参见搜狐网《第十六次全国国民阅读调查成果发布》，http：//www.sohu.com/a/308512376_120060294，2019年4月16日。

是因为手机等高科技产品的普及，大众文化的传播已经“无孔不入”，渗透进日常生活的方方面面，客观上挤压了个人独立的文化空间，诱使读者的兴趣和习惯都自觉或不自觉地与大众传媒保持一致。大众传媒“喂什么”，读者就“吃什么”，大众阅读心理缺乏个性，不加思索与选择，表现出明显的趋同性和盲目性。

大众文化为满足最广大读者的需要以获得效益最大化，具有消遣娱乐性、普通性（源自规模化、标准化的生产）和模仿性的特征，本质上是一种以追求视听享受为主、轻松消遣的消闲享乐型文化。现代商品经济社会，大众文化产品已经彻底商品化了。这些大众文化产品经过精心的设计，电视观众、广播听众、杂志读者等大众阅读消费者“所面对的是一种复杂的组成——从独创的华丽辞藻到经过审慎挑选的资料与统计——目的都在让人不需要面对困难或努力，就很容易整理出‘自己’的思绪。但是这些精美包装的资讯效率实在太高了，让观者、听众或读者根本用不着自己做结论。相反的，他们直接将包装过后的观点装进自己的脑海中，就像录影机愿意接受录影带一样自然”。① 正是大众文化把读者从浩瀚的图书与资讯中极为轻松地带到了报刊和网络资源这些时尚的读物面前，使读者在毫不费力、轻巧愉快的猎奇性的新闻式阅读和碎片化阅读中，不知不觉打发掉了时间。

这种新闻式和碎片化的阅读，自然也是人们了解社会的一种方式。但是由于大众传媒提供给读者的作品并未对社会进行认真深入的了解，也未进行深入的思考和探究，因而自然无法帮助读者深入社会，更无法深入人心，触及人的灵魂。这样的大众阅读，当然也无助于提升读者的理解力和判断力，无助于读者成为一个能独立思考、有思想、有灵魂的人。甚至相反，大众阅读以“悦读”的口号吸引读者，这种追求快乐和享受的阅读，使读者沉溺于瞬间的感性接受，并由此逐渐形成畏惧艰深、畏难思考的心理习惯；使读者满足于新闻式、碎片式的点击浏览，看似获取了大量的讯息，却因此而逐渐丧失理解和感受作品内涵的能力 ②，想象力也越来越贫乏；甚至使读者由回避精神产品中有深度的思考内容，延伸到对社会问题

---

① ［美］莫提默·J．艾德勒、查尔斯·范多伦：《如何阅读一本书》，郝明义、朱衣译，商务印书馆，2004 年，第 8 页。

② 《如何阅读一本书》：“太多的资讯就如同太少的资讯一样，都是一种对理解力的阻碍。换句话说，现代的媒体正以压倒性的泛滥资讯阻碍了我们的理解力。”［美］莫提默·J．艾德勒、查尔斯·范多伦：《如何阅读一本书》，郝明义、朱衣译，商务印书馆，2004 年，第 8 页。

的逃避，成为“两耳不闻窗外事”的肤浅且自闭的人。

在一次演讲中，汪涌豪先生就指出了图像阅读可能导致读者自我封闭这一危害性。他说:“今天还是一个读图的时代。有些人不读书了，转而读画、读绘本或者以看电视代替阅读。其实，画面有一个具象，能刺激人的感官，但感官被外在的具象吸引后，对内在的呈现就不会那么关注了。打一个比方，一个女孩子觉得自己漂亮，认为凭着漂亮就可以横行世界，她就很难去认真开掘自己的精神世界。因为她觉得自己的外在资本很充足，不需要特别的努力就能得到别人得不到的东西。所以，感官被刺激多了后，心灵的调动就不能充分。时间久了，就很容易产生思维惰性，形成被动接受的依赖，从而造成迟钝、自闭，造成与社会、他人的沟通不良，严重的连生存都会有问题。有些人在虚拟世界里浸泡久了，就会失去对现实世界的正常感知。这样的事情是不是越来越多了?”①为了缓解现代人工作、生活中的压力和疲倦，读者阅读一些轻松愉悦的作品，自然无可非议。但是现代的大众文化把这种消闲娱乐型的阅读膨胀为主要的甚至是唯一的阅读，不仅不利于读者个人的发展，也不利于整个社会的发展，其弊端是显而易见的。

现今大众阅读最主要的媒介是手机。手机阅读的弊端不仅在于上述的娱乐化、碎片化、趋同化、肤浅化等，更在于“手机瘾”。作为工具，手机叠加网络，确实给人们的生活、工作和学习带来诸多的便利，这也使得“手机上瘾”更加隐蔽且持久。社会大众普遍意识到，当人们在手机上发送一串几亿人共同使用的夸张的表情符号、心情符号和动作符号时，现实中却低头对着手机，面无表情，两眼呆滞。流量不限量，让人们在尽情畅游手机网络的同时，慢慢滑入了一个“黑洞”。这个黑洞悄悄地吞噬着一代代年轻人的青春年华和豪情壮志，甚至掐断了他们与现实世界的真实联系，切断了来自亲情、友情和爱情的牵挂。网络上有许多照片和漫画展现的这种情形，相当惊人。如最亲密的情侣拥坐在一起，却不再四目相对深情凝望，而是低头看着各自的手机；又或好友聚会、家人围坐，却不再有亲切的笑容、温柔的目光和琐碎的话语，而是低头看着各自的手机。其实，无所羁绊后的自由，是“生命不可承受之轻”，是虚无中的孤独，于是手机成了赖以生存的东西。那时，人便不再是性灵所钟、五行之秀，能与天、地

① 汪涌豪：《经典阅读，让人展开“灵魂壮游”》，https：//www.jfdaily.com/journal/2019-04-09/getArticle.htm? id=269366，《解放日报》，2019年4月9日第11版。

并列的伟大的"人"了。人之为人，正在于人类会思考，有情感，爱智慧，好探索，有着更深层的精神需求。

读者通过读书，获得的不仅仅是感官的愉悦，更是人的更深层的精神需求的满足。概括地说，就是通过读书来了解并弄通与人、人性和人生相关的事物，即使是对宇宙自然的探索，也不能离开人自身的精神需要，如满足人类好奇心的需要、人挑战自身智力极限的需要、人了解人类周围环境的需要等。人类的发展过程，既是一个认识世界的过程，也是一个人类自我了解的过程。而后者更为不易。人既然有思维，有情感，就自然渴望了解自己，渴望弄清人生的意义和价值。古人说"读万卷书，行万里路"，把读书和阅历看成人了解世界、了解人生的两大重要途径。不过，个体人生短暂，个人阅历也是极其有限的，所以阅历之外的读书，尤其是读那些积累了人类文化精华的经典，对于尽可能多地了解人、人生和这个世界，十分重要，也十分必要。经典提出并思考的是人、人性、人生的大问题，试图给出解答或解决的方案，并且永远对现实保持着理性批判的态度，许多经典因此显得深刻甚至沉重。而大众阅读追求轻松和平易，畏惧艰深和思考，满足于新闻式、碎片式的点击浏览。这样的阅读心理和阅读习惯，使读者自然而然疏离经典，并且最终远离经典。大众在阅读中出现的这种"劣币驱逐良币"的现象值得深思和警惕。

第二节　经典的一般性特征

什么是经典？苏轼年少时立下"读尽人间书"的壮志，但当他壮年博览群书后却说："旧书不厌百回读，熟读精思子自知。"（《送安惇秀才失解西归》）苏轼此处所言"旧书"自然是经典。詹福瑞先生《论经典》认为，经典是经过时间或历史选择出来的经久不衰的传世之作，成为各个知识领域中的典范性、权威性的著作。当前大力倡导的"经典阅读"主要指阅读人文经典，尤其偏重于文学经典，大学语文课堂更是如此。正如詹福瑞先生所说，经典"不是死的标本，它是活在当代，而且有着强大活力、参与到当代文化建构，并影响到人类灵魂的文化遗产"。① 简言之，"经典，是在当世仍有典范意义和价值的优秀文化遗产"。② 古人认为文章"譬诸日月，

① 詹福瑞：《论经典》，人民文学出版社，2016 年，第 20 页。

② 詹福瑞：《经典的魅力》，《光明日版》，2016 年 10 月 27 日，第 011 版"名家 · 光明讲坛"。

虽终古常见，而光景常新”①，说的正是经典。历久弥新，与时并进，陶冶情性，化成天下，这才是经典。

关于经典的特性和品质，詹福瑞先生总结了五条，即传世性、普适性、权威性、耐读性和累积性。对比分析，可将经典的特性分为两个层面：一是经典自身的品质，如普适性和耐读性；二是经典与读者的关系层面的品质，如传世性、累积性和权威性。普适性和耐读性是经典本身所具备的品质，传世性和累积性则来自历代读者对经典的阅读接受。至于权威性，在文学经典中表现并不突出。

一、普适性和耐读性

普适性是指经典作品具有反映人类普适性价值观的内涵，能够跨越时空，超越族群、阶级和性别的局限，得到读者的普遍认同。经典的普适性源于人类文化的共通性。个体的人虽有各种差异和各种诉求，但作为人，必然有共同的关注，如人与自然、人与社会以及人自身的精神情感问题。具体来说，无论哪个时代、哪个国家的人民，对自然灾害的恐惧和抗争，“对真善美的追求，对假恶丑的憎恶，对自由与民主的渴望，对专制与压迫的反抗，对真理与正义的坚持”②，对和平与安全的追求，对复杂人性的探索，等等，都是相同的。历代精神产品（尤其是文学作品）都在不断探索这些问题，并提供了可能的解决方案。中国古代哲人对人与人、人与社会的关系有很深的思考。如孔子“己欲立而立人，己欲达而达人”（《论语·雍也》）、“己所不欲，勿施于人”（《论语·颜渊》），孟子“老吾老以及人之老，幼吾幼以及人之幼”（《孟子·梁惠王上》），老子“五色令人目盲，五音令人耳聋，五味令人口爽”（《老子》第十二章），庄子“小人则以身殉利，士则以身殉名，大夫则以身殉家，圣人则以身殉天下”（《庄子·骈拇》）。老庄关于社会文化高度发展对人性的扭曲与异化的隐忧，孔孟的推己及人、协同发展的仁爱精神，在当今信息化、全球化时代越发凸显普世价值和世界意义。

非独抽象思辨的哲学如此，抒发个人情感的经典诗歌同样也有其普适性的价值。“亦余心之所善兮，虽九死其犹未悔”“路漫漫其修远兮，吾将上

① 〔唐〕李德裕：《文章论》，黄霖、蒋凡主编，杨明、羊列荣编著《中国历代文论选新编·先秦至唐五代卷》，上海教育出版社，2007 年，第 400 页。

② 詹福瑞：《论经典》，人民文学出版社，2016 年，第 76 页。

下而求索”（《离骚》），这是屈原对祖国的挚爱、对理想的坚持。“采菊东篱下，悠然见南山”（《饮酒》其五）、“归去来兮，田园将芜胡不归”（《归去来兮辞》），这是陶渊明对心灵自由的追求。“天生我材必有用，千金散尽还复来”（《将进酒》）、“长风破浪会有时，直挂云帆济沧海”（《行路难》其一），这是李白的自信洒脱。“安得广厦千万间，大庇天下寒士俱欢颜，风雨不动安如山。呜呼！何时眼前突兀见此屋，吾庐独破受冻死亦足”（《茅屋为秋风所破歌》），这是杜甫的仁爱侠义。“莫听穿林打叶声，何妨吟啸且徐行”（《定风波》）、“九死南荒吾不恨，兹游奇绝冠平生”（《六月二十日夜渡海》），这是苏轼的旷达超脱。中国古典诗文表现出来的这些高贵的精神，是人类共同的追求。

较之诗歌，小说、传记能更全面深入地反映人类普遍关注的社会人生问题。刘再复《〈红楼梦〉的存在论阅读》开篇即指出《红楼梦》的最高境界是“宇宙境界”，因为“钗黛之别，贾政与贾宝玉的父子之争，真假宝玉（甄宝玉与贾宝玉）的冲突等等，都不是一个时代的问题，而是超越时代的人类永恒困境问题。贾政、薛宝钗形象所折射的重群体、重秩序、重伦理的‘重文化’与贾宝玉、林黛玉形象所折射的重个体、重自由、重自然的‘轻文化’，两者都有充分理由。这种文化悖论没有时空界线，即使连西方文化内部的基本冲突，也绕不过钗黛所折射的基本矛盾内容”。① 这是对王国维所概括的《红楼梦》具有“哲学的也，宇宙的也，文学的也”② 美学价值的进一步阐发。所谓“宇宙境界”，指文学“所见证的人性困境，常常不是一个时代的困境，而是永远难以磨灭的人类生存困境和人性困境”。③ 蕴含着如此深刻且普遍的内涵，《红楼梦》因此成为世界经典，被选入了影响极大的《一生的读书计划》（升级版），并得到约翰·S. 梅杰的高度赞赏。④ 同样入选《一生的读书计划》的卢梭自传《忏悔录》（按作家生卒年顺序刚好排在《红楼梦》之后），“忏悔”或说“控诉”了其美德被玷污的遭遇与原因:“从年幼的天真善良，到备受粗暴对待心灵受扭曲而养成了说谎、偷懒、偷窃等恶习；由对人充满信任重视，到受到包括朋友在内的种种中伤、嫉妒和背叛而变得神经质，充满猜疑；从对于自然满是怜爱，到

---

① 刘再复:《〈红楼梦〉的存在论阅读》,《读书》，2012 年第 7 期。

② 王国维，等:《王国维、蔡元培、鲁迅点评红楼梦》，团结出版社，2004 年，第 17 页。

③ 刘再复:《〈红楼梦〉的存在论阅读》,《读书》，2012 年第 7 期。

④ ［美］克里夫顿·费迪曼、约翰·S. 梅杰:《一生的读书计划》，谢天海、苑爱玲译，中信出版社，2005 年，第 110 - 111 页。

因为身心受到种种不幸创伤而疲于奔命，无暇顾及自然之美；由经过艰辛努力成为著名的作家、思想家，到受守旧势力迫害使《爱弥儿》《新爱洛依丝》等作品被焚、被禁，乃至人身安全受到死亡威胁；从对于自己祖国情深意切，到由于思想上的民主、进步主张而饱受包括祖国在内的欧洲多国的驱逐、拒绝乃至通缉，卢梭的一生就是一个令人震惊的人性被扼杀史。”①卢梭在深刻揭示人性复杂性的同时，也批判了社会对人性的扭曲，这是《忏悔录》作为经典的普遍意义所在。“这样的诗人无论他属于哪个国度都是我们的同胞，但又是他本民族最卓越的代表之一。这样的人能帮助他的同胞理解他们自己，同时又帮助别人理解并接受自己。”②艾略特对但丁、莎士比亚和歌德等欧洲诗人的称赞，正是基于经典的普适性的意义，适用于古今中外的所有伟大作家。

经典反映了人类普遍关注的社会人生问题，因此给读者带来一种似曾相识的熟悉感，即使初读也好似重温；而经典的丰富内容和深刻思想，让读者每一次重读又都有新的发现。既熟悉又陌生，常读常新，这是经典的耐读性。文学经典的耐读性尤其突出，因为伟大的文学作品不仅具有普适性、丰富性和深刻性，还兼具突出的审美性。19 世纪英国著名的文人首相本杰明·迪斯雷利“把《傲慢与偏见》读了十七遍”。③其耐读性何在？从故事和情节来看，《傲慢与偏见》平淡无奇，小说描述了 18 世纪末 19 世纪初英国小乡绅班纳特五个女儿恋爱和结婚的故事。主角是二女儿伊丽莎白，她因年轻绅士达西的傲慢而对他抱有很深的偏见，但在经历一番周折后消释了偏见，和达西相爱，成为眷属。小说情节都是家常琐事，“如邻居间的来往、茶叙、宴会、舞会，或驾车游览名胜，或到伦敦小住，或探亲访友等等，都是乡镇上有闲阶级的日常生活”。④如此日常、平淡的喜剧小说，为何会被毛姆列入世界十佳小说，并多次改编为电影电视？其耐读性何在？

借助杨绛先生《有什么好——读小说漫论之三》的剖析，可将《傲慢与偏见》耐读的原因总结为以下三个方面：其一，作者奥斯汀理智幽默地

---

① 尹福岗：《卢梭〈忏悔录〉与郁达夫的小说创作》，曲阜师范大学硕士学位论文，2013 年。

② ［英］艾略特：《哲人歌德》，《艾略特诗学文集》，王恩衷编译，樊心民校，国际文化出版公司，1989 年，第 272 页。

③ ［英］毛姆：《巨匠与杰作》，孔海立、王晓明，等译，华东师范大学出版社，1987 年，第 85 页。笔者按：迪斯雷利，译文原作“狄史累里”。

④ 杨绛：《有什么好——读小说漫论之三》，《文学评论》，1982 年第 3 期。本段引文不作注释的，皆引自此文。

把这个世界看作喜剧，在小说中激发了“启人深思”的笑。“笑不是调和；笑是不调和。内心那个是非善恶的标准坚定不移，不肯权宜应变，受到外界现实的冲撞或磨擦，就会发出闪电般的笑。奥斯汀不正面教训人，只用她智慧的聚光灯照出世间可笑的人、可笑的事，让聪明的读者自己去探索怎样才不可笑，怎样才是好的和明智的。”能引起读者思考和探索的喜剧，自然“令人十分爱读”。①其二，小说写出了世态人情和人物内心。《傲慢与偏见》将青年男女择偶时个人、家庭、社会相互之间的种种考虑、矛盾和竞争都写出来了，尤其将人物的复杂内心表达得非常细腻。“《傲慢与偏见》写女主角的偏见怎样造成，怎样消释，是从人物的浮面逐步深入内心，捉摸他们的品性、修养和心理上的种种状态。可以说，奥斯汀所写的小说，都是从恋爱结婚的角度，写世态人情，写表现为世态人情的人物内心。”小说创造了典型性、立体化的平常人物，“她取笑的不是个别的真人，而是很多人共有的弱点、缺点。她刻画世态人情，从一般人身上发掘他们共有的根性；虽然故事的背景放在小小的乡镇上，它所包含的天地却很广阔”。世态人情及其所包含的复杂人心和人性弱点，正是广大读者渴望得到解答的社会人生问题，具有普适性意义。其三，小说的布局严密精巧又自然，而且作者隐退幕后“不加解释”的叙述方式让读者身入其境，在小说中阅世识人，增长智慧。奥斯汀不以全知的视角讲述故事、说明因果，而是按照布局的次序讲，只在必要的时候交代，“这就使读者不仅欲知后事如何，还要了解以前的事，瞻前顾后，思索因果”。她也不细写背景，不用抽象的形容词描摹人物的外貌或内心，她只用生动的对话和有趣的情节来描绘人物，无论写对话或叙述事情都不加解释。“她让读者直接由人物的言谈行为来了解他们；听他们怎么说，看他们怎么为人行事，而认识他们的人品性格。她又让读者观察到事情的一点苗头，从而推测事情的底里。读者由关注而好奇，而侦察推测，而更关心、更有兴味。因为作者不加解释，读者仿佛亲自认识了世人，阅历了世事，有所了解，有所领悟，觉得增添了智慧。所以虽然只是普通的人和日常的事，也富有诱力；读罢回味，还富有意义。”能让读者在阅读中体验社会人生，增加阅历，引发思索，这正是文学名著的耐读性所在。

简·奥斯汀《诺桑觉寺》第五章末尾为小说张目说：“小说家在作品里

---

① ［英］毛姆：《巨匠与杰作》，孔海立、王晓明，等译，华东师范大学出版社，1987 年，第 89 页。

展现了最高的智慧；他用最恰当的语言，向世人表达他对人类最彻底的了解。把人性各式各样不同的方面，最巧妙地加以描绘，笔下闪耀着机智与幽默。”①杨绛先生的精彩译文刚好也指出了文学经典的普适性和耐读性，以及两者间的关系。“对人类最彻底的了解”“人性各式各样不同的方面”，指小说内涵的普适性、深刻性和丰富性；“最恰当的语言”“最巧妙地加以描绘，笔下闪耀着机智与幽默”，则是对普适、深刻、丰富内涵的精妙表达，故能常读常新。

二、传世性和累积性

普适性和耐读性是经典自身具备的品质，传世性和累积性则体现在经典与读者的关系中，是历代读者对经典的普适性内涵和耐读性品质的阅读接受。

传世性，是指经典通过时间或历史的检验而流传至今，具有永久的价值。经典之历经时世，“不仅指自然的时间，同时也是指经典要经过两个甚至更多的社会制度和意识形态、更多的文化阶段检验的历史的时间”。②对经典的检验是由不同时期的读者完成的，会受到当时的意识形态和社会风尚的影响，因此各个时期的检验结果往往有异。如东晋、刘宋之际的陶渊明，其诗文在生前和死后百年内一直不受重视，直到梁时昭明太子萧统酷爱陶诗，编陶集，为之作序并作传，才算有人第一次对陶渊明的人格和诗歌表达由衷的赞美。然萧统对陶渊明的爱好在当时影响不大，“质直”的陶诗在南朝地位并不高，因为不符合南朝追求辞采华美的审美风尚。到了唐代，陶渊明成为一个典故出现在重九、归来、县令、隐居等题材的诗歌中，多取其“隐逸”品格，其田园诗歌常被仿效摹写，然神似者寥寥；其作为诗人，常被赞赏，却往往与谢灵运、李白、韦应物等人并称，“而未识其出类拔萃”。③直到宋代，士人注重心性修养，追求“淡泊静退、任真自然”的人格境界和平淡深远的审美境界，故宋人能欣赏并推崇陶渊明的人格精神和诗文品格。其中，欧阳修和苏轼的评论为陶渊明经典诗人地位的确立发挥了重要作用。欧阳修说：“晋无文章，惟陶渊明《归去来兮辞》一篇而

---

① 杨绛：《有什么好——读小说漫论之三》，《文学评论》，1982年第3期。

② 詹福瑞：《论经典》，人民文学出版社，2016年，第36页。

③ 钱锺书：《谈艺录·陶渊明诗显晦》（二四），生活·读书·新知三联书店，2007年，第217－223页。

已。"[①]苏轼则盛称陶诗"质而实绮，癯而实腴，自曹、刘、鲍、谢、李、杜诸人，皆莫及也"[②]，誉陶渊明为古今诗人第一。萧统序称"其文章不群，辞采精拔，跌宕昭彰，独超众类，抑扬爽朗，莫之与京"[③]，同样是对陶渊明诗文推崇备至。萧序与欧、苏评论产生的影响却截然不同，原因即在于时代思想的不同。但无论时代如何变化，陶渊明那种追求心灵自由、淡定洒脱、俯仰宇宙的人格和丰富的精神体验，一直深受士人爱重。在"诗言志""文如其人"的传统下，陶渊明的人格和精神充分表达在诗文里。因为推崇其为人，所以更加推崇其诗文，这是萧统"不能释手"的原因[④]，是苏轼尽和陶诗的原因，也是后世读者喜爱陶诗的原因。陶渊明的诗文"蕴含着士人体道的真意"[⑤]，这为深陷"仕隐"矛盾的士人开辟了一条获得心灵自适的途径，也为迷失的现代人构筑了一个可以诗意栖居的精神家园。这是陶诗成为传世经典的最重要的原因。

在传播经典过程中，历代读者发表了各种各样的评价，少数有价值的评论便连同经典文本一同流传，形成了厚重的累积层，构成了一部经典的实体，经典因此具有历史文化的累积性。经典的累积层主要有注释层和批评层两种样态，它们扩大了经典的内涵，使其更加丰厚，同时也增加了沉甸甸的历史感。因此，我们所接受的经典，并不是经典文本的个体——经典文本本身，而是一个历史整体；读经典，同时也是在读历史、读文化。[⑥]但初读经典（特别是文学经典）时，我们应该直接阅读经典文本本身，而尽量避免接触累积层。首先，这是因为"任何一本讨论另一本的书，所说的都永远比不上被讨论的书"[⑦]，即累积层依附经典而形成，但并不是经典本身。其次，与经典文本本身"亲密接触"后，"凭自己的天性、凭自己的

---

① 袁行霈：《陶渊明集笺注》，引李公焕注，中华书局，2003 年，第 477 页。

② ［宋］苏轼：《与苏辙书》，《陶渊明资料汇编》，中华书局，1962 年，第 35 页。

③ ［南朝梁］萧统：《陶渊明集序》，黄霖、蒋凡主编，杨明、羊列荣编著《中国历代文论选新编·先秦至唐五代卷》，上海教育出版社，2007 年，第 240 页。

④ 杨明："《陶渊明集序》赞赏渊明高蹈避世的人生态度，认为其不慕荣利、甘于淡泊的高尚人格对读者有深刻的教育作用。这与齐梁人重视陶渊明的道德操守是一致的。难能可贵的是萧统由仰慕其人，进而对陶诗的艺术表现也作了很高的、具体的评价。"黄霖、蒋凡主编，杨明、羊列荣编著：《中国历代文论选新编·先秦至唐五代卷》，上海教育出版社，2007 年，第 242 页。

⑤ 詹福瑞：《论经典》，人民文学出版社，2016 年，第 65 页。

⑥ 詹福瑞：《论经典》，人民文学出版社，2016 年，第 163 - 165、191 - 192 页。

⑦ ［意］卡尔维诺：《为什么读经典》，黄灿然、李桂蜜译，译林出版社，2012 年，第 5 页。

头脑得出自己的结论”①，再去接触经典的累积层，才能有所鉴别、辨析，才不会迷失其中，而保有自己的独立思考力和判断力。总之，经典因其普适性和耐读性而传世，历代读者在阅读接受中精妙的解释、评论和阐发也随之流传，经典因此具有累积性。

“经典”的本义指永恒的典范性著作，本指儒家经典、佛经、《圣经》等，后扩展至哲学、历史、文化、文学等领域。这些古老的典籍在上古时期对历史、对社会、对人生的认识和论述，十分深刻又精辟入微，往往直达本质，是人类文化的根源性典籍，具有典范性和权威性。因此后世泛论经典时往往突出“权威性”的特征。但是，“不是所有的经典都具有权威性”②，特别是文学经典，虽然具有语言表达和文学写作方面的典范性，也具有突出的思想性和审美性，但在权威性上并不突出。像陶渊明和杜甫的诗歌，很难说有什么权威性。

第三节　经典阅读的意义和方法

经典阅读能够帮助读者更真切更深入地了解世界和人生，帮助读者对人类生命中永恒的真理达到更深刻的体认。人世间有许多问题是没有确切答案的，不仅在科学与哲学的领域如此，而且在一些日常人事物，诸如男人与女人、父母与孩子、自然与人之间的关系等方面亦如此，或被人忽略，或让人困惑。伟大的经典就是帮助人们把这些问题想得更清楚一点，因为这些书的作者都是比一般人思想更深刻的人。③这是经典阅读的普遍意义。在这个信息泛滥的时代，经典阅读的首要意义是激发读者的“思考”，因为“思考”是所有阅读方法和技巧的基础。会思考，才会提出问题；会提问题，才会有探索与发现，才能真正读懂经典；有探索、有传承，才有创新。思考与探索，是经典阅读的方法，也是经典阅读的意义本身。

一、经典阅读的意义

经典阅读能激发读者的“思考”，这在互联网时代尤其重要。“内事问

---

① ［英］伍尔夫：《伍尔夫读书随笔》，刘文荣译，文汇出版社，2012 年，第 3 页。

② 詹福瑞：《论经典》，人民文学出版社，2016 年，第 109 页。

③ ［美］莫提默·J．艾德勒、查尔斯·范多伦：《如何阅读一本书》，郝明义、朱衣译，商务印书馆，2004 年，第 293 页。

百度，外事问谷歌”，只想找现成答案而懒于思考，是网络时代人们的通病。但是，“信息没有经过分析和整理，不能形成知识；知识没有加以主观的批判，不能形成思想”①，事实上，“互联网化造成的是信息爆炸而不是知识和思想的爆炸”②。未经筛选的信息越来越多，碎片化感悟式阅读也就越显浅层化，缺少信息整理和知识批判，导致一些人只会读屏、不会思考。信息爆炸时代，大学生要做“知识分子”而非“知道分子”。“知道分子”仅崇拜纯知识本身，“知识分子”则还需要对信息和知识加以识别、辨析和价值判断。心中有参照物、有标准，才能进行识别和辨析并做出判断，这就需要在思想观念方面有自己的见解作为判断的标准或参照物。因此，深度阅读是必需的，而且必须阅读超越自己头脑的书，只有那样的书才能帮助读者的思想增长。

真正的阅读是一种主动的学习，是对思维能力的训练，带来的是心智的成长。阅读一本好书就是跟一位缺席的老师学习。“如果你问一位活生生的老师一个问题，他可能会回答你。如果你还是不懂他说的话，你可以再问他问题，省下自己思考的时间。然而，如果你问一本书一个问题，你就必须自己回答这个问题。在这样的情况下，这本书就跟自然或世界一样。当你提出问题时，只有等你自己作了思考与分析之后，才会在书本上找到答案。”③从这个意义来讲，真正的阅读是一种探索和发现。当代学者韩震先生谈到“经典重读”时，也一再突出思考的作用和意义。他说：“真正的阅读不是简单地接受书本的知识和思想，而是激发读者本身的意义生成和思考。必须具有独立思考能力，才能将阅读变成跨越时空的神奇力量。阅读作为跨越时空的力量，不仅推动文明累积式发展，而且大大改变人类的交往方式。一方面，读书拓宽了人们交往的广度。譬如，今天我们可以感悟孔子、老子的智慧，也能阅读世界各地的经典作品，如柏拉图、黑格尔、马克思。古今中外的伟人名家，即使我们不能与他们谋面，但仍然可以通过阅读他们的作品而与之进行心灵的感悟。另一方面，作为跨越时空的力量，阅读还加深了人们交往的深度：区别于日常交流，读书是在领略经过

---

① 汪涌豪：《经典阅读，让人展开“灵魂壮游”》，《解放日报》，2019年4月9日第11版，https://www.jfdaily.com/journal/2019-04-09/getArticle.htm?id=269366。

② 崔希亮、耿云志，等：《“经典重读与书香社会的构建”座谈会纪要》，《中国文化研究》，2015年第2期。

③ ［美］莫提默·J. 艾德勒、查尔斯·范多伦：《如何阅读一本书》，郝明义、朱衣译，商务印书馆，2004年，第17页。

别人深入思考而高度凝结的智慧，如同与名人大家进行深度的交流，从而把我们的意识带入思想的深度。”①每一次阅读经典，都是与伟大心灵的一次对话，与伟大头脑的一次交锋，能够激发读者自身的思辨能力，进行深度的思考性理解，从而将知识化为自身内在的素养和力量。正如艾略特所言：“随着阅读面的扩展，一个人便会越来越多地接触到最好的诗人和散文家，同时也获得了对世界更深的体验和更强的思考力，而他的欣赏趣味也会变得越来越宽广，情感越来越恬淡，思想越来越深刻。”②

林语堂在《读书的艺术》中说：“读者常会被携带到一个思考和熟虑的世界里边去。……所以真正有益的读书，便是能引领我们进到这个沉思境界的读书，而不是单单去知道一些事实经过的读书。”③詹福瑞先生指出，所谓进入“沉思境界”，就是读书引发了读者的思考。正是在思考中，读者也许接受了作品的思想；或者虽未接受，却激发了自己对某一问题的兴趣并作进一步探讨；或者书中并未写到，而读者却“用他们自己那种富于想象的直觉”，把作者“叙述方面的缺陷加以弥补”。而这样的进益，必得读有深度的书，才能获得。堪当此任者，当然主要是经典。④经典阅读引发读者思考与兴趣，进而深入探索并有所发现。这样的收获，何尝不是一种基于传承的创新？

二、经典阅读的方法和技巧

经典的内涵往往丰富深邃，需要读者积极地思考和探索，对读者的阅读水平有一定的要求。毋庸置疑，在网络信息时代，经典阅读依然意义重大。但是还有一个非常重要的事实被国内学者们有意无意地忽略了，即以现在大多数读者的阅读能力无法真正实现经典阅读的意义。2018 年世界读书日《光明日报》发表的《书香中国更可期》一文提到：“推动全民阅读最主要有三项工作：一是激发大众阅读兴趣；二是提升阅读能力；三是最重

---

① 崔希亮、耿云志，等：《“经典重读与书香社会的构建”座谈会纪要》，《中国文化研究》，2015 年第 2 期。

② ［英］艾略特：《哲人歌德》，《艾略特诗学文集》，王恩衷编译，樊心民校，国际文化出版公司，1989 年，第 264 页。

③ 林语堂：《生活的艺术》，《林语堂名著全集》（第二十一卷），越裔汉译，东北师范大学出版社，1994 年，第 349－350 页。

④ 詹福瑞：《论经典》，人民文学出版社，2016 年，第 352 页。

要的，就是向大众推荐优质读物。”①然而，“提升阅读能力”部分在文章中没有任何体现，可见两位记者当时在全国范围内未能找到值得报道的“提升阅读能力”的工作或活动。“阅读是一件乏味甚至艰苦的事情。只有捅破这个乏味、艰苦的表层，进入它的内里，才能接触一个无穷的世界。这个时候，你才会真正喜欢上它。从这个角度来看，读书是需要训练的，特别是阅读经典更需要训练。”②由此可见，提升读者的阅读能力（亦即理解力），成为当前最为迫切的问题，如果不能切实解决这个问题，提倡经典阅读、号召全民阅读都只能是一句口号，最终只能流于形式。这是为什么全民阅读活动热热闹闹而国民阅读状况依然“凄凄惨惨”的重要原因。

教育程度较高而阅读能力低也曾是美国乃至许多欧洲国家普遍存在的问题，因此才有了《如何阅读一本书》的畅销并被翻译成多国语言发行。此书出版三十年后又有重写增订本，新版由莫提默·J. 艾德勒与查尔斯·范多伦合著。该书虽然距今也已将近五十年，但其中阐述的阅读理念、阅读层次、阅读方法和技巧等在今天依然很适用。该书是“关于阅读的艺术，是为了增强理解力而写的”，简言之就是“阅读好书的艺术”。③全书分为四篇。第一篇“阅读的层次”认为阅读有四种层次，由低到高分别是基础阅读、检视阅读、分析阅读和主题阅读。四个层次是渐进的，低层次阅读包含在高层次阅读中。其中，第三层次“分析阅读”是该书的重点所在，也是第二篇的内容。第三篇“阅读不同读物的方法”是该书的另一个重点，阐述的读物包括实用型的书、想像文学（故事、戏剧与诗）、历史书、科学与数学、哲学书、社会科学等，可谓全面细致。第四篇“阅读的最终目标”包括“主题阅读”和“阅读与心智的成长”两章，最后一句话概括了“主动的阅读”的多种好处。“主动的阅读”是贯穿全书的理念。开篇第一章第一部分即强调阅读应该是一种主动的行为，越主动越高效；第五章第一部分着重指出其核心是：“你在阅读时要提出问题来——在阅读的过程中，你自己必须尝试去回答的问题。”具体地说，读书时一定要提出四个问题：一是整体来说，这本书到底在谈些什么？二是作者具体说了什么，怎么说的？

---

① 李苑、孙嘉靖：《书香中国更可期》，《光明日报》，2018 年 4 月 23 日 08 版“光明视野”，http：//epaper. gmw. cn/gmrb/html/2018 - 04/23/nw. D110000gmrb_ 20180423_ 1 - 08. htm。

② 汪涌豪：《经典阅读，让人展开“灵魂壮游”》，《解放日报》，2019 年 4 月 9 日第 11 版，https：//www. jfdaily. com/journal/2019 - 04 - 09/getArticle. htm？ id = 269366。

③ ［美］莫提默·J. 艾德勒、查尔斯·范多伦：《如何阅读一本书》，郝明义、朱衣译，商务印书馆，2004 年，第 13 页。

三是这本书说得有道理吗？是全部有道理，还是部分有道理？四是这本书跟你有什么关系？这四个问题是阅读的基本规则，是“绝不可或忘的原则”，正是该书第二篇“分析阅读”要讨论的主要议题。这四个问题对论说性或非小说类的书特别有用，也可以灵活应用在小说或诗集上。① 书末还附录了“建议阅读书目”和“四种层次阅读的练习和测验”，最后是“索引”。作者以通俗易懂的语言、具体丰富的细节清晰地讲解了阅读的方法与技巧，故能畅销至今。中译本封底称:“这是一本有关阅读的永不褪色的经典。”就实用性、典范性而言，此评不算过誉。

《如何阅读一本书》的作者充分意识到文学的特殊性，在说明“如何阅读想像文学”时始终以论说性作品作为参照进行比较论述。这样的比较论述能让读者（尤其是非文学专业的读者）更确切地理解文学的特性及其阅读方法。如《读想像文学的“不要”》：

为了要用否定的形态来作说明，一开始就有必要掌握论说性作品与文学作品的差异。这些区别会解释为什么我们阅读小说不能像阅读哲学作品一样，或是像证明数学理论那样阅读诗。

最明显的差别，前面已经提过，与两种文体的目标有关。论说性作品要传达的是知识——在读者经验中曾经有过或没有过的知识。想像文学是在阐述一个经验本身——那是读者只能借着阅读才能拥有或分享的经验——如果成功了，就带给读者一种享受。因为企图不同，这两种不同的作品对心智便有不同的诉求。

我们都是经由感官与想像来体验事情。我们都是运用判断与推论，也就是理智，才能理解事情。这并不是说我们在思考时用不上想像力，或我们的感官经验完全独立于理性的洞察与反应之外。关键在强调哪一方面的问题而已。小说主要是运用想像力。这也是为什么称之为想像文学的原因，这与理性的科学或哲学相反。

有关想像文学的事实，带引出我们要建议的否定的指令：不要抗拒想像文学带给你的影响力。

我们讨论过很多主动的阅读方法。这适用于任何一本书。但在论说性作品与想像文学中，适用的方法却不大相同。阅读论说性作品，读者应该

---

① ［美］莫提默·J. 艾德勒、查尔斯·范多伦:《如何阅读一本书》，郝明义、朱衣译，商务印书馆，2004 年，第 43 – 44 页。

像个捕食的小鸟，经常保持警觉，随时准备伸出利爪。在阅读诗与小说时，相同的活动却有不同的表现方法。如果容许的话，我们可以说那是有点被动的活动，或者，更恰当的说法应该是，那是带着活力的热情。在阅读一个故事时，我们一定要用那样的方式来表现，让故事在我们身上活动。我们要让故事贯穿我们，做任何它想要做的事。我们一定得打开心灵，接纳它。

我们应该感激论说性的作品——哲学、科学、数学——这些学科塑造出我们活着的真实世界。但我们也不能活在一个完全是这些东西的世界里，偶尔我们也要摆脱一下这些东西。我们并不是说想像文学永远或基本上是逃避现实的。如果从一般的观点来看，逃避的概念是很可鄙的。但事实上就算我们真的要逃避现实，应该也是逃避到一个更深沉、或更伟大的真实里。①这是我们内在的真实世界，我们独特的世界观。发现这个真相让我们快乐。这个经验会深深满足我们平时未曾接触的部分自我。总之，阅读一部伟大的文学作品的规则应该以达成某种深沉的经验为目标。这些规则应该尽可能去除我们体验这种深刻感受的阻碍。②

阅读经验比较丰富的读者都有共同的体会，那就是：阅读想像文学比阅读论说性作品更为困难。该书作者显然深有同感："伟大的科学作品比一些非科学的书籍还要容易阅读，因为这些科学作者很仔细地想要跟你达成共识，帮你找出关键主旨，同时还把论述说明清楚。在文学作品中，找不到这样的帮助，所以长期来说，那些书才是要求最多，最难读的书。"但是，比起阅读科学、哲学、政治、经济与历史，一般人通常觉得阅读文学更轻松。为什么会有这样的错觉呢？这是因为："想像文学的主要目的是娱乐，而非教育。以娱乐为主的读物比教育为主的读物容易讨好，但要知道为什么能讨好则比较困难。要分析美丽，比美丽本身困难多了。"而主动阅

---

① 汪涌豪《经典阅读，让人展开"灵魂壮游"》也说："我想告诉大家的是，生活并不必然就比经典有更多的真实。由媒体、网络建构出来的生活世界，有的时候尽管存在，却常常是人生之表象。它的浮泛、零碎，根本不足以映象世界的本质。"《解放日报》，2019 年 4 月 9 日第 11 版，https：//www. jfdaily. com/journal/2019 - 04 - 09/getArticle. htm？id = 269366。

② ［美］莫提默·J．艾德勒、查尔斯·范多伦：《如何阅读一本书》，郝明义、朱衣译，商务印书馆，2004 年，第 178 - 179 页。作为一本指导如何阅读的实用性小书，该书从内容到表达乃至断句和段落设计都非常用心，力求能让读者一目了然。为了呈现该书的特色和风貌，以吸引同学们去打开这本书，我们特意原样转录以上引文，同时为免引文过多而不再摘引另外两个否定指令的论述。

读的四个基本问题，只要稍加变化，就能够在一定程度上化难为易。“要回答第一个问题，就是你能说出关于一个故事、戏剧或诗的情节大意，并要能广泛地包括故事或抒情诗中的动作与变化。要回答第二个问题，你就要能辨识剧中所有不同的角色，并用你自己的话重新叙述发生在他们身上的关键事件。要回答第三个问题，就是你能合理地评断一本书的真实性。这像一个故事吗？这本书能满足你的心灵与理智吗？你欣赏这本书带来的美吗？不管是哪一种观点，你能说出理由吗？”①在你采取类似的分析阅读、回答前面三个问题之后，你身为读者的责任就算尽到了，因为阅读想像文学唯一要做的事就是去感受与体验。

《如何阅读一本书》正文最后一句话概括了积极阅读的多种好处：“好的阅读，也就是主动的阅读，不只是对阅读本身有用，也不只是对我们的工作或事业有帮助，更能帮助我们的心智保持活力与成长。”②而据该书最后一章的论述，人的心智活动是与人的生命息息相关的，当人们的智力、品德与心灵停止成长时，也就迈向了死亡。从这个角度来说，阅读经典不仅能提高生命的境界，甚至能延伸生命的长度。

读山海经（其一）

〔晋〕陶渊明

孟夏草木长，绕屋树扶疏。众鸟欣有托，吾亦爱吾庐。
既耕亦已种，时还读我书。穷巷隔深辙，颇回故人车。
欢言酌春酒，摘我园中蔬。微雨从东来，好风与之俱。
泛览周王传，流观山海图。俯仰终宇宙，不乐复何如？

（选自袁行霈：《陶渊明集笺注》，中华书局，2003 年）

---

① ［美］莫提默·J．艾德勒、查尔斯·范多伦：《如何阅读一本书》，郝明义、朱衣译，商务印书馆，2004 年，第 292、178、187－188 页。

② ［美］莫提默·J．艾德勒、查尔斯·范多伦：《如何阅读一本书》，郝明义、朱衣译，商务印书馆，2004 年，第 297 页。

论读书

[英] 弗兰西斯·培根

读书足以怡情，足以傅彩，足以长才。其怡情也，最见于独处幽居之时；其傅彩也，最见于高谈阔论之中；其长才也，最见于处世判事之际。练达之士虽能分别处理细事或一一判别枝节，然纵观统筹、全局策划，则舍好学深思者莫属。读书费时过多易惰，文采藻饰太盛则矫，全凭条文断事乃学究故态。读书补天然之不足，经验又补读书之不足，盖天生才干犹如自然花草，读书然后知如何修剪移接；而书中所示，如不以经验范之，则又大而无当。狡黠者鄙读书，无知者羡读书，唯明智之士用读书，然书并不以用处告人，用书之智不在书中，而在书外，全凭观察得之。读书时不可存心诘难作者，不可尽信书上所言，亦不可只为寻章摘句，而应推敲细思。书有可浅尝者，有可吞食者，少数则须咀嚼消化。换言之，有只须读其部分者，有只须大体涉猎者，少数则须全读，读时须全神贯注，孜孜不倦。书亦可请人代读，取其所作摘要，但只限题材较次或价值不高者，否则书经提炼犹如水经蒸馏，淡而无味矣。读书使人充实，讨论使人机智，作文使人准确。因此不常作文者须记忆特强，不常讨论者须天生聪颖，不常读书者须欺世有术，始能无知而显有知。读史使人明智，读诗使人灵秀，数学使人周密，科学使人深刻，伦理学使人庄重，逻辑修辞之学使人善辩：凡有所学，皆成性格。人之才智但有滞碍，无不可读适当之书使之顺畅，一如身体百病，皆可借相宜之运动除之。滚球利睾肾，射箭利胸肺，慢步利肠胃，骑术利头脑，诸如此类。如智力不集中，可令读数学，盖演题须全神贯注，稍有分散即须重演；如不能辨异，可令读经院哲学，盖是辈皆吹毛求疵之人；如不善求同，不善以一物阐证另一物，可令读律师之案卷。如此头脑中凡有缺陷，皆有特药可医。

（选自培根：《随笔三则》，王佐良译，《世界文学》，1961 年第 1 期）

拓展思考

1. 请谈谈你和你的家人及亲朋好友的阅读现状（包括阅读对象、阅读方式、阅读时间、阅读活动等）。

2. 你读过哪些人文经典？最喜欢的是哪本或哪几本？请结合主动阅读的四个问题阐述理由。

3. 你有什么读书计划？请以小组为单位分享读书计划。

延伸阅读

1. 莫砺锋：《诗意人生》，江苏人民出版社，2014 年。

2. 詹福瑞：《论经典》，人民文学出版社，2016 年。

3. 赵昌平：《唐诗三百首全解》，复旦大学出版社，2006 年（2017 年重印）。

4. ［美］莫提默 · J. 艾德勒、查尔斯 · 范多伦：《如何阅读一本书》，郝明义、朱衣译，商务印书馆，2004 年。

5. ［美］克里夫顿 · 费迪曼、约翰 · S. 梅杰：《一生的读书计划》，谢天海、苑爱玲译，中信出版社，2005 年。

第二章　大学之道：自觉心灵的建设

尽管传统课堂教学依旧是青年群体知识获取的重要空间，但它逐渐失去了对青年学生心灵和精神影响的重要意义，课堂教学逐渐退出青年群体文化认知渠道的中心地位，取而代之的是由语音、文字和影像组成的大文本结构为传播中心共同构建的网络媒体。随着广播、电影、电视、网络、手机、数码技术等先进科技手段被不断运用于传播领域，技术化、视觉化、碎片化、娱乐性和快餐式成为青年群体知识接受的重要特征。总体来看，青年群体的心灵发展受到了大众文化的鲜明影响，大众文化日益成为青年个体发展的主要文化情境。

第一节　青年文化症候与大众文化

进入新时代，中国社会转型与文化全球化带来了与传统社会文化迥异的新符号，如音乐、动漫、明星、广告等，这些在“城市社会—大学校园”中组成斑驳的符号景观，并由此建构成“城市—校园”的文化新生态，成为青年学生自我意识形成的社会背景。从宏观层面来说，当代中国文化一方面秉承践行以社会主义核心价值观为中心的主流理念，另一方面随着视野观念的拓展、媒体技术的变革、传播方式的飞跃，社会文化形态日益丰富，主流文化、精英文化、大众文化、民间文化等不同类型的文化形态进入接受的视野，呈现出多元并存的立体格局。丰富的文化产品和多样的文化消费为当代中国青年的自由、开放和独立提供了发展平台和实践基础，但同时也给处于精神未定的青年带来选择迷茫和精神症候。

一、青年文化症候

随着信息技术的发展和消费社会的到来，具有精神畸零特征的青年正被众多来源的信息和无孔不入的消费所包裹。他们在享受着媒体时代带来的文化大餐和信息速食的同时，也因文化信息的混乱造成自由解放的错觉，消费狂欢和欲望膨胀逐渐培养出大量物质推崇者，而其精神空间却出现内陷状态，这给社会发展和青年成长带来诸多不安定的因素，形成青年文化症候。

当代青年文化主流是积极的，但是在主流文化之外，存在比较明显的一种文化症候，即青年对意义的消解。凯伦·阿姆斯特朗在《神话简史》中说:“与其他生物不同，人类会不停地追问意义。”①尽管这种判断有人类自我中心论的认识瑕疵，但却准确揭示出“意义”对人类生存的价值。在《为自己的人》中，弗洛姆从本质层面揭示出人类对意义的渴望。他说:“人丧失了伊甸乐园，丧失了与自然的一体性，人成了永恒的流浪者；他被迫继续前进，并不断努力，通过填写知识白卷上的答案，变未知为已知。他必须了解自己，必须说明他存在的意义。”②但是，在当代文化语境中传统主流文化所倡导的意义思考和追求逐渐成为青年在知识接受和阐释中监督和批判的对象，在日益鲜明的文化反叛和表达自由的思想潮流中，传统所倡导的“榜样力量”“英雄价值”“经典魅力”等价值观念逐渐成为青年社会和网络环境群嘲和解构对象，呈现出世俗化、现实化的接受景观。意义的消解固然会让青年走向务实、关注当下、享受生活，但这种平俗、现实的意识状态无疑会造成精神荒漠和心灵迷茫；意义的消解纵然给青年带来精神解放的幻觉，也最终也可能把他们推进庸庸碌碌的机械庸常人生。

青年意义消解的精神现象也会造成“贱文化”的出现。当今社会身处于一个英雄被膜拜的时代，这种英雄膜拜行为从另一个角度来看也意味着这个时代并不是一个英雄辈出的时代，当英雄主义文化逐渐没落，而精致主义文化逐渐盛行，青年的人格塑造也出现自贱的趋势。从普遍认识来看，人只有珍视自我，才有可能建构崇高的社会人格，但当代青年多以“贱人”“屌丝”“中二”“蠢萌”自许，并热衷以各种娱乐自嘲方式对主流符号、经典概念进行解构。在这种时代镜像中，自贱行为反映出青年个体对尊严的主动放弃。这种人格自污的社会行为，既是个体在现实逼仄中的求生策略，也是其在普遍性权力崇尚环境中的人格萎缩。青年的自贱看似具有草根文化和平民美学的内涵，但“在一个公知被严重污名化的时代，自尊、自强、自爱的公民遥不可见，只有自轻、自贱、自残的贱客，才能够蟑螂般生存下来。站立在贱文化大旗下的贱客们，既解构不了现有的任何政治意识形态，又伤及自身的存在与尊严。这是空心人的反抗，在猥亵低下的笑声后

---

① ［英］凯伦·阿姆斯特朗:《神话简史》，胡亚豳译，重庆出版社，2005年，第3页。

② ［美］埃利希·弗洛姆:《为自己的人》，孙依依译，生活·读书·新知三联书店，1988年，第56页。

面，是寸草不生的沙漠”。①自贱最终是个体放弃了崇高灵魂的建构。

意义消泯，现实世界的价值也随之下降，青年对外部社会的内在渴望也可能因此消减，于是出现了所谓青年“丧文化”。“丧文化”现象“是一种以青年群体为主要参与者，依托于新媒体平台，以‘颓废’为旗帜的特色鲜明的网络亚文化形态，‘青年’‘新媒体’‘颓废’这三个关键词连缀起来，就成了网络‘丧文化’现象的一种最简洁的图式”。②从社会学来看，颓废是现代性的重要面孔，它的积极意义在于以放荡不羁来对抗世俗和功利，排斥共性文化或者说概念文化对个体生命的僵化塑造。但当前在青年群体中流行的“丧文化”却不具有鲜明的生命力和创造力，看似无伤大雅的娱乐表达中，反映出青年群体在社会阶层固化、消费主义流行和教育精神单一等缺陷环境中的自我嘲讽，反映出青年群体在多元责任和重压之下的自我放逐。

青年文化症候是处于边缘未定状态下的青年群体思想观念的缩影，它反映了青年群体在追求话语表达过程中对主流话语的游离，对权威经典的质疑以及张扬个性的渴望，“表现出了其反叛主流文化的决心与勇气，同时其内在的精神价值也在各种思想激荡与利益交锋中走向断裂”。③从总体来看，当代青年群体文化的产生与大众文化的流行有着密切的关系。

二、大众文化与青年群体

相对于主流文化和精英文化而言，大众文化是现代工业社会或大众消费社会的文化产物，是以社会大众为消费对象和主体的，通过印刷媒介和电子媒介等大众传播媒介所承载、传递的文化产品，按照市场规律批量生产，从而集中满足大众群体的感性娱乐需求的文化形态，具有鲜明的商业性、娱乐化、模式化和复制性等特征。从积极意义层面来看，大众文化是多元价值取向并存的综合体，它打破了权利话语和精英价值观的一统局面，开拓出自由、包容、参与的公共文化空间，满足了大众对于民主、自由和个性的追寻；在实践活动中，大众文化具有消解权威、提倡个性和解放思想的意义，能有效推动青年群体、多元化价值观念的形成和发展。另外，

---

① 马小盐：《跪舔思聪　山呼“岳父”：中国贱民再崛起》，http：//culture. ifeng. com/insight/special/jian/。

② 燕道成、马苏苏：《网络“丧文化”现象浅论》，《当代青年研究》，2018 年第 5 期。

③ 赵红勋：《当代青年亚文化的症候分析》，《创新》，2012 年第 6 期。

在一定程度上，大众文化的娱乐性也缓解了精英文化给社会大众带来的紧张感和压迫感，给处于生存、精神双重困境的青年群体提供了宽松自如的补偿性空间。

但“大众文化不过是一种不可救药的商业文化，是为大众消费而批量生产的文化，其受众是一群毫无分辨力的消费者”。① 大众文化的商业性和娱乐性特征决定了大众文化是一种以赚取商业利润为最终目的、以满足人的感官需求为途径的文化形态，这就导致它所承载的价值观、人生观、道德观和审美观因商业娱乐尺度和模式复制策略而具有鲜明的负面性影响。在巨大的商业利润驱使下，大众文化生产者过分追求大众文化的娱乐功能，“通过淡化大众文化的道德内涵和伦理价值，消解大众文化的道德教化功能，迎合大众的口味，导致大众文化日益呈现出庸俗化、平面化和肤浅化的发展态势”。②

张弛《大众文化与“时代精神”》在评述埃德加·莫兰《时代精神》一书时认为，大众文化作为“人类历史上第一个普世性的文化”，确实是一种“时代精神的共享”，它为人民提供了梦想，提供给人们生活实践的范型，成为不可阻挡的时代精神。大众文化打破了社会阶级、年龄和教育水平的界限，让所有人都成为消费者，特别是为领薪阶层在生活方式上提供了个人幸福的价值观，视听为主的传播方式造就了一种普遍的审美处于“中等水平的人”。但是大众文化通过消费来满足想象世界，并且连接参与者的此处与想象世界的他处，投入明星的新闻中，关心最新上映的电影，关注朋友圈里的点赞，却忘记了周围的现实世界。大众文化中的个体只关注自身，并没有对这个世界投入真正的关怀。③ 也就是说，大众文化所宣传的自我实现只是一种个人幸福实现主题，具有享乐型的个人主义色彩，在一定程度上割裂了个体与现实社会的关系，使其丧失对现实生活的真实体认，从而导致现实意识和社会责任的游离。

大众文化不仅会造成接受者对现实和社会的忽视，还会造成其道德观念和审美意识的变异。大众文化的主要功能是休闲娱乐功能，但任何一种文化形态，其存在的价值不仅仅在于展现人类社会发展过程中的生存状况

---

① ［英］约翰·斯道雷：《文化理论与大众文化导论》（第五版），常江译，北京大学出版社，2010 年，第 10 页。

② 贾雪丽：《论大众文化的三个伦理维度》，《湖北大学学报（哲学社会科学版）》，2017 年第 1 期。

③ 张弛：《大众文化与“时代精神”》，《读书》，2018 年第 6 期。

和日常生活，还在于它需要承载引导社会人群价值选择、提升改造生命个体精神的文化功能。即便是大众文化这种极具娱乐性的文化形态，实际上也以正式或非正式方式向广大受众灌输一定的人生志趣和道德倾向，隐含渗透着某种特定的道德情感。但某些大众文化作品在利益的驱使下，自动忽略了自身作为文化载体的社会责任，放弃了大众文化的道德教化和精神引领的媒介功能。很多广为人知的广告、电视节目、影视文学等大众文化作品热衷于对男女肉欲的描绘、对流行时尚的宣传、对奢侈消费的引导，以及对个人恩怨的铺陈，在推动社会大众消费的过程中，也潜在地向“毫无分辨力的”大众灌输享乐主义、消费主义和极端个人主义等错误的人生观念。

流行音乐、时尚影视和网络文学是当代青年最为熟悉的大众文化呈现形态。毋庸置疑，一些具有正能量的优秀大众文化形态确实对青年心灵发展和精神成长有着不可忽视的价值和意义。如 GALA 乐队的《追梦赤子心》：

充满鲜花的世界到底在哪里，
如果它真的存在那么我一定会去，
我想在那里最高的山峰矗立，
不在乎它是不是悬崖峭壁。
用力活着用力爱哪怕肝脑涂地，
不求任何人满意只要对得起自己，
关于理想我从来没选择放弃，
即使在灰头土脸的日子里。
也许我没有天分，
但我有梦的天真，
我将会去证明用我的一生。
也许我手比较笨，
但我愿不停探寻，
付出所有的青春不留遗憾。
向前跑，迎着冷眼和嘲笑
生命的广阔不历经磨难怎能感到？
命运它无法让我们跪地求饶，
就算鲜血洒满了怀抱。
继续跑，带着赤子的骄傲

生命的闪耀不坚持到底怎能看到？
与其苟延残喘不如纵情燃烧吧，
有一天会再发芽。

未来迷人绚烂总在向我召唤，
哪怕只有痛苦作伴也要勇往直前，
我想在那里最蓝的大海扬帆，
绝不管自己能不能回还。
失败后郁郁寡欢，
那是懦夫的表现。
只要一息尚存请握紧双拳，
在天色破晓之前，
我们要更加勇敢，
等待日出时最耀眼的瞬间。
向前跑，迎着冷眼和嘲笑
生命的广阔不历经磨难怎能感到？
命运它无法让我们跪地求饶，
就算鲜血洒满了怀抱。
继续跑，带着赤子的骄傲
生命的闪耀不坚持到底怎能看到？
与其苟延残喘不如纵情燃烧，
为了心中的美好，
不妥协直到变老。

《追梦赤子心》的歌词没有使用传统文学意境构建方式，而是以一种直白质朴的语言宣泄青年追求“心中的美好”过程中的困顿、挣扎和呐喊。在歌词中，追梦的青年们充分认识到自身“没有天分”“手比较笨”的禀赋瑕疵，也理性意识到了“悬崖峭壁”和“磨难”的客观存在，但他们依旧不屈服于“冷眼和嘲笑”，宁肯“鲜血洒满了怀抱”也不愿“苟延残喘”。歌词铿锵激烈，将青年人的骄傲和对生命美好的无限渴望展现在人面前。总体来看，这首歌词既具有青年社会的人生情怀，又具有宽阔的社会视野和文化认知。在这样的歌词和音乐面前，青年接受者自然会因相似的人生境况和生命体验产生共鸣，并从中得到精神的陶冶和整顿。无疑，这类具有精神感召的大众文化作品对青年接受者而言，具有极强的心灵引导的正面意义。但在商业原则和消费意识的影响下，还有一些口水“神曲”在青年社会泛滥流行，这些歌曲歌词扁平且缺乏内涵，所表现的情感多限于狭小的自我情绪，反映出大众文化低俗化、庸俗化的审美趣味。

这种利弊并存的现象在网络文学中表现得也很明显。随着信息化时代的到来，网络迅速成为思想和文学的重要交流平台和载体，以玄幻、仙侠、都市、历史、悬疑等类型为主的网络小说蓬勃发展，成为当代社会文化醒目的“媒介化公共事件”。但这些缺乏行业标准和职业监管的网络文学，在商业推广和利益驱动下，其思想性、社会性和文学性均存在众多瑕疵，即使一些创作水准较高的现象级写手也难以逃脱消费市场对其文本写作的禁锢和影响。不少网络代表作品围绕爱情、友情、亲情，以及人类命运、社会责任等主题反映出当下青年的精神困境和突破欲求，展现了青年力求向上和改变命运的心灵动力，具有一定的现实情怀和人文追求。但是，大多网络文学写手“不仅生活在一个电子游戏机的世界，而且也生活在一个道德颠倒和价值真空的世界”。①他们对道德沦丧、权钱交易、贪污腐败等社会弊病习以为常，没有任何参与现实、改变现实的欲望和信心，从而认同“坏者为王”“强者为帝”的逻辑。因此，众多网络文学在超越现实环境的写作中，忽视对现实社会的关注，过于沉溺于想象和虚构，那些穿越后的理想国成为写作者和阅读者的精神放逐之地，宏大的神魔虚幻世界最终只是一个缺血苍白的技术世界。也有一些具有一定“文青病”的写手，以超现实环境来隐喻现实世界，但这种隐喻写作往往因消费狂欢影响和受众自身的文化阅读能力，无法真正将作者的内在意图和精神旨归传递给青年受众，从而成为一种无意义的隐喻。大多数网络文学过于宣扬狭隘的个人英雄主义，在背离伦理、常理的叙述中，架空了现有道德观念，这对青年接受者来说很容易诱导他们的思想观念走向偏激，脱离轨道。更有一些纯粹为赚取月票和订阅的写手，为了能够获取更多的阅读分红，小说内容充斥暴力血腥和伦理叛逆，在大篇幅的情爱描写中裹藏着各种挑逗性、诱惑性语言和描绘，这种思想低俗、写作拙劣的文字很容易在青年受众中形成影响潜流，对其人性道德、价值观念和审美意识产生负面影响。

---

① 陶东风：《中国文学已经进入装神弄鬼时代？——由“玄幻小说”引发的一点联想》，《当代文坛》，2006 年第 5 期。

第二节　大学使命与心灵建设

青年学生对社会文化的接受是一个缓慢的、碎片化的、复杂的过程。从二十世纪九十年代末开始，青年学生在社会转型时期面临着众多自我危机。在整个青春与奋斗、成功与意义的时代话语中，社会环境和文化生态的多元变化造成他们过早产生“被边缘化”“被底层化”的焦虑。人才培养的数量化发展和人才市场的虚化饱和，导致青年学生在面临市场就业时表现出强烈的自我生存危机和自我否定情绪。同时，全球化进程逐渐消解原有文化的整体性和合理性，大众文化繁荣又进一步逼迫文化演变成娱乐对象和商品符号，看似多元文化的选择却往往会给这些精神畸零的青年学生更多的无所归依。因此，如何去引导青年学生更好地塑造个体精神，如何培养青年学生更好地适应社会转型发展的潮流，成为当代大学和高等教育从业者必须真实面对和切实解决的课题。

一、大学使命与知识教育

作为培养未来社会建设者的重要基地，大学的教育使命一直存有争议。从当前社会发展来看，青年学生的知识教育和职业教育无疑是当代中国大学重要的教育使命。美国康乃尔大学校长帕金斯认为“大学的本质就是有关知识的制度，知识的获得、传授和应用三者间的关系也是通过大学而加以制度化”。伯得斯通的《管理现代大学》也明确指出:“大学是知识和学习的组织，是社会系统知识的主要储藏库和未来科学和人文理解的主要贡献者。大学也正是为了这样的使命而设计的。”① 因此，基于青年学生未来职业发展和生存所需，知识与职业教育成为当前高等教育极为关键的教育使命。通过长期的知识训练，使青年学生具备相对完整的专业知识体系，从而能够胜任相关专业岗位的职业需求，这是处在就业焦虑环境中的中国社会和青年学生迫切需要的。

“知识教育从根本上说就是以知识为中心而不是以人为中心的教育，或者说以知识为本而不是以人为本的教育。”② 在这种教育理念影响下，知识成为谋生的手段，学习知识逐渐丧失洞察理势、关注发展的求知欲，而只

---

① 转引自眭依凡:《大学使命：大学的定位理念及实践意义》，《教育发展研究》，2000 年第 9 期。

② 孟建伟:《从知识教育到文化教育：论教育观的转变》，《教育研究》，2007 年第 1 期。

是在现代工业文明下对人的一种要求或强制性义务。因此，在一定意义上，大学若仅仅倡导以知识教育为其教育使命，则必然会陷入功利主义和机械思维的陷阱中，以人的发展为中心的教育本质必然会被膨胀的工具理性所掩盖，从而丧失其应具备的价值理性和文化内涵，最终“教育的失真和理想的隐遁造成了信仰的危机”。①

二、大学使命与精神塑造

大学不仅仅是社会建设人才的培养基地，更是公民社会建构的重镇。大学不只是以知识传授和生存技能为教学中心的职业培训所，怀特海认为：“大学造就我们文明的知识先驱：牧师、律师、政治家、医生、科学家和文人学者。大学一直是引导人们面对他们时代的混乱的思想之家。”②可见，大学是一个国家和民族文化进步的重要策动力，是引导人类面对未来时代的思想之家。从国家层面来看，中国教育方针一直强调立德树人的教育根本任务，认为高等教育是优秀文化传承的重要载体和思想文化创新的重要源泉，在理论上明确了当代大学的文化价值和使命。

因此，大学另外一个重要使命是对知识教育和职业教育的超越，将教育的本质回归到个体生命的精神塑造之上。雅斯贝尔斯认为，教育是人的灵魂的教育，并非理智知识和抽象认识的堆积，“教育依赖于精神世界的原初生活，教育不能独立，它要服务于精神生活的传承”。“在我们的时代里，精神命运必然决定教育的内涵”③，所以“大学的生命全在于教师传授给学生新颖的、合符自身境遇的思想来唤起他们的自我意识”。④大学最终要塑造的人才，不是单纯的知识匠，是培养各个阶层的精神贵族。他们具有高尚的社会品德、独立的个体精神和横溢的职业才华，他们可以为社会民众的热情和志向提供真正原则和确定目标，进而具有推进社会文化发展和政治文明演进的自觉意识。从这一点来说，正如著名文学家罗曼·罗兰对其母校巴黎高等师范学校的精辟概括那样，大学是“高贵的精神隐修院”。在这所精神修炼地中，教育要以青年学生的心灵发育与成长为目标，更好地引导青年学生体认文化人格的深邃境界，砥砺青年学生践行独立开放的个

---

① 牛正兰：《知识教育与信仰危机》，《兰州大学学报（社会科学版）》，2007 年第 2 期。
② 夏中义主编：《大学人文读本：人与自我》，广西师范大学出版社，2002 年，第 6 页。
③ ［德］雅斯贝尔斯：《什么是教育》，邹进译，生活·读书·新知三联书店，1991 年，第 42 页。
④ ［德］雅斯贝尔斯：《什么是教育》，邹进译，生活·读书·新知三联书店，1991 年，第 139 页。

体意识和关于家国、民众、日常的社会情怀。

《礼记·学记》云："玉不琢，不成器；人不学，不知道。是故古之王者建国君民，教学为先。"① 教育一直是中国传统社会极为重要的社会构成。从教育思想来看，人的教育是古代儒家教育理念的核心。《大学》开篇云："大学之道，在明明德，在亲民，在止于至善。"② 大学的宗旨在于彰显和弘扬光明正大的德性，以道德教化促进社会民众的内在更新，最终使之达到道德操守和人格精神的最完善境界。《礼记·学记》则从教学顺序阐述了"大学之道"：

> 古之教者，家有塾，党有庠，术有序，国有学。比年入学，中年考校。一年视离经辨志；三年视敬业乐群；五年视博习亲师；七年视论学取友，谓之小成。九年知类通达，强立而不反，谓之大成。夫然后足以化民易俗，近者说服而远者怀之，此大学之道也。③

大学之道并不简单停留于敬业乐群、博习亲师、论学取友，其最终旨归在于"知类通达，强立而不反"，即明了事类而能通达事理、坚持原则，有稳固的道德操守和独立的认识见解，这才是人才教育的"大成"之境，也是孔子所言的"三十而立，四十不惑"的精神境界。

因此，当代大学要有意识地引导学生规避大众文化对个体心灵的粗暴侵蚀和潜在影响，建立以心灵建设为中心的教育理念。在具体教育实践过程中，就需要进一步更新大学管理者和课堂教学者的教学观念，摒弃唯市场论和唯就业论的功利主义心理，合理调整人才培养的评价指标，从专业方案、课程设置、管理制度等角度进一步推动教育管理创新和课堂教学革命。

第三节　心灵建设与文化自觉

宋人赵与时《宾退录》卷九曾言："读诸葛孔明《出师表》而不堕泪者，其人必不忠；读李令伯《陈情表》而不堕泪者，其人必不孝；读韩退之《祭十二郎文》而不堕泪者，其人必不友。青城山隐士安子顺云。"④ 这段话

---

① 杨天宇：《礼记译注》，上海古籍出版社，1997 年，第 614 页。
② 〔宋〕朱熹：《四书章句集注》，中华书局，1983 年，第 3 页。
③ 杨天宇：《礼记译注》，上海古籍出版社，1997 年，第 615 页。
④ 〔宋〕赵与时：《宾退录》，齐治平校点，上海古籍出版社，1983 年，第 116 页。

呈现出传统社会文人心灵世界的丰富性和深沉性。与之相比，在当代文化语境中，能有几人读此三篇文章“堕泪”呢？社会民众的内在心灵更多奔逐于道上红尘、江中白浪，也就没有余裕反身归止于内在世界，也就没有太多慧质灵心关注文学世界中的深沉蕴藉之情，自然仅能停留于文学语言的文字转译，而最终成为传统丰富心灵世界的旁观者。

一、当代民众的心灵瑕疵

无疑，当代社会已进入物质极度丰富、生活极为繁富的时期。但这种丰富的社会物质和繁华的城市生活往往是以个体生命精神萎缩和心灵世界遮蔽为代价。现实生活中的各种社会喧哗与躁动、各种社会不协调和杂音都反映出当代民众心灵从真朴自然的原初状态逐渐走向虚饰迟钝的人工状态。

当代民众的心灵瑕疵首先表现在心灵忙碌。1816 年 10 月 28 日，黑格尔在海德堡大学演讲时，开讲便道：

> 时代的艰苦使人对于日常生活中平凡的琐屑兴趣予以太大的重视，现实上很高的利益和为了这些利益而作的斗争，曾经大大地占据了精神上一切的能力和力量以及外在的手段，因而使得人们没有自由的心情去理会那较高的内心生活和较纯洁的精神活动，以致许多较优秀的人才都为这种艰苦环境所束缚，并且部分地被牺牲在里面。因为世界精神太忙碌于现实，所以它不能转向内心，回复到自身。①

正如此言，在日趋喧嚣的大众文化和庸俗的功利欲求影响下，当代社会公众的“精神忙碌于现实”。尽管现实是所有民众物质生存和价值追求实现的必然场所，但当青年大众过于追求现实，甚至被现实利益所完全包裹时，其内在世界必然会出现精神疲惫、思想迟钝、为物所役的状态，从而丧失青年精神独立和自由的可能性。早在 20 世纪 20 年代，徐志摩在《想飞》中就以“飞”的能力失去隐喻人类精神自由的丧失：“飞。人们原来都是会飞的。天使们有翅膀，会飞，我们初来时也有翅膀，会飞。我们最初来就是飞了来的，有的做完了事还是飞了去，他们是可羡慕的。但大多数人是忘了飞的，有的翅膀上掉了毛不长再也飞不起来，有的翅膀叫胶水给胶住了，再也拉不开，有的羽毛叫人给修短了像鸽子似的只会在地上跳，有的

---

① ［德］黑格尔：《哲学史讲演录》（第一卷），贺麟、王太庆译，商务印书馆，1959 年，第 1 页。

拿背上一对翅膀上当铺去典钱使过了期再也赎不回。”① 人类之所以失去自由精神，不仅在于面对无尽宇宙个体生命的无助不得，还在于受到来自外在异己力量用“胶水”“剪刀”等制度、规则等形式的约束禁锢，还在于因受外物名利的诱惑最终失去对内心的坚守。

当代民众的心灵瑕疵其次表现在心灵失序。在文明发展过程中，人类本应建立一种平衡有序的心灵生态。在良性心灵生态中，人类能够以和谐精神追求人与人、人与自然、人与社会的协调、包容和开放。但反观现实世界，社会经济的繁荣开放并没有使大众的心灵走向自由和谐，反而出现了在技术强化下的心灵封闭状态，心灵生态的污浊化导致人与自然、人与社会、人与人的疏离、隔膜乃至对抗。很多民众在理性至上、财富至上和信仰缺失的观念环境中走向刻薄冷漠、寡德失信、嫉妒仇视等不良心灵状态，心灵的发展显现出失衡无序的态势。丰子恺先生在《随笔五则》之三中写道:“我似乎看见，人的心都有包皮。这包皮的质料和重数，依各人而不同。有的人的心似乎是用单层的纱布包的，略略遮蔽一点，然真而赤的心的玲珑的姿态，隐约可见。有的人的心用纸包，骤见虽看不到，细细掴起来也可以摸得出。且有时纸要破，露出绯红的一点来。有的人的心用铁皮包，甚至用到八重九重。那是无论如何摸不出，不会破，而真的心的姿态无论如何不会显露了。”② 无论“包皮”的材质如何，这种“包皮”最终让大众的心灵处在失序之中，这种心灵瑕疵最终会成为社会和谐发展过程中无法忽视的精神问题。

二、心灵建设的教育策略

“归去来兮，田园将芜胡不归?”（陶渊明《归去来兮辞》）心灵出现瑕疵，则需对其进行整顿。陶渊明《归园田居》诗云:“开荒南野际，守拙归园田。”所谓“开荒”，不仅是对现实客观世界荒田的重新开垦，更是对“误落尘网中，一去三十年”期间政治环境所造成的心灵荒芜的重新洗礼。那么，要如何才能进行心灵建设?

首先，要强调反省教育。从孟子“性善”论来看，“仁义礼智，非由外铄我也，我固有之也”。所有人都是具有内在良善本性的。《孟子 · 尽心上》认为:“仁义礼智根于心。其生色也，睟然见于面，盎于背，施于四体，四

---

① 徐志摩:《徐志摩散文》，人民文学出版社，2007 年，第 102 页。

② 丰子恺:《丰子恺散文精选》，长江文艺出版社，2013 年，第 125 页。

体不言而喻。”[①]仁义礼智的善端在被涵养扩充后，不仅让人脸散发光彩，背和四肢也充满饱满坚实的力量。但毕竟所有民众都生活在复杂的自然社会环境之中，其心性人格的发展也必然受到外物的影响，甚至修改。因此，人的内心发展因外部环境和主观意志的差异而出现不同分野，《孟子·公孙丑上》言:“凡有四端于我者，知皆扩而充之矣，若火之始然，泉之始达。苟能充之，足以保四海；苟不充之，不足以事父母。”[②]也就是说如果人们不能积极扩充建设其内在德性，其行为和心灵必然出现纰漏瑕疵，从而影响个体的家庭发展和社会发展。而要真正进行“扩而充之”，也就需要人们具有一种自觉反省的主观意识，在自觉反省中，不断省察外在世界和内在心灵，从而让心灵保持在一种清晰澄澈的意识状态。所以，王阳明在《传习录》中提出:“只悬空静守，如槁木死灰，亦无用。须教他省察克治。省察克治之功，则无时而可间，如去盗贼，须有个扫除廓清之意。无事时，将好色、好货、好名等私逐一追究搜寻出来，定要拔去病根，永不复起，方始为快。”[③]先秦文献典籍清晰记录着古之先贤是如何省察心灵的。《论语·学而》:“曾子曰：‘吾日三省吾身：为人谋而不忠乎？与朋友交而不信乎？传不习乎?’”这是曾子在“日三省吾身”中检点内在可能性纰漏，从而克己复礼，使日常生命处在合理合情之状态。《老子》章四十四:“名与身孰亲？身与货孰多？得与亡孰病？甚爱必大费，厚藏必多亡。故知足不辱，知止不殆，可以长久。”这是老子在自我追问中不断领悟生命真谛，从而省悟生命只有建立于知足知止之上，才能长久。

其次，要重视人文教育。人文教育与自然科学教育相比，确实无法传授给受学者生存技能和社会技艺。但正如美国学者科隆曼《教育的终结——为什么我们的高校放弃了人生的意义》所言:“如果我们还想要在一个庞大但却空洞无力的时代去寻找意义，那我们就必须转向人文学科，因为惟有人文学科才能帮我们去解决生活的意义何在的问题。”人文教育的宗旨指向个体的心灵发展和精神完善，“人文教育与人的心灵存在一种内生性关联。它指向人的灵魂的教化，其根本目的在于引导受教育者追问人的存在意义、价值与尊严”。[④]《庄子·逍遥游》开篇云:“北冥有鱼，其名为鲲。

---

① 〔宋〕朱熹:《四书章句集注》，中华书局，1983 年，第 355 页。

② 〔宋〕朱熹:《四书章句集注》，中华书局，1983 年，第 238 页。

③ 〔明〕王阳明:《王阳明全集》，徐枫等点校，天津社会科学院出版社，2015 年，第 24 页。

④ 吴元发:《人文教育的心灵之维——现代性境遇中对人文教育的一次申辩》，《教育学术月刊》，2015 年第 5 期。

鲲之大，不知其几千里也；化而为鸟，其名为鹏。鹏之背，不知其几千里也；怒而飞，其翼若垂天之云。是鸟也，海运则将徙于南冥。南冥者，天池也。”人文教育应是一种化成天下的教育，通过这种良善的道德知识教化，推动个体生命的内在迁跃，将生命从“鲲鱼”转化为“鹏鸟”，最终获得生命的独立自由之本质，从而将青年培养成“信道笃而自知明”（韩愈《伯夷颂》）的知识分子，而非“知识匠”。

最后，要注重传统教育。站在21世纪的社会潮流之中，社会大众的身体无疑是朝前运行的，但是其精神却不能完全背弃身后的传统。从人的全面发展来看，处在文化下游的民众，需要以心灵和精神溯流而上，去追思叩问曾经的历史、社会和文化，唯有如此，社会发展的趋向才能更为清晰坚定。当代文化学者董桥在《给后花园点灯》一文中说：

> 不会怀旧的社会注定沉闷、堕落。没有文化乡愁的心井注定是一口枯井。经济起飞科技发达纵然不是皇帝的新衣，到底只能御寒。“天寒翠袖薄，日暮倚修竹”的境界还是应该试试去领会的。聪明人太多，世间自然没有“信”之可言了。……经济、科技的大堂固然是中国人必须努力建造的圣殿，可是，在这座大堂的后面，还应该经营出一处后花园：让台静农先生抽烟、喝酒、写字、著述、聊天的后花园。①

经济发展和科技进步无疑是促进国家文明、提升民族力量的重要推动力，但国家声誉、威望和品牌的长久发展和影响还需要具有厚重深沉的文化传统来支撑。奥地利著名诗人里尔克曾说:“当灵魂失去庙宇，雨水就会滴在心上。”这座文化“庙宇”不仅指向生命信仰，更指向具有民族精神展览馆、当代社会文化乡愁这一意义的传统。因此，社会民众的心灵培育不仅需要当下科技和经济带来的物质享受，更需要从典雅深闳的民族传统中汲取精神养料，从而将心灵世界建设成润泽芳菲之境。

综上所述，青年群体的精神建构应是社会发展过程中教育关注的重心，大学教育应积极面对和思考青年群体的文化症候，主动引导青年群体合理认识和对待当前大众文化的熏染，立足于个体发展需要，建立自觉反省意识，接受人文教育和传统教育，积极涵养其内在世界，从而将个体培养成具有文化自信、社会情怀、生命自由的社会人才。

---

① 董桥：《旧情解构》，生活·读书·新知三联书店，2002年，第296页。

参读文献

礼记·学记

发虑宪，求善良，足以謏闻，不足以动众；就贤体远，足以动众，未足以化民。君子如欲化民成俗，其必由学乎。

玉不琢，不成器；人不学，不知道。是故古之王者，建国君民，教学为先。《兑命》曰:“念终始典于学。”其此之谓乎。

虽有嘉肴，弗食，不知其旨也。虽有至道，弗学，不知其善也。是故学然后知不足，教然后知困。知不足，然后能自反也。知困，然后能自强也，故曰教学相长也。《兑命》曰:“学学半。”其此之谓乎。

古之教者，家有塾，党有庠，术有序，国有学。比年入学，中年考校。一年视离经辨志，三年视敬业乐群，五年视博习亲师，七年视论学取友，谓之小成。九年知类通达，强立而不反，谓之大成。夫然后足以化民易俗，近者说服，而远者怀之，此大学之道也。《记》曰:“蛾子时术之。”其此之谓乎。

大学始教，皮弁祭菜，示敬道也；《宵雅》肄三，官其始也；入学，鼓，箧，孙其业也。夏、楚二物，收其威也。未卜禘不视学，游其志也。时观而弗语，存其心也。幼者听而弗问，学不躐等也。此七者，教之大伦也。《记》曰:“凡学，官先事，士先志。”其此之谓乎。

大学之教也时，教必有正业，退息必有居。学，不学操缦，不能安弦；不学博依，不能安诗；不学杂服，不能安礼；不兴其艺，不能乐学。故君子之于学也，藏焉，修焉，息焉，游焉。夫然故，安其学而亲其师，乐其友而信其道。是以虽离师辅而不反。《兑命》曰:“敬，孙，务，时，敏，厥修乃来。”其此之谓乎。

今之教者，呻其占毕，多其讯，言及于数，进而不顾其安，使人不由其诚，教人不尽其材，其施之也悖，其求之也佛。夫然故，隐其学而疾其师，苦其难而不知其益也，虽终其业，其去之必速。教之不刑，其此之由乎。

大学之法，禁于未发之谓“豫”，当其可之谓“时”，不陵节而施之谓“孙”，相观而善之谓“摩”。此四者，教之所由兴也。

发然后禁，则扞格而不胜。时过然后学，则勤苦而难成。杂施而不孙，则坏乱而不修。独学而无友，则孤陋而寡闻。燕朋逆其师。燕辟废其学。

此六者，教之所由废也。

君子既知教之所由兴，又知教之所由废，然后可以为人师也。故君子之教喻也，道而弗牵，强而弗抑，开而弗达。道而弗牵则和，强而弗抑则易，开而弗达则思；和、易以思，可谓善喻矣。

学者有四失，教者必知之。人之学也，或失则多，或失则寡，或失则易，或失则止。此四者，心之莫同也。知其心，然后能救其失也。教也者，长善而救其失者也。

善歌者，使人继其声；善教者，使人继其志。其言也约而达，微而臧，罕譬而喻，可谓继志矣。

君子知至学之难易，而知其美恶，然后能博喻；能博喻然后能为师；能为师然后能为长；能为长然后能为君。故师也者，所以学为君也。是故择师不可不慎也。《记》曰:"三王四代唯其师。"此之谓乎。

凡学之道，严师为难。师严然后道尊，道尊然后民知敬学。是故君之所不臣于其臣者二：当其为尸则弗臣也，当其为师则弗臣也。大学之礼，虽诏于天子，无北面，所以尊师也。

善学者，师逸而功倍，又从而庸之；不善学者，师勤而功半，又从而怨之。善问者如攻坚木，先其易者，后其节目，及其久也，相说以解。不善问者反此。善待问者如撞钟，叩之以小者则小鸣，叩之以大者则大鸣，待其从容然后尽其声。不善答问者反此。此皆进学之道也。

记问之学，不足以为人师。必也其听语乎，力不能问然后语之；语之而不知，虽舍之可也。

良冶之子必学为裘。良弓之子必学为箕。始驾者反之，车在马前。君子察于此三者，可以有志于学矣。

古之学者比物丑类。鼓无当于五声，五声弗得不和。水无当于五色，五色弗得不章。学无当于五官，五官弗得不治。师无当于五服，五服弗得不亲。

君子曰:"大德不官，大道不器，大信不约，大时不齐。察于此四者，可以有志于学矣。"

三王之祭川也，皆先河而后海，或源也，或委也。此之谓务本。

（选自杨天宇：《礼记译注》，上海古籍出版社，2004 年）

想　飞

徐志摩

假如这时候窗子外有雪——街上，城墙上，屋脊上，都是雪，胡同口一家屋檐下偎着一个戴黑兜帽的巡警，半拢着睡眼，看棉团似的雪花在半空中跳着玩……假如这夜是一个深极了的啊，不是壁上挂钟的时针指示给我们看的深夜，这深就比是一个山洞的深，一个往下钻螺旋形的山洞的深……

假如我能有这样一个深夜，它那无底的阴森捻起我遍体的毫管；再能有窗子外不住往下筛的雪，筛淡了远近间飏动的市谣；筛泯了在泥道上挣扎的车轮。筛灭了脑壳中不妥协的潜流……

我要那深，我要那静。那在树荫浓密处躲着的夜鹰轻易不敢在天光还在照亮时出来睁眼。思想；它也得等。

青天里有一点子黑的。正冲着太阳耀眼，望不真，你把手遮着眼，对着那两株树缝里瞧，黑的，有榧子来大，不，有桃子来大——嘿，又移着往西了！

我们吃了中饭出来到海边去。(这是英国康槐尔极南的一角，三面是大西洋)。勗丽丽的叫响从我们的脚底下匀匀的往上颤，齐着腰，到了肩高，过了头顶，高入了云，高出了云。啊，你能不能把一种急震的乐音想象成一阵光明的细雨，从蓝天里冲着这平铺着青绿的地面不住的下？不，那雨点都是跳舞的小脚，安琪儿的。云雀们也吃过了饭，离开了它们卑微的地巢飞往高处做工去。上帝给它们的工作，替上帝做的工作。瞧着，这儿一只，那边又起了两！一起就冲着天顶飞，小翅膀动活的多快活，圆圆的，不踌躇的飞，——它们就认识青天。一起就开口唱，小嗓子动活的多快活，一颗颗小精圆珠子直往外唾，亮亮的唾，脆脆的唾，——它们赞美的是青天。瞧着，这飞得多高，有豆子大，有芝麻大，黑刺刺的一屑，直顶着无底的天顶细细的摇，——这全看不见了，影子都没了！但这光明的细雨还是不住的下着……

飞。“其翼若垂天之云……背负苍天，而莫之夭阏者”；那不容易见着。我们镇上东关厢外有一座黄泥山，山顶上有一座七层的塔，塔尖顶着天。塔院里常常打钟，钟声响动时，那在太阳西晒的时候多，一枝艳艳的大红花贴在西山的鬓边回照着塔山上的云彩，——钟声响动时，绕着塔顶尖，摩着塔顶天，穿着塔顶云，有一只两只有时三只四只有时五只六只蜷着爪往地面瞧的“饿老鹰”，撑开了它们灰苍苍的大翅膀没挂恋似的在盘旋，在半空中浮着，在晚风中泅着，仿佛是按着塔院钟的波荡来练习圆舞似的。那是我做孩子时的“大鹏”。有时好天抬头不见一瓣云的时候听着忱忱的叫响，我们就知道那是宝塔上的饿老鹰寻食吃来了，这一想象半天里秃顶圆睛的英雄，我们背上的小翅膀骨上就仿佛豁出了一铿铿铁刷似的羽毛，摇起来呼呼响的，只一摆就冲出了书房门，钻入了玳瑁镶边的白云里玩儿去，谁耐烦站在先生书桌前晃着身子背早上上的多难背的书！啊，飞！不是那在树枝上矮矮的跳着的麻雀儿的飞；不是那凑天黑从堂匾后背冲出来赶蚊子吃的蝙蝠的飞；也不是那软尾巴软嗓子做窠在堂檐上的燕子的飞。要飞就得满天飞，风拦不住云挡不住的飞，一翅膀就跳过一座山头，影子下来遮得阴二十亩稻田的飞，到天晚飞倦了就来绕着那塔顶尖顺着风向打圆圈做梦……听说饿老鹰会抓小鸡！

飞。人们原来都是会飞的。天使们有翅膀，会飞，我们初来时也有翅膀，会飞。我们最初来就是飞了来的，有的做完了事还是飞了去，他们是可羡慕的。但大多数人是忘了飞的，有的翅膀上掉了毛不长再也飞不起来，有的翅膀叫胶水给胶住了再也拉不开，有的羽毛叫人给修短了像鸽子似的只会在地上跳，有的拿背上一对翅膀上当铺去典钱使过了期再也赎不回……真的，我们一过了做孩子的日子就掉了飞的本领。但没了翅膀或是翅膀坏了不能用是一件可怕的事。因为你再也飞不回去，你蹲在地上呆望着飞不上去的天，看旁人有福气的一程一程的在青云里逍遥，那多可怜。而且翅膀又不比是你脚上的鞋，穿烂了可以再问妈要一双去，翅膀可不成，折了一根毛就是一根，没法给补的。还有，单顾着你翅膀也还不定规到时候能飞，你这身子要是不谨慎养太肥了，翅膀力量小再也拖不起，也是一样难不是？一对小翅膀驮不起一个胖肚子，那情形多可笑！到时候你听人家高声的招呼说，朋友，回去罢，趁这天还有紫色的光，你听他们的翅膀在半空中沙沙的摇响，朵朵的春云跳过来拥着他们的肩背，望着最光明的来处翩翩的，冉冉的，轻烟似的化出了你的视域，像云雀似的只留下一泻光明的骤雨——“Thou art unseen, but yet I hear thy shrill delight”——那你，独自在泥涂里淹着，够多难受，够多懊恼，够多寒伧！趁早留神你的翅膀，朋友。

是人没有不想飞的，老是在这地面上爬着够多厌烦，不说别的。飞出这圈子，飞出这圈子！到云端里去，到云端里去！哪个心里不成天千百遍的这么想？飞上天空去浮着，看地球这弹丸在太空里滚着，从陆地看到海，从海再看回陆地。凌空去看一个明白——这才是做人的趣味，做人的权威，做人的交代。这皮囊要是太重挪不动，就掷了它，可能的话，飞出这圈子，飞出这圈子！

人类初发明用石器的时候，已经想长翅膀。想飞。原人洞壁上画的四不像，它的背上掮着翅膀；拿着弓箭赶野兽的，他那肩背上也给安了翅膀。小爱神是有一对粉嫩的肉翅的。挨开拉斯（Icarus）是人类飞行史里第一个英雄，第一次牺牲。安琪儿（那是理想化的人）第一个标记是帮助他们飞行的翅膀。那也有沿革——你看西洋画上的表现。最初像是一对小精致的令旗，蝴蝶似的粘在安琪儿们的背上，像真的，不灵动的。渐渐的翅膀长大了，地位安准了，毛羽丰满了。画图上的天使们长上了真的可能的翅膀。人类初次实现了翅膀的观念，彻悟了飞行的意义。挨开拉斯闪不死的灵魂，回来投生又投生。人类最大的使命，是制造翅膀；最大的成功是飞！理想的极度，想象的止境，从人到神！诗是翅膀上出世的；哲理是在空中盘旋的。飞：超脱一切，笼盖一切，扫荡一切，吞吐一切。

你上那边山峰顶上试去，要是度不到这边山峰上，你就得到这万丈的深渊里去找你的葬身地！“这人形的鸟会有一天试他第一次的飞行，给这世界惊骇，使所有的著作赞美，给他所从来的栖息处永久的光荣。”啊达文奢！

但是飞？自从挨开拉斯以来，人类的工作是制造翅膀，还是束缚翅膀？这翅膀，承上了文明的重量，还能飞吗？都是飞了来的，还都能飞了回去吗？钳住了，烙住了，压住了，——这人形的鸟会有试他第一次飞行的一天吗？……

同时天上那一点子黑的已经迫近在我的头顶，形成了一架鸟形的机器，忽的机沿一侧，一球光直往下注，硼的一声炸响，——炸碎了我在飞行中的幻想，青天里平添了几堆破碎的浮云。

一九二六年四月十四日至十六日作

（选自徐志摩：《徐志摩散文》，人民文学出版社，2007 年）

何为大众文化

［英］约翰·斯道雷

“大众文化”一词同样有许多种定义。前人学者从各式各样的批判视角出发，试图对大众文化作出一个明晰的界定，本书自然需要对这些界定进行考察。因此，我的全部意图即是在本章之内对大众文化的六个主要定义进行粗略的勾勒：这些定义从不同角度为大众文化研究赋予了内涵。不过，首先我们要弄清楚什么是“大众”（popular）。威廉斯认为“大众”一词有四种现行的含义：“为很多人所喜爱”、“质量低劣的作品”、“被特意用来赢取人们喜爱的作品”、“人们为自己而创造的文化”（Williams，1983：237）。如是，“大众文化”这一表述就成了“大众”的诸种定义与“文化”的诸种定义之间的错综复杂的组合；而文化理论也就介入了大众文化研究的历史，使之变成了上述两个术语在特定历史与社会情境之下如何被研究者以各种不同方式加以关联的历史。

我们不妨从一个显而易见的定义方式入手：所谓大众文化，是指那些被很多人所广泛热爱与喜好的文化。毫无疑问，这个“量化”的定义会拥有很多的赞同者。我们可以研究书籍、CD 和 DVD 的销量，也可以观察音乐会、体育赛事和节日庆典的参与者人数，我们还可以审视关于受众喜爱的电视节目的市场调查数据。这些数据统计工作无疑会让我们收获良多。然而，一个自相矛盾的难点也随之出现：也许此种“量化”的工作并无实际价值。除非大家能达成一个共识，找到一个数字，比它多的就是大众文化，比它少的则是普通文化，否则准会发现“被很多人所广泛热爱与喜好”这种表述实际上是毫无意义的。当然，我们不能否认，任何对大众文化的界定都必须考虑到“数量”的因素，这是由“大众文化”中的“大众”一词所决定的。但也必须清楚地认识到，仅仅依靠一个量化指标是不足以对概念本身进行完全充分的界定的。否则，很多受到权威认可的、属于“高雅文化”（high culture）的书籍、唱片和电视剧本，由于拥有很大的销量和收视率，便只能被“理所当然”地归入“大众”范畴之内了（Bennett，1980：20－21）。

第二种定义认为，大众文化就是除了“高雅文化”之外的其他文化，是一个剩余的范畴，是那些无法满足“高雅”标准的文本和实践的“栖身之所”。换言之，大众文化乃是一种低等文化。这种区分之中包含了一系列加诸特定文本和实践的价值判断。例如，人们可能坚信文化应当是“复杂的”；也就是说，“真正的”文化必须是很难被人理解的。只有这样，所谓的“高雅文化”才具有排他性。文化的这种排他性是真实存在的，它同时决定了高雅文化的受众也具有相应的排他性。法国社会学者皮埃尔·布尔迪厄（Pierre Bourdieu）指出，文化的高低之分通常被用于维护阶级的高低之分。“品位”是一个深奥的意识形态范畴，如同一个“阶级”的市场（这个表述具有双重含义，一是社会经济范畴的，二是对品质的特定等级的描述）。在布尔迪厄看来，对文化的消费“无论是不是预设的、刻意的和审慎的，都旨在发挥将社会差异合法化的功能”（Bourdieu，1984：5）。在第九章和第十章我们将对此问题进行细致的探讨。

这一定义常常以下述论调来支撑自己的观点，即大众文化是为满足乌合之众而批量生产的商业文化，高雅文化则是个体创造活动的结果。故而，后者所引发的是人们道德上和审美上的反应，而前者仅会激发一种转瞬即逝的社会学意义上的检视，除了揭示自身本来就提供的一点内容外，别无他求。通常，无论采用何种方法，那些坚信文化有高低之分的人都会认为两者之间的界线是绝对明晰的。不但如此，在他们眼中，这一界线甚至是超越历史的，是永恒不变的公理。持有这种观点的人很多，他们尤其强调“经典文本”的品质是划分高低文化的决定性因素。此论断存在很多问题。例如，现在被我们视为高雅文化典范的莎翁剧作，在19世纪之前始终属于大众文化范畴。查尔斯·狄更斯（Charles Dickens）小说的情况也大同小异。与之类似，我们可以看到黑色电影（film noir）是如何跨越高雅文化和大众文化之间的那个臆想出来的界线的：起初它是一种大众化的电影形式，如今竟成了学术研究者和电影俱乐部的专业领域。举一个离得比较近的例子可以让我们了解高雅文化向大众文化转变的过程，那就是鲁契亚诺·帕瓦罗蒂（Luciano Pavarotti）演绎贾科莫·普契尼（Giacomo Puccini）的歌剧《今夜无人入睡》（Nessun Dorma）的唱片。即使是高雅文化最坚贞的卫道士也不会否认帕瓦罗蒂和普契尼的属于自己的阵营，但是这张唱片在1990年竟然登上英国销量榜的榜首。巨大的销量和商业的成功显然使得作曲家、演奏家和歌唱家成了大众文化的一分子。我熟识的一个学生向我抱怨道，唱片在商业上取得的成功让高雅音乐贬值了。他现在都不敢当着别人的面听歌剧，因为害怕别人嘲笑他的品位，说他是“BBC世界杯官方主题曲”的应声虫。其他学生对他的论调嗤之以鼻，我却认为他揭示了关于所谓高雅和大众之分的一个至关紧要的问题：精英们为使高雅文化得以延续而进行了一些投入。

1991年7月30日，帕瓦罗蒂在伦敦海德公园奉上了一场义演。主办方预计听众人数会达到25万，但由于大雨不期而至，实际到场人数仅有10万上下。在这一事件中，有两个要点引发了大众文化研究者的兴趣。第一，演出受到了许多人的追捧。此前，帕瓦罗蒂发行的两张唱片（《帕瓦罗蒂精选集1》和《帕瓦罗蒂精选集2》）均荣膺英国唱片销量冠军。我们不妨将这两个现象联系起来看——帕瓦罗蒂的这种显而易见的流行性表明所谓高雅文化和大众文化的明确分野是有问题的。第二，帕瓦罗蒂的受欢迎程度威胁了由文化高低之分所维护的阶级的排他性。为了说明问题，我们不妨看看英国媒体对该事件的报道情况。英国的所有大众化报纸都将这一事件置于最显眼的版面上。例如，《每日镜报》（Daily Mirror）用了整整5个版面来报道此事，这表明该报试图将其界定为一个大众文化事件。《太阳报》（The Sun）刊登了一位妇女的话："我可没有闲钱掏出100英镑去富人歌剧院看什么演出。"《每日镜报》则发表了一篇社评，声称帕瓦罗蒂"并不是唱给富人听的"，而是"唱给成千上万出不起钱到歌剧院与歌剧明星'共度良宵'的人们听的"。电视新闻对这场义演的报道是在午休时段播出的，而此前报纸的论调竟被纳入节目之中，成了解读该事件意义的一个部分。英国广播公司（BBC）的《午后整点新闻（One O'clock News）和独立电视公司（ITV）的《午后新闻》（12.30 News）都提及大众化报纸如何报道这场音乐会以及这些报道的深度与广度。原有的"文化版图"似乎骤然间受到了质疑。不过，电视报道中仍然出现了一些试图捍卫高雅文化的论调，例如："一些评论家称公园绝非适宜演出歌剧的场所"（《午后整点新闻》）、"某些歌剧迷会认为整场音乐会有点粗俗"（《午后新闻》），等等。尽管这些评论仍然召唤着高雅文化那"唯我独尊"的幽灵，却显然未能成功地让这场演出变得更加"高雅"。原本清晰可见的高/低界线如今也不再明了，仿佛一夜之间文化被经济取代了，所有一切揭示的都是"富人"和"大多数"之间的分野。正是事件本身的大众性才迫使电视新闻对旧式的"高/低论调"采取了既对抗又拥护的态度。在此，我们可以回过头来再看"大众"一词所包孕的矛盾重重的含义。一方面，某些事物因为有"大众"的支持而被认为是优质的，例如我们常说的：这真是一场广受欢迎的演出。然而，与之相反的是，还有些事物因为取悦了"大众"而被认为是劣质的。对此，可以参见表1.1中的二元对立示意。

表1.1　作为"次等"文化的大众文化大众报刊

高级报刊	
大众影院	艺术影院
大众娱乐	艺术

该表格清晰地揭示了"大众"和"大众文化"在其自身概念内部所包孕的

表示“次等”的意涵。对于那些无力理解，遑论鉴赏“真正的”文化的人来说，大众文化是其不得已的选择。而所谓的“真正的”文化，依马修·阿诺德（Matthew Arnold）所称，乃是“世人所思、所表的最好之物”（参见第二章）。霍尔指出，大众的形式在“文化电梯”里的上上下下并不是讨论的关键，重要问题在于“哪些力量与权力关系维系着这种分野和区隔……社会制度和制度化的社会过程……让文化的高低之分得以存在和维系”（Hall，2009b：514）。这种机制主要通过教育系统，以及在这一系统中得到传承与巩固的某些传统来发挥作用（参见第三章）。

第三种定义将“大众文化”等同于“群氓文化”。该定义与第二个定义关系密切。对于“群氓文化”观点的细致讨论将在第二章中进行。此处，将仅仅对这一定义的基本表述做些介绍。首先，对于那些将“大众文化”与“群氓文化”混为一谈的人而言，大众文化不过是一种不可救药的商业文化，是为大众消费而批量生产的文化，其受众是一群毫无分辨力的消费者。这种文化本身是程式化的、极具操纵性的（由于不同的文化分析家具有不同的政治倾向，因此这种操纵性在政治上也有或左或右的差别），持续麻痹着本已麻木不仁的人群。然而，约翰·费斯克（John Fiske）举出了反例，他的研究表明，“80% -90% 的新文化产品都在商业上失败了，尽管生产者做了海量的广告……但很多电影的票房收入甚至无法填平其推广成本”（Fiske，1989a：31）。西蒙·弗里斯（Simon Frith）也指出，大约 80% 的单曲和唱片都是亏本生意（Frith，1983：147）。类似的统计数据清晰地表明，那些认为消费仅仅是一种机械性、被动性行为的观点是不尽准确的（参见第七章和第十章）。

在那些将大众文化视为群氓文化的人们心中，曾经存在过一个“黄金时代”；那时的文化与现在的文化有本质的不同。这一论断通常包含下述两种表述方式：有机社区（organic community）的逝去或民间文化（folk culture）的消亡。但是，正如费斯克指出的那样：“在资本主义社会里，不存在所谓的‘本真’民间文化，自然也就无法用‘本真与否’去衡量群氓文化的价值。故而，对‘本真’的哀悼注定只是沉浸在浪漫怀旧中的一种徒然无功的行为。”（Fiske，1989a：27）这一观点同样适用于对“逝去的有机社区”的分析。在第四章中，我们会发现法兰克福学派（The Frankfurt School）将消逝的“黄金时代”置于未来而非过去。

对某些赞同上述范式的文化批评家来说，群氓文化并不仅仅是一种欺骗性的、营养贫乏的文化；经过仔细分辨不难发现，它实际上就是从美国舶来的文化:“如果非要说大众文化的现代形式是在某个地方被发明出来的,那么这个地方就是……美国的大都会，尤其是纽约。”（Maltby，1989：11）将大众文化等同于美国文化的观点，在英国文化研究的理论版图中有长期的传统，这就是所谓的“美国化”（Americanization）问题。其核心观点是英国文化在美国文化的同质化影响下已经衰退了。关于美国和大众文化的关系，我们可以提出下述两点确实的论断。首先，如安德鲁·罗斯（Andrew Ross）所言:“在美国，无论在社会层面上还是制度层面上，大众文化都占据了远比其在欧洲更为核心、更为重要的地位。”（Ross，1989：7）其次，尽管美国文化遍布全球的事实是毋庸置疑的，但人们通过何种方式来消费这些文化却是存在争议的（参见第九章）。事实上，在20世纪50年代(这是美国化过程的一个关键时期)，对于英国的许多年轻人而言，美国文化代表了一种自由的力量，激励他们抵抗英国日常生活的灰暗现状。同样，对于美国化的畏怕与对大众文化勃兴的疑惧（不考虑国家地域的因素）关系密切。对于群氓文化的批判，有政治左派与政治右派之争。两者的区别在于，前者声称“生机盎然”的工人阶级生活方式受到了威胁，后者则强调高雅文化的传统价值遭遇了破坏。

关于群氓文化还有一种比较温和的论断，那就是，大众文化的文本和实践可被视为公众幻想的形式，是人类的梦幻世界。诚如理查德·马尔特比（Richard Maltby）所言，大众文化“制造了一种遁逃仪式，它并不告诉人们何去何从，而是让人们从自我的乌托邦中解脱出来”（Maltby，1989：14)。在这个意义上，圣诞庆典和海滨度假就或多或少地成了一种群体性梦境，通过隐匿的方式表达了（被压迫的）大多数人的心愿和欲望。这是对群氓文化进行批判的一种温和的说辞。马尔特比还指出:“如果说大众文化把我们的梦境打包回售给我们是一种罪过，那么这同时也是大众文化的成功之处。正因有了大众文化，我们才意识到自己还有这么多丰富多彩的梦可做。”(同上)

尽管结构主义甚少在大众文化与群氓文化之间画等号，更不会采用道德主义的视角来看待问题，但结构主义者仍然视大众文化为一架意识形态机器，轻而易举地对宰制性的权力结构进行着再生产。他们认为，受众是被牢牢钉在特定的”解读立场”（reading positions）上的。在受众面前，几乎没有文本性对抗与行动的余地。后结构主义对结构主义的修正即是在一定程度上拓宽了批评的空间，为该问题提供了解决路径。第六章将会细致讨论这些问题。

第四个定义认为大众文化是来源于“人民”的文化。这一观点反对任何视大众文化为自上而下强加于“人民”的文化的论断。鉴于此，“大众文化”一词仅指属于“人民”的“本真的”文化，就等于民间文化，乃是一种民治、民享的文化。该定义“时常将大众文化等同于一种极富浪漫色彩的工人阶级的文化，是当代资本主义内部的符号性抵抗的主要源泉”（Bennett，1980：27）。该定义存在的问题在于：第一，无法说清究竟谁有资格来决定谁是“人民”、谁不是“人民”；第二，忽视了大众文化生产的商业属性。无论我们多么赞同“大众文化就是人民的文化”这一观点，都无法逃避一个事实，那就是“人民”绝非自发地、从自己制造的原材料中生产着文化。生产大众文化所需的原材料必然是商业提供的，无论我们如何来下定义。将大众文化混同于人民的文化违背了事实。当下，在对流行音乐和摇滚乐的批判研究领域中充斥着此类论调。在一次学术会议上，我听到一位与会者声称李维斯（Levi's）牛仔裤绝不可能采用果酱乐队（The Jam）的歌来为自己的产品促销。尽管事实上李维斯早已采用了撞击乐队（The Clash）的音乐做过广告歌，但这些人仍然固执己见。在这种偏见背后，是对文化差异的捍卫——李维斯牛仔裤的电视广告是群氓文化，而果酱乐队的音乐是由“人民”创造出来的一种对抗性的大众文化，后者绝不应该为前者服务，除非果酱乐队背弃自己的信仰。这种事情是“决然”不会发生的，因此李维斯牛仔裤也就“决然”不可能利用果酱乐队的歌来为自己促销。然而，没有“决然”。事实是，与果酱乐队具有同样政治信念的撞击乐队早已开始用自己的歌来为牛仔裤的销售服务。原有的循环转变戛然而止了，而文化研究即将用“霸权”（hegemony）的概念来为进一步的讨论提供理论支撑（参见第四章）。

大众文化的第五个定义来自意大利马克思主义者安东尼奥·葛兰西（Antonio Gramsci）的政治分析，尤其与其对“霸权”这一概念的发展密切相关。葛兰西用“霸权”这个词来指涉社会统治集团如何通过控制“智力与道德的领导权”（Gramsci，2009：75）来赢取被统治集团的赞同（consent）。对此，我们将在第四章进行详细讨论。此处，我只大致勾勒文化理论家是怎样将葛兰西的政治学概念用于阐释大众文化的本质和政治的。“葛兰西派”的学者认为，大众文化是一个富含冲突的场所。在这里，被统治集团之“抵抗”力量与统治集团利益对被统治集团的“收编”力量进行着斗争。大众文化既不是自上而下灌输给“群氓”的欺骗性文化，也不是自下而上的、由“人民”创造的对抗性文化，而是两者进行交流和协商的场域，同时包括了“抵抗”与“收编”。大众文化的文本与实践就在葛兰西所谓的“均势妥协”（compromise equilibrium）中流动（1971：161）。这一过程既是历时性的（在某一时期被贴上“大众文化”标签的文化，在另一时期也许就成了其他文化），又是共时性的（无论在哪个特定的历史时期，大众文化都在"“抵抗”与”收编”之间游弋）。例如，海滨休假一度是贵族的特权，如今却成了大众文化的范例。黑色电影起初只是一种广遭贬斥的大众电影类型，但不到三十年就摇身一变，顶上了艺术电影的光环。大体上，霸权理论认为大众文化毋宁说是统治阶级与被统治阶级、统治者文化与被统治者文化进行意识形态斗争的力场。正如本内特所言：

统治阶级试图赢取领导权，而被统治者则通过种种方式与之对抗。正是这种关系构成了大众文化研究的领域。故而，大众文化既包括自上而下的、旨在维护统治阶级意识形态的欺骗性“群氓文化”和自发的、自下而上的对抗性文化，也包括两者之间彼此妥协的“区域”。在这个区域里（包含各种各样不同类型的大众文化），宰制性的、屈从性的与反抗性的文化及意识形态价值彼此“混杂”，互相转换。（Bennett，2009：96）

霸权的“均势妥协”还可被用来分析大众文化内部及大众文化所折射出的其他类型的冲突。本内特强调的是阶级冲突，除此之外，族裔、“种族”、性别、代际、性征、身体缺陷等范畴内的冲突也同样适用，因为所有这些冲突都在不同的情况下参与到了旨在对抗主流或宰制性力量之收编的文化斗争之中。在对霸权理论的应用中，尤其是在后马克思主义的文化研究范式中（参见第四章），最关键的概念是“接合”（articulation；此处本词同时表达了两层意思，一是“表达自己的观点”，二是“与对方建立临时的关联”）。因此，大众文化就成了“一个非接合——接合的过程”（Mouffe，1981：231）。前面我们举过的英国保守党政治宣传节目的例子可以很好揭示这一过程。在电视节目中，保守党试图只与“作为一种强行限制人自由的政治运动的社会主义”发生接合，而完全将“作为一种经济、社会与政治解放之政治运动的社会主义”模糊化。此外，在第七章我们也可以看到，女性主义始终对大众文化领域内的文化斗争予以充分重视。女性主义者出版了许多科幻小说、侦探小说和言情小说，这些“文化之举”旨在接合具有女性主义政治倾向的大众文化类型。霸权理论还可被用来考察个人化的大众文化文本与实践内外的抵制与收编。雷蒙德·威廉斯指出，在一切大众文化文本或实践中都能找到某些元素，他把这些元素区分为“宰制元素”、“寻常元素”以及“剩余元素”，每一种元素都把文本朝不同的方向牵引（Williams，1980）。文本乃是不同文化力量的混合，是在这些力量的彼此冲突中形成的。这些元素究竟是如何被接合的？这在一定程度上取决于进行文化生产及消费的社会语境和历史条件。霍尔以威廉斯的观点为基础，建构了一套“受众立场”的理论。他认为，受众在解读文本时，有“主导式”、“协商式”和“屈从式”三种立场（Hall，1980a）。大卫·莫利（David Morley）对这一理论作出了修正，充分重视了话语（discourse）和主观性因素：受众对文本的解读始终是文本话语与受众话语之间进行的互动行为（Morley，1980）。

霸权理论还揭示了大众文化的一个重要方面，那就是大众文化理论其实就是关于“人民”之构成的理论。霍尔就曾指出，大众文化是“人民”及其与“权力集团”之关系得以形成的竞技场（Hall，2009b）（参见第四章）：

> 所谓“人民”，既非社会中的所有人也非社会中的某个集团，而是若干社会集团的聚合。这些集团的成员也许在很多方面都彼此相异（例如来自不同的阶级，或当下所参与的斗争不尽相同），但他们拥有一个共同点，那就是他们都与社会经济、政治及文化领域的权力集团处于相对抗的立场。正因如此，当他们各自的反抗行为发生了关系，他们就能联合起来，形成一个整体——“人民”，反抗权力集团的宰制。（Bennett，1986：20）

这显然使得大众文化变成了一个深刻的政治概念。

> 大众文化是我们检视日常生活之构成的场所。这种检视既是一种学术研究行为，即对一种社会过程或社会实践加以理解，又是一种政治行为。大众文化的研究者考察构成日常生活的种种权力关系，并借此揭露这种“构成”服务于哪种政治利益。（Turner：1996：6）

在第十章中，我们将探讨约翰·费斯克对葛兰西霸权概念的“符号学”用法。费斯克以及与他的思路不尽相同的保罗·威利斯（Paul Willis）都曾指出：大众文化是人们从文化工业产品中创造出来的。文化工业生产的只是群氓文化，而人们主动从中提炼、再创造出来的才是大众文化。这原本是个消费的过程，但人们在消费的同时对商品和商品化的实践加以利用。

大众文化的第六个定义是从近来对后现代主义争论的思考中生发出的，我们将在第九章中详述。在此，我仅枚举关于后现代主义与大众文化之间关系的若干基本观点。后现代主义的核心观点是：后现代文化已不再具有高低之分。不难猜出，一些人会因此而雀跃于精英主义文化观的末日的到来，而另一些人则会因商业最终战胜了文化而深感绝望。关于商业和文化互相渗透的现象（后现代主义模糊了“本真文化”与“商业文化”之间的区别），可以从电视广告和流行音乐的关系中一窥究竟。例如，越来越多的歌手由于为电视广告演唱主题歌而使自己的唱片销量猛增。这种关系使下述问题浮出水面：卖的是什么？究竟是音乐还是商品？显然，两者都是。此外，我们现在经常可以买到收录了非常流行的歌曲的CD，这些歌曲由于曾在广告中播放而取得“成功”。于是，出现了一个奇妙的、循环往复的怪圈：歌曲首先被用来促销商品；成功之后，又反过来完成了对歌曲的促销。对于那些既不赞同后现代主义也不支持过于乐观的后现代理论家的人们来说，真正的问题是：这种关系对文化产生了何种影响？政治上的左翼人士或许担忧此种状况会危损大众文化的反抗性潜力，而右翼阵营关心的则是“真正的文化”的现状会受到怎样的冲击。所有这些，导致文化研究领域内出现了持续不断的争论。与之相关的一些问题将在第九章中进行探讨。第九章还会从大众文化研究者的角度来探讨一个问题：究竟什么是后现代主义？

综上，无论采用何种方式来为大众文化下定义，有一个前提都是毋庸置疑的，即大众文化只有在工业化和城市化的进程中才能出现。威廉斯在《文化与社会》（Culture and Society）一书的前言中称:“统摄本书的基本观点是：无论文化的观念还是现代用法中的‘文化’这个词，都是在那个被我们称为工业革命（Industrial Revolution）的时期进入英国人的头脑的”（Williams，1963：11）。无论文化还是大众文化，都深深根植于资本主义市场经济的土壤中。在这一特定历史条件下，英国毫无疑问地成为大众文化的诞生之地。当然，还有很多定义未曾考虑上述历史条件和社会环境，但那些定义并不在本书所涉及之文化理论和文化理论家的讨论范围内。之所以要如此强调这一特殊的历史条件，原因在于工业化和城市化给大众文化版图中的文化关系带来了翻天覆地的变化。在工业化和城市化之前，英国只有两种文化：一种是共同的、或多或少为所有阶级共享的文化，另一种是额外的、为社会统治阶级生产和消费的精英文化（参见Burke，1994；Storey，2003）。工业化和城市化带来了三个巨变，重新勾画了文化的地图。首先，工业化改变了雇佣者和被雇佣者之间的关系。原本是基于相互债务责任（mutual obligation）的雇佣关系变成了如托马斯·卡莱尔（Thomas

Carlyle）所言的对“金钱关系”（cash nexus）的渴求（转引自 Morris，1979：22）。其次，城市化造成了阶级与阶级居住地的彼此分离。城镇之中出现了工人阶级的集中居住区，这是前所未有的。再次，法国大革命带来的恐慌——担忧革命会“输出”到英国来——迫使接连几届政府通过高压手段来对付激进主义。当然，政治激进主义和工团主义（trade unionism）并未被彻底摧毁，而是转入地下以躲避中产阶级的干涉与控制。上述三个因素共同发挥作用，在早期共同文化的家长制势力范围之外开辟了一个新的文化空间。其结果就是，一个为“大众文化的一代”服务的文化空间出现了，新兴的文化或多或少地避开了统治阶级的控制和影响。此文化空间内的境况如何？这是一个饱含争议的问题，也是文化主义（culturalism）的奠基人所关注的主题（参见第三章）。无论承载了哪些内容，新的文化空间都带来了种种热望和疑虑；而大众文化研究中的“文化与文明”传统，也就此拉开了帷幕（参见第二章）。

至此，我们已明白“大众文化”这个词远非我们当初设想得那样易于界定。这种界定困难在很大程度上是由“缺席的他者”造成的。大众文化是一个说不完、道不尽的话题，而我们总是在对比之中来理解大众文化。无论与大众文化相对的“他者”是什么——是群氓文化、高雅文化，还是工人阶级文化、民间文化，等等——概念本身都会因之而发生理论或政治意义上的变化。正如本内特所指出的：“对此问题，绝无‘万无一失’的解决方法；却有一系列互不相同的解决途径，每一种途径都会带来不同的释义、产生不同的影响。”（Bennett，1982a：86）

（选自约翰·斯道雷：《文化理论与大众文化导论》（第五版），常江译，北京大学出版社，2010 年）

拓展思考

1. 当代中国社会电视节目极为丰富，《中国诗词大会》《朗读者》等文化节目与《中国好声音》《歌手》等娱乐节目层出不穷，深受社会民众追捧。请结合约翰·斯道雷《文化理论与大众文化导论》中《何为大众文化》一文的观点，分析这些电视节目的大众文化属性。

2. 以玄幻、仙侠为代表的网络小说在青年群体中广为流传，很多网络小说在情节安排、人物设置、语言风格上颇为雷同。在玄幻、仙侠小说中，往往会出现“穿越夺舍”“废材崛起”等情节，请结合当代青年的精神状态和心理特征，讨论这些情节出现的现实之因。

3. 结合你对大学及大学教育的了解，谈谈你对现在的大学课程、大学管理和大学生活的看法。你认为合理的大学教育是怎样的教育？

延伸阅读

1. 陶东风：《大众文化教程》（修订版），广西师范大学出版社，2012 年。

2. 吴立保：《中国大学的文化困境与文化创新》，《中国高教研究》，2013 年第 6 期。

3. 俞国良：《社会转型：社会心理学的立场》，中国社会科学出版社，2016 年。

4. 周志强：《大众文化理论与批评》，高等教育出版社，2009 年。

5. ［美］雅罗斯拉夫·帕利坎：《大学理念重审：与纽曼对话》，杨德友译，北京大学出版社，2008 年。

6. ［英］约翰·斯道雷：《文化理论与大众文化导论》（第五版），常江译，北京大学出版社，2010 年。

第三章　内圣与外王：知识分子的选择

知识分子是新时代高等教育人才培养的重要目标。知识分子相对于一般人而言，他们更具有自觉的思考力、规范的专业性和广阔的责任感。他们未必一定具有丰富的知识和高级学历，但必须具有独立精神和原创能力，甚至他们是所处时代的社会监督者和社会批评者，以其知识、道德和智慧去影响、改造和发展社会。纵观中华民族发展史，中华文化之所以绵延不绝、生机勃发，或可推原于中华文化自我培养的知识分子阶层对民族、国家文化的自觉承担和理性思考。徐复观的《中国知识分子的责任》认为："中国知识分子的责任，乃在求得各种正确知识，冒悲剧性的危险，不逃避，不诡随，把自己所认为正确而为现实所需要的知识，影响到社会上去，在与社会的干涉中来考验自己，考验自己所求的知识的性能，以进一步发展、建立为我们国家、人类所需要的知识。"①

担荷着文化责任和社会义务的知识分子，在传统学术视野中，就是从先秦以来逐渐形成并影响中华民族的命脉的士阶层。内圣外王是中国传统文人个体发展和社会参与的生命路径，这也是当代知识分子与传统士阶层可以声息相通之处。

第一节　"内圣外王"解说

明末清初傅山《窝囊解》云："俗骂龌蹉不出气人曰窝囊。窝，言其不离窝，无四方远大之志也；囊，言其知有囊橐，包包裹裹，无光明取舍之度也。亦可作臁，臁是多肉而无骨也。大概人无光明远大之志，则言语行事无所不窝囊也。而好衣好饭，不过图饱暖之人，与猪狗无异。"②生活在天崩地解的明清易代之际，傅山对于人才的评价无疑具有一定的时代特征。他认为真正的人才应该具有"光明远大之志"，所谓"光明"，即为人处世磊落坦荡，有独立判断和取舍的能力；所谓"远大"，即有超越世俗物质追求，而心怀家国天下的情怀。此"光明远大"涵盖了传统文人内在主体道

① 徐复观：《论智识分子》，九州出版社，2013 年，第 264 页。

② 〔明〕傅山：《霜红龛集》，山西人民出版社，1985 年，第 1027 – 1028 页。

德和外在事功精神两层，在一定意义上说，这就是传统儒家文人所说的“内圣外王”。

一、圣与王

何谓“圣”，应劭《风俗通》:“圣者，声也，言闻声知情，故曰圣。”顾颉刚先生《“圣”“贤”观念和字义的演变》认为“圣”字最早出现于金文，其早期意义并无“高不可攀的偶像或超人”与“各种崇高和神秘的意义”，而只是“聪明人”的概念。①后世社会逐渐将“圣”与道德联系在一起，“圣”的内涵才从单纯的才能转化为道德。贾谊《新书·道术》即云：“知道者谓之明，行道者谓之贤，且明且贤，此为圣人。”因此，圣是将内在道德涵养和外在道德实践相结合而成就的精神境界或人格状态。

“王”字在甲骨文中就已出现，其字形解释不一，一说认为“王”字形为“一个大模大样的人站着指挥周围众人”。②《尚书·洪范》:“无偏无党，王道荡荡；无党无偏，王道平平；无反无侧，王道正直。”这里的“王”逐渐具有文明指向。又一说认为“王”是斧之形，下端为斧刃，“王”的本义即斧头，后逐渐引申为权力的象征。因此，“圣”指向个体的道德层面，“王”指向个体的事功层面。

二、内圣与外王

“内圣外王”作为一个语汇，最早出现于《庄子·天下》。庄子云：

> 天下大乱，贤圣不明，道德不一。天下多得一察焉以自好。譬如耳目鼻口，皆有所明，不能相通。犹百家众技也，皆有所长，时有所用。虽然，不该不遍，一曲之士也。判天地之美，析万物之理，察古人之全。寡能备于天地之美，称神明之容。是故内圣外王之道，暗而不明，郁而不发，天下之人各为其所欲焉以自为方。

庄子基于“天下大乱”这一时代背景，认为传统社会所秉承的“贤圣”不明，而“道德”因诸子争衡导致“不一”，从而感慨“内圣外王之道”“暗而不明，郁而不发”。庄子并没有对“内圣外王”做出明确的辨析，这就导致后来学术界对此语的判断分歧不一。从行文来看，庄子所谓“内圣

---

① 转引自王元化名誉主编：《释中国》（第二卷），上海文艺出版社，1998年，第712页。

② 陈祖怀：《先秦儒道“内圣外王”说会议》，《史林》，2008年第6期。

外王”应是围绕天地与个体关系的论说，个体通过“判天地之美，析万物之理，察古人之全”从而追求到“备于天地之美，称神明之容”的生命境界，有一种“以天为宗，以德为本，以道为门，兆于变化”的逍遥自在、超脱物外的精神旨趣。钱基博先生《读〈庄子·天下篇〉疏记》一文就认为：“‘圣’之为言‘通’也，所以适己性也，故曰‘内’。‘王’之为言‘往’也，所以与物化也，故曰‘外’。‘内圣外王’，盖庄生造此语以阐‘道’之量。”①

“内圣外王”从道家文化语境转向儒家文化语境，始于北宋理学的改造发明。尽管宋明以来学者对儒家语境中的“内圣外王”有不同学理的阐释，但普遍认为中国传统知识分子的人生理想在于追求“内圣外王”。“内圣”指个体通过自身的心性道德修养所达到的一种崇高精神境界；“外王”指将个体的精神修养推广到社会领域，影响民众，建立功业，从而“重建合理的政治、社会秩序”。②从本质上来说，内圣外王是将个体生命的内在道德与社会价值相结合的儒家精神诉求。余英时先生认为：“从个人的层面说，‘内圣’修养的确是对于每一个‘士’或‘君子’的基本要求，所以孔子说：‘德之不修，学之不讲……是吾忧也。’‘内圣’虽须从个人修养开始，并且也为个人提供了一个‘安身立命’的精神领域，但却不能即此而止，在个人层面上获得完成。这是因为儒家的‘内圣’基本上是一个公共性或群体性的观念，必须从‘小我’一步步推广，最后及于‘大我’的全体。”③因此，必须由“内圣”推向“外王”，再由“外王”来彰明“内圣”，这既呈现了中国传统文人在处理个体与社会、个人与家国关系过程中所强调的人的社会性，又反映了中国传统文人自我修养的内外回环和互动。

第二节　君子人格与内圣方向

在内圣外王的人生建构中，内圣既是外王的起点，也是外王最终要回归的终点。那么，内圣的基本准则是什么？内圣的重要方向是什么？这些问题，在传统儒家文献中都有较为清晰的表述。

---

① 张丰乾：《庄子天下篇注疏四种》，华夏出版社，2009年，第104页。

② 余英时：《朱熹的历史世界——宋代士大夫政治文化的研究》，生活·读书·新知三联书店，2004年，第414页。

③ 余英时：《朱熹的历史世界——宋代士大夫政治文化的研究》，生活·读书·新知三联书店，2004年，第920页。

一、克明俊德：内圣准则

《大学》云:“古之欲明明德于天下者，先治其国。欲治其国者，先齐其家。欲齐其家者，先修其身。欲修其身者，先正其心。欲正其心者，先诚其意。欲诚其意者，先致其知。致知在格物。物格而后知至，知至而后意诚，意诚而后心正，心正而后身修，身修而后家齐，家齐而后国治，国治而后天下平。”齐家、治国、平天下是传统社会极为响亮的外王之声，而要完成或者通向这一方向，个体生命首先必须从格物、致知开始，历经诚意、正心、修身等关目才能实现内在心灵的上升发展和道德人格的稳固建立。在这段文献中，能看到内在心灵的诚恳、端正等道德素养成为“内圣”的重要准则。

从儒家文化来看，道德是中国传统社会重要的精神信仰，也是中国士大夫面对天下的重要精神支撑。孔子曾言:“德不孤，必有邻。”（《论语·里仁》）这寥寥六字浸涵着中国文化先圣以及儒家文化世界中的中国文人对道德的执着坚守和对个体道德影响力的不懈认同。孟子亦言:“无恒产而有恒心者，惟士为能。”（《孟子·梁惠王上》）相较于农、工、商等社会群体，中国传统士人多是手无寸铁、了无“恒产”去面对纷繁复杂的大千世界，唯一能赖以凭借的就是心中所秉持的善念德性，这就是孟子所说的“恒心”，也是文天祥所言“沛乎塞苍冥”的天地正气。因此，道德信仰是中国传统社会和传统文人最为关键的思想准则。

《尚书·尧典》云:“克明俊德，以亲九族。九族既睦，平章百姓，百姓昭明，协和万邦。黎民于变时雍。”①这段文献阐述了“尧推其德，自身而家、而国、而天下”的社会贡献。在这“内圣外王”式的表述里，“克明俊德”成为亲睦九族、平章百姓、协和万邦，最后成就黎民变恶为善、天下雍和的社会图景的重要起点和基础。所谓“克明俊德”，蔡沈传云:“明，明之也。俊，大也。”意谓能够彰显个体自身崇高光辉的道德。在传统文化认识中，道德的意义并不止于个体的自我修养，一个人有道德的状态并非停留于孤芳自赏，而是强调对个体光明德行的推广发扬，从而去影响外部社会，改造民众精神。中国传统文化强调政治行政管理和社会参与发展都首先源于个体自我德行的建构，惟有德行昭明之人，才能更好地推动社会的有序合理运行。因此，“克明俊德”就成为传统社会个体文人“内圣”的重

① 〔宋〕蔡沈:《书经集传》，上海古籍出版社，1987 年，第 1 页。

要准则。

二、君子人格：内圣之路

在传统文人漫长而坚定的人格锤炼和自我确定过程中，君子人格无疑是他们内圣之路的重要方向。君子文化并不单纯隶属于儒家文化系统，它是中国传统社会和传统文化一以贯之的文化境界和建构旨归。“子曰：‘圣人，吾不得而见之矣；得见君子者，斯可矣。’”（《论语・子罕》）前一句隐约透露出遭世不偶的时代失落感，后一句则展现一代圣人面对乱世的豁达洒落。在这里，孔子将文人追求的精神境界分为圣人之境和君子之境。无疑，无论是礼崩乐坏的春秋还是后来政通人和的盛世，圣人都只是中国文人对于崇高生命之境心向往之的内在想象，所以孔子才会坦诚地说:“圣则吾不能，我学不厌而教不倦也。”（《孟子・公孙丑上》）与圣人之境的高远缥缈相比，君子就成为中国文人在客观社会和现实政治中可以追求并达成的个人境界。“君子”一词在《论语》中出现一百余次，大量语录记载孔子及其学生对“君子”的阐述，甚至孔子多次用“君子”来评价他人，如称赞“邦有道，则仕；邦无道，则可卷而怀之”（《论语・卫灵公》）的蘧伯玉为“君子”。又《论语・公冶长》:“子谓子贱：‘君子哉若人！鲁无君子者，斯焉取斯?’”孔子称宓不齐是君子，而其之所以能够成为君子，在于其能够从鲁之君子中尊贤取友。又《论语・子罕》:“子欲居九夷。或曰：‘陋，如之何?’子曰：‘君子居之，何陋之有?’”亦言九夷有“君子居之”。那么，君子人格具有哪些具体表现呢?

首先，君子好学致道。孔子认为“君子上达，小人下达”（《论语・宪问》），之所以君子能够日渐精进向上，在于其好学。学习从来都是儒家文化世界中最为关键的出发点，人性的锤炼、知识的获取、道德的增进都源于学习之道，所以《论语》开篇才言“学而时习之”，在“不舍昼夜”的学习、思考和实践中不断调适心境、坚定步伐，从而成就君子之境。君子好学，其学不在于简单的知识累积，更不在于名利猎取，《论语・学而》:“子曰：‘君子食无求饱，居无求安，敏于事而慎于言，就有道而正焉，可谓好学也已。’”君子好学基于“食无求饱，居无求安”这一学习初衷，好学并不是以食饱居安为目标，君子好学当有更高的精神志趣，这就是致道，所以子夏言:“百工居肆以成其事，君子学以致其道。”（《论语・子张》）“道”，是君子好学的终极目的。子夏所说的“学而优则仕”常被后人误解为儒家的学习是为了入仕为官，其实，“优”并非“好”或者“优秀”之意，乃是“有余力”之意。因此，人只有在学习有余力之下才考虑从仕，仕途向来并非君子好学动机，故“君子忧道不忧贫”（《论语·卫灵公》）而君子好学所致之道，其基本内涵来说，便是仁道。仁道的根源基于对自然天道的遵循和敬畏，孔子曾云：“天生德于予，桓魋其如予何?”（《论语·述而》）这句话正体现了孔子以天命担当者自任的人格自信和责任自觉。正是如此，“畏天命”（《论语·季氏》）成为“君子有三畏”之首。仁道的本质是以人类生存为终极关怀的人道，围绕人间社会为中心，实现个体与个体、个体与家庭、个体与社会、个体与国家之间合理关系，从而竭力建构一个父子、君臣、夫妇、兄弟、朋友等和谐共生的伦理世界。而要达成这一目标，爱人成为仁道实践的道德基础，仁政成为仁道实践的政治模式。

其次，君子克己知省。以《大学》所说，格物致知是作为个体内圣的起点。程颐认为格物是求道之始，“格，犹穷也；物，犹理也，犹曰穷理云尔。穷其理然后足以致知，不穷则不能致也”。其所言之“格物”，更多是一种道德修养方法。人在现实环境中易为外物所蔽，或有丧失天理本真的危险，“格物致知是穷人伦之理，让人认识、把握、践行儒家伦理；格物致知也是让人明白并践行儒家伦理道德，而不是要人去认识外面世界的物理”。① 所以，王守仁认为“格者，正也，正其不正以归于正之谓也”。因此，格物在一定层面上就包含了克己知省的君子品格。《尚书·大禹谟》云：“人心惟危，道心惟微；惟精惟一，允执厥中。”如何面对危心而去叩寻微道，这是一个千古难定之题。《尚书·多方》云：“惟圣罔念作狂，惟狂克念作圣。”圣己凡转变就在于如何面对心中之念，是放纵妄念，还是克制妄念。因此，克己就成为传统文人心性成长过程中极为关键的功夫。《论语·颜渊》云：“颜渊问仁。子曰：‘克己复礼为仁。一日克己复礼，天下归仁焉。为仁由己，而由人乎哉?’”克己就是要对内心因外物所染而萌发的不合理私欲或妄念进行约束和克制，从而始终对内在心灵进行淘洗，使之处于澄澈之境，通向仁义之道。韦伯说：“儒教理想人——君子的‘优雅与尊严’表现为履行传统的责任义务。在任何生活状况下仪态得体、彬彬有礼，是（儒教的）核心之德，是自我完善的目标。达到这一目标的适当的手段是，清醒、理性的自制和压抑任何通过不论什么样的激情来动摇平衡的作法。”② 当然，克己并非灭欲，并非对所有个体欲望的消除泯灭。对于个体

① 李承贵：《天道与人道：中国哲学寻道之旅》，南京大学出版社，2015 年，第 153 页。
② ［德］马克斯·韦伯：《儒教与道教》，王荣芬译，商务印书馆，1999 年，第 280－281 页。

存在的合理欲望，原始儒家从来没有去约束。孔子曾云:“富而可求也，虽执鞭之士，吾亦为之。”（《论语·述而》）又云:“富与贵，是人之所欲也”“贫与贱，是人之所恶也。”（《论语·里仁》）他充分肯定了富贵名利的合理性，只有“不义而富且贵，于我如浮云”（《论语·述而》）。而在克己过程中，君子也需要时刻反观省察，保持精神和意识的理性。孔子云:“君子求诸己，小人求诸人。”（《论语·卫灵公》）君子与小人之别或就在于如何对待问题、困境的姿态上。钱穆阐释道:“君子非无所求，惟必反而求诸己。虽不病人之不己知，亦恨没世而名不称。虽恨没世无名，而所以求之者则仍在己。”①“求诸己”就是一种内省之心。又“司马牛问君子。子问：‘君子不忧不惧。’曰：‘不忧不惧，斯谓之君子已乎？’子曰：‘内省不疚，夫何忧何惧？’”（《论语·颜渊》）君子之所以能在特殊环境和复杂情境中做到“不忧不惧”，正是其能始终保持意识的“内省不疚”，这样才能“仰不愧于天，俯不怍于人”（《孟子·尽心上》）。

最后，君子守正通达。孔子认为:“譬如为山，未成一篑，止，吾止也。譬如平地，虽覆一篑，进，吾进也。”（《论语·子罕》）故君子的进止，取决于本身，而非外来力量。同样，君子对仁境的追求也源于内在精神的自我确定，并非来自其他社会力量的监督或裹挟。曾子云:“士不可以不弘毅，任重而道远。仁以为己任，不亦重乎？死而后已，不亦远乎？”（《论语·泰伯》）因此，在“仁以为己任”“任重而道远”的君子生命中，守道持正就成为君子极为重要的道德操守，这也是儒家文化本体上的要求。何谓“儒”，历来有多种解释。许慎《说文解字·人部》:“儒，柔也。术士之称。从人，需声。”又《说文解字·木部》:“柔，木曲直也。”这里理解“儒”具有温和敦厚且有曲直相融、刚柔相济之性。所以荀子认为:“君子能则宽容易直以开道人，不能则恭敬縛绌以畏事人。”又《周易》需卦:“象曰：‘云上于天，需。’”“彖曰：‘需，须也。’”京房曰:“云上于天，凝于阴而待于阳，故曰需。”宋衷曰:“须时而降。”②故“儒”具有顺从天道，守正待时的内涵。同时，孔子认为:“君子贞而不谅。”（《论语·卫灵公》）君子固守正道，但也要不拘执小信，故君子信道笃厚，执德弘大，这就要求君子在守正基础上能胸襟通达广博。无论是“君子和而不同”（《论语·子路》），还是“君子坦荡荡”（《论语·述而》），抑或“君子泰而不骄”（《论语·子

---

① 钱穆:《论语新解》，生活·读书·新知三联书店，2002 年，第 411 页。

② 转引自马振彪:《周易学说》，花城出版社，2002 年，第 73 – 74 页。

路》)，都在表达君子心性包容、坦荡平和，这也许就是孔子认为“仁者不忧，知者不惑，勇者不惧”(《论语·宪问》)为君子之道的内在之因。

第三节 经济天下与外王目标

形象地说，所有个体的心灵世界中都可能存有两个世界：山下生存空间和山上审美秘境。人类从最初的山上开始，逐渐掌握了工具、知识乃至科技，逐渐在与自然的对抗中获得更多的生存空间和物资，从而逐渐从山上世界向山下世界转移，聚拢在丘陵、平原，形成部落、部落联盟、城市乃至国家，也逐渐丧失对心灵本真的把握，出现得失荣辱之较、盛衰兴亡之计。但是，尽管中国传统文人有太多对山下尘世的厌倦、否定和批判，但人类向前的文化进程之所以没有停止，就在于人类身在江湖而心存魏阙的笃实执着。因此，尽管中国传统文人在内圣的道路上将自己琢磨得如此鲜明灿烂，但他们依旧难忘山下红尘赤日的世界，因为那里才有他们自我价值实现的真正机缘，才有他们个体生命崇高的最终奥秘。在传统社会儒学化的价值观念中，群体价值、社会责任和国家使命是中国传统文人进德修业的动力。如果说内圣是文人在文化传统、家族氛围、乡土意识的熏陶下的自我塑造，是内在世界的君子人格的个体建构，那么外王就成为其实践君子人格、实现社会价值的经世之路。

一、经世意识

萧一山《经世释义》认为:“中国学术的本源，和儒家学说的真谛，只是‘经世’两个字。”①经世是中国文化极为重要的文化关键词，它“既是一种积极入世的生活态度又是一种人生准则，既是一种政治才能又是一种社会行为，既是政治追求的过程又是理想的境界”。②中国传统文人以“入世”为前提，以“致用”为旨趣，引导人们在此岸世界“立德、立功、立言”，治理世界的秩序，谋求民众的安宁，实现自己的价值，达到“三不朽”的人生境界。正如明代学者王畿所说:“儒者之学务于经世，然经世之术约有二端：有主于事者，有主于道者。主于事者以有为利，必有所待而后能寓诸庸。主于道者以无为用，无所待而无不足。”(《赠梅宛溪擢山东宪

① 萧一山：《经世释义》，《经世》，1937 年第 1 卷第 1 期。

② 杨念群：《“经世”观念史三题》，《文史哲》，2019 年第 2 期。

副序》）无论是主事之经世还是主道之经世，都体现了儒家以现实为关注点，以推动社会趋善发展为目的的文化诉求。当然，这种经世思想也在其他文化流派中得以体现。黄宗羲云："古者儒墨诸家，其所著书，大者以治天下，小者以为民用，盖未有空言无事实者也。"（《今水经序》）即"多以裘褐为衣，以跂蹻为服，日夜不休，以自苦为极"（《庄子·天下》）的墨家文人所追求的正是"摩顶放踵利天下"（《孟子·尽心上》），所以班固才将儒墨并称为"圣哲之治，栖栖遑遑。孔席不暖，墨突不黔"（《答宾戏》）。

在一般人眼中，中国道家是一种出世文化。但这种认识并不符合先秦道家文化的内在本质。《汉书·艺文志》认为，诸子之说"皆起于王道既微，诸侯力政，时君世主，好恶殊方，是以九家之说蜂出并作，各引一端，崇其所善，以此驰说，取合诸侯。其言虽殊，辟犹水火，相灭亦相生也"。在那个诸子横议、众说蜂起的轴心时代，任何文化思想都有一个一致的出发点，即对当时秩序混乱和社会失范的反思，以及对秩序重构提出假设性方案。《老子》同样具有儒墨所倡导的经世精神。《老子》章四十六云："天下有道，却走马以粪。天下无道，戎马生于郊。咎莫大于欲得；祸莫大于不知足。故知足之足，常足矣。""知足之足"的提出正是基于对现世弊病的理性叩问和策略思考。又《老子》章七十四："民不畏死，奈何以死惧之？若使民常畏死，而为奇者，吾将得而杀之，孰敢？"民众之所以不畏惧死亡，正是因混乱政治让民众无以生存。老子的目光看似透过纷繁的人间投向广阔的天地宇宙，其跟脚却依旧扎根在现实世界，所以鲁迅才会认为"老子之言亦不纯一，戒多言而时有愤辞，尚无为而欲治天下"。[①]因此，经世是中国传统文人在文化习得和政治实践中普遍存在的政治意识，也是中国文化发展脉络中极具理性实践和现实价值的文化观念。

二、天下与民本

在传统伦理思想中，中国文化一直强调"男女有别"这一观念。"男女有别"从实质层面上看，并非秦汉以来男尊女卑思想的基础，应是传统文化区别男女社会义务和家庭责任的重要准则。《礼记·射义》："故男子生，桑弧蓬矢六，以射天地四方。天地四方者，男子之所有事也。"[②]天地和四方，是男子建功立业之所。因此，心怀天下的传统文人，告别家庭、向社

---

① 鲁迅：《汉文学史纲要》，《鲁迅全集》第九卷，人民文学出版社，2005年，第374页。

② 杨天宇：《礼记译注》，上海古籍出版社，1997年，第1082页。

会出发是其经世治国迈出的第一步。貌寝口讷的左思高唱“长啸激清风，志若无东吴。铅刀贵一割，梦想骋良图。左眄澄江湘，右盼定羌胡。功成不受爵，长揖归田庐”（《咏史》其一），这是初入京华的文人治平天下的内在心声。“长不满七尺，而心雄万夫”的李白告别读书隐居的匡山，亦声明“莫怪无心恋清境，已将书剑许明时”（《别匡山》），并呐喊要“申管晏之谈，谋帝王之术。奋其智能，愿为辅弼，使寰区大定，海县清一”（《代寿山答孟少府移文书》），即使“质性自然”的陶渊明，“忆我少壮时，无乐自欣豫。猛志逸四海，骞翮思远翥”（《杂诗》其五）。从中可知，中国传统文人的外王并不局限于个体生命意义的自我实现，更有根植于家国情怀的社会价值追求。

余英时《现代儒学的困境》曾说：“儒学不只是一种单纯的哲学或宗教，而是一套全面安排人间秩序的思想体系，从一个人自生至死的整个历程，到家、国、天下的构成，都在儒学的范围之内。”①家国天下一直是中国传统文人关注的聚焦点。陆游《冬夜杂咏》：“书生本欲辈莘渭，蹭蹬乃去为诗人。”辛弃疾《水调歌头》云：“诗书万卷，致身须到古伊周。”书生读书并非仅出于稻粱之谋，其最初也是最深的渴望是能够和伊尹、姜尚、周公一样辅弼帝王，成为帝王之师。《孟子·万章下》曾云：“缪公亟见于子思，曰：‘古千乘之国以友士，何如？’子思不悦，曰：‘古之人有言：曰事之云乎，岂曰友之云乎？’子思之不悦也，岂不曰：‘以位，则子，君也；我，臣也。何敢与君友也？以德，则子事我者也。奚可以与我友？’”固然在政治权力和皇权霸道面前，传统文人只能恭敬縛绌以畏事人，但在文人所秉承的德行和王道面前，他们内在却一直存在“出则以平交王侯，遁则以俯视巢许”（李白《冬夜于随州紫阳先生飡霞楼送烟子元演隐仙城山序》）的剑心傲骨。而支撑他们以独立自由去面对王权富贵的，就在于其外王行为并非一般意义上的忠君尊王，还有“以道事君”（《论语·先进》）“从道不从君”（《荀子·子道》）的天下观念。

天下观是中国传统文人外王追求的重要内在动力。孟子认为：“居天下之广居，立天下之正位，行天下之大道。得志与民由之，不得志独行其道。富贵不能淫，贫贱不能移，威武不能屈。此之谓大丈夫。”（《孟子·滕文公下》）大丈夫之所能面对贫贱不会改变初志，面对富贵不会放纵心性，面对

---

① 余英时：《现代儒学论》，上海人民出版社，1998年，第230页。

权贵不会屈服品格，就在于其能“居天下之广居，立天下之正位，行天下之大道”，视天下为其个体价值实现之场，立足于天下所需之正位，践行契合天下利益的大道。正是中国传统文人可以从天下出发，才能让后人理解文人在政治困境中的孤独、孤愤和孤傲。故黄宗羲《答潘彦辅书》云:“思乾坤之变，知古今之宜，观万物之理，备四时之气，其心未尝一日忘天下而其身不能信于用也，其情未尝一日忤天下而其遇不能安而处也，其幽忧隐忍慷慨俯仰发为咏歌。”中国传统诗人们所感慨、呐喊的政治诗情多是因天下而仰发歌咏。杜甫《朱凤行》诗云:“君不见潇湘之山衡山高，山巅朱凤声嗷嗷。侧身长顾求其群，翅垂口噤心甚劳。下愍百鸟在罗网，黄雀最小犹难逃。愿分竹实及蝼蚁，尽使鸱枭相怒号。”这是老杜作于大历四年(769)之诗，此时“亲朋无一字，老病有孤舟”(《登岳阳楼》)的杜甫迟暮垂死，但就是这样一个远庙堂、居江湖的落魄文人，其至死不忘的依旧是“下愍百鸟在罗网”和“愿分竹实及蝼蚁”。浦起龙《读杜心解》注云:“《朱凤行》悯穷黎也，达则兼善，欲泽民而止暴焉。”杜甫的艰辛和坚韧既源于其“致君尧舜上，再使风俗淳”的政治理想，也根植于其“穷年忧黎元，叹息肠内热”的民本观念。

民本是中国政治文化的核心之一。谢扶雅《中国政治思想史纲》说:“中国五千年来之政治思想，实为一气呵成，可将其作为一部图书来看，因其无非发挥一个‘民’字，故全部得称为‘民学’。”在商周文化变革中，中国文化经历了从天意政治到民意政治的转变，民众的力量和价值被文化维新者和政治管理者所发现，“民惟邦本，本固邦宁”(《尚书·五子之歌》)就成为中国社会发展的政治标语。中国传统民本思想总是将民众与权力进行对举，从而强调民本君末、君权民授和以民制君的观念。《吕氏春秋·贵公》云:“天下非一人之天下也，天下之天下也。”正是这种公天下意识，才促成传统文人民贵君轻的认识。《孟子·尽心下》云:“民为贵，社稷次之，君为轻。是故得乎丘民而为天子，得乎天子为诸侯，得乎诸侯为大夫。诸侯危社稷，则变置。牺牲既成，粢盛既洁，祭祀以时，然而旱干水溢，则变置社稷。”当然，这里的“君”并非具有正统地位和天下权力的天子或帝王，而是指诸侯，也就是说在孟子笔下的“君为轻”并非否定周天子的权威和正统，它和孔孟儒家所倡导的宗周尊王的思维并无冲突。尽管如此，这则材料依旧清晰反映了孟子对权力监督和制约的认识，无论是代表祭祀的“社稷”还是诸侯，都应该服从于民众利益满足这一前提。《左传·文公十三年》记云:“邾文公卜迁于绎。史曰：‘利于民而不利于君。’

邾子曰：‘苟利于民，孤之利也。天生民而树之君，以利之也。民既利矣，孤必与焉。’”君王的价值在于利民，这就是鲜明的立君为民的民本精神。传统儒家的民本精神对中国文人的影响极为深远，文人外王追求也正是基于民本精神，才获得崇高的道德魅力。

尽管中国传统文人一遍遍出发踏上经济天下的外王之路，渴望最终通向帝王师的高峰，但这种外王的政治追求并没有完全得到既得利益者的欣赏，或者说当他们竭尽全力攀登到最高峰的时候，迎接他们的或是兔死狗烹的悲惨结局，或是归隐山林的黯然收场。黄鸿寿《清史纪事本末》卷三十五记云："侍读学士纪昀尝从容为帝言：‘东南财力竭矣，上当思所以救济之。’怒叱之曰：‘朕以汝文学尚优，故使领四库书馆。实不过以娼优蓄之，汝何敢妄谈国事！’”纪晓岚的“从容”无疑是一种具有辅弼君王的帝师姿态，但如此从容最终换到的不过是“娼优”二字，这是何等的滑稽讽刺。或许正是这种内圣外王理想的幻灭，才是乾隆时文人“自是而后，朝臣皆相与结舌吞声，无复有为民请命者矣”。① 然而尽管如此，中华文化的壮阔波澜和昭明精神正是这一群群心向崇高、足立大地的知识分子所推动造就，内圣外王作为中国传统文人重要的生命路径，也构成古今社会同声相应的文化回响。

参读文献

离骚（节选）

屈　原

帝高阳之苗裔兮，朕皇考曰伯庸。摄提贞于孟陬兮，惟庚寅吾以降。皇览揆余初度兮，肇锡余以嘉名。名余曰正则兮，字余曰灵均。

纷吾既有此内美兮，又重之以修能。扈江离与辟芷兮，纫秋兰以为佩。汩余若将不及兮，恐年岁之不吾与。朝搴阰之木兰兮，夕揽洲之宿莽。日月忽其不淹兮，春与秋其代序。惟草木之零落兮，恐美人之迟暮。不抚壮而弃秽兮，何不改乎此度？乘骐骥以驰骋兮，来吾道夫先路！

昔三后之纯粹兮，固众芳之所在。杂申椒与菌桂兮，岂维纫夫蕙茝！

---

① 黄鸿寿：《清史纪事本末》，上海书店，1986 年，第 246 页。

彼尧舜之耿介兮，既遵道而得路。何桀纣之猖披兮，夫唯捷径以窘步。惟党人之偷乐兮，路幽昧以险隘。岂余身之惮殃兮，恐皇舆之败绩！忽奔走以先后兮，及前王之踵武。荃不揆余之中情兮，反信谗以齌怒。余固知謇謇之为患兮，忍而不能舍也。指九天以为正兮，夫唯灵修之故也。曰黄昏以为期兮，羌中道而改路！初既与余成言兮，后悔遁而有他。余既不难夫离别兮，伤灵修之数化。

余既滋兰之九畹兮，又树蕙之百亩。畦留夷与揭车兮，杂杜衡与芳芷。冀枝叶之峻茂兮，愿俟时乎吾将刈。虽萎绝其亦何伤兮，哀众芳之芜秽。

众皆竞进以贪婪兮，凭不厌乎求索。羌内恕己以量人兮，各兴心而嫉妒。忽驰骛以追逐兮，非余心之所急。老冉冉其将至兮，恐修名之不立。朝饮木兰之坠露兮，夕餐秋菊之落英。苟余情其信姱以练要兮，长顑颔亦何伤。擥木根以结茝兮，贯薜荔之落蕊。矫菌桂以纫蕙兮，索胡绳之纚纚。謇吾法夫前修兮，非世俗之所服。虽不周于今之人兮，愿依彭咸之遗则。长太息以掩涕兮，哀民生之多艰。余虽好修姱以鞿羁兮，謇朝谇而夕替。既替余以蕙纕兮，又申之以揽茝。亦余心之所善兮，虽九死其犹未悔。怨灵修之浩荡兮，终不察夫民心。众女嫉余之蛾眉兮，谣诼谓余以善淫。固时俗之工巧兮，偭规矩而改错。背绳墨以追曲兮，竞周容以为度。忳郁邑余侘傺兮，吾独穷困乎此时也。宁溘死以流亡兮，余不忍为此态也。鸷鸟之不群兮，自前世而固然。何方圜之能周兮，夫孰异道而相安？屈心而抑志兮，忍尤而攘诟。伏清白以死直兮，固前圣之所厚。

悔相道之不察兮，延伫乎吾将反。回朕车以复路兮，及行迷之未远。步余马于兰皋兮，驰椒丘且焉止息。进不入以离尤兮，退将复修吾初服。制芰荷以为衣兮，集芙蓉以为裳。不吾知其亦已兮，苟余情其信芳。高余冠之岌岌兮，长余佩之陆离。芳与泽其杂糅兮，唯昭质其犹未亏。忽反顾以游目兮，将往观乎四荒。佩缤纷其繁饰兮，芳菲菲其弥章。民生各有所乐兮，余独好修以为常。虽体解吾犹未变兮，岂余心之可惩？

（选自朱熹：《楚辞集注》，上海古籍出版社，2001 年）

自京赴奉先县咏怀五百字

杜　甫

杜陵有布衣，老大意转拙。许身一何愚！窃比稷与契。居然成濩落，白首甘契阔。盖棺事则已，此志常觊豁。穷年忧黎元，叹息肠内热。取笑同学翁，浩歌弥激烈。非无江海志，潇洒送日月。生逢尧舜君，不忍便永诀。当今廊庙具，构厦岂云缺？葵藿倾太阳，物性固难夺。顾惟蝼蚁辈，但自求其穴。胡为慕大鲸，辄拟偃溟渤？以兹悟生理，独耻事干谒。兀兀遂至今，忍为尘埃没。终愧巢与由，未能易其节。沉饮聊自遣，放歌破愁绝。

岁暮百草零，疾风高冈裂。天衢阴峥嵘，客子中夜发。霜严衣带断，指直不能结。凌晨过骊山，御榻在嵽嵲。蚩尤塞寒空，蹴蹋崖谷滑。瑶池气郁律，羽林相摩戛。君臣留欢娱，乐动殷胶葛。赐浴皆长缨，与宴非短褐。彤庭所分帛，本自寒女出。鞭挞其夫家，聚敛贡城阙。圣人筐篚恩，实欲邦国活。臣如忽至理，君岂弃此物？多士盈朝廷，仁者宜战慄！况闻内金盘，尽在卫霍室。中堂有神仙，烟雾蒙玉质。煖客貂鼠裘，悲管逐清瑟。劝客驼蹄羹，霜橙压香桔。朱门酒肉臭，路有冻死骨。荣枯咫尺异，惆怅难再述。

北辕就泾渭，官渡又改辙。群水从西下，极目高崒兀。疑是崆峒来，恐触天柱折。河梁幸未坼，枝撑声窸窣。行李相攀援，川广不可越。老妻寄异县，十口隔风雪。谁能久不顾？庶往共饥渴。入门闻号咷，幼子饿已卒！吾宁舍一哀，里巷亦呜咽。所愧为人父，无食致夭折。岂知秋禾登，贫窭有仓卒。生当免租税，名不隶征伐。抚迹犹酸辛，平人固骚屑。默思失业徒，因念远戍卒。忧端齐终南，澒洞不可掇。

（选自仇兆鳌：《杜诗详注》卷四，中华书局，1979 年）

中国知识分子的责任

徐复观

我认为知识分子和技术人员是应加以区别的。以其知识影响社会的是知识分子；以其技术建造机械，使用机械的是技术人员。当然，有许多知识分子而兼技术人员，也有许多技术人员而兼知识分子，以致二者的分别并不明显。但只要想到技术的效用是无颜色的，所以技术人员，可以为各种形态的极权专制者所容，甚至为他们所需要，而知识接触到实际问题时，经常是以批判之力，发生推进的作用；所以知识分子必然被各种形态的极权专制者所排斥，他们经常运用阉割大脑的手术，以一批被阉割大脑的人来冒充知识分子。由此便应当了解把知识分子与技术人员加以区分，实有其重要意义。更由此可以了解，凡不是生长在民主制度下的知识分子，必然是带着悲剧性的命运。而此悲剧性的命运，也成为真知识分子与假知识分子中间的检证器。

由上面的陈述，应当可以导出一种结论，即是：中国知识分子的责任，乃在求得各种正确知识，冒悲剧性的危险，不逃避，不诡随，把自己所认为正确而为现实所需要的知识，影响到社会上去，在与社会的干涉中来考验自己，考验自己所求的知识的性能，以进一步发展、建立为我们国家、人类所需要的知识。

仅仅这样说，对问题还没有交代清楚。

许多人说，凡是知识，都是科学的；凡是科学，都是无颜色的；并且在追求知识时，应当保持没有颜色的态度。假使这种说法不随意推广，我也同样地加以承认。但我们要知道，只要是一个活生生的人，便必然有颜色的，亦即是必然有某种人生态度的。无颜色的知识的追求，必定潜伏着一种有颜色的力量，在后面或底层，加以推动。此一推动力量，不仅决定一个人追求知识的方向、成果，并且也决定一个人对知识的是否真诚。简言之，严肃的知识追求，不管追求者的自身意识到或没有意识到，必然有一种人格作他的支持的力量；否则会如今日许多人一样，经常玩弄着以诈术代替知识的把戏。而人格必然是有颜色的。

说到以知识影响社会，首先必须知识和自己的人格融合在一起，知识形成人格中的一部分，才会感到有此要求。所以进入到此一阶段，以人生态度为内容的人格高下，更有决定性的作用。就现状说，较好的知识分子，常常知识是知识，行为是行为，应付是应付。较坏的知识分子，便常常歪曲知识，以作趋炎附势、夺利争权的工具。要凭着自己所把握的知识去影响社会，在知识后面，更要有人格的支持力量。

但我国有二千年的专制历史，有千多年的科举历史。这两种历史因素，一起直接压在中国过去的“读书人”身上，于是在士农工商的四民中，以“士”的人格最为破产；在历史中，由知识分子所发出的坏的作用，绝对大于好的作用。

专制科举的遗毒，应当由民主、科学来加以扫除。但不幸的是，在军阀的混乱中，一部分性急的人，却与极权主义接上了种，于是历史的遗毒，不仅借尸还魂，并且现代极权主义的各种技巧，更为遗毒来“如虎添翼”；他们连民主、科学也一并吞下，拉出不能作肥料的毒性废物。这就是中国知识分子现时的“置境”。

在上述“置境”中的中国知识分子，为了要尽到以知识影响社会的责任，我认为首先要尽到使自己成为一个“堂堂正正的人”的责任。

如何是一个堂堂正正的人？这难用概念来下定义，而只有从消极积极两方面略加描述。

消极方面：一、不投机取巧，不趋炎附势。二、不假冒知识，不歪曲知识，更不以权势代替知识。三、不以个人现实中的名利出卖自己的学术良心，淹没自己的学术良心。

积极方面：一、将自己解消于自己所追求的知识之中，敬重自己所追求的知识，也敬重他人所追求的知识；经常感到知识高于一切权势，贵于一切权势。二、自己的精神，与自己的国家民族，有自然而然的“同体之感”，有自然而然地在自己的本分内献出一分力量给自己的国家民族的要求。

有的人可能把我上面所描述的“堂堂正正的人”，和近代的个人主义，对立起来，因为里面缺乏权利义务的观念。我的看法是：中国圣贤立教，对“士”自身的要求，常常远严格过对一般社会的要求。作为一个知识分子，在面对权势时，应当坚守自己的权利，限定自己的义务。在面对社会时，则应当忘记自己的权利，扩大自己的义务。西方个人主义所以能发生进步性的功效，是因为有不少的知识分子，忘记了自己的个人，以要求成就社会上的每一个人。若知识分子成为自我中心的个人主义者，必然地一转眼便会变成奴才主义者。对权势，自己是奴才；在自己可以支配的范围以内，把他人当作奴才。因此，我愿意这样地说：“先天下之忧而忧，后天下之乐而乐”的知识分子，才是知识分子个人主义的“正种”。

堂堂正正的人，只是一念之间，一念提撕警惕之间的精神状态。此精神状态应贯注于自处与处人的日常生活之中，应贯彻于求知与用知之上。这是知识分子为了能尽其他各种责任的发射台。没有此一发射台的营营苟苟的知识分子，除了追求个人的饱食暖衣、蠕蠕而动、偷偷以息之外，还能谈什么责任呢？

（选自徐复观：《论智识分子》，九州出版社，2014 年）

知识的责任

罗家伦

要建立新人生观，除了养成道德的勇气而外，还要能负起知识的责任（Intellectual Responsibility）。本来责任是人人都有的，无论是耕田的、做工的、从军的，或者是任政府官吏的，都各有各的责任。为什么我要特别提出“知识的责任”来讲？知识是人类最高智慧发展的结晶，是人类经验中最可珍贵的宝藏，不是人人都能取得、都能具备的；因此凡有求得知识机会的人，都可说是得天独厚，享受人间特惠的人，所以都应该负一种特殊的责任。而且知识是精神生活的要素，是指挥物质生活的原动力，是我们一切行为的最高标准。倘使有知识的人不能负起他特殊的责任，那他的知识就是无用的，不但无用，并且受了糟蹋。糟蹋知识是人间的罪恶，因为这是阻碍或停滞人类文化的发达和进步。所以知识的责任问题，值得我们加以严重的注意。我们忝属于所谓知识分子，尤其觉得这是一个切身问题。

所谓知识的责任，包含三层意义：

第一是要有负责的思想。思想不是空想，不是幻想，不是梦想，而是搜集各种事实的根据，加以严格逻辑的审核，而后构成的一种有周密系统的精神结晶。所以一知半解，不足以称为成熟的思想，强不知以为知，更不能称为成熟的思想。思想是不容易成立的，必须要经过逻辑的陶熔，科学的锻炼。凡是思想家，都是不断的劳苦工作者。“焚膏油而继晷，恒矻矻以穷年。”他的求知的活动，是一刻不停的，所以他才能孕育出伟大成熟的思想，以领导一世的思想。思想家都是从艰难困苦中奋斗出来的。他们为求真理而蒙受的牺牲，决不亚于在战场上鏖战的牺牲。拿科学的实验来说，譬如在实验室里试验炸药的人，被炸伤或炸死者，不知多少；又如到荒僻的地方调查地质、生物、人种的人，或遇天灾而死，或染疾而死，或遭盗匪蛮族杀害而死的，也不知多少。他们从这种艰苦危难之中得来的思想，自然更觉得亲切而可以负责。西洋学者发表一篇学术报告或论文，都要自己签字，这正是负责的表现。

其次是除有负责的思想而外，还要能对负责的思想去负责。思想既是不易得到的真理，则一旦得到以后，就应该负一种推进和扩充的责任。真理是不应埋没的，是要发表的。在发表以前，固应首先考虑他是不是真理，可不可以发表；但是既已考虑发表以后，苟无新事实、新理论的发现和修正，或是为他人更精辟的学说所折服，那就应当本着大无畏的精神把它更尖锐地推进，更广大地扩充。我们读西洋科学史，都知道科学家为真理的推进和扩充而奋斗牺牲的事迹，真是“史不绝书”。譬如哥白尼（Copernicus）最先发现地动学说，说太阳是不动的，地球及其他行星都在它的周围运行，他就因此受了教会多少的阻碍。后来白兰罗（Bruno）出来，继续研究，承认了这个真理，极力传播，弄到触犯了教会的大怒，不仅是被捕入狱，而且被“点天灯”而死。盖律雷（Galileo）继起，更加以物理学的证明，去阐扬这种学说，到老年还铁锁锒铛，饱受铁窗的风味。他们虽受尽压迫和困辱，但始终都坚持原来的信仰，有“鼎镬甘如饴，求之不可得”的态度。他们虽因此而牺牲，但是科学上的真理，却因为他们的牺牲而确定。像这种对于思想负责的精神，才正是推动人类文化的伟大动力。

再进一层说，知识分子既然得天独厚，受了人间的特惠，就应该对于国家民族社会人群，负起更重大的责任来。世间亦唯有知识分子才有机会去发掘人类文化的宝藏，才有特权去承受过去时代留下最好的精神遗产。知识分子是民族最优秀的分子，同时也是国家最幸运的宠儿。如果不比常人负更重更大的责任，如何对得起自己天然的秉赋？如何对得起国家民族的赐予？又如何对得起历代先哲的伟大遗留？知识分子在中国向称为“士”。曾子说:“士不可以不弘毅，任重而道远。仁以为己任，不亦重乎？死而后已，不亦远乎?”身为知识分子，就应该抱一种舍我其谁至死无悔的态度，去担当领导群伦继往开来的责任。当民族生死存亡的紧急关头，知识分子的责任尤为重大。范仲淹主张“先天下之忧而忧，后天下之乐而乐”。必须有这种抱负，才配做知识分子。他的“胸中十万甲兵”，也是由此而来的。

提起中国的知识分子，我们很觉痛心。中国社会一般的通病，就是不负责任，而以行政的部分为尤甚（这当然是指行政的一部分而言）。从前的公文程式，是不用引号的；办稿的时候，引到来文不必照抄，只写“云云”二字，让书吏照原文补写进去。传说沈葆桢做某省巡抚，发现某县的来文上，书吏照抄云云二字，不曾将原引来文补入，该县各级负责人员，也不曾觉察。于是他很幽默地批道，“吏云云，幕云云，官亦云云，想该县所办之事，不过云云而已。”这是一个笑话，但是很足以形容中国官僚政治的精神。中国老官僚办公事的秘诀，是不负责任，推诿责任。所以上级官厅对下的公事，是把责任推到下面去；下级官厅对上的公事，是把责任推到上面去。责任是一个皮球，上下交踢。踢来踢去的结果，中间竟和火线中间，有一段“无人之境”（No man’s land）一样。这是行政界的通病，难道知识界就没有互相推诿不负责任的情形吗？有多少人挺身而出，本着自己的深信，拿出自己的担当来说，这是我研究的真理，这是我服务的责任，我不退缩，我不推诿！这种不负责任的病根，诊断起来，由于下列各点：

第一是缺少思想的训练。他的思想，不曾经过严格的纪律，因此已有的思想固不能发挥，新鲜的思想也无从产生。外国的思想家常提倡一种严正而有纪律的思想（“Rigorous thinking”）就是一种用逻辑的烈火来锻炼过的思想。正确的思想是不容易获得的，必得经过长期的痛苦，严格的训练，然后才能为我所有。思想的训练，是教育上的重大问题。历次世界教育会议，对于这个问题，都曾加以讨论。有人主张研究社会科学的人，他也得学高深的数学，不是因为他用得着这些数学，乃是因为这种数学是他思想的训练。思想是要有纪律的。思想的纪律，决不是去束缚思想，而是去引申思想，发展思想。中国知识界现在就正缺少这种思想上的锻炼。

第二是容易接受思想。中国人向来很少人坚持他特有的思想，所以最容易接受他人的思想。有人说中国人在思想上最为宽大，最能容忍，这是美德，不是毛病。但是思想这件事，是就是是，非就是非，谈不到什么宽大和容忍。不是东风压倒西风，便是西风压倒东风。哥白尼主张地动说，固然自己深信是对的；就是白兰罗和盖律雷研究这个学说认为他是对的以后，也就坚决地相信他、拥护他，至死终不改变。试看西洋科学与宗教战争史中，为这学说奋斗不懈，牺牲生命的人，曾有多少。这才是对真理应有的态度。中国人向来相信天圆地方，“气之轻清，上浮者为天，气之重浊，下凝者为地。”但是西洋的地动学说一传到中国，中国人立刻就说也是圆的，马上接受，从未发生过流血的惨剧。又如达尔文的生物进化论，也是经过多少年宗教的反对，从苦斗中才挣扎出来的。直至一九一一年，德国还有一位大学教授，因讲进化论而被辞退；甚至到了一九二一年，美国坦尼西（Tennesses）州，还有一位中学教员因讲进化论而遭诉讼。这虽然可以说是他们守旧势力的顽固，但是也可表现西洋人对于新思想的接受不是轻易的。可是在中国却不然。中国人本来相信盘古用金斧头开天辟地。“自从盘古开天地，三皇五帝定乾坤”，不是多少小说书上都有吗？但是后来进化论一传进来，也就立刻说起天演，物竞天择，和人类是猴子变来的（其实人类是猴子的“老表”）。人家是经过生物的实验而后相信的，我们呢？我们只是因为严复译了赫胥黎的《天演论》，文章做得极好，吴挚甫恭维他“骎骎乎周秦诸子矣”一来，于是全国风从了。像这样容易接受思想，只足以表示我们的不认真、不考虑，那里是我们的美德？容易得，也就容易失；容易接受思想，也就容易把它丢掉。这正是中国知识界最显著的病态。现在中国某省愈是中学生愈好谈主义，就是这个道理。

第三是混沌的思想。既没有思想的训练，又容易接受外来的思想，其当然的结果，就是思想的混沌。混沌云者，就是混合不清。况且这种混合是物理上的混合，而不是化学上的化合，上下古今，不分皂白，搅在一起，这就是中国思想混合的方式。我不是深闭固拒，不赞成采取他人好的思想，只是采取他人的思想，必须加以自己的锻炼，才能构成自己思想的系统。这才真是化学的化合呢！西洋人也有主张调和的，但是调和要融合（Harmony）才对，不然只是迁就（Compromise）；真理是不能迁就的。我常怪中国的思想中，“杂家”最有势力。如春秋战国时代，百家争鸣，极端力行的墨，虚寂无为的老，都是各树一帜，思想上的分野是很清楚的。等到战国收场的时候，却有《吕氏春秋》出现，混合各派，成为一个“杂家”。汉朝斥百家而尊儒孔，实际上却尚黄老，结果淮南子得势，混合儒道，又是一个杂家。这种混杂的情形，直至今日，仍相沿未改。二十年前我造了一个“古今中外派”的名词，就是形容这种思想混杂的人。丈夫信仰基督教，妻子不妨念佛，儿子病了还要请道士“解太岁”。这是何等的容忍！容忍到北平大出丧，一班和尚、一班道士、一班喇嘛、一班军乐队，同时并列，真是蔚为奇观！这真是中国人思想的缩影！

第四是散漫的思想。这种是片断的、琐碎的、无组织的。散漫思想的由来，固且由于思想无严格的训练，但是主要的原因还是懒。他思想的方式是触机，只是他灵机一来之后，就在这机来的一刹那停止了，不追求下去了。这如何能发生系统的思想，精密的思想？于是成了“万物皆出于几，万物皆入于几”的现象。他只是让他的思想，像电光石火一样的一阵阵的过去。有时候他的思想未始不聪明，不过他的聪明就止于此，六朝人的隽语，是由此而来的。《世说新语》的代代风行也是为此。中国人的善于“玩字”，没有其他的理由。因此系统的精密的专门哲学，在中国很难产生。因此中国文学里很少有西洋式如弥尔顿的《天国云亡》，歌德的《浮士德》那般成本的长诗。因此笔记小说为文人学士消闲的无上神品。现在还有人提倡袁中郎，《浮生六记》，和小品文艺，正是这种思想的斜晖落照！不把思想的懒根性去掉，系统的伟大思想是不会产生的。

第五是颓废的思想。颓废的思想是思想界的鸦片烟，是民族的催眠术——并且由催眠术而进为催命符。颓废的思想就是没有气力的思想，没有生力的思想。什么东西经过他思想的沙漏缸一经过，都是懒洋洋的。颓废的思想所发生的影响，就是颓废的行为。以现在的文艺品来说罢，有许多是供闺秀们消闲的，是供老年人娱晚景的。有钱的人消闲可以，这是一格；但是我们全民族是在没有饭吃的时候，没有生存余地的时候呀！老年人消闲可以，因为他的日子是屈指可算的，但是给青年人读可为害不浅了。而现在喜欢读这些刊物的反而是青年人！文人喜欢诗酒怡情，而以李太白为护符。是的，李太白是喜欢喝酒。“李白斗酒诗百篇”。你酒是喝了，但是像李太白那样的一百篇诗呢？我们学李太白更不要忘记他是“十五学剑术，遍干诸侯，三十成文章，力抵卿相，虽长不满七尺，而心雄万夫”的人呀！你呢？颓废的思想不除，民族的生力不能恢复！

第六不能从力行中体会思想，更以思想证诸力行。中国的文人，中国的“士”，是最长于清谈的，最长于享受的。在魏晋六朝是“清谈”，在以后是蜕化而为“清议”。清谈清议是最不负责任的思想的表现。南宋是清议最盛的时代，所以弄到”议未定而金兵已渡河”。明末也是清议最盛的时代，所以弄到忠臣义士，凡事不能作有计划的进行，逼得除了一死以外，无以报国。“清议可畏”，真是可畏极了！横直自己不干，人家干总是可以说风凉话了。自己叹叹气，享享乐罢。“且以喜乐，且以永日，我躬不阅，遑恤我后。”老实说，现在我们国内的知识分子，也不免宋明的清议风气，只是享乐换了一套近代化的方式。我九年前到北平去，看见几位知识界的朋友们，自己都有精致的客厅，优美的庭园，莳着名卉异草，认为不足的时候，还可到北海公园去散散步。我当时带笑地说道，现在大家是“花萼夹城通御气”，恐怕不久要“芙蓉小院入边愁”。现在回想起来，字字都是伤心之泪。这不但北平如此，他处又何独不然？我们还知道近年来通都大邑有“沙龙”的风气吗？“我们太太的沙龙”是见诸时人小说的。很好，有空闲的下午，在精致的客厅里，找几位时髦的女士在一道，谈谈文艺，谈谈不负责任的政治。是的，这是法国的风气，巴黎有不少的沙龙，但是法国当年还靠莱茵河那边绵延几百里的马奇诺防线呀！哪知道纸醉金迷的结果，铜墙铁壁的马奇诺竟全不可靠。色当一役，使堂堂不可一世的头等强国，重蹈拿破仑第三时代的覆辙，夷为奴隶牛马，这是历史上何等的悲剧？我不否认享乐是人生应有的一部分，只是要看环境和时代。我们的苦还没有动头呢！我们不愿意苦，敌人也还是要逼得我们苦的。“来日大难”，现在就是，何待来日？我们现在都应忏悔。我们且先从坚苦卓绝的力行里体会我们的思想，同时把我们坚强而有深信的思想，放射到力行里面去。

以上的话，是我们互责的话，也是我们互勉的话。因为如果我脑筋里还有一格兰姆智识的话。我或者也可以忝附于知识分子之列。我所犯的毛病，同样的也太多了。不过我们要改造民族的思想的话，必定先要自己负起知识的责任来。尤其是在现在，知识分子对于青年的暗示太大了。我们对于青年现在最不可使他们失望，使他们丧失民族的自信心。我们稍见挫折，便对青年表示无办法，是最不可以的事。领导青年的知识分子尚且如此，试问青年心理的反应何如？我们要告诉他们世界上没有没办法的事，民族断无绝路，只要我们自己的脑筋不糊涂！知识是要解决问题的。知识不怕困难。知识就是力量。而且这种力量如此之大，凡是物质的力量透不进去的地方，知识的力量可以先透进去。知识的力量透过去之后，物质的力量就会跟着透过去。全部的人类文化史，可以说明我这句话。我们只要忠诚的负起知识的责任来，什么困难危险都可以征服！

顾亭林说过，“天下兴亡，匹夫有责。”何况知识分子？他又说：“有亡国者，有亡天下者。”他所谓“亡国”是指朝代的更换，他所谓“亡天下”是指民族的灭亡。现在我们的问题，是要挽回亡天下、亡民族的大劫。在这时候，知识分子如不负起这特别重大的责任来，还有谁负？我觉得我们知识分子今后在学术方面要有创作，有贡献，在事业方面要有改革，有建树。我们不但要研究真理，并且要对真理负责。我们尤其要先努力把国家民族渡过这个难关。不然，我们知识分子一定要先受淘汰，连我也要咒诅我们知识分子的灭亡。

（选自罗家伦：《新人生观》，辽宁教育出版社，1997 年）

拓展思考

1. 你认为当代大学生最重要的学习内容有哪些？你认为当前高等教育在人才培养目标的设置上需要注意哪些问题？是否需要密切跟随人才市场或者就业环境来调整人才培养方向？

2. 查阅相关资料，观察中西学术对“知识分子”的讨论和研究，尝试撰写一篇关于“知识分子”观的研究综述，重点谈一谈你个人对“知识分子”的认识。

3. 结合《三国演义》中诸葛亮的形象，分析诸葛亮身上所体现的中国传统文人内圣外王的人生理想，并思考众多中国传统文人政治失意的原因。

4. 你认为在当代文化语境中，传统文人的内圣外王是否有其现实意义？

延伸阅读

1. 黄万盛：《全球化视域中的儒家内圣外王之道》，《西安交通大学学报（社会科学版）》，2007 年第 5 期。

2. 韩星：《内圣外王之道与当代新儒学重建》，《新疆师范大学学报

（哲学社会科学版）》，2016 年第 6 期。

3. 杨泽波：《内圣外王之辨及其当代价值——对一个学术公案的迟到解读》，《河北学刊》，2012 年第 4 期。

4. 任剑涛：《内圣的归内圣，外王的归外王：儒学的现代突破》，《中国人民大学学报》，2018 年第 1 期。

5. 李翔海：《内圣外王：儒家的境界》，江苏人民出版社，2017 年。

6. 〔清〕仇兆鳌：《杜诗详注》，中华书局，1979 年。

第四章　困局与出口：人类共同的命运

“宇宙一棋局，白黑两战场。”（查慎行《题章岂绩观棋图》）诗人以恢弘视野描述了人类身处宇宙棋局中无法摆脱的共同命运。在春秋代序、空间往复的宇宙世界中，所有的生命终将会站在某个十字路口，遭遇命运困境带来的苦难、锤炼和洗礼。人类之所以区别于其他生灵，对于个体生命和群体命运的思考、反省是其关键所在。从这一角度来说，出口的叩问是人类在遭逢特定环境或精神时作出的精神救赎和自我突围。

第一节　时空困局与中国传统文人的精神出口

马克思主义哲学认为，时间与空间是物质存在的方式。《墨子·经上》云：“久，弥异时也。宇，弥异所也。”①又《墨子·经说上》：“久，古今旦莫。宇，东西家南北。”②“久”涵盖古今旦暮，这是时间概念，而“宇”囊括上下四方，这是空间概念。《庄子·庚桑楚》亦说：“有实而无乎处者，宇也。有长而无本剽者，宙也。”③前者指空间没有边际，后者指时间没有始终，都呈现出时空的无限性。中国传统社会所建构的“天地玄黄，宇宙洪荒”的时空世界成为世界一切事物的生存舞台和发展背景，也塑造出中国传统文人族群性的时空意识和时空困局。

一、空间困局与出口

人与自然存在一种自然人化的互动关系，人类在逐渐对抗、发展和改造外部世界的过程中，对空间的掌控欲望和占据意识也逐渐增强，大到太空探索、围海造田，小到圈地违建、抢座占位，都体现了文化下移过程中社会组织和普通民众的空间欲望。但是，空间总是相对有限的，空间资源也总是相对不均的，人们又多限于自身道德的不足、能力的缺乏和认识的缺陷，在追求空间扩大之时常会于精神层面遭逢空间困局。邯郸淳《笑林》

---

①〔清〕孙诒让：《墨子闲诂》，诸子集成本，上海书店，1986年，第194页。
②〔清〕孙诒让：《墨子闲诂》，诸子集成本，上海书店，1986年，第206页。
③〔清〕王先谦：《庄子集解》，诸子集成本，上海书店，1986年，第151页。

载云:“鲁有执长竿入城门者，初竖执之，不可入，横执之，亦不可入，计无所出。俄有老父至曰：‘吾非圣人，但见事多矣！何不以锯中截而入?’遂依而截之。”这则广为人知的笑话隐含着人类渴望突破空间困局的出口意识，也表现了人类对于空间认识狭隘的荒谬，这种认识荒谬既来自认识主体知识经验的缺乏，更来自其个体思维方法的偏执。

从文化层面来看，空间超越纯粹的物理性而具有一种法律、政治和社会隐义，特定空间的维持总基于空间边界之内特定群体的伦理思想和契约精神。因此，空间困局具有关系困境、社群困境的特征。张岱《夜航船序》中云:“昔有一僧人与一士子同宿夜航船，士子高谈阔论，僧畏慑，卷足而寝。僧人听其语有破绽，乃曰：‘请问相公，澹台灭明是一个人，是两个人?’士子曰：‘是两个人。’僧曰：‘这等，尧舜是一个人两个人?’士子曰：‘自然是一个人。’僧人乃笑曰：‘这等说起来，且待小僧伸伸脚。’”① 夜航船具有狭隘空间的象征意蕴，在狭隘的空间中，士子与僧人本应秉承相对均平原则进行空间分配，但期间因士子“高谈阔论”所呈现的主体意识的高涨，导致平等空间被话语强者所侵占和掠夺，并造成“僧畏慑”的空间萎缩。而最终“且待小僧伸伸脚”所反映的空间伸展正是僧人自主精神和文化自信的伸展。由此可见，在空间分配过程中，道德、知识和权力都是构成空间不均分配的重要动力。对于大多数平凡者而言，特定人群所掌握的权力、所呈现的道德和所拥有的知识都可能给他人带来心理压迫感，从而造成空间逼仄和生存对抗。因此，空间困局的最终形成其实是个体与个体、个体与群体、群体与群体之间的文化对话和意识对抗。

正如弗吉尼亚·伍尔夫所说，“不可否认，每个人心中都有一匹野马”。生存在众多空间困局中的人，多数是无法完全放弃对出口的追求，所以徐志摩才会呐喊道:“飞出这圈子，飞出这圈子！到云端里去，到云端里去！哪个心里不成天千百遍的这么想?飞上天空去浮着，看地球这弹丸在太空里滚着，从陆地看到海，从海再看回陆地。凌空去看一个明白——这才是做人的趣味，做人的权威，做人的交代。”（《想飞》）奥地利诗人里尔克在《豹——于巴黎植物园》一诗中写道：

在铁栏前不停地来回往返，
他的目光已疲倦得什么都看不见。

① 〔明〕张岱:《琅嬛文集》，岳麓书社，2016年，第28页。

眼前好似惟有千条的铁栏，
世界不复存在，在千条铁栏后面。
柔韧灵活的脚迈出有力的步子
在一个小小的圆圈中旋转，
就像力之舞环绕着一个中心，
在中心有一个伟大的意志晕眩。
只是偶尔无声地撩起眼帘，
于是便有一幅图像侵入，
透过四肢紧张的寂静——
在心中化作虚无。①

从标题来看，“豹”本会给读者带来一种自由驰骋的精神图景，但“于巴黎植物园”却将豹这一自由精灵约束在狭隘繁华的都市植物园。相对于豹原来生活的长林丰草，“巴黎植物园”这一城市游艺场无疑禁锢其“伟大的意志”，那象征自由驰骋的世界被阻隔在“千条铁栏后面”。然而，尽管最终那幅理想的图像在“心中化为乌有”，但“在铁栏前不停地来回往返”却隐藏着这圈养生命个体本能对自由的向往，诗人以象征之笔隐喻着现代文明空间中自由沉沦和出口渴望。

这种空间困局的出口追求在中国传统文人精神世界中极为普遍。秦观贬居郴州，其在《踏莎行》词中写道：“雾失楼台，月迷津渡，桃源望断无寻处。可堪孤馆闭春寒，杜鹃声里斜阳暮。”词中的“孤馆”无疑是一种具有政治象征和生命意味的空间。在这孤绝的旅舍中，词人欲突破狭隘的空间，获得心灵的自由伸展，却发现代表生命出口的“楼台”“津渡”和“桃源”在浓雾、暗月中迷失，词人只能在被料峭春寒围困的孤馆中咀嚼生命的无助和绝望。这首词幽微地呈现出传统文人空间困局与空间出口追求、挣扎的心灵图景。清人梅曾亮《观渔》一文写道：“渔于池者，沉其网而左右縻之。网之缘，出水可寸许；缘愈狭，鱼之跃者愈多。有入者，有出者，有屡跃而不出者，皆经其缘而见之。安知夫鱼之跃之出者，不自以为得耶？又安知夫跃而不出与跃而反入者，不自咎其跃之不善耶？而渔者观之，忽不加得失于其心。嗟夫！人知鱼之无所逃于池也，其鱼之跃者，可悲也；

① ［奥地利］里尔克：《里尔克抒情诗选》，杨武能译，四川文艺出版社，1988 年，第 72 页。

然则人之跃者，何也?”[①]无论是渔网还是鱼池，它们都具有空间困局的象征内涵，对于那些“鱼之跃者”来说，无论是入者、出者、屡跃而不出者，还是跃而反入者，都是在呈现人类对于空间困局的自觉突围。只是在出口寻求过程中，众多人因缺乏妥善的突围策略、成熟的文化自信及坚毅的破围意志而迷途难返。

二、时间困局与出口

与空间困局相比，时间困局在人类的思想领域中更为普遍。传统中国是一个以农耕文化为主体的国家，人的生存与发展始终离不开自然。人们在对周围自然万物仰观俯察的过程中，认识到自然发展的规律，从而运用到自我生命的体察和反省。《周易·系辞上》中云:“仰以观于天文，俯以察于地理，是故知幽明之故。”人类对于“幽明之故”的认知和把握源自人类对日月星辰运转之道的天文和山川草木更迭之法的地理的体认和总结，从而观象授时，逐渐建立人类与自然之间的时间模型，并“将这种比较外在意义上的‘天时’转化到人的生存领会和行为态势中来，发展出了一种天人相参的时机化的时间观”。[②]在这一转化过程中，时间已超越其自然物理时间的属性，成为中国传统文人顺时守时的文化意识。顺时是指顺应自然发展规律，将个体生命与自然轮转相契合，从而谋求内在世界与外部宇宙的共鸣，最终达成天人合一之境。守时是对于自然之道、天地之理的尊崇和坚守，建立以“时”为准则的人生精神，并由此寻求个体价值在“时”的约束和佐助下的社会实现。

当然，顺时守时是中国文化对文人的理性要求。萧驰认为，“时间忧患本身正是社会现实忧患富于哲理意味的表达，是现实忧患向人生和宇宙意识的升华”。[③]在具体生活中，时间困局带给中国文人最直接的感受是自然往复与生死之悲。传统先贤在认识自然的过程中，得到的一个重要时间意识就是自然有序往复。春夏秋冬，寒暑变易、日月江河，运行有常。但与自然有序往复相对应的，却是人类自己生命的不可逆性。海德格尔曾说:“在这万万年的时间之中，人的生命、其时间的延伸又算什么呢?只不过是

---

① 王凯符:《后期桐城派文选译》，巴蜀书社，1997年，第47－48页。

② 张祥龙:《从现象学到孔夫子》，商务印书馆，2001年，第218页。

③ 萧驰:《中国诗歌美学》，北京大学出版社，1986年，第241页。

秒针的一个小小的移动。”[①]《庄子·盗跖》云：“人上寿百岁，中寿八十，下寿六十，除病瘦死丧忧患，其中开口而笑者，一月之中，不过四五日而已矣。天与地无穷，人死者有时，操有时之具，而托于无穷之间，忽然无异骐骥之驰过隙也。”[②]自然生命的轮转无穷与人类生命的瞬息无常构成的死亡恐惧是中国文学常见的主题情感。鲍照《拟行路难》其五诗云：“君不见河边草，冬时枯死春满道。君不见城上日，今暝没尽去，明朝复更出。今我何时当得然，一去永灭入黄泉。”[③]人类的生命无法像河边草，冬去春回；人类的生命无法如城上日，朝暮循环。人只能看着自己的生命如舟一样，被天地生死的规则裹挟而往前运行，却没有回头的路径。

时间困局带给人类第二个重要心理是时间焦虑所生发的功名焦虑。传统文人在观照时间过程中，常因时间短暂而引出功名的焦虑。当一切繁华和美丽在各种各样的艰难坎坷中悄无声息地消亡，他们自然而然地对时间的流逝表现出热切的关注，一方面不自觉地流露出对时光荏苒的慨叹和美好韶华的无限留恋，另一方面也渴望通过立德、立功、立言来寻求生命不朽的可能，从而形成一种与时间相关联的功名焦虑。《论语·卫灵公》：“子曰：‘君子疾没世而名不称焉。’”君子最大的遗憾是临终名声不被人称述，这是时间流逝带来的功名焦虑。屈原《离骚》亦云：“老冉冉其将至兮，恐修名之不立。”站在时间长河中，眼看迟暮之年缓缓接近，无法阻止，也无法回避，在这种让人无奈的时间面前，屈原感到痛苦的似乎不是时间短暂本身，而是在如此有限的时间中其个体修名之不立。曹操《短歌行》诗云：“对酒当歌，人生几何。譬如朝露，去日苦多。慨当以慷，忧思难忘。何以解忧，唯有杜康。”普通人对于时间的痛苦是短暂的或间歇性的，他们容易迷失在眼前的享乐之中，他们也会因梦想的缺位而导致生命意义的弱化，他们可以从心理上接受赤条条来、赤条条去。但英雄不然，凡心怀功业梦想的文人其时间意识比心性平庸者来得深刻强烈，他们“心雄万夫”的政治梦想使其内心对时间有更多的野望，也就有更多的焦虑。这就是为什么曹操“何以解忧，唯有杜康”的内在隐秘。那么，如何突破时间困局，从而合理安顿心灵？在传统文人那里，突破时间困局的心理策略无非三种。

首先是自然消解、纵浪大化。人类在观察自然的过程中会发现，自然

---

① ［德］海德格尔：《形而上学导论》，熊伟、王庆节译，商务印书馆，1996 年，第 3－4 页。

② 〔清〕王先谦：《庄子集解》，诸子集成本，上海书店，1986 年，第 432 页。

③ 钱仲联：《鲍参军集注》，上海古籍出版社，1980 年，第 230 页。

草木也有盛衰演变。女诗人骆绮兰在《对雪》中说："莫怪世人容易老，青山也有白头时。"这种自然的盛衰迁移和人类自身的生死运行具有一种异质同构的美学构架。因此，人从自然的盛衰中，感受到生死无非是一种天地的常规，从而生出生死有命的理性判断。韩愈《秋怀》诗云："窗前两好树，众叶光薿薿。秋风一拂披，策策鸣不已。微灯照空床，夜半偏入耳。愁忧无端来，感叹成坐起。天明视颜色，与故不相似。羲和驱日月，疾急不可恃。浮生虽多涂，趋死惟一轨。胡为浪自苦，得酒且欢喜。"①诗人从秋风树叶中听到了生命对死亡的恐惧和无奈的叹息。自然草木犹且如此，人的生命又能如何超脱这种天地规则的约束呢？因此生出了"浮生虽多涂，趋死惟一轨"的理性思考。尽管世间人有万千，尽管不同的人有不同的人生道路，或高贵，或贫贱，或善良，或丑恶，但多元的人生都要面临相同的生命归宿。这种理性判断无疑消解了人类对于生死的迷茫，从而学会用更为豁达的心态去面对生命。正因为如此传统先贤才能做到纵浪大化，不喜不惧，听任自然。陶渊明《神释》诗云："三皇大圣人，今复在何处？彭祖寿永年，欲留不得住。老少同一死，贤愚无复数。日醉或能忘，将非促龄具？立善常所欣，谁当为汝誉？甚念伤吾生，正宜委运去。纵浪大化中，不喜亦不惧。应尽便须尽，无复独多虑。"②这是一种无意于生命的有限与无限的洒脱，是一种不求此生之延长也不求荣名之永存的超然对待时间之有限和个体之生死的态度。

其次是及时行乐、执着当下。在传统文学中，文人常有"人生是什么"或"生命似什么"的叩问，如《古诗十九首·今日良宴会》的"人生寄一世，奄忽若飙尘"、杜甫《旅夜书怀》的"飘飘何所似，天地一沙鸥"、苏轼《渑池怀旧》的"人生到处知何似，应似飞鸿踏雪泥"等，在传统看来，人生如梦、如尘、如戏、如江湖泛梗、如狂风蓬转，这些生命的感性认识似乎都具有一定的负面性或消极性。但这种表面的消极背后却隐藏着中国文人的豁达积极的人生态度，因为只有将人生的期待值降到最低，将生命附加的意义降到最低，人类才能更为轻松余裕地面对狼狈现实和不定未来。同样，有限时间带来的生命焦虑也可以通过及时行乐来加以调适，在这一层上，及时行乐未必是一种消极的颓放的生命态度，或许是一种勘破本质之后的理性沉潜。《古诗十九首·生年不满百》："生年不满百，常怀千岁忧。

① 钱仲联：《韩昌黎诗系年集释》，上海古籍出版社，1984 年，第 541 – 542 页。

② 袁行霈：《陶渊明集笺注》，中华书局，2003 年，第 67 页。

昼短苦夜长，何不秉烛游。为乐当及时，何能待来兹。愚者爱惜费，但为后世嗤。仙人王子乔，难可与等期。”在这首诗中，诗人清晰地认识到“生年不满百”的客观事实，也理性了解“仙人王子乔，难可与等期”这种长生久视梦想的虚幻，既然如此，又何必“千岁忧”“爱惜费”呢？在这种人生理性判断之后，“为乐当及时”就成为一种消解人生荒诞意义之后的优化选择。韩愈所说的“浮生虽多涂，趋死惟一轨。胡为浪自苦，得酒且欢喜”既让人绝望，也令人豁达；它让传统文人丧失了对生命长度的欲望，但也引导其更加重视当下的生存。这种及时行乐是面对生命属性所做出的姿态调整，是一种生存的策略和智慧。唯有如此，人类的生命才更加有当下性，才能更执着于现实生存。

再次是进德修业、勇猛精进。如果说及时行乐是普罗大众面对时间短暂所做出的优化生存策略的话，那么进德修业就是茂才异等之人在时间焦虑中选择勇猛精进的生存态度。《周易·乾》:“九三曰：‘君子终日乾乾，夕惕若，厉无咎’，何谓也？子曰：‘君子进德修业。’”①孔颖达疏:“德谓德行，业谓功业。九三所以终日乾乾者，欲进益道德，修营功业，故终日乾乾匪懈也。”进德修业是君子“终日乾乾”的心理动力，也是君子对于时间有限的德业焦虑。《晋书·陶侃传》:“侃性聪敏，勤于吏职，恭而近礼，爱好人伦。……引接疏远，门无停客。常语人曰：‘大禹圣者，乃惜寸阴，至于众人，当惜分阴，岂可逸游荒醉，生无益于时，死无闻于后，是自弃也。’”②在陶侃看来，个体生命要能做到有益于时、有闻于后，关键在于能否惜阴。在陶侃志士人格的影响下，陶渊明写出“进德修业，将以及时。如彼稷契，孰不愿之”（《读史述九章·屈贾》）的感慨。

第二节　政治困局与中国传统文人的出口抉择

亚里士多德说:“人类在本性上，也正是一个政治动物。”③政治的必要性来自于人性的弱点，或者说来自于人类先天的缺陷。面对强大的外部世界，人类先民只能借助群体力量来护卫。在群体来往中逐渐萌发伦理、道德及政治。可以说，政治是人类对抗强大外部异己力量的合群方式。合理

---

① 马振彪:《周易学说》，花城出版社，2002年，第19页。
② 〔唐〕房玄龄，等:《晋书》，中华书局，1974年，第1768页。
③ ［古希腊］亚里士多德:《政治学》，吴寿彭译，商务印书馆，1983年，第7页。

的政治是社会有序发展与和谐共存的重要规范，从而使社会的权力分配、利益组合和生存保障等方面竭尽达成共识和平衡，使社会的公平、正义、自由、法治得以实现。同时，合理的政治能够促进和激励民众向善，从而获得人格完善。因此，参与政治是人类自我健全和完善的重要力量，也是中国传统文人内圣外王人生路径践行的必由之路。

舒元舆《上论贡士书》描述了唐代科举境况："试之日，见八百人尽手携脂烛水炭，洎朝晡餐器，或荷于肩，或提于席，为吏胥纵慢声大呼其名氏，试者突入，棘围重重，乃分坐庑下，寒馀雪飞，单席在地。呜呼！唐虞辟门，三代贡士，未有此慢易者也。"传统文人之所以忍受"吏胥纵慢声"，之所以俯首"突入"，无非想借一时之忍求取未来政治通显、功业荣耀。因此，无论是察举、干谒、入幕、从戎还是应试，都不过是传统文人通向政治之路必然要做出的选择。中国传统文人为了实现内圣外王的人生设计，就必须超越个体，积极进行政治参与，在立德、立功、立言的追求中推广自己的知识、智慧和道德，通过提升政治运作以实现以文化人的人生理想。但随着秦汉以来中国社会集权化政治的产生，文人在追求政治理想的实现过程中必然存在个体生命与集权政治之间的龃龉，心灵上的精神贵族和身体上的屈己事君之间的矛盾成为传统文人政治困境的重要源头。

一、乡关与望阙

中国传统文人政治困局第一个表征就是乡关之思与望阙之情的共生。家国一体是中国政治文化的重要表现，但对于传统文人来说，忠孝难两全的家国对立也是其政治心灵极为突出的文化困境。当文人带着对于远方世界和彼岸理想的渴望出发之际，家乡就构成了游子行人重要的客观背景和心灵参照，乡关之思就成为所有通向政治之路的文人常见的情感，而这种幽深的故园情思和文人内心源自政治梦想的望阙之情交织一体，在他们的日常生活和表达中时时呈现。

《晋书·陆机传》："（陆机）少有异才，文章冠世，伏膺儒术，非礼不动。抗卒，领父兵为牙门将。年二十而吴灭，退居旧里，闭门勤学，积有十年。……至太康末，与弟云俱入洛。"① 太康十年（289），陆机与其弟陆云赴洛阳，途中作《赴洛道中作》诗云："总辔登长路，呜咽辞密亲。借问

① 〔唐〕房玄龄，等：《晋书》，中华书局，1974年，第1467页。

子何之？世网婴我身。永叹遵北渚，遗思结南津。行行遂已远，野途旷无人。山泽纷纡馀，林薄杳阡眠。虎啸深谷底，鸡鸣高树巅。哀风中夜流，孤兽更我前。悲情触物感，沉思郁缠绵。伫立望故乡，顾影凄自怜。”①在诗中，诗人流露出强烈的故土难舍的眷恋之情，又充满了对赴洛政治追求的迷茫，一方面作为东吴陆氏的代表人物，理应在家族没落之际主动承担家族振兴的使命；另一方面心怀远志的陆机，又渴望通过积极入世来实现“志匡世难”的政治梦想，于是在这场离别中就显现出故园情怀与政治梦想之间的对立。

清代诗人黄景仁《别老母》诗云：“搴帷拜母河梁去，白发愁看泪眼枯。惨惨柴门风雪夜，此时有子不如无。”告别故乡和老母，朝向不可知的政治前途，难以割舍的故乡眷恋和忧虑成为诗人远行的重要阻碍，这种“惨惨柴门风雪夜，此时有子不如无”的惨况正是中华民族政治文人追求个体价值和家国情怀实现过程中最为真实的苦吟。乡关和京城于是就构成传统文人徬徨、抉择的两端，若放弃京城，则意味老死乡野，难求功业、道德之不朽；若抛弃故园，则意味人伦阻隔，承受漂泊相思之苦痛，这种两难选择对于大多数文人而言是极为艰难的。当然，也唯有那些扛住了乡关苦思，又在家国天下的实现道路上安邦治国、兴利除弊的志士仁人才是中华民族最为崇高的脊梁。

二、理想与现实

中国传统文人政治困局的第二个表现是内在理想与社会现实的龃龉。所有的梦想在最初都是美好而理想化的。中国传统文人在漫长的儒家意识教育过程中，非常清晰地自我培育了对于社会和政治的理想追求。他们出发之初，对社会和政治的想象和建构都具有完美化趋向，但随着他们渐入社会，参与政治，却又必然发现现实的真相，也多会慨叹政治的艰难，由此衍生出内在理想与客观社会的龃龉。

左思怀着“铅刀贵一割，梦想骋良图”（《咏史》其一）的远志豪情来到洛阳，迎面却发现“世胄蹑高位，英俊沉下僚”（《咏史》其二）的现实，从而产生“出门无通路，枳棘塞中涂”（《咏史》其八）的感慨。杜甫“自谓颇挺出，立登要路津。致君尧舜上，再使风俗淳”（《奉赠韦左丞丈二

---

① 杨明：《陆机集校笺》，上海古籍出版社，2016年，第216页。

十二韵》)，但最终在困守长安十年炼狱中，悲叹“纨绔不饿死，儒冠多误身”（《奉赠韦左丞丈二十二韵》)，甚至呐喊“儒术于我何有哉，孔丘盗跖俱尘埃”（《醉时歌》)。

传统文人这一政治困局充分体现了中国传统教育的先天缺陷。从总体来看，中国传统教育多以儒家文化为文人学术和行为规范的教育思想，儒家教育具有强调道德至上和礼乐先行的理想化色彩，这导致传统文人在其教育成长过程中缺乏针对现实社会的生存培养和技能培养，从一定意义上来说，传统士大夫是以专业的文化能力从事业余的政治管理。因此，当理想与现实产生碰撞时，文人“不堪吏务”的窘迫就表现得非常明显。同样，文人也多缺乏面对复杂政治环境时更为有效的处置策略，他们在感慨“万事无穷极，知谋苦不饶”（阮籍《咏怀》其三十二）后，也只能以道德本能和人格规范进行对抗和分解。

三、工具与价值

中国传统文人政治困局的第三个表现是工具理性与价值理性的抉择。士大夫身处政治空间，在国家利益、民众生存、政府规划、道德是非等问题上都需要进行判断和选择，就必然会产生因工具理性与价值理性对立的政治困局。

从政治层面而言，工具理性是“一种追求并实现政治运作和政治活动的规范性、有效性、功能性、可计算性、可操作性的能力和活动”①，它并不以政治理念和政治理想的确立及其实质合理性、价值正当性为评判标准，展现出政治参与者和政治实施过程的唯目的性和策略性。相对于规范化、实效性的工具理性，价值理性则是人类的一种善的精神追求。它追求事实与价值、真与善的统一，是“人类所独有的用以调节和控制人的欲望和行为的一种精神力量”②，具有价值导向、价值规范和价值评价功能。③它通过道德的选择和判定来规范约束人的政治行为，重视行为本身内在的价值意义，而不以最终结果为考量目标，从而强化价值智慧和良知在政治活动的主导意义。

盛唐时期的张九龄和李林甫之争就是价值理性和工具理性之争。随着

① 何颖：《政治学视域下工具理性的功能》，《政治学研究》，2010 年第 4 期。

② 吴增基：《理性精神的呼唤》，上海人民出版社，2001 年。

③ 王彩云：《政治学视域中价值理性的回归》，《政治学研究》，2013 年第 6 期。

开元社会经济文化的高度发展，唐玄宗的政治姿态发生了重大转变，“上在位岁久，渐肆奢欲，怠于政事”。[①]面对帝王政治精神的沉沦，国家宰臣是应该以道德监督、责任促进的方式还是以曲私媚好、任性顺从的方式去处理，这其实就是一种价值理性和工具理性之争。在张林之争中，“九龄遇事无细大皆力争；林甫巧伺上意，日思所以中伤之。”[②]如废嫡之事，张九龄更多从国家安危和儒家道德层面进行劝诫，认为“太子天下本，不可轻摇。昔晋献公听骊姬之谗杀申生，三世大乱。汉武帝信江充之诬罪戾太子，京城流血。晋惠帝用贾后之谮废愍怀太子，中原涂炭。隋文帝纳独孤后之言黜太子勇，立炀帝，遂失天下。由此观之，不可不慎。陛下必欲为此，臣不敢奉诏”。[③]这种以道事君的政治行为具有鲜明的价值理性，而李林甫“初无所言，退而私谓宦官之贵幸者曰：‘此主上家事，何必问外人’”。[④]这是在迎合君王私意，从而从中谋取政治利益，具有工具理性的特征。最终在这场党争中，开元二十四年（736 年）张九龄罢中书令，李林甫兼中书令。可见，传统文人在政治判断和抉择过程中，常会因政治与道德、家国、民生之间存在的可能性矛盾从而陷入工具理性与价值理性的困局，唯有那些自强不息、厚德载物之君子方能“出淤泥而不染，濯清涟而不妖”，不比不附，泰然处之。

四、拯救与逍遥

中国传统文人政治困局的第四个表现则是济世安邦与自由逍遥的矛盾。拯救与逍遥一直是中国传统文人政治命运的重要两端。从人的基本属性来说，自由是人类最为基础和重要的精神追求。在传统文化系统中，儒道文化都强调自由在人的全面发展过程中的重要意义，只是儒家的自由意义往往突显于个人道德在仕隐进退之中的自如余裕，而道家的自由价值多基于功业否定后的个体自守。“直哉史鱼！邦有道，如矢；邦无道，如矢。君子哉蘧伯玉！邦有道，则仕；邦无道，则可卷而怀之。”（《论语·卫灵公》）在“直”与“君子”的评价话语中，“君子”评价更具高级性，意味孔子更欣赏能够做到“邦有道，则仕；邦无道，则可卷而怀之”的蘧伯玉，面

---

① 〔宋〕司马光：《资治通鉴》，中华书局，1956 年，第 6823 页。
② 〔宋〕司马光：《资治通鉴》，中华书局，1956 年，第 6823 页。
③ 〔宋〕司马光：《资治通鉴》，中华书局，1956 年，第 6824 页。
④ 〔宋〕司马光：《资治通鉴》，中华书局，1956 年，第 6824 页。

对“邦无道”的政治无序，孔子认同“卷而怀之”的自由选择。同样，“子谓颜渊曰：‘用之则行，舍之则藏，惟我与尔有是夫！’”（《论语·述而》）钱穆阐释云：“有用我者，则行此道于世。不能有用我者，则藏此道在身。”①这种“穷则独善其身，达则兼善天下”（《孟子·尽心上》）的个体选择隐含着儒家文人政治生命的自由表达。《庄子·骈拇》则云：“自三代以下者，天下莫不以物易其性矣！小人则以身殉利；士则以身殉名；大夫则以身殉家；圣人则以身殉天下。故此数子者，事业不同，名声异号，其于伤性以身为殉，一也。”庄子认为人生最大的意义在于存性，而人类求名逐利、齐家平天下的身外行为都是“伤性以身为殉”，因此生命自由通达需要理性弃圣绝智之后才能实现。

但传统政治模式多源出于儒家思维，文人的政治行为从儒家功名建树开始，必然走进功名追求与自由渴望之间的困局。《晋书·阮籍传》云：“籍本有济世志，属魏、晋之际，天下多故，名士少有全者，籍由是不与世事，遂酣饮为常。”②身处鼎革之际朝不保夕的乱离之世，阮籍只能消歇内在的“济世志”，以“酣饮为常”作为全身远害之策略，混迹于曹氏与司马氏的政治博弈中，但又“时率意独驾，不由径路，车迹所穷，辄恸哭而反”，这一反常行为呈现阮籍内心自由突围的渴望与现实环境的复杂之间的矛盾。同样，苏轼在《记游松风亭》中写道：“余尝寓居惠州嘉祐寺，纵步松风亭下。足力疲乏，思欲就林止息。望亭宇尚在木末，意谓是如何得到？良久，忽曰：‘此间有甚么歇不得处？由是如挂钩之鱼，忽得解脱。’”从象征图景来看，松风亭犹如文人内心所建立的政治理想，而一路攀登不免因政治风波、社会尘嚣导致“足力疲乏”。在这种自由与功业的纠葛中，就连智慧如海的苏东坡也需要“良久”的权衡之后，才能寻找到“此间有甚么歇不得处”的出口。

第三节　中国传统文人的出口方式

困局是人类生存的常态，正如杨万里“正入万山圈子里，一山放过一山拦”（《过松源晨炊漆公店》）所言，生命的行程犹如跋涉于万山之中，修坂险峰、深涧幽壑从来都是每个个体生命必须去面对的精神环境。在这些

① 钱穆：《论语新解》，生活·读书·新知三联书店，2002年，第173页。
② 〔唐〕房玄龄，等：《晋书》，中华书局，1974年，第1360－1361页。

无处不在的、大到家国小到日常的困境中，如何选择适当的方式作为困局的出口，就显现个体不同的文化意识和生命智慧。

一、养心持德

中国传统文人最为正统的出口方式无疑是生命个体的养心持德。《孟子·尽心下》言："养心莫善于寡欲。其为人也寡欲，虽有不存焉者，寡矣；其为人也多欲，虽有存焉者，寡矣。"孟子认为，修养内心最好的方式是减少欲望、保存本心。唯有减少内在不当之私欲妄念，人才能始终处于精神的理性观照和生命的澄澈圆融之中，才能面对困境从容晏如。当然，养心寡欲只是在做修养的减法，儒家还强调通过道德修持来做生命的加法，通过自我德行的觉醒来增强生命的厚度，从而抵御外来异己力量对内心的雕刻。

《说文解字》认为："道，所行道也，从辵从首，一达谓之道。"又《尔雅·释宫》："一达谓之道路，二达谓之歧旁，三达谓之剧旁，四达谓之衢，五达谓之康，六达谓之庄，七达谓之剧骖，八达谓之崇期，九达谓之逵。"意谓从物质层面来看，道是端正笔直，没有歧路，所以《墨子·兼爱上》说："《周诗》曰：'王道荡荡，不偏不党；王道平平，不党不偏。其直若矢，其易若砥。君子之所履，小人之所视。'"所以，"道"本身具有正直之义。而"德"则是"直心为德"，《说文解字》云："直，正见也。""德"，字形如同一只炯炯有神的眼睛在十字路口正视前方，隐含着看清道路方向，无惑无忧无惧，大道坦然直行的文化寓意。因此，秉持道德是传统文人面临政治困局之时勇猛精进、心无旁骛的重要修养。

二、著书立说

从传统文人的精神追求来看，著书立说并非其人生价值现实的首选。《左传·襄公二十四年》载叔孙豹言曰："太上有立德，其次有立功，其次有立言，虽久不废，此之谓不朽。"立言在传统社会"三不朽"观念中不过是退而求其次的选择。曹植《与杨祖德书》："吾虽德薄，位为藩侯，犹庶几戮力上国，流惠下民，建永世之业，流金石之功，岂徒以翰墨为勋绩，辞赋为君子哉！若吾志未果，吾道不行，则将采庶官之实录，辩时俗之得失，定仁义之衷，成一家之言，虽未能藏之于名山，将以传之同好。"在这里，曹植认为"戮力上国，流惠下民"方是正道，而"翰墨""辞赋"不过小道末技。同时，他认为立言并非翰墨辞赋，应是"采庶官之实录，辩时俗之得失，定仁义之衷，成一家之言”的著述。

尽管传统文人并不欲以著述为首选，但他们在政治失意的困局中，又往往要借助著述来揭明思想，阐述观念。《说苑·至公》云：“夫子行说七十诸侯无定处，意欲使天下之民各得其所，而道不行，退而修《春秋》。”“退而修《春秋》”成为孔子晚年“道不行”的思想困局的出口。而且，即使文人无法进行经学、史学的著述立说，也会以被正统文人视作“雕虫小技”的诗词曲赋进行出口消解，所以才有陆游《初冬杂咏》中“书生本欲辈莘渭，蹭蹬乃去为诗人”的感喟。

三、破执远游

从佛教文化角度来看，人类的烦恼来自于“我执”。窥基《成唯识论述记》：“烦恼障品类众多，我执为根，生诸烦恼。”执念成为人类政治行为和日常生活痛苦的重要来源，而破执就是大众突破困局应具备的精神智慧。

《景德传灯录》卷十：“僧问：‘如何是学人自己？’师曰：‘吃粥了也未？’曰：‘吃粥了也。’师曰：‘洗钵去。’其僧忽然省悟。”僧人“如何是学人自己”这一问本身是执着于“学人自己”，并将此困惑作为当前求道的重要困局。但正如菏泽神会禅师所云：“众生本自心净，若更欲起心有修，即是妄心，不可得解脱。”（《菏泽神会禅师语录》）“如何是学人自己”就是“起心有修”，这是一种“妄心”。于是从谂以“吃粥了也未”来启发僧人从妄心执念中跳出，就如同万事本有条理，委顺任运成为人自由通达的最终方式。吃过粥，自然需要洗钵，正所谓“饥来即饭，困来即眠”。

又《景德传灯录》卷十：“宣州刺史陆亘大夫问南泉曰：‘古人瓶中养一鹅，鹅渐长大，出瓶不得。如今不得毁瓶，不得损鹅，和尚作么生出得？’南泉召曰：‘大夫！’陆应诺。南泉曰：‘出也。’陆从此开解。”周裕锴《百僧一案》释云：“从一个人赤身裸体地降生于这个世界上时开始，他就被置放进一个由外部的社会秩序、伦理纲常和内在的知识理性、七情六欲等等复合构成的‘瓶’中。而当他像鹅一样渐渐长大时，便越来越为这个‘瓶’所异化，丧失了自由，迷失了自我。……按照禅宗的观点，人类存在之所以陷入困境，是因为被知见识解迷惑了自性，周围的一切束缚和桎梏，都是由于不认识存在的真实状态而后来加上去的。……但是自性这一本体无形无相，蛰伏在人的心中，而难以感觉，所以需要暗示和启发。”①

破执是禅宗面对精神困局的出口方式，而远游就构成儒道文人的精神出口。在《吊屈原文》中，贾谊虽同情屈原“遭世罔极兮，乃陨厥身”，但并不认同屈原的自沉汨罗的选择。他认为“所贵圣人之神德兮，远浊世而自藏；使骐骥可得系而羁兮，岂云异夫犬羊？盘纷纷其离此尤兮，亦夫子之故也。历九州而相其君兮，何必怀此都也？凤凰翔于千仞兮，览德辉而下之；见细德之险征兮，摇增翮而去之”。所以，以独立自由的精神保持与尘世的距离成为传统文人全身避祸的重要策略。也就是说，传统文人的身体确实无法完全脱离社会囚牢、政治困境，但他们的精神灵魂却可以超越眼前的功利烦恼，达到精神的自由王国，从而成就“小舟从此逝，江海寄余生”（苏轼《临江仙》）的旷达洒脱。

人类总因个体遭际的差异呈现出不同的生命风格，或如静月平湖，或如幽涧涓流，或如峻岭险壑，但人类的生命终将在困局与出口的徬徨、抉择和超越中得以壮阔和崇高，呈现出人类生命向上、向善的戏剧轨迹，也反映出人类文化生生不息、绵延不绝的内在本质。

吊屈原文

贾　谊

谊为长沙王太傅，既以谪去，意不自得，及渡湘水，为赋以吊屈原。屈原，楚贤臣也。被谗放逐，作《离骚赋》，其终篇曰:“已矣哉！国无人兮，莫我知也。”遂自投汨罗而死。谊追伤之，因自喻，其辞曰：

恭承嘉惠兮，俟罪长沙；侧闻屈原兮，自沈汨罗。造讬湘流兮，敬吊先生。遭世罔极兮，乃殒厥身。呜呼哀哉！逢时不祥。鸾凤伏窜兮，鸱枭翱翔。阘茸尊显兮，谗谀得志；贤圣逆曳兮，方正倒植。世谓随、夷为溷兮，谓跖、蹻为廉；莫邪为钝兮，铅刀为铦。于嗟默默，生之无故兮。斡弃周鼎，宝康瓠兮。腾驾疲牛，骖蹇驴兮；骥垂两耳，服盐车兮。章甫荐屦，渐不可久兮。嗟若先生，独离此咎兮。

---

① 周裕锴:《百僧一案》，上海古籍出版社，2007 年，第 110 – 111 页。

谇曰：已矣！国其莫我知，独壹郁其谁语？凤漂漂其高逝兮，固自引而远去。袭九渊之神龙兮，沕深潜以自珍；偭蟂獭以隐处兮，夫岂从蝦与蛭螾？所贵圣人之神德兮，远浊世而自藏；使骐骥可得系而羁兮，岂云异夫犬羊？盘纷纷其离此尤兮，亦夫子之故也。历九州而相其君兮，何必怀此都也？凤皇翔于千仞兮，览德辉而下之；见细德之险征兮，摇增翮而去之。彼寻常之汙渎兮，岂能容夫吞舟之巨鱼？横江湖之鳣鲸兮，固将制于蝼蚁。

（选自萧统选编、俞绍初点校：《新校订六家注文选》，郑州大学出版社，2015年）

答李端叔书

苏　轼

轼顿首再拜。闻足下名久矣，又于相识处，往往见所作诗文，虽不多，亦足以仿佛其为人矣。寻常不通书问，怠慢之罪，独可阔略，及足下斩然在疚，亦不能以一字奉慰，舍弟子由至，先蒙惠书，又复懒不即答，顽钝废礼，一至于此，而足下终不弃绝，递中再辱手书，待遇益隆，览之面热汗下也。

足下才高识明，不应轻许与人，得非用黄鲁直、秦太虚辈语，真以为然耶？不肖为人所憎，而二子独喜见誉，如人嗜昌歜、羊枣，未易诘其所以然者，以二子为妄则不可，遂欲以移之众口，又大不可也。

轼少年时，读书作文，专为应举而已。既及进士第，贪得不已，又举制策，其实何所有？而其科号为直言极谏，故每纷然诵说古今，考论是非，以应其名耳。人苦不自知，既以此得，因以为实能之，故譊譊至今，坐此得罪几死。所谓齐虏以口舌得官，真可笑也。然世人遂以轼为欲立异同，则过矣。妄论利害，搀说得失，此正制科人习气。譬之候虫时鸟，自鸣自己，何足为损益？轼每怪时人待轼过重，而足下又复称说如此，愈非其实。得罪以来，深自闭塞，扁舟草履，放浪山水间，与樵渔杂处，往往为醉人所推骂。辄自喜渐不为人识，平生亲友无一字见及，有书与之亦不答，自幸庶几免矣。足下又复创相推与，甚非所望。木有瘿，石有晕，犀有通，以取妍于人，皆物之病也。谪居无事，默自观省，回视三十年以来所为，多其病者。足下所见皆故我，非今我也。无乃闻其声不考其情，取其华而遗其实乎？抑将又有取于此也？此事非相见不能尽。自得罪后，不敢作文字。此书虽非文，然信笔书意，不觉累幅，亦不须示人。必喻此意。岁行尽，寒苦。惟万万节哀强食。不次。

（选自苏轼著、李之亮笺注：《苏轼文集编年笺注》，巴蜀书社，2011年）

飞蛾之死

[英] 弗吉尼亚·伍尔夫

白昼出没的飞蛾，准确地说，不叫飞蛾；它们激发不起关于沉沉秋夜和青藤小花的欣快意念，而藏在帷幕黝暗处沉睡的最普通的“翼底黄”飞蛾却总会唤醒这样的联想。“翼底黄”是杂交的产物，既不像蝴蝶一般色彩鲜艳，也不像飞蛾类那样全身灰暗。尽管如此，眼前这只蛾子，狭狭的双翼显现着枯灰色。翼梢缀有同样颜色的一圈流苏，看上去似乎活得心满意足。这是一个令人神清气爽的早晨。时届九月中旬，气温舒适宜人，而吹过来的风已比夏季凉冽。窗户对面，犁耕已经开始。铧片过处，泥土被压得平整，显得湿漉漉又乌油油。从田野以及更远处的丘陵，一股勃勃生机扑面而来，使双眼难以完全专注于书本。还有那些白嘴鸦，像是正在欢庆某一次年会，绕着树梢盘旋，远远望去仿佛有一张缀有万千黑点的大网撒开在空中。过了一会，大网慢慢降下，直到林中的每一处枝头落满黑点。随后，大网突然再次撒向天空，这一回，划出的圆弧更大，同时伴以不绝于耳的队队鸦噪，似乎一会儿急急腾空而去，一会儿徐徐栖落枝头，乃是极富刺激性的活动。

一种活力激励着白嘴鸦、掌犁农夫、辕马，影响所及甚至连贫瘠的秃丘也透出了生气。正是这种活力撩拨着飞蛾鼓翅，从正方形窗玻璃的一侧移动到另一侧。你无法不去注视它；你甚至对它产生了一种莫名的怜悯。这天早晨，生命的乐趣表现得淋漓尽致又丰富多样，相比之下，作为一只飞蛾浮生在世，而且是只有一天生命的飞蛾，真是命运不济。虽则机遇不堪，飞蛾却仍在尽情享受，看到这种热情不禁引人唏嘘。它劲儿十足地飞到窗格的一角，在那儿停了一秒钟之后，穿越窗面飞到另一角。除了飞到第三然后又是第四角，它还能做什么呢？这就是它能做的一切，虽然户外丘陵广袤，天空无际，远处的房屋炊烟缭绕，海上的轮船不时发出引人遐思的汽笛声。飞蛾能做到的事，它都做了。注视着它的时候，我觉得在它羸弱的小身体里，仿佛塞进了一缕纤细然而洗炼的世间奇伟的活力。每当它飞越窗面，我总觉得有一丝生命之光亮起。飞蛾虽小，甚至微不足道，却也是生灵。

然而，正因为它微不足道，正因为它以简单的形式体现了从打开的窗户滚滚涌进并在我和其他人大脑错综复杂的狭缝中冲击而过的一种活力，飞蛾不但引人唏嘘，还同样令人惊叹，使人感到似乎有谁取来一颗晶莹的生命之珠，以尽可能轻盈的手法饰以茸羽之后，使其翩跃起舞，左右飞旋，从而向我们显示生命的真谛。这样展示在人们的面前。飞蛾使人无法不啧啧称奇，而在目睹飞蛾弓背凸现的模样的同时，看它妆扮着又像背负了重荷，因此动作既谨慎又滞重，人们不禁会全然忘记生命是怎么一回事。人们倒是会又一次想到，生命若以另一种不同于飞蛾的形态诞生将可能变成什么，而这种想法自会使人以某种怜悯的心情去观察飞蛾的简单动作。

过了一会，飞蛾像是飞得累了，便在阳光下的窗沿上落停。飞舞的奇观已经结束，我便把它忘了。待我抬起头来，注意力又被它吸引了去，只见它在试图再次飞起，可是因为身体已太僵直，要不就是姿态别扭，而只能扑闪着翅膀，落到窗玻璃的底部。当它挣扎着往顶部飞时，它已力不从心了。因为我正专注于其他事情，所以只是心不在焉地看着飞蛾徒劳的扑腾。同时，无意识地等着它再一次飞起。犹如等着一台暂时停转的机器重新开始而不去探究停转的原因。也许扑腾了七次，飞蛾终于从木质窗沿滑下，抖动着双翅，仰天掉在窗台上。它这种绝望无助的体位唤回了我的注意，我顿时意识到飞蛾陷入了困境，它的细腿一阵乱蹬，却全无结果，它再也无法把身体挺直。我手持一支铅笔朝它伸去，想帮它翻一个身，然而就在这时我认识到，扑腾失败和姿态别扭都是死之将至的表征。于是，我放下了铅笔。

细腿又抖动了一次。我像是为了寻找飞蛾与之搏斗的仇敌，便朝户外望去。那儿发生了什么？大概已是中午时分。田畴劳作业已停止。原先的奔忙已被静止所取代。鸟儿飞往小溪觅食；辕马立停。但是，那股力量依然聚集在那儿，一股冷漠超然、非人格化、不针对任何具体对象的力量。不知出于什么原因，与枯灰色的小飞蛾作对的，正是这股力量。试图抗拒这股力量，全然无用，我所能做的，唯有看着飞蛾软弱的细腿作出非凡的挣扎，抵拒那渐渐接近的毁灭伟力。毁灭伟力，只要它愿意，本可埋没整个一座城地；除了城池，还可夺去千万人的生命。我知道，与死神作搏斗，世间万物都无取胜的可能。虽说如此，因为筋疲力尽而小憩之后，细腿又抖动起来。这最后的抗争确属英勇超凡，而挣扎又是如此之狂暴，飞蛾竟然最终翻身成功了。当然，你定会同情求生的一方。与此同时，在无人过问也无人知晓的情况下，这微不足道的小飞蛾为了维持既无他人重视也无他人意欲保存的生命，竟对如此巨大的伟力作出这样强悍的拼搏，这更使人受到异样的感动。不知怎么的，我又一次见到了那晶莹的生命之珠。虽说意识到一切全是徒劳，我重又提起铅笔。然而正在这时，确凿无误的死亡征状出现了。蛾体先是松弛下来，旋即变得僵硬。搏斗告终，这微不足道的小生命死了。看着飞蛾的尸体，看着这股巨大的伟力把这么一个可怜巴巴的对手捎带着战胜，我心头充满了惊诧感。几分钟之前，生命曾显得那样奇谲，如今死亡也是同样地奇谲。飞蛾端正了身体，安安静静躺在那儿，端庄而毫无怨尤。哦，是的，它好像在说，死神毕竟比我强大。

（弗吉尼亚·伍尔夫：《飞蛾之死》，陆谷孙译，《中国翻译》，2001 年第 6 期）

夜雨诗意

余秋雨

一

早年为了学写古诗，曾买过一部线装本的《诗韵合璧》，一函共六册，字体很小，内容很多。除了供查诗韵外，它还把各种物象、各种情景、各种心绪分门别类，纂集历代相关诗句，成了一部颇为齐全的诗歌词典。过去文人要应急写诗时，查一查，套一套，很可快速地炮制几首来。但是毫无疑问，这样写出来的诗都是不值一读的。只有在不带写诗任务时随便翻翻，看看在同一名目下中国诗化语词的多方汇集，才有一点意思。

翻来翻去，眼下出现了“夜雨”这一名目，那里的诗大多可读。既然是夜间，各种色相都隐退了，一切色彩斑斓的词汇也就失去了效能；又在下雨，空间十分逼仄，任何壮举豪情都铺展不开，诗句就不能不走向朴实，走向自身，走向情感，李商隐著名的《夜雨寄北》堪称其中典范。

光听着窗外夜色中时紧时疏的雨声，便满心都会贮足了诗。要说美，也没有什么美，屋外的路泥泞难走，院中的花零落不堪，夜行的旅人浑身湿透。但正是在这种情境下，你会感受到往常的世俗喧嚣一时浇灭，天上人间只剩下了被雨声统一的宁定，被雨声阻隔的寂寥。人人都悄然归位，死心塌地地在雨帘包围中默默端坐。外界的一切全成了想象，夜雨中的想象总是特别专注，特别遥远。

夜雨款款地剥夺了人的活力，因此夜雨中的想象又格外敏感和畏怯。这种畏怯又与某种安全感拌和在一起，凝聚成对小天地中一脉温情的自享和企盼。在夜雨中与家人围炉闲谈，几乎都不会拌嘴；在夜雨中专心攻读，身心会超常地熨帖；在夜雨中思念友人，会思念到立即寻笔写信；在夜雨中挑灯作文，文字也会变得滋润蕴藉。

在夜雨中想象最好是对窗而立。黯淡的灯光照着密密的雨脚，玻璃窗冰冷冰冷，被你呵出的热气呵成一片迷雾。你能看见的东西很少，却似乎又能看得很远。风不大，轻轻一阵立即转换成淅沥雨声，转换成河中更密的涟漪，转换成路上更稠的泥泞。此时此刻，天地间再也没有什么会干扰这放任自由的风声雨声。你用温热的手指划去窗上的雾气，看见了窗子外层无数晶莹的雨滴。新的雾气又腾上来了，你还是用手指去划，划着划着，终于划出了你思念中的名字。

二

夜雨是行旅的大敌。

倒不是因为夜间行路艰难，也不是因为没有带着雨鞋和伞。夜雨会使旅行者想家，想得很深很深。夜雨会使旅行者企望安逸，突然憬悟到自己身陷僻远、孤苦的处境，顾影自怜，构成万里豪情的羁绊。

不是急流险滩，不是崇山峻岭，而是夜雨，使无数旅行者顿生反悔，半途而归。我不知道法显、玄奘、郑和、鉴真、徐霞客他们在一次次夜雨中心境如何，依我看，他们最强的意志，是冲出了夜雨的包围。

如我无用之辈，常常会在大雨如注的夜晚，躲在乡村旅店里，把地图拿出来细细查看。目光在已经走过的千里之间来回，痴想着其间在夜幕雨帐笼罩下的无数江河和高山。这样的夜晚，我常常失眠。为了把这种没出息的惰怠心绪驱赶，我总会在夜雨中邀几个不相识的旅人长时间闲谈。

但是，真正让心绪复归的，完全不是这种谈话，而是第二天晴朗的早晨。雨后的清晨，铺天盖地奔泻着一种兴奋剂，让人几乎把昨夜忘却；又不能完全忘却，留下一点影子，阴阴凉凉的，添一份淡淡的惆怅。

三

在人生的行旅中，夜雨的魅力也深可寻探。

我相信，一次又一次，夜雨曾浇熄过突起的野心，夜雨曾平抚过狂躁的胸襟，夜雨曾阻止过一触即发的争斗，夜雨曾破灭过凶险的阴谋。当然，夜雨也斫折过壮阔的宏图、勇敢的迸发、火烫的情怀。

不知道历史学家有没有查过，有多少乌云密布的雨夜，悄悄地改变了中国历史的步伐。将军舒眉了，谋士自悔了，君王息怒了，英豪冷静了，侠客止步了，战鼓停息了，骏马回槽了，刀刃入鞘了，奏章中断了，敕令收回了，船楫下锚了，酒气消退了，狂欢消解了，呼吸匀停了，心律平缓了。

不知道传记学家有没有查过，一个个雨夜，扭转了多少杰出人物的生命旅程。人生许多关节点的出现常常由于偶然。种种选择发端于一颗柔弱的心，这颗心不能不受到突发性情景的执意安排。一场雨，既然可以使一位军事家转胜为败，那么，它也能使一个非军事的人生计划改弦易辙。无数偶然中隐伏着必然，换言之，堂皇的必然中遍布着偶然。人生长途延伸到一个偶然性的境遇，预定的走向也常常会扭转。因此，哪怕是夜，哪怕是雨，也默默地在历史中占据着地位。

如果人生和历史都是拔离了琐碎事物的构建，那么它们也就不属于现实世界。

于是人们每时每刻遇到的一切，都可能包孕着恢宏的蕴涵。诗人的眼光，正在于把两者钩连。夜雨中，人生和历史都在蹒跚。

四

渐渐，我对夜雨的诗意，有了一点新的思考。

记得几年前我在庐山上旅行的时候，常常能在荒岭草径边看到一座座坍弛在屋基，从屋基的用料看，绝不是山民的居舍，而应该是精雅别墅的所在。不知是哪些富有的雅士诗兴突发，要在这儿离群索居，独享自然。然而，他们终于没有住久，我想多半是因为无法消受荒山夜雨时可怖的氛围。但毫无疑问，此间的诗意却是无与伦比的充沛。

去年我遇到一位美国教授，闲谈间竟也提到了夜雨。教授说，他也深深迷恋着这种诗意，所以特意在城郊的山顶造了一间考究的白木房子，只要有夜雨袭来，他就立即驾车上山。

他邀请我到他的白木房子里住几天，我至今未去，但完全能想象，我以前对夜雨的感悟与他领受的大为逆反。狼狈的苦旅不见了，荒寂的恐怖不见了，只是在紧张生活的空闲，读一首诗，亲抚一下自然，一切是那样的轻松和潇洒。

在这里，我们显然遇到了一个美学上的麻烦。某种感人的震撼和深厚的诗意似乎注定要与艰难相伴随，当现代交通工具和营造手段使夜雨完全失去了苦涩味，其间的诗意也就走向浮薄。我至今还无法适应在中国传统的山水画中加上火车、汽车和高压电线，尽管我对这种文明本身毫无推拒之意。去一趟四川恨不得能买到当天的飞机票，但家里挂的却要一幅描尽山道奇险、步履维艰的“蜀山行旅图”。在灯光灿烂的现代都市街道上驾车遇雨，实在是谈不上多少诗意的，只有一次在国外一个海滨，天色已晚，瓢泼大雨就像把我们的车摔进了大瀑布的中心，替我驾车的女士完全认不得路了，一路慌乱地在水帘和夜幕间转悠，事后倒觉得有了点诗意，原因也许正是碰到了自然所给予的艰难。

人类在与自然周旋的漫漫长途中，有时自然的暴力会把人完全吞没，如地震，如海啸，如泥石流，一时还很难从这些事端中提取出美。人至少要在有可能与自然对峙的时候才会酿造美，在这种对峙中，有时人明确无误地战胜了自然，例如汽车、电灯、柏油路的出现，产生了一种松快愉悦的美；有时人与自然较量得十分吃力，两相憋劲，势均力敌，那就会产生峻厉、庄严、扣人心弦的悲剧美。由于这种美衬托了人类严峻的生存状态，考验了人类终极性的生命力，因此显得格外动人心魄。人类的生活方式可以日新月异，但这种终极性的体验却有永久价值。也许正是这个原因吧，历史上一切真正懂艺术的人总会着迷于这种美学形态，而希腊悲剧乃至种种原始艺术总是成为人类不衰的审美热点。过于整饬、圆熟的审美格局反射了人对自然的战胜状态和凌驾状态，可以让人产生一种方便感和舒坦感，却无法对应出一种生命考验。为此，欧洲启蒙主义的大师们不赞成法国古典主义的大一统，不赞成把人类的社会生活和艺术生活都处理成凡尔赛宫规整无比的园林一般。他们呼唤危崖、怒海、莽林，呼唤与之相对应的生命状态。这便是他们心中的诗意，狄德罗甚至直捷地说，人类生活越是精雅文明就越缺少诗意。难道是他们在抵拒现代吗？不，他们是启蒙者，分明启蒙出了一个活生生的现代。现代，本不是一种文质彬彬的搭建，而是人类的一种原始创造力的自然发展。

因此，再现代的人也愿意一再地在“蜀山行旅图”中把延绵千年的生命力重温一遍，愿意一再地品味苦涩的夜雨，然后踩着泥泞走向未来。

前不久听到有人对那些以黄土文化为背景的艺术作品提出批评，认为它们写得过土过野。这些批评家不愿意看到人类行旅上的永久性泥泞，只希望获得一点儿成果性的安慰。无论在生命意识还是在审美意识上，他们都是弱者，狄德罗所说的诗意他们无法理解。

（选自余秋雨：《文化苦旅》，东方出版中心，2001 年）

拓展思考

1. 所有的个体面对时间都可能存在一定的焦虑情绪，你认为普通民众的时间焦虑与社会英雄的时间焦虑存在差异吗？谈谈自己的看法。

2. 有人认为空间平均只是社会弱者所渴望的分配原则，如何评价这种观点？

3. 在现实生活中，除了时空困局、政治困局之外，还可能存在哪些困局需要我们认真去对待？试结合个人生活经历进行阐述。

4. 你认为传统文人面对困局所采取的精神远游方式是否是一种精神麻痹？

延伸阅读

1. 程志敏：《政治本质论》，《贵州社会科学》，2017 年第 2 期。

2. 刘小枫：《拯救与逍遥》（修订本），华东师范大学出版社，2011 年。

3. 阎步克：《士大夫政治演生史稿》，北京大学出版社，2015 年。

4. ［德］卡伦·霍妮：《自我的挣扎》，邱宏译，万卷出版公司，2011 年。

5. ［英］阿诺德·汤因比：《历史研究》，刘北成、郭小凌译，上海人民出版社，2000 年。

第五章　自然与生命：倾听天地的声音

孔子曾言："志于道，据于德，依于仁，游于艺。"[①]所谓"志于道"，即是要以对"道"的探索为人生的追求。"道"在中国古典哲学中有"天道""地道""人道"的区分，即程颐所谓"道未始有天人之别，在天则为天道，在地则为地道，在人则为人道"[②]，同时，又指出，"天地人只一道也"[③]，即《周易》所谓的"一阴一阳之谓道"的"道"。天地阴阳变化之道表征着中国先贤对自然知识（原则）的探索；"据于德，依于仁"中强调的"仁德"即是中国先贤对人类自身行为（欲望）的规训；而"游于艺"中强调的"艺"虽特指"礼、乐、射、御、书、数"，但在某种程度上代表着中国先贤对艺术的追求。道、仁德、艺术从三个不同的维度共同构成了人类生命的底色，成为人类超越其他生物族类而为万物之灵长的根本性依托。人类作为自然的一部分，正是有了对道的探索，对仁德的践行，对艺术的渴望，才谱写出从原始混沌的"自然"之境不断抵近"自由"之境的历史画卷。因而，道（知识）、仁德（意志）、艺术（情感）是生命从自然通达自由的三个最为重要的路径和标志。

第一节　自然与道

自然是中国传统文化的核心范畴，所蕴含的人文精神渗透进了中国的哲学、美学、艺术等多个领域，参与了中国人的文化心理结构的建构。以老子为代表的道家对自然观念进行了最为本源性的阐释，并从中揭示了自然与道的内在关联。

在《老子》一书中，自然一共出现了以下五处：

"功成事遂，百姓皆谓：我自然。"（《老子》第十七章）

"希言自然。"（《老子》第二十三章）

---

① 〔宋〕朱熹：《四书章句集注·论语集注》，中华书局，1983 年，第 94 页。本章所引《论语》皆以朱熹《四书章句集注·论语集注》为准，以下皆只注明章节。

② 〔宋〕程颢、程颐：《二程集》（上册），王孝鱼校，中华书局，1981 年，第 282 页。

③ 〔宋〕程颢、程颐：《二程集》（上册），王孝鱼校，中华书局，1981 年，第 183 页。

“人法地，地法天，天法道，道法自然。”（《老子》第二十五章）

“道之尊，德之贵，夫莫之命而常自然。”（《老子》第五十一章）

“是以圣人欲不欲，不贵难得之货；学不学，复众人之所过，以辅万物之自然而不敢为。”（《老子》六十四章）①

《老子》中的这五处自然，成为历代注家解读道家自然观念的主要文本依据，也是我们理解中国传统文化中自然与道、天与人之间关系的重要依据。

一、自然：道之本性

关于《老子》第十七章中提到的“功成事遂，百姓皆谓：我自然”，西汉河上公的注解是：“百姓不知君上之德淳厚，反以为己自当然也。”②其大意为，百姓之所以能够功成事遂，是因为君上德性的醇厚，而百姓却没有意识到这一点，反而认为是自己成就了自己。元代吴澄的注解是：“‘然’，如此也。”“百姓皆谓我自如此也。”③所谓“我自然”，也即“我自己如此”，或者“我自己成就了自己”。以此观之，所谓自然，在先秦道家的语境中，并非今天通常意义上的“自然界”，乃是“自己如此”之意。当代学者基本承袭了这一观点。高亨的注解是：“我，百姓自称。自然，自己做到。”④陈鼓应的注解是：“自然，自己如此。”⑤可见，《老子》第十七章所谓的“我自然”，也即“我”自己如此、自己成就自己之意。《老子》第六十四章言：“是以圣人欲不欲，不贵难得之货；学不学，复众人之所过，以辅万物之自然而不敢为。”此处之自然也是“自己如此”之意，强调圣人对万物的生长应持“不敢为”的态度，以促使万物依靠自己的力量成就自己。这两处自然皆是“自己如此”之意。

《老子》第二十五章言“道法自然”，直接涉及自然与道之间的关系。对于“道法自然”的理解，分歧较大。河上公注：“道性自然，无所法也。”⑥意思是，道自己如此，不存在效法的对象。吴澄注：“道之所以大，

---

① 本章所引《老子》皆以陈鼓应《老子注译及评介》中华书局2009年版为准，以下只注明章节。

② 〔汉〕河上公：《老子道德经河上公章句》，王卡点校，中华书局，1993年，第69页。

③ 〔元〕吴澄：《道德真经吴澄注》，黄曙辉点校，华东师范大学出版社，2010年，第22页。

④ 高亨：《老子注译》，清华大学出版社，2010年，第37页。

⑤ 陈鼓应：《老子注译及评介》（修订增补本），中华书局，2009年，第129页。

⑥ 〔汉〕河上公：《老子道德经河上公章句》，王卡点校，中华书局，1993年，第103页。

以其自然，故曰‘法自然’，非道之外别有自然也。”①意思是，道之所以能称为“大”，在于它自己成就自己，而非在自身之外还有一可资效法的自然存在。陈鼓应注:“道纯任自然，自己如此。”②这些诠释依然是将此处的自然界定为“自己如此”。詹剑锋等人则认为，此处之“自然”应为一名词，即今日所谓的自然界。③从句法结构上看，“法”为“效法”之意，为谓语动词，因而此处的自然应作名词自然界解。这种观点遭到了普遍的质疑，因为在先秦时期，自然还没有自然界这一层含义，及至阮籍在《达庄论》中以自然代指天地（“自然者无外，故天地名焉。”）才有了自然界之意。不过，河上公等人忽视句法结构来诠释“道法自然”的做法也不可取。这里的法应如前面“人法地、地法天、天法道”中的法一致，为谓语动词，应为“效法”之意。一些学者指出，认为道还需效法自然，似乎就取消了道作为最高存在的本体意义。而实际上，这里的自然，可作“自己如此之性质”解，意思是，道效法的是万物自己成就自己的这种性质。换句话说，道这个概念并非是老子凭空想象出来的，而老子是通过对天地万物依靠自己的力量成就自己的这种性质的观察之后抽象出来的，因而道最本初的含义即天地万物生长之道。从这个角度来讲，道也是有效法对象的，效法的非其自身，而是天地万物自己如此之性质。故而，老子言，道“独立而不改，周行而不殆，可以为天下母”（《老子》第三章）。之所以能够“独立而不改，周行而不殆”，还“可以为天下母”，就在于道的生成、演化并不依靠外在的力量，而是仅仅依靠自身就能够自生自成，具有不依靠外界力量就能够自我成就的自足性。为了说明道的这一特性，老子更是从“有”与“无”的相互生成这一形而上的维度做了进一步的说明。这些说明、论证都旨在阐明道“自生自成”这一本性，而对这一本性的本源性阐明则始终要回到老子对天地万物自生自成这一现象的观察上。因而，“自己如此之性质”作为自然最本源性的内涵，在通过对天地万物自生自成、自我成就这一特质的描述中，成为道最为原初的规定性。同时，这也说明道这一高度抽象的概念并非是没有现实依据的玄想，而正是建立在对天地万物这一特质的观察的基础上做出的概括和抽象。这揭示了中国哲学“仰以观于天文，俯以察于地理”（《周易·系辞上》）这一独特的思维方式。从这个角度

① 〔元〕吴澄:《道德真经吴澄注》，黄曙辉点校，华东师范大学出版社，2010年，第35页。

② 陈鼓应:《老子注译及评介》（修订增补本），中华书局，2009年，第163页。

③ 詹剑锋:《老子其人其书及其道论》，华中师范大学出版社，2006年，第138页。

上讲，道源出于自然，即老子所谓的“道法自然”。

二、自然：道之原则

部分学者之所以认为道之外并不存在效法的对象，一方面是因为受西方哲学思维模式的影响，认为道作为最高的存在应如同柏拉图之“理念”是绝对的，忽视了中国哲学“仰观俯察”的思维方式；另一方面是因为将自然与道这两个概念不加区分地等同起来。在《老子》文本中，自然作为“自己如此”之意，为其基本意涵。从这个角度上讲，自然是万物自生自成的性质、现象，而道则是对这一性质、现象的高度抽象，因而道是更高层级的概念。与此同时，自然的意涵也发生了变化，由自己如此之性质，上升为一种万物皆应遵循的原则。在这个层面上讲，自然即道，道即自然，因而也可以将“道法自然”理解为“道性自然，无所法”。《老子》第二十三章“希言自然”中的自然即是作为一种原则来讲的。河上公对“希言自然”的注解是:“希言者，谓爱言也。爱言者自然之道。”①也就是说，“希言”是符合自然原则的。很明显，这里的自然已经不能理解为自己如此之意了，而具有了老子之道的性质，成为万物需遵循的一种原则，与道是同一层级的概念。“希言自然”的意思即“希言”是符合自然之原则的。

“希言自然”还表明，自然作为一种原则，具体而言即“希言”。蒋锡昌对“希言”的解释是“少声教法令之治”②，也就是老子所谓“处无为之事，行不言之教”，即老子主张的“无为”。与之相反的“多言”，代表的是一种违背自然原则的“人为”，这在老子看来，只能招致“数穷”（加速灭亡）。“无为”是对“希言”这类行为方式的抽象、概括，也是对“人为”的否定、批判。由此观之，“希言自然”不仅表明自然已经上升为一种原则，而且指明了自然原则的基本内容即是无为。无为包含着“无欲”“无技”和“不争”三个维度。“无欲”并非是对欲望的否定，而是要以自然为原则来界定欲望是否合于道之自然，而为了实现这一点，就需意识到欲望的边界。欲望的边界即自然原则的边界，即老子所言的“不尚贤”“不贵难得之货”“不见可欲”（《老子》第三章）、“贵言”（《老子》第十七章）、“希言”（《老子》第二十三章）、“好静”“无事”“无欲”（《老子》第五十七章）等。“无技”指明了遵循自然原则的具体方式，即“使有什伯之器而不用”，“虽

---

① 〔汉〕河上公:《老子道德经河上公章句》，王卡点校，中华书局，1993年，第94页。

② 蒋锡昌:《老子校诂》，上海商务印书馆，1937年，第156页。

有舟舆，无所乘之；虽有甲兵，无所陈之。使民复结绳而用之”（《老子》第八十章）。“不争”则表明遵循自然原则的根本态度应如水一般，“善利万物而不争，处众人之所恶”，方能“几于道”（《老子》八章）。

老子在阐释自然这一观念时指出了如何通达于道的具体路径。“道性自然”，就意味着道的实现必然是要反对人为干预的，而与人为相对的即无为，即唯有通过无为这一独特的行为方式才能践行自然之道、道之自然。因而，自然是道的内在本质和要求，而无为则是道的具体显现方式。换句话说，道性自然，而自然即要求无为，无为方合于自然。但是，需要明确一点，自然的基本意涵是万物依靠自己的力量成就自己的性质，而无为的基本意涵则是天地、圣人对万物、百姓应该采取的态度、行为。因而，这两个概念不能不加界定地等同起来。从王弼以来，不少学者将二者不加区分地等同起来，其根本原因就在于受到王弼以“无为无造”诠释自然的影响，忽视了无为首先作为一种行为的这一基本意涵。

首先，无为是相较于儒家以礼乐制度治国的人为而言的。儒家以礼乐治国，在老子看来，这是一种人为、妄为，因为它包含了统治阶级的意欲，维护的是上下尊卑的等级制度。因而，在老子看来，以儒家的礼乐来治国安民实际上是一种损害万物和百姓本性的行为，即一种人为。与之相较，老子主张的“处无为之事，行不言之教”则是一种无为。老子所谓无为并非是要否定天地、圣人对万物、百姓有所作为，而是对人为、妄为的批判和否定，而主张以一种自然而然的方式去作为，也就是要肯定万物、百姓依靠自身力量成就自己的一面。从这个角度上来看，这种否定人为、妄为的自然而然的行为方式依然是一种“行为”。

其次，对于万物、百姓而言，天地、圣人的这种无为，实际上又是一种有为，而这种有为之所以被指认为是无为，除了相对于儒家的人为而言表现为一种无为之外，另一个重要的原因是因为百姓并不能够意识到它的存在，故而显示为一种无为。正如老子所言:“功成事遂，百姓皆谓：我自然。”（《老子》第十七章）功成事就，百姓却说是他们自己成就了自己，与圣人没有关系。而实际上，圣人需“无为”“好静”“无事”“无欲”，才能够使“民自化”“民自正”“民自富”“民自朴”（《老子》第五十七章）；唯有侯王“不尚贤”“不贵难得之货”“不见可欲”，才能够使“民不争”“民不为盗”“民心不乱”（《老子》第三章）。也就是说，百姓之所以能够成就自己，并不能离开圣人、侯王的有为，只不过这种有为表现为一种自然而然的非人为的形式，消解了统治阶级的强烈的欲望，能够让百姓遵循自然原则而生活，因而百姓并不能够意识到它的存在而已。这就是老子所讲的“太上，不知有之”（《老子》十七章）的理想状态。在最美好的时代，老百姓是意识不到圣人的存在的，但圣人对百姓影响却是客观存在的，这种影响如春风化雨，润物无声。这正如《击壤歌》对上古生活的描绘：“日出而作。日入而息。凿井而饮。耕田而食。帝力于我何有哉。”①因此，无为并非如王弼等人所言是“无为无造”，而依然包含有为的因素，依然是一种行为，只不过这种行为相较于儒家的人为而言往往表现为一种无为的形式。刘笑敢将之界定为一种“实有似无”的行为方式。②因为，无为“毕竟对万物之自然发展产生了辅助的功能，所以也可以说是一种特殊的行为或行为方式。因此，我们也可以说这是一种‘实有似无’的行为和行为方式”。③因此，自然是对道的内在意蕴的具体阐明，而无为则是进一步指明遵道而行，最终通达于道，达到自然之境的具体方式。可见，道这一概念的提出，直接导源于老子对天地万物自生自成这一本性的观察，并将这一本性界定为自然，并从自然这一本性推演出无为这一概念，即肯定天地万物自生自成这一本性，就必须以无为这一方式来实现“爱民治国”的政治理想，从而进一步说明了遵道而行的具体方式和原则。

三、自然：道之境界

在《老子》文本中，自然的基本意涵是自己如此之性质，这是老子通过对天地万物发展、变化的观察得出来的结论，并将其上升为爱民治国的基本原则。同时，自然还是一种境界，进一步阐明了道的理想状态。这一状态和境界在社会层面又具体表现为老子对理想社会的终极追求。《老子》第五十一章言：“道之尊，德之贵，夫莫之命而常自然。”此处之自然既不是“自己如此”之性质之意，也非自然之原则之意，而是强调万事万物本应达到的一种状态和境界，一种自然而然的自性之状态和境界。这一句话的大意是，道和德之所以尊贵，就在于圣人一旦遵道而行，对万事万物的生长不加干涉，就能够使万事万物“常自然”，即恒久地处于“自然而然”的自性之状态和境界。因而，此处之自然代表着一种理想化的状态和境界，可以说是道家对理想社会状态的一种追求。

---

① 〔清〕沈德潜：《古诗源》，中华书局，2006 年，第 1 页。

② 刘笑敢：《老子之自然与无为概念新诠》，《中国社会科学》，1996 年第 6 期。

③ 刘笑敢：《人文自然对正义原则的兼容与补充》，《开放时代》，2005 年第 3 期。

道家对这种理想社会状态的追求集中体现在老子对“小国寡民”的描述中:“使有什伯之器而不用，使民重死而不远徙。虽有舟舆，无所乘之；虽有甲兵，无所陈之。使民复结绳而用之。甘其食，美其服，安其居，乐其俗。邻国相望，鸡犬之声相闻，民至老死，不相往来。”（《老子》第八十章）在这样的理想社会中，没有文字，没有战争，百姓的日常生活毋须借助技艺，就能“甘其食，美其服，安其居，乐其俗”。这就是老子所追求的一种自然而然的社会状态。之所以是一种自然而然的状态，就在于这种社会摒弃人为的影响，对欲望、技艺进行限定，让万物、百姓的自发性、潜在性充分地发挥出来，成为社会发展的主要动力。在《老子》文本中对此有较为详细的论述。如《老子》第三章言:“不尚贤，使民不争；不贵难得之货，使民不为盗；不见可欲，使民心不乱。”第十九章言:“绝圣弃智，民利百倍；绝伪弃诈，民复孝慈；绝巧弃利，盗贼无有。”第五十七章言:“故圣人云：‘我无为，而民自化；我好静，而民自正；我无事，而民自富；我无欲，而民自朴。’”这些论述非常具体地阐明了老子对欲望、技艺、制度，甚至是整个文明的限定以至于摒弃，而这种限定、摒弃则是对万物、百姓自然秉性的肯定；也唯有摒弃人为因素，高扬自然秉性，百姓才能够“不争”“不为盗”“心不乱”“孝慈”“自化”“自正”“自富”“自朴”，达到一种自然而然的状态和境界。

综上分析，老子的自然观念并非意涵单一的范畴，其意涵包括三个相互关联的层次：第一，自己如此之性质；第二，自然无为之原则；第三，自然而然之状态。“自己如此”，肯定万物依靠自身力量成就自己的性质，且在老子看来这种性质是万物发展、变化的根本力量。而老子对万物的观察，并非如同古希腊哲学那样仅仅在于探究万物生成的规律，而是意图将其对万物生成的这种认识上升为“爱民治国”的根本原则。自然的第三层意蕴则是在前两者基础上生发出来的，如果我们肯定了万物、百姓自生自成这种性质的根本性，且能遵循自然无为之原则，就能够达到一种自然而然的状态和境界。自然观念的这三层意蕴，也分别从三个维度阐明了自然与道的关系。自己如此之性质，阐明了道最原初的意涵，一种自生自成的本源性力量，故道乃是自然之道；自然无为之原则，阐明了遵道而行的具体原则和路径，故道乃是自然—无为之道；自然而然之状态，则阐明了遵道而行所能够抵达的境界，故道乃是自然而然之道。“自然之道”，强调天地万物自生自成的本源性力量，着力于探寻天地万物演变的内在规律，构成了道家的宇宙论；“自然—无为”之道，将“自然—无为”作为“爱民治国”的根本方略和基本方法，从而将对天地万物演变的规律上升为社会治理的基本原则，构成了道家的社会论；而“自然而然”之道，则将对宇宙、社会的体悟内化到人生境界的圆满的探求之中，可以视为道家的人生论。由此可见，中国哲学对生命之道的探索直接导源于对自然的认知。自然构成了生命之道最为根本，也是最为丰富的来源。

当然，老子从自然来探求道的内涵（“自生自成”）、实现路径（“无为”）和理想状态（“自然而然”），最终是要“复归于朴”（《老子》第二十八章），复归于自然，使百姓能够“甘其食，美其服，安其居，乐其俗”（《老子》第八十章）。这一理念正是老子担任周之守藏室之史，“居周久之，见周之衰”[①]而提出来的。这需要从这一特定的历史语境来作出评价。在老子看来，“周之衰”代表着以礼乐治国方略的失败，而孔子力图恢复的礼乐制度“其人与骨皆已朽矣，独其言在耳”。[②]正是基于此，老子力图开辟一条新的道路。这条新的道路思考的是如何实现“人的自然化”，即如何实现人向自然秉性的复归。而与之相应，儒家追求的是如何实现“自然的人化”，即如何实现人的自然性向社会性的转换。而在老子的时代，所谓的社会性也就是以礼乐为根基建立起来的社会制度。这在老子看来，“周之衰”已经证明这条道路的失败，带来的只能是人的欲望的泛滥和随之而起的无穷尽的争夺。这些正是社会动乱的根源。故而，老子主张自然之道，希望通过对“欲望”“技艺”的限制实现天下大治的理想。

第二节　自然与仁爱

对于道的追求，代表着人类对生命最为本源性问题的思考。而这些思考并非单纯的形而上的玄想，多是基于对现实的深切关怀。道家对自然之道的探索，是中国哲学形而上之思的典范，也是对现实社会之思的典范。因为，无论如何，这些思考最终都要回归到社会的治理这一现实的层面。在传统观念中，儒家以仁爱思想著称，与之相反，道家则因强调道之自然而往往被认为是批判仁爱、甚至是否定仁爱思想的。这是对道家思想的一个相传已久的、重大的误读、误解。实际上，儒、道都有各自的仁爱思想，作为各自社会治理理论的根基。正是因为对道的自然本性的强调，道家的仁爱思想往往被误读；也是正因为对自然本性的强调，道家赋予了仁爱思

---

① 〔汉〕司马迁：《史记》（六），韩兆琦译注，中华书局，2010年，第4434页。

② 〔汉〕司马迁：《史记》（六），韩兆琦译注，中华书局，2010年，第4431页。

想更加独特的内涵。

一、对“自然”与“仁”关系的误读

在《老子》文本中，确实存在对仁的否定性论述，主要有以下四章：

“天地不仁，以万物为刍狗，圣人不仁，以百姓为刍狗。”（《老子》五章）

“大道废，有仁义。”（《老子》十八章）

“绝仁弃义，民复孝慈。”（《老子》十九章）

“故失道而后德，失德而后仁，失仁而后义，失义而后礼。”（《老子》三十八章）

这四章的大意是：在老子看来天地、圣人是“不仁”的，而将万物、百姓视为可以随意抛弃的草狗；唯有大道不得行之时才有所谓“仁义”；并且唯有通过“绝仁”，才能够使百姓复归“孝慈”。从语义上看，老子将“仁义”与“大道”“孝慈”对立起来，明确指出天地、圣人是不仁的。这无疑是说明老子是否定仁的最为直接的证据。王弼等人正是以此为依据来论证老子对仁的否定的。

王弼对《老子》第五章天地、圣人“不仁”的注解是：“天地任自然，无为无造，万物自相治理，故不仁也。仁者，必造立施化，有恩有为。造立施化，则物失其真。有恩有为，则物不具存。”①王弼的意思是：天地遵循“自然”之道，对万物的态度是“无为无造”，任其“自相治理”，因而是没有什么仁爱可言的。因为仁者必“造立施化”，有所作为；如此便会损害“物”的本真存在而失其真朴。因此，在王弼看来，自然之道是“不仁”的，因为“有仁”就意味着“有为”，这就背离了老子之道强调的自然、无为。故而，在王弼看来，天地、圣人“不仁”，而将万物和百姓视为祭之则用、祭毕则弃的草狗，正是对老子自然之道的诠释。从汉初河上公、宋元之际的吴澄到今人蒋锡昌等人都持类同的观点。河上公对天地、圣人“不仁”的注解是：“天施地化，不以仁恩，任自然也。”②吴澄的注解是：“仁谓有心于爱之也。天地无心于爱物，而任其自生自成；圣人无心于爱民，而任其自作自息。”③蒋锡昌的注解是：“‘天地不仁’，言天地

---

① 〔三国〕王弼：《老子道德经注》，楼宇烈校释，中华书局，2011年，第15页。

② 〔汉〕河上公：《老子道德经河上公章句》，王卡点校，中华书局，1993年，第18页。

③ 〔元〕吴澄：《道德真经吴澄注》，黄曙辉点校，华东师范大学出版社，2010年，第8页。

不保养万物，而任其自保自养；‘圣人不仁’，言圣人不保养百姓，而任其自保自养；此皆无为而任其自然也。”①这些诠释与王弼的观点一样，都将自然与仁爱对立起来。因为，在王弼看来“任自然”，强调的是天地万物自生自成的本性，具体表现为无为，而无为意味着天地、圣人否定对万物、百姓的“施化”，也就是“不仁”。王弼的论证相较其他而言最为详细，对后世的影响也最大，因而我们主要通过对王弼的诠释进行分析来厘清老子的本意。

王弼的诠释值得商榷之处在于：第一，老子所否定的仁，也就是被王弼视为与老子之道相悖的仁，并非老子所主张的仁，而是儒家之仁。第二，王弼将无为视为“无所作为”，而没有意识到无为是相对人为而言的，其中仍有有为的因素；或者说没有意识到无为是一种摒弃了人为因素的有为，而仍然是一种“为”，故而老子言“为无为，则无不治”（《老子》第三章）。首先，在《老子》文本中，不仅有对仁的否定性论述，还有肯定性论述:“善仁”“上仁”，以及与之相关联的“爱民”“慈”等概念。在对仁的肯定性论述中，老子所言之“天道”“天地”“圣人”都是爱民、利物的。例如，《老子》第六十七章言:“天将救之，以慈卫之。”第七十七章言:“天之道，损有余而补不足。”第八十一章言:“天之道，利而不害。”这些论述明确指出作为老子思想最为核心的天道是爱民、利物的，如将万物、百姓视为可以随意抛弃的草狗，天地是不会关心百姓生活是“有余”还是“不足”，对困境中的百姓更不会“以慈卫之”。此外，作为老子理想人格的圣人也被老子赋予了“救人”“救物”的博大情怀。《老子》第二十七章言：“圣人常善救人，故无弃人；常善救物，故无弃物。”第八十一章言:“圣人不积，既以为人己愈有；既以与人己愈多。”这两句更是明确指出老子所言之“圣人”不会私自积藏，而是将自己所有给予百姓。从这些论述可见，作为老子思想核心的“天道”和作为老子理想人格的圣人都具有爱民、利物的品格，因而是不可能否定仁的。②

---

① 蒋锡昌:《老子校诂》，上海商务印书馆，1937年，第34页。

② 与王弼认为老子否定仁的观点不同，苏辙等人认为老子所谓“不仁”即“无爱无憎”，认为“天地无私，而听万物之自然。故万物自生自死，死非吾虐之，生非吾仁之”。“虽未尝仁之，而仁亦大矣。”在苏辙看来，天地、圣人遵循自然无为之道，对万物无爱亦无憎，但正因如此，这种“不仁”却为“大仁”（参见苏辙:《道德真经注》，华东师大出版社，2010年，第5-6页）这种超越了具体爱憎的“大仁”无疑是抽象的，而老子所言的“善仁”“上仁”“慈”“爱民”都是有着具体内涵的。

那么，如何理解《老子》文本中对仁既肯定又否定的论述呢？其实，老子对仁的否定性论述并不意味着对仁本身的否定，而是对儒家思想系统中的仁的批判，而对仁的肯定性论述才是对其关于仁的思想的正面阐述。老子的这种论述方式不仅体现在仁上，对于“礼”“慈”“德”也是如此。关于“礼”，《老子》第三十八章将礼视为“忠信之薄而乱之首”，但是在第三十一章中又肯定了行军打仗中应遵循的礼仪：“吉事尚左，凶事尚右。偏将军居左，上将军居右，言以丧礼处之。杀人之众，以悲哀泣之，战胜以丧礼处之。”在第五十四章还言及了祭祀之礼：“子孙以祭祀不辍。”关于慈，老子一方面认为“六亲不和，有孝慈”，将“孝慈”视为“六亲不和”的产物，明显是带有否定的意味；但是，另一方面慈又是老子的“三宝”之一。关于德，老子一方面认为是“失道而后德”，将道与德对立起来，另一方面又将道“生而不有，为而不恃，长而不宰”（《老子》第五十一章）的品质视为一种“玄德”，明显是对德的肯定。

《老子》文本中之所以出现这种看似矛盾的论述，主要是因为在《老子》文本中有着两个不同的叙述逻辑：对儒家思想系统中的“仁”“礼”“慈”“德”进行否定、批判是老子论述的隐性逻辑，而他对自己所主张的“仁”“礼”“慈”“德”的论述则为显性逻辑。而其时的汉语语法在逻辑上缺乏完整性和明晰性，特别是缺乏逻辑主语，因而如果不对老子的论述进行整体把握，就很有可能将这两个叙述逻辑混淆而将对仁的否定性论述视为老子对其思想的正面阐述。只有厘清了这两个不同的叙述逻辑，才能够把握老子思想的真正指向。因而，对于天地、圣人“不仁”的理解，应如高亨所言，道家之天地、圣人不需要儒家所谓的仁。①而“大道废，有仁义”的理解也应如冯友兰所言：“‘大道废，有仁义’，这并不是说，人可以不仁不义，只是说，在‘大道’之中，人自然仁义，那是真仁义。至于由学习、训练得来的仁义，那就有模拟的成分，同自然而有的真仁义比较起来就差一点次一级了。”②其他两处对仁的否定性论述也应如此诠释。

二、基于“自然”的仁爱观

由上文可知，老子对仁的否定性论述是对儒家思想系统中的仁的批判，因而，论证仁与老子道之自然是否相悖，须以《老子》文本中对仁的肯定

---

① 高亨：《老子注译》，清华大学出版社，2010 年，第 23 页。

② 冯友兰：《中国哲学史新编》（上卷），人民出版社，2001 年，第 345 页。

性论述为依据。因此，判断老子对仁究竟持何种态度，需先厘清老子对仁的正面阐述，尔后方能以此正面阐述为依据进一步分析老子所主张的仁与道之自然的关系。在《老子》文本中对仁及其相关联的“爱民”“慈”的肯定性论述主要有四章：

“居善地，心善渊，与善仁，言善信，正善治，事善能，动善时。”（《老子》八章）

“上仁为之而无以为。”（《老子》三十八章）

“爱民治国，能无为乎？”（《老子》十章）

“我有三宝，持而保之。一曰慈，二曰俭，三曰不敢为天下先。”“慈故能勇”。“今舍慈且勇，舍俭且广；舍后且先；死矣！”“夫慈以战则胜，以守则固。天将救之，以慈卫之。”（《老子》六十七章）

从这四章可见，老子不仅对其所主张的“善仁”“上仁”有比较清晰的界定，还将“爱民”与“治国”放在同等重要的地位，并且视“慈”为其“三宝”之一，认为心怀仁慈者才能够真正勇武，而以“慈”治国，“战则胜”，“守则固”，反之则只能走向灭亡。可见，老子并不否定仁、慈，而是将其视为治理国家的基本理念和根本目的。

苏辙对老子“善仁”的注解是：“利泽万物，施而不求报，善仁也。”① 意思是，真正的仁爱是给予万物利益、恩惠而不求回报。范应元的注解是：“与善仁者，称物平施。”②“称物平施”语出《易·谦》：“君子以裒多益寡，称物平施。”③孔颖达疏：“称物平施者，称此物之多少，均平而施，物之先多者而得其施也，物之先寡者而亦得其施也。”④ 意思是，天地、圣人施与万物、百姓的仁恩没有偏颇，能够消减多余，弥补不足，实现均平而施。范应元对“上仁为之而无以为”的注解是：“上仁为之而无以为者，非以要誉也，无所为（去声）而为之也。”⑤“要誉”，即猎取名誉，“无所为（去声）而为之也”即施行“上仁”是没有功利的目的。这句话的意思也就是说，天地、圣人施行“上仁”并非是要猎取名誉，而是没有任何功利目的的。苏辙、范应元等人对“善仁”“上仁”的注解是非常准确的，“施而不求

---

① 〔宋〕苏辙：《道德真经注》，华东师范大学出版社，2010 年，第 8 页。

② 〔宋〕范应元：《老子道德经古本集注》，华东师范大学出版社，2010 年，第 14 页。

③ 〔三国〕王弼注、〔唐〕孔颖达疏：《周易正义》，北京大学出版社，1999 年，第 81 页。

④ 〔三国〕王弼注、〔唐〕孔颖达疏：《周易正义》，北京大学出版社，1999 年，第 81 页。

⑤ 〔宋〕范应元：《老子道德经古本集注》，华东师范大学出版社，2010 年，第 69 页。

报”即老子所谓“为之而无以为”，强调的是老子仁爱观的无私性、超功利性；“裒多益寡，称物平施”即老子主张的“损有余而补不足”，强调的是老子仁爱观的包容性、平等性。老子仁爱观的这些基本特征在其文本中有大量的阐述。

首先，作为老子理想人格的圣人集中体现了其仁爱观的无私性。例如，《老子》第二章言:“圣人处无为之事，行不言之教，万物作焉而不为始，生而不有，为而不恃，功成而弗居。”第四十九章言:“圣人无常心，以百姓心为心。”第八十一章言:“圣人不积，既以为人己愈有；既以与人己愈多。”从这些论述来看，老子的仁爱观的一个根本性特征即以“民”为本，有着朴素的民本思想。这种朴素的民本思想正是其仁爱观无私性的根源。其次，老子仁爱观的包容性和平等性主要体现在两个方面：第一，老子不仅主张爱人，还主张爱物。《老子》二十七章言:“圣人常善救人，故无弃人；常善救物，故无弃物。”老子所言之圣人对人和物并不厚此薄彼，而是一视同仁。可见，人与物对老子而言是平等的，并没有贵贱之分。而儒家对“物”“民”“亲”都有着明确的区分。孟子曰:“君子之于物也，爱之而弗仁；于民也，仁之而弗亲。亲亲而仁民，仁民而爱物。”[①]这句话的大意是，君子爱物，但是谈不上“仁”；君子仁民，但谈不上“亲”。清人焦循的注释是:“先亲其亲戚，然后仁民，仁民然后爱物，用恩之次也。”[②]儒家的仁爱，对于“物”“民”“亲”这三个不同的对象，不仅有程度上的区分，还有先后之别。第二，老子不仅主张爱“善者”，而且认为“不善者”也应平等对待。《老子》第四十九章:“善者，吾善之；不善者，吾亦善之。”而儒家严格区分“善者”与“不善者”、“君子”与“小人”。《论语》中就辑录了大量的有关孔子将君子和小人相互对立起来的言论，比如，“君子喻于义，小人喻于利”（《论语·里仁》），“君子泰而不骄；小人骄而不泰”（《论语·子路》），等等。基于此种区分，孔子谆谆教导弟子子夏，“女为君子儒，无为小人儒”（《论语·雍也》）。老子之圣人则不然，对两者均以“善”视之，甚至主张“报怨以德”（《老子》六十三章），而非儒家所主张“以直报怨”（《论语·宪问》）。由此观之，老子不仅不否定仁，而且是力主爱民、利物的，其仁爱思想亦博大、真诚、无私。

老子所主张的“善仁”“上仁”具有无私性、包容性和平等性等特征，

---

① 〔清〕焦循:《孟子正义》，中华书局，1987年，第948-949页。

② 〔清〕焦循:《孟子正义》，中华书局，1987年，第949页。

希望主张一种更具包容性的社会伦理制度来消解现实的各种纷争。这种更具包容性的社会伦理制度即是以道之自然为总体规定，以无为为行为准则，以“善仁”“上仁”为基本价值理念的社会构想；而在其现实性上，这种社会构想即以血缘关系为纽带，没有文字、没有尊卑、没有阶级、没有国家的原始氏族社会，即《老子》文本中所言的“小国寡民”的社会。因此，从文化发生学的角度来讲，老子的仁爱观从根本上讲根植于以血缘关系为纽带而“自生自成”的原始氏族社会——一种自然的社会状态。在原始氏族社会中，血亲关系天然地占据主导地位，这决定了人与人之间的关系是没有尊卑等级之别的。因为氏族血亲关系并非一种建立在阶级、私有财产等基础之上的社会关系，而是一种自然而然形成的社会关系，因而具有一种天然的包容性。老子的仁爱观正是以此为基础提出来的，因而是一种自然的、朴素的、没有尊卑等级之别的相亲相爱，故而能够摒弃阶级社会无法克服的等级观念而具有无私性、包容性和平等性等特征。因此，老子所主张的“善仁”“上仁”，实际上是对阶级社会中尊卑等级制度的解构和摒弃。这种摒弃也就意味着老子仁爱思想的实现需要老子的自然观念为根基，即一种与人为、妄为相反的自然而然的行为方式——无为来实现。

老子主张的无为是一种自然而然的行为方式，并非“无所作为”。这种自然而然的行为方式之所以被界定为无为，在于摒弃了包含统治阶级政治欲望的人为因素。但这种摒弃并不意味着对仁的否定，而是要求一种同样摒弃了统治阶级政治欲望的仁爱。而老子所主张的“善仁”“上仁”根植于他对没有尊卑等级区分的原始氏族社会（小国寡民）的设想，具有无私性、包容性、平等性等超功利性特征，正是一种摒弃了统治阶级政治欲望的自然的、朴素的、没有尊卑等级的仁爱。反过来讲，老子这种超功利的仁爱观的实现又必然要求其实现行为是摒弃了人为因素的一种自然而然的方式，强调对天地万事万物自身本性的肯定和强调，即老子主张的自然。从上文的分析可知，老子所言的自然包含了“无欲”“无技”和“不争”三个维度，而“善仁”“上仁”则具有无私性、包容性和平等性等特征，二者都自觉地摒弃了表征统治阶级政治欲望的人为因素，都强调对天地万事万物自然本性的肯定，具有内在的统一性。

仁与自然的统一性，从根本上讲，在于老子主张的仁正是其所主张的自然之道在社会政治层面的表现。也就是说，老子之道并非如同古希腊自然哲学那样在于探究自然宇宙的生成，而是意图将其上升为“爱民治国”的根本原则。老子屡言道具有“生而不有，为而不恃，长而不宰”（《老子》

第十章）、“善利万物而不争”（《老子》第八章）、“损有余而补不足”（《老子》第七十七章）等超功利性特征，因而“爱民治国”的实现即是道所具有的超功利性特征的实现，而道的这种超功利性特征的实现在社会政治层面也就是其所主张的“善仁”“上仁”的实现。而无为作为老子之道的重要意涵，则具体地诠释了应该以何种方式去实现“善仁”“上仁”；道则从总体上规定了作为行为方式的无为和作为实现其社会理想的具体内涵的“善仁”“上仁”。也就是说，道作为老子哲学最根本的范畴，它所具有的超功利性特征——对天地万物自然本性的肯定，决定了实现道的无为必须是一种自然而然的行为方式；同时，也决定了作为道在社会层面的表征的仁也必须是超功利的。因此，道、自然、无为、仁爱这四者之间具有内在的统一性。同时，正是基于这四者之间的内在统一性，从而赋予了道家有别于儒家仁爱思想的独特内涵。

第三节　自然与艺术

对道的探索根源于人类自身对未知世界的痴迷，对仁爱的渴望则根源于人类自身建立社会秩序的需要，而艺术则是人类自身对自我个体的关注，是情感的形式、生命的形式。同时，艺术作为情感—生命的形式又非常个性化地表达了人类个体对最具有普遍性的“道”和“爱”的理解。艺术作为个体情感—生命的形式，同样肇乎“自然”。具体而言，艺术是对道之自然的一种“比象”。当然，这里的自然已然不再仅仅是一种“自生自成的性质”，而是对天地万物的表征。而艺术之所以肇乎自然，是对天地万物的“比象”，其根源又始终在于天地万物最为精妙地呈现出了“自然本性”，即天地万物自生自成的自发性、潜在性力量。故而，人们往往用“清水出芙蓉”“浑然天成”“巧夺天工”“羚羊挂角，无迹可寻”“不著一字，尽得风流”等来评价艺术作品。能够得到如此赞誉的艺术作品，就在于能够将“人力”的雕琢消融于艺术形式之中，呈现出“自然天成”的境界。为了阐明这一点，我们以刘纲纪关于书法艺术的“比象”观为例来作进一步的说明。

一、“比象”观的基本内涵

1995 年，刘纲纪出版了《书法美》一书，进一步完善了《书法美学简论》中的观点。在《书法美学简论》一书中，刘纲纪运用马克思主义的反映论来阐释书法艺术的本质，认为书法艺术是对自然事物形体和动态美的反映。这一观点一经发表，在当时便遭到了不少学者的责难。其中的原因，既有对刘纲纪观点的误读、曲解，也有反映论话语自身的问题。在《书法美》一书中，刘纲纪则更多地从中国古典哲学、美学的视角来阐释书法艺术的本质性特征，尤为重要的是提出了“比象”这一概念，而不再单纯地运用“反映论”这一话语。相较而言，“比象”这一概念更能恰如其分地阐明书法艺术“肇乎自然”这一本质性特征。

在提出“比象”这一概念之前，刘纲纪从中国古典哲学、美学的视角对书法艺术的本质性特征作了进一步的阐明。刘纲纪从姚鼐、刘熙载等人对“道”与“艺”关系的论说出发，提出“成功的、卓越的艺术作品是‘道’的完满体现，‘艺’与‘道’不能分离”①的观点。诚如姚鼐所说：“夫文者，艺也。道与艺合，天与人一，则为文之至。”②刘熙载则认为，“艺者，道之形也”。③真正的艺术作品须达“道”之境界，成为“道”的表现形式，书法艺术自然不能例外。正是基于这一判断，刘纲纪在《书法美学简论》的基础上进一步指出，书法艺术对事物形体和动态美的反映之所以具有恒久的魅力，就在于书法艺术从根本上是对道的表现。而所谓“道”，在中国古典哲学中有“天道”“地道”“人道”的区分，即程颐所谓“道未始有天人之别，在天则为天道，在地则为地道，在人则为人道”④，同时，又指出，“天地人只一道也”⑤，即《周易》所谓的“一阴一阳之谓道”的道。因而，在刘纲纪看来，书法艺术的本质就在于表现天地阴阳变化之道。为了说明这一点，刘纲纪梳理了蔡邕、虞世南、孙过庭、李嗣真、张怀瓘、李阳冰、郑杓等历代著名书论家的观点。比如，蔡邕说，“书乾坤之阴阳”。⑥虞世南认为，“字虽有质，迹本无为，禀阴阳而动静，体万物以成形”。⑦孙过庭认为，书法之美在于“同自然之妙有，非力运所能成”。⑧张怀瓘则认为，“字势生动，宛若天然，实得造化之姿，神变无极”。⑨不论是蔡邕所谓“书乾坤之阴阳”、虞世南强调的“禀阴阳”“体万物”、孙过庭

---

① 刘纲纪：《中国书画、美术与美学》，武汉大学出版社，2006 年，第 95 页。

② 〔清〕姚鼐：《惜抱轩诗文集》，上海古籍出版社，1992 年，第 49 页。

③ 〔清〕刘熙载：《艺概》，上海古籍出版社，1978 年，第 1 页。

④ 〔宋〕程颢、程颐：《二程集（上册）》，中华书局，1981 年，第 282 页。

⑤ 〔宋〕程颢、程颐：《二程集（上册）》，中华书局，1981 年，第 183 页。

⑥ 〔汉〕蔡邕：《笔赋》，欧阳询撰《艺文类聚》（四），上海古籍出版社，1965 年，第 1616 页。

⑦ 〔唐〕虞世南：《笔髓论》，《历代书法论文选》，上海书画出版社，1979 年，第 113 页。

⑧ 〔唐〕孙过庭：《书谱》，《历代书法论文选》，上海书画出版社，1979 年，第 125 页。

⑨ 〔唐〕张怀瓘：《六体书论》，《历代书法论文选》，上海书画出版社，1979 年，第 213 页。

力主的“同自然”，还是张怀瓘所谓的“得造化”，实际上都是强调“书法美是合于自然的，是天地阴阳变化和谐之美的体现”。①

然而，天地阴阳变化之道玄之又玄，书法艺术何以能够“禀阴阳而动静”“同自然之妙有”？书法艺术既然要表现天地阴阳变化之道，自然不能够如具象艺术那样对现实事物做如实的描摹，又不能如西方的抽象主义那样借助于纯粹的抽象符号。因而，从表现天地阴阳变化之道这个角度来看，书法艺术也应既具有感性形象的特征，又须超越感性形象，乃是具象与抽象的融汇。此即张怀瓘所谓的“无形之相”。②刘纲纪认为，张怀瓘的这一概括深刻地把握了书法艺术的本质特征。“所谓‘无形’，当然不是说书法艺术没有可见的形象，而是说它没有具体地描绘现实中的某一事物的形象。从这个意义上来说，它是‘无形’的。但虽然‘无形’，同时却又有‘相’。也就是说，书法的点画和结构能够唤起我们对现实中各种美的事物的形体和动态的联想，是一个反映了现实美的形象，而不是一些纯粹抽象的符号。”③从《书法美学简论》引发的误读、曲解来看，单纯运用“反映论”这一话语并不能够将书法艺术这一本质性特征精准无误传达出来。故而，刘纲纪从中国古典哲学、美学出发，将书法艺术是对现实事物形体和动态美的反映进一步上升为对天地阴阳变化之道的表现，并从“比兴”“比德”的观念出发创造性地提出了“比象”之说来阐明书法艺术的这一本质性特征。

“比象”与“比兴”“比德”的共通之处在于，其采取的形式、方法都不是简单的“摹拟”，而是“比”，即以“比拟”“比类”的形式、方法来表征对象。这是一种迂回、曲折的艺术化的表现方式，区别于直接描摹的“具象”和纯粹的“抽象”。书法艺术之所以以此种方式进行表征，主要是因为其表征的天地阴阳变化之道乃是宇宙之根本，玄妙无极，在可言与不可言之间，并不能通过直接的摹拟或单纯的抽象的方式进行表现，而须用“比”的方式创造出一种似与不似之“象”，以“比类”可言与不可言之“道”。“比象”与“比兴”“比德”的不同之处在于，诗歌中的“比兴”，“是通过语言对某种具有比喻性的事物形象的描绘，以引发、兴起对某种思想情感的表现”，而“比德是以自然物的某些美的特性来比喻、赞颂人的某

---

① 刘纲纪：《中国书画、美术与美学》，武汉大学出版社，2006年，第97页。

② 〔唐〕张怀瓘：《书议》，《历代书法论文选》，上海书画出版社，1979年，第146页。

③ 刘纲纪：《中国书画、美术与美学》，武汉大学出版社，2006年，第15－16页。

种高尚品德”①，如荀子“以玉比德”。不论是“比兴”，还是“比德”，其共同特征都在于需要借助于现实的语言或事物，而“比象”之“象”则是“通过艺术所创造的、诉诸视觉或听觉产生的形象来比，这种形象又不能像绘画那样去再现、描绘现实中的事物的形象”。②因为，“‘比象’所比的‘象’，是指表现于天地万物中的阴阳变化之‘象’”③，即一种能够彰显天地阴阳变化之道的“象”。因而，所比之“象”，乃是一种“似与不似之‘象’”，一种“无形之相”，既具有某种感性形象的特征，又超越了具体的感性形象，更非纯粹的抽象符号。能够满足这一要求的，即是以汉字为表现对象的书法艺术。汉字作为一种象形文字，从字形和结构上与现实事物的形体和动态有着紧密的关系，同时，又不是对现实事物形体和动态的直接描摹，乃是“不象形的象形字”。书法艺术的本质性特征在于，通过点画的书写、字形的结构使得“写出来的字既符合阴阳和谐变化的规律亦即美的规律，同时又具有与天地万物的形象之美类似、相通的具象意味”。④因此，“比象”这一概念可以从两个方面理解，其一，从方法上讲，“比象”是书法艺术表征天地阴阳变化之道的一种独特方式，区别于具象艺术的“摹拟”、抽象艺术的“抽象”，是一种“比类”的方式，即张怀瓘所谓“书者法象也”之“法象”⑤；其二，从观念上讲，“比象”是书法艺术表征天地阴阳变化之道的一种独特的形象，区别于具象艺术的“实象”和抽象艺术的“符号”，是一种似与不似之象，乃张怀瓘所谓“无形之相”。故此，所谓“比象”即以“比类”“法象”的方式呈现出一种既具有具象意味，又能够“比类”天地阴阳变化之道的“无形之相”。“比象”表征天地阴阳变化之道的这一独特方式和所具有的独特内涵揭示了书法艺术的本质特性。

书法艺术旨在沟通天地阴阳变化之道和现实人生。“具象”艺术是对现实事物的描摹，难以呈现玄妙的天地阴阳变化之道；“抽象”艺术侧重观念的表达又断然拒绝与现实事物之间的关联。此二者皆难以言说处于可言与不可言之间的“道”。而“比象”则是“通过对中国文字书写的一种有具象意味的处理，造成一种符合天地阴阳变化和谐规律并且能够显示天地万物

---

① 刘纲纪：《中国书画、美术与美学》，武汉大学出版社，2006年，第99页。
② 刘纲纪：《中国书画、美术与美学》，武汉大学出版社，2006年，第100页。
③ 刘纲纪：《中国书画、美术与美学》，武汉大学出版社，2006年，第100页。
④ 刘纲纪：《中国书画、美术与美学》，武汉大学出版社，2006年，第101页。
⑤〔唐〕张怀瓘：《六体书论》，《历代书法论文选》，上海书画出版社，1979年，第212页。

某些普遍性的美的特征的形象”。①此“形象”的妙处就在于既具有现实事物的感性特征，又是非现实事物的直接描摹。故而，作为一种具有具象意味的“形象”，是一种“生命的形式”“情感的形式”，既能够直接引发人们的审美情感反应，又能够间接地“比类”那玄妙无极的天地阴阳变化之道。因此，唯有“比象”这一深具中国古典哲学、美学意蕴的概念，才能够恰如其分地将书法艺术既抽象又具象的这一悖论性特质准确地揭示出来；也唯有以“比象”之法，才能够实现书法艺术沟通天地阴阳变化之道和现实人生的这一精神旨趣。因而，“比象”这一具有深厚的中国古典哲学、美学意蕴的概念，比舶来的“具象”“抽象”这些西方概念更能够恰如其分地揭示书法艺术的本质性特征。

二、“比象”观的哲学根基与美学意蕴

“比象”概念的提出有着深厚的中国哲学根基。刘纲纪指出，“‘比象’观念的明确产生同八卦的创造有直接联系”，八卦是远古的伏羲氏依据对天地万物的观察创造出来表现阴阳变化的，八卦就是对天地阴阳变化规律的“‘比象’”。②后世将“比象”这一观念、思维应用于音乐、舞蹈、书法、建筑等领域，试图比象天地，以达到天人相通、天人合一的自由境界。其中，书法之形与八卦之象最为类同，也最接近八卦的“比象”思维。伏羲氏作八卦以“比象”天地阴阳变化之道，可以视之为“比象”观念的源头。从书法“比象”观念的源出可见，其内蕴和思维方式深受中国哲学“大道”观念的影响。

与西方借助语言来阐明事物的本质不同，在中国哲学中，表征事物本质的“道”是不可言说的。老子言:“道可道，非常道。”（《老子》第一章）真正恒久的道是不可能在语言中得到真正的澄明的。因而，《周易·系辞》曰:“书不尽言，言不尽意”，“圣人立象以尽意”。③“言不尽意”，唯有“立象以尽意”的观念是中国艺术兴起的一个重要源头，也是中国艺术的一个基本特征。宗炳在《画山水序》中言，“山水以形媚道”。④其意在于强调中国山水画并非着意于自然山水的如实描摹，而是要以山水之形比类天地阴

---

① 刘纲纪:《中国书画、美术与美学》，武汉大学出版社，2006年，第102页。

② 刘纲纪:《中国书画、美术与美学》，武汉大学出版社，2006年，第100页。

③ 〔三国〕王弼，等:《周易注疏》，中央编译出版社，2013年，第372页。

④ 〔南朝〕宗炳:《画山水序》，俞剑华编《中国历代画论大观》（第一编），江苏凤凰美术出版社，2015年，第45页。

阳变化之道。当然，能够比类天地阴阳变化之道的“形”“象”自然也非现实生活中的形、象，而是老子所谓的“无形”之“大象”。老子言：“大象无形”（《老子》第四十一章），其中所谓大象即是对道的比类。而能够比类道的大象的一个本质性特征就是无形。所谓无形，并非强调比类道之大象的神秘性，而是旨在强调能够比类道之大象是超感官的存在，需如庄子所言，“无听之以耳而听之以心，无听之以心而听之以气”。①大象虽无形，也并不意味着此象即为虚无，或为抽象。因为，道的显现无论如何又要借助于象。故而，老子又言，“道之为物，惟恍惟惚。惚兮恍兮，其中有象；恍兮惚兮，其中有物；窈兮冥兮，其中有精。其精甚真，其中有信”（《老子》第二十一章）。道虽然恍惚、暗昧，但恍惚、暗昧之中依然“有象”“有物”“有精”，是真实存在的，可以信验的。

因此，天地阴阳变化之道的显现并不能离开感性形象。王夫之将天道的这一特性概括为：“‘形而上’，而不离乎形。道与器不相离。”②又言，“不可象者，即在象中”。③“形而上”者，乃“不可象”者，即不能通过现实事物直接摹拟之道。然而，作为“不可象者”之道又“在象中”，即需要通过一定的形象才能够得以呈现。正如郝经所言：“比观夫天地法象之端，人物器皿之状，鸟兽草木之文，日月星辰之章，烟云雨露之态，求制作之所以然，则知书法之自然，犹之于外，非自得之于内也。”④不仅如此，甚至对天地阴阳变化之道的体悟必须经由感性形象才得以可能。“如唐代的张旭观公孙大娘舞剑器而草书大进，怀素见夏云多奇峰、飞鸟出林、惊蛇入草而悟草书笔法，宋代雷太简卧听江涛怒涨，想其汹涌奔腾之状，起而书江声帖等等。”⑤由此可见，比类道之“大象”具有超越感官的特性，具有某些形而上的特性，但却终究离不开感性形象；同时，此“大象”并非虚无，亦非抽象，而是深植于感性生活之中。这正是中国哲学与西方哲学的不同之处，即“中国哲学不仅主张不可见的、普遍性的法则、规律——‘道’不能与可见的、具体的万事万物分开，而且还主张要直接从可见的具体的

---

① 〔清〕郭庆藩：《庄子集释》（上），王孝鱼点校，中华书局，2012年，第152页。

② 〔明〕王夫之：《张子正蒙注》，中华书局，1975年，第2页。

③ 〔明〕王夫之：《周易内传》，九州出版社，2004年，第468页。

④ 〔元〕郝经：《移诸生论书法书》，崔尔平编《历代书法论文选续编》，上海书画出版社，1993年，第175页。

⑤ 刘纲纪：《中国书画、美学与美学》，武汉大学出版社，2006年，第19页。

万事万物中去感知、领悟、认识‘道’”。[①]而之所以须从天地万物中领悟天道，其根本原因又在于老子所谓的“道法自然”（《老子》第二十五章）。高亨注:“自然，自己做到。”[②]陈鼓应注:“道纯任自然，自己如此。”[③]因而，老子所谓“自然”，乃是天地万物不依凭外物之力即能自生自成、自我成就的根本特性。“道法自然”也就意味着，“道”并非柏拉图之“理念”，断然拒绝与万事万物之间的关联，而是以天地万物自生自成的这一性质为法，或者说，道本身即是对万事万物自生自成这一性质的抽象。反过来讲，道的根本特性本然地蕴含在万事万物之中。这是中国哲学独有的“天道”观，构成了“比象”观念的哲学基础。

书法作为“比象”艺术，其所根植的哲学基础赋予了其独特的美学意蕴。从艺术本体论的角度来看，刘纲纪认为，书法艺术“既不是西方古希腊的‘摹仿论’，也不是西方现代的‘表现论’，而是一种‘心物交感论’”，“‘心’与‘物’不是互相对立、分裂的，而是互相作用、和谐统一的。因此，中国书法美既是由阴阳变化所决定的天地万物和谐之美的表现，同时又是与天地阴阳和谐变化相一致的主体的‘心’（精神、情感、意趣、风采等等）的表现，两者是打成一片、不可分离的”。[④]这一论述指出了作为“比象”艺术的书法在美学上的特征：沟通天道与人生。书法艺术并非天道，也并非对天道直接的理论言说；书法艺术也并非人生，也并非对人生的直接的如实摹拟；而是介于天道与人生之间，乃是沟通天道与人生的中介，期望能够沟通天道与人生，达到一种自由的交融状态。这正是一种艺术的、审美的状态。

天道的本质在于可言与不可言之间，艺术的妙处则在于似与不似之间。从现实人生的物象中凝练出点线的变化、字形的结构，似天道，又不似天道；似人生万象，又不似人生万象。“比象”这一独特的方式使得书法艺术巧妙地将玄妙无极的天道与平淡无华的人生熔铸在点画的书写、字形的结构之中，生成为一种具有具象意味，又超越感性存在的形象。此种形象因其直接凝练自人生的万象，故而能够让观者自然地联想到现实生活的种种况味，虽非情感、生命本身的直接传达，却是“情感的形式”“生命的形

① 刘纲纪:《中国书画、美学与美学》，武汉大学出版社，2006年，第94页。

② 高亨:《老子注》，清华大学出版社，2010年，第37页。

③ 陈鼓应:《老子注译及评介》（修订增补本），中华书局，2009年，第163页。

④ 刘纲纪:《中国书画、美术与美学》，武汉大学出版社，2006年，第97页。

式”，能够直接兴发观者的审美情感。如蔡邕在《笔论》中所言，“为书之体，须入其形”，故“纵横有可象者”，使观者体会到“若飞若动，若往若来，若卧若起，若愁若喜，若虫食木叶，若利剑长戈，若强弓硬矢，若水火，若云雾，若日月”①之感。此种形象因其间接地比类于玄妙的天道，故而能让观者“游心于物之初”②、体味到那可言与不可言之天道，虽非天道的直接言说，却是“天道的形式”，能够直接触发观者对玄妙无极的大象世界的无限想象，让生命得以升华。如李嗣真观王羲之书法，有“如清风出袖，明月入怀”③之感。书法艺术“比象”天地，所兴发的审美情感，所触发的无限想象，使平淡无华的现实人生有了天道的无限灵韵，也使玄妙无极的天道有了生命底色。在点画的书写、字形的结构之中，有清风出袖，有明月入怀，个体的感性生命得以与无极的天道在“比象”的艺术世界中相与为一，抵达无限自由的审美境界。因而，“比象”是情感，是生命，是天道，更是天人合一的自然之态、浑然之境，故能将中国艺术对“天道”“自然”的追求熔铸于艺术形式之中，使艺术升华为情感的形式、生命的形式。

生命源自于自然。然而，个体在倾听天地的声音的时候，又能够依凭着对道的感悟，对仁德的践行及对艺术的热望，超越自然、超越其他生物族类而为万物之灵长，并以此为生命之底色，构筑起我们的生命大厦，最终从混沌的自然状态抵达的自由之境。

老子（节选）

第一章

道可道，非常道；名可名，非常名。

无，名天地之始；有，名万物之母。

故常无，欲以观其妙；常有，欲以观其徼。

此两者，同出而异名，同谓之玄。玄之又玄，众妙之门。

---

① 〔汉〕蔡邕：《书论》，《历代书法论文选》，上海书画出版社，1979 年，第 6 页。

② 〔清〕郭庆藩：《庄子集释》，王孝鱼点校，中华书局，2012 年，第 709 页。

③ 〔唐〕李嗣真：《书后品》，《历代书法论文选》，上海书画出版社，1979 年，第 135 页。

第二章

天下皆知美之为美，斯恶已；皆知善之为善，斯不善已。

有无相生，难易相成，长短相形，高下相盈，音声相和，前后相随。

是以圣人处无为之事，行不言之教；万物作而不为始，生而弗有，为而不恃，功成而弗居。夫唯弗居，是以不去。

第三章

不尚贤，使民不争；不贵难得之货，使民不为盗；不见可欲，使民心不乱。

是以圣人之治，虚其心，实其腹，弱其志，强其骨。常使民无知无欲。使夫智者不敢为也。为无为，则无不治。

第四章

道冲，而用之或不盈。渊兮，似万物之宗；挫其锐，解其纷，和其光，同其尘，湛兮，似或存。吾不知谁之子，象帝之先。

第五章

天地不仁，以万物为刍狗；圣人不仁，以百姓为刍狗。

天地之间，其犹橐籥乎！虚而不屈，动而愈出。

多言数穷，不如守中。

第八章

上善若水。水善利万物而不争，处众人之所恶，故几于道。

居善地，心善渊，与善仁，言善信，正善治，事善能，动善时。

夫唯不争，故无尤。

第十六章

致虚极，守静笃。

万物并作，吾以观复。

夫物芸芸，各复归其根。归根曰静，静曰复命。复命曰常，知常曰明。不知常，妄作凶。

知常容，容乃公，公乃全，全乃天，天乃道，道乃久，没身不殆。

第十七章

太上，下知有之；其次，亲而誉之；其次，畏之；其次，侮之。信不足焉，有不信焉。

悠兮其贵言。功成事遂，百姓皆谓：我自然。

第二十五章

有物混成，先天地生。寂兮寥兮，独立而不改，周行而不殆，可以为天地母。吾不知其名，强字之曰道，强为之名曰大。大曰逝，逝曰远，远曰反。

故道大，天大，地大，人亦大。域中有四大，而人居其一焉。

人法地，地法天，天法道，道法自然。

第五十一章

道生之，德畜之，物形之，势成之。

是以万物莫不尊道而贵德。

道之尊，德之贵，夫莫之命而常自然。

故道生之，德畜之；长之育之；亭之毒之；养之覆之。生而不有，为而不恃，长而不宰，是谓玄德。

第八十章

小国寡民。使有什伯之器而不用；使民重死而不远徙。虽有舟舆，无所乘之；虽有甲兵，无所陈之。使民复结绳而用之。

甘其食，美其服，安其居，乐其俗。邻国相望，鸡犬之声相闻，民至老死，不相往来。

［节选自陈鼓应：《老子注释及评介》（修订增补本），中华书局，2009 年］

美学的散步（节选）

宗白华

小　言

散步是自由自在、无拘无束的行动，它的弱点是没有计划，没有系统。

看重逻辑统一性的人会轻视它，讨厌它，但是西方建立逻辑学的大师亚里士多德的学派却唤做“散步学派”，可见散步和逻辑并不是绝对不相容的。中国古代一位影响不小的哲学家——庄子，他好像整天是在山野里散步，观看着鹏鸟、小虫、蝴蝶、游鱼，又在人间世里凝视一些奇形怪状的人：驼背、跛脚、四肢不全、心灵不正常的人，很像意大利文艺复兴时大天才达·芬奇在米兰街头散步时速写下来的一些“戏画”，现在竟成为“画院的奇葩”。庄子文章里所写的那些奇特人物大概就是后来唐、宋画家画罗汉时心目中的范本。

散步的耐候可以偶尔在路旁折到一枝鲜花，也可以在路上拾起别人弃之不顾而自己感到兴趣的燕石。

无论鲜花或燕石，不必珍视，也不必丢掉，放在桌上可以做散步后的回念。

诗（文学）和画的分界

苏东坡论唐朝大诗人兼画家王维（摩诘）的《蓝田烟雨图》说：“味摩诘之诗，诗中有画；观摩诘之画，画中有诗。诗曰：‘蓝溪白石出，玉山红叶稀，山路元无雨，空翠湿人衣’。此摩诘之诗也。或曰：‘非也，好事者以补摩诘之遗。’”

以上是东坡的话，所引的那首诗，不论它是不是好事者所补，把它放到王维和裴迪所唱和的辋川绝句里去是可以乱真的。这确是一首“诗中有画”的诗。“蓝溪白石出，玉山红叶稀”，可以画出来成为一幅清奇冷艳的画，但是“山路元无雨，空翠湿人衣”二句，却是不能在画面上直接画出来的。假使刻舟求剑似的画出一个人穿了一件湿衣服，即使不难看，也不能把这种意味和感觉像这两句诗那样完全传达出来。好画家可以设法暗示这种意味和感觉，却不能直接画出来，这位补诗的人也正是从王维这幅画里体会到这种意味和感觉，所以用“山路元无雨，空翠湿人衣”这两句诗来补足它。这幅画上可能并不曾画有人物，那会更好的暗示这感觉和意味。而另一位诗人可能体会不同而写出别的诗句来。画和诗毕竟是两回事。诗中可以有画，像头两句里所写的，但诗不全是画。而那不能直接画出来的后两句恰正是“诗中之诗”，正是构成这首诗是诗而不是画的精要部分。

然而那幅画里若不能暗示或启发人写出这诗句来，它可能是一张很好的写实照片，却又不能成为真正的艺术品——画，更不是大诗画家王维的画了。这“诗”和“画”的微妙的辩证关系不是值得我们深思探索的吗？

宋朝文人晁以道有诗云:“画写物外形，要物形不改，诗传画外意，贵有画中态。”这也是论诗画的离合异同。画外意，待诗来传，才能圆满，诗里具有画所写的形态，才能形象化、具体化，不致于太抽象。

但是王安石《明妃曲》诗云:“意态由来画不成，当时枉杀毛延寿。”他是个喜欢做翻案文章的人，然而他的话是有道理的。美人的意态确是难画出的，东施以活人来效颦西施尚且失败，何况是画家调脂弄粉。那画不出的“巧笑倩兮，美目盼兮”，古代诗人随手拈来的这两句诗，却使孔子以前的中国美人如同在我们眼面前。达·芬奇用了四年工夫画出梦娜莉萨的美目巧笑，在该画初完成时，当也能给予我们同样新鲜生动的感受。现在我却觉得我们古人这两句诗仍是千古如新，而油画受了时间的侵蚀，后人的补修，已只能令人在想象里追寻旧影了。我曾经坐在原画前默默领略了一小时，口里念着我们古人的诗句，觉得诗启发了画中意态，画给予诗以具体形象，诗画交辉，意境丰满，各不相下，各有千秋。

达·芬奇在这画像里突破了画和诗的界限，使画成了诗。谜样的微笑，勾引起后来无数诗人心魂震荡，感觉这双妙目巧笑，深远如海，味之不尽，天才真是无所不可。但是画和诗的分界仍是不能泯灭的，也是不应该泯灭的，各有各的特殊表现力和表现领域。探索这微妙的分界，正是近代美学开创时为自己提出了的任务。

十八世纪德国思想家莱辛开始提出这个问题，发表他的美学名著《拉奥孔》或称《论画和诗的分界》。但《拉奥孔》却是主要地分析着希腊晚期一座雕像群，拿它代替了对画的分析，雕像同画同是空间里的造型艺术，本可相通。而莱辛所说的诗也是指的戏剧和史诗，这是我们要记住的。因为我们谈到诗往往是偏重抒情诗。固然这也是相通的，同是属于在时间里表现其境界与行动的文学。

拉奥孔（Laokoon）是希腊古代传说里特罗亚城一个祭师，他对他的人民警告了希腊军用木马偷运兵士进城的诡计，因而触怒了袒护希腊人的阿波罗神。当他在海滨祭祀时，他和他的两个儿子被两条从海边游来的大蛇捆绕着他们三人的身躯，拉奥孔被蛇咬着，环视两子正在垂死挣扎，他的精神和肉体都陷入莫大的悲愤痛苦之中。拉丁诗人维琪尔曾在史诗中咏述此景，说拉奥孔痛极狂吼，声震数里，但是发掘出来的希腊晚期雕像群著名的拉奥孔（现存罗马梵蒂冈博物院），却表现着拉奥孔的嘴仅微微启开呻吟着，并不是狂吼，全部雕像给人的印象是在极大的悲剧的苦痛里保持着镇定、静穆。德国的古代艺术史学者温克尔曼对这雕像群写了一段影响深远的描述，影响着歌德及德国许多古典作家和美学家，掀起了纷纷的讨论。现在我先将他这段描写介绍出来，然后再谈莱辛由此所发挥的画和诗的分界。

温克尔曼（Winckelmann，1717—1768）在他的早期著作《关于在绘画和雕刻艺术里模仿希腊作品的一些意见》里曾有下列一段论希腊雕刻的名句：

希腊杰作的一般主要的特征是一种高贵的单纯和一种静穆的伟大，既在姿态上，也在表情里。

就像海的深处永远停留在静寂里，不管它的表面多么狂涛汹涌，在希腊人的造像里那表情展示一个伟大的沉静的灵魂，尽管是处在一切激情里面。

在极端强烈的痛苦里，这种心灵描绘在拉奥孔的脸上，并且不单是在脸上。在一切肌肉和筋络所展现的痛苦，不用向脸上和其他部分去看，仅仅看到那因痛苦而向内里收缩着的下半身，我们几乎会在自己身上感觉着。然而这痛苦，我说，并不曾在脸上和姿态上用愤激表示出来。他没有像维琪尔在他拉奥孔（诗）里所歌咏的那样喊出可怕的悲吼，因嘴的孔穴不允许这样做（白华按：这是指雕像的脸上张开了大嘴，显示一个黑洞，很难看，破坏了美），这里只是一声畏怯的敛住气的叹息，像沙多勒所描写的。

身体的痛苦和心灵的伟大是经由形体全部结构用同等的强度分布着，并且平衡着。拉奥孔忍受着，像索福克勒斯（Sophocles）的菲诺克太特(Philoctet)：他的困苦感动到我们的深心里，但是我们愿望也能够像这个伟大人格那样忍耐困苦。一个这样伟大心灵的表情远远超越了美丽自然的构造物。艺术家必须先在自己内心里感觉到他要印入他的大理石里的那精神的强度。希腊具有集合艺术家与圣哲于一身的人物，并且不止一个梅特罗多。智慧伸手给艺术而将超俗的心灵吹进艺术的形象。

莱辛认为温克尔曼所指出的拉奥孔脸上并没有表示人所期待的那强烈苦痛的疯狂表情，是正确的。但是温克尔曼把理由放在希腊人的智慧克制着内心感情的过分表现上，这是他所不能同意的。

肉体遭受剧烈痛苦时大声喊叫以减轻痛苦，是合乎人情的，也是很自然的现象。希腊人的史诗里毫不讳言神们的这种人情味。维纳斯（美丽的爱神）玉体被刺痛时，不禁狂叫，没有时间照顾到脸相的难看了。荷马史诗里战士受伤倒地时常常大声叫痛。照他们的事业和行动来看，他们是超凡的英雄；

照他们的感觉情绪来看，他们仍是真实的人。所以拉奥孔在希腊雕像上那样微呻不是由于希腊人的品德如此，而应当到各种艺术的材料的不同，表现可能性的不同和它们的限制里去找它的理由。莱辛在他的《拉奥孔》里说：

有一些激情和某种程度的激情，它们经由极丑的变形表现出来，以致于将整个身体陷入那样勉强的姿态里，使他的在静息状态里具有的一切美丽线条都丧失掉了。因此古代艺术家完全避免这个，或是把它的程度降低下来，使它能够保持某种程度的美。

把这思想运用到拉奥孔上，我所追寻的原因就显露出来了。那位巨匠是在所假定的肉体的巨大痛苦情况下企图实现最高的美。在那丑化着一切的强烈情感里，这痛苦是不能和美相结合的。巨匠必须把痛苦降低些；他必须把狂吼软化为叹息；并不是因为狂吼暗示着一个不高贵的灵魂，而是因为它把脸相在一难堪的样式里丑化了。人们只要设想拉奥孔的嘴大大张开着而评判一下。人们让他狂吼着再看看……

莱辛的意思是：并不是道德上的考虑使拉奥孔雕像不像在史诗里那样痛极大吼，而是雕刻的物质的表现条件在直接观照里显得不美（在史诗里无此情况），因而雕刻家（画家也一样）须将表现的内容改动一下，以配合造型艺术由于物质表现方式所规定的条件。这是各种艺术的特殊的内在规律；艺术家若不注意它，遵守它，就不能实现美，而美是艺术的特殊目的。若放弃了美，艺术可以供给知识，宣扬道德，服务于实际的某一目的，但不是艺术了。艺术须能表现人生的有价值的内容，这是无疑的。但艺术作为艺术而不是文化的其他部门，它就必须同时表现美，把生活内容提高、集中、精粹化，这是它的任务。根据这个任务各种艺术因物质条件不同就具有了各种不同的内在规律。拉奥孔在史诗里可以痛极大吼，声闻数里，而在雕像里却变成小口微呻了。

莱辛这个创造性的分析启发了以后艺术研究的深入，奠定了艺术科学的方向，虽然他自己的研究仍是有局限性的。造型艺术和文学的界限并不如他所说的那样窄狭、严格，艺术天才往往突破规律而有所成就，开辟新领域、新境界。罗丹就曾创造了疯狂大吼、躯体扭曲，失了一切美的线纹的人物，而仍不失为艺术杰作，创造了一种新的美。但莱辛提出问题是好的，是需要进一步作科学的探讨的，这是构成美学的一个重要部分。所以近代美学家颇有用《新拉奥孔》标名他的著作的。

（选自宗白华：《宗白华全集（三）》，安徽教育出版社，2008 年）

拓展思考

1. 阅读《老子》文本，分析“自然”概念的多重内涵，并结合“道法自然”说明“自然”与“道”之间的关系。

2. 结合宗白华的《美学散步》一文，谈谈你对诗与画之间界限的认识。

延伸阅读

1. 陈鼓应：《老子注译及评介》（修订增补本），中华书局，2009 年。

2. 王博：《庄子哲学》，北京大学出版社，2004 年。

3. 俞剑华：《中国绘画史》，上海书画出版社，2016 年。

4. 朱良志：《〈石涛画语录〉讲记》，中华书局，2018 年。

5. ［美］苏珊·朗格：《情感与形式》，刘大基，等译，中国社会科学出版社，1986 年。

6. ［美］高居翰：《不朽的林泉》，黄晓、刘珊珊译，生活·读书·新知三联书店，2012 年。

7. ［英］柯律格：《明代的图像与视觉性》，黄晓鹃译，北京大学出版社，2016 年。

第六章　中国与西方：多元文明的对话

每一种文化形态都有其赖以滋生的独特的地理环境和人文土壤，不同的地域也塑造了不同类型的民族品格和文化精神。中西方文化是在不同的自然条件和历史条件下形成的，两种价值系统之间存在着鲜明的差异，对此早在“五四”时期就有一些研究者作过专门的探讨。尽管当下学界在许多具体问题的见解上依然有诸多分歧，但中西方文化价值系统在习俗观念、道德伦理、社会规范、思维方式和心理品格等方面所呈现出的差异已有广泛的共识。正是这种差异的存在，形成了中西文化围绕“人”的不同论述而构建了社会结构的不同范本。

在当今中西文化碰撞与交流、吸收与借鉴愈加频繁的时代，中西文化都以自身的主旋律为根基，与外来文化进行着交互影响、相互调适的整合，甚至呈现出一定程度的融合趋势。借此，需要准确地把握中西文化的差异，在正视中西文化多元并存与必然相遇中，处理好文化交流与碰撞带来的一系列问题，采取兼容并包的开放姿态，更好地挖掘和传承优秀传统文化，也要更好地吸收、借鉴优秀文化成果以适应新时代对文化发展新的要求。

第一节　群体本位与个体本位

古代中国始终处于商品经济欠发达的农耕文明为主导地位的社会形态，在这种形态之中，家庭作为社会结构和国家体制中最基本细胞单元的特征被长期保留下来，并形成了宗法制度基础上的家庭本位文化。中西文化价值系统的显著区别之一，就是以家庭为本位的中国文化更强调社会与民族利益高于一切的群体原则。群体观念使国人重视整体利益，强调成员的责任与任务，由此形成了中华民族强大的凝聚力。西方早在古希腊时期就出现了较为集中的商品经济，传统以家庭为基本单元的原始体制遭到了根本的冲击，以地缘政治和等级政治为基础的结构体制逐渐取代了血缘家族纽带，孕育出强烈的个体本位文化精神，高扬人的主观能动精神，突出以个人的尊严与价值为皈依的人格理想。

一、群体本位

中国文化是一种典型的以群体本位原则为主导价值的文化。这一文化特质在春秋中后期已渐趋成熟，此后历经两千多年的传承延续至今。群体本位原则之所以形成于春秋中后期，与这一时期宗法制度的正式形成与确立紧密相关。未有阶级和国家之前，人类原始初民一般都是通过家族血缘关系组织起来的，在生存方式和道德观念上具有大体类同性。随着阶级和国家形态的产生与发展，血缘家族构成的纽带在不同的文明环境中所占据的位置及其呈现的形态出现了鲜明的差异。对古代中国而言，氏族社会古老的血缘家族组织形式被完整地保留了下来，并得到了进一步扩大与升华。据《左传·定公四年》记载，早在商代后期宗法制度就已初具形态，到了西周时期“六年制礼作乐”则进一步发展为体系较为完备、等级较为严格的宗法制度。

群体本位原则产生于宗法制度基础之上，使群体观念带有鲜明的宗法特点。在宗法制主导的社会中，血缘亲情纽带联系占据着突出地位。以家族—宗族单元为根基的群体本位原则，家庭和家族是最基础的构成细胞和结构单元，人际网络关系间的亲疏远近、尊卑贵贱都有着等级森严的人伦规约。宗族的宗长或作为一家之长的父亲，主宰着家族的一切事物，包括财产、仕途、交友、嫁娶，拥有对全体家庭成员的绝对支配权。这种作为相对独立单元的家族制度不断推向社会化与政治化，并深刻渗透于古代中国结构形态和思想观念的演进之中。因此，数千年来中国社会结构和王权秩序的维系与延续，本质上是以家庭本位为基础的，进而型塑了古代中国世世代代的社会存在形态，同时也严重制约了作为个体的“人”在血缘人伦关系乃至整个社会结构中的处身位置。在这种政治伦理化与伦理政治化的价值体系下，个人被重重包围在群体之中，受既成的名分礼教行事之规约，既纵向上明确辈份间尊卑有序、贵贱有别，又从横向上突出父母、嫡庶、长幼等严格细微的规定，如君仁、臣忠、父慈、子孝、兄友、弟恭之类。

从家庭人伦关系衍射出来的道德价值网络，不仅把“家”提高到人生中最重要的生活群体的地位，而且把维系家族血缘情感的“孝悌”观念确定为普遍的道德伦理规范。“孝悌”观念源于早期的家庭成员间辈分关系和血缘温情关系，在崇尚血缘关系的家族集团中，“孝悌”发挥着维系家族中尊卑长幼秩序的关键作用。《论语·学而》中，“孝悌也者，其为仁之本与”。经过早期儒家学说的发挥，特别是经由汉代《孝经》的流传，“孝悌”

观念所产生的道德伦理规约进一步超越了家族内部尊卑秩序的范畴，推及国家社会层面。家族孝悌的道德价值观念的社会化和政治化，便将“孝”衍及“忠”，也就是常言的“移孝于忠”。君臣关系的“忠”，实质上是“孝”的放大体，而中国传统的君主专制制度，完全是父权中心的家族制度的延伸与外化。

“敬父忠君”“忠孝同义”的深层社会结构就是“家国同构”。《礼记·祭义》说:“事君不忠非孝也。”孝是忠的基础，忠孝贯通，如此一来，忠与孝的融通促成了家与国的同构、家国一体化。家与国在组织结构和权利配置上有着鲜明的共通性，国家的结构形态和权力配置形式打上了家族血缘纽带的深刻印记。家族实际上是国家之缩影，国家则是家族之放大，家族与国家的功能是叠合的。父权是家庭的最高统治权，君权是国家的最高统治权，只有充分维护君、父的绝对权威，才能形成尊卑有序的统治秩序。家与国、臣与君的关系，都被赋以家族人伦关系色彩。通常所熟知的“五伦”与“三纲”的道德伦理规范，皆依据于家国一体化的政治伦理结构，要求“君君、臣臣、父父、子子”（《论语·颜渊》)，君恩臣忠、官令吏从的权责关系和领属关系，其根本基础亦是出于家族人伦逻辑，而不是以法律条文为依托的。“君臣如父子”“父母官”“一日为师，终生为父”“四海之内皆兄弟”……都充分说明了在社会道德伦理领域和国家政治权力领域，表现出鲜明的家族人伦宗法色彩，对家的孝和对国的忠就自然构成了中国传统文化价值观的重要部分。

某种程度上可以说，中国传统文化把个人的价值界定为一种“类属”性质的价值观。在群体本位的中国传统文化中，社会群体作为文化价值系统的主宰，家国整体利益成为派生其他一切价值或利害关系的依据。对于这种“类属”的社会生活，冯友兰先生说:“一个人的家是一个人的一切，因为他有了家他才有了一切；他若无家，他即无一切。”①这种基于家庭为基本单元的群体原则，严格遵从血缘家族内部人伦关系既有的身份区隔与辈分秩序，成员个体与整个家族是一种从属关系，强调的是个人在家族群体中的服从和责任，个体价值受制于群体利益而且唯有通过其所属群体的认同才能得以彰显。宋代史学家郑樵在《通志·氏族略》中说:“此近古之制（宗法制)，以绳天下，使贵有常尊，贱有等威者也。”在“近古之制”

① 冯友兰:《新事论》，生活·读书·新知三联书店，2007年，第49页。

的社会结构特征之中，个体被视为群体的一份子，个体的类属价值或群体价值被置于优先于个体的位置，完全了取代人的个体性价值。个人的行为实践与人格理想，从客观规范与主体精神上受到群体要求的有力规约，在这个层面上，作为个体的人不可能真正获得个性化诉求的选择权，其自身的各种规定性只能囿于特定的家族人伦关系和整体社会结构系统才得以确立。这种建立在父权家长制基础上的血缘宗法关系长期依存的必然结果，是从家庭渗透到政治、经济乃至文学艺术的各个方面，而个体的独立人格意识却甚为淡薄。

群体本位原则强调的是，个体立身行事皆以其所属的相应群体利害为依托。在群体本位人际关系的制约和文化氛围的熏陶下成长起来的个人，格外注重群体的利益，形成了深厚的"先公后私""公而忘私"的传统美德。为此，梁漱溟先生指出，在群体本位原则为主导的中国传统社会中，"个人以自尽其义务为先，权利则等对方赋予"。①这种以家庭为本位的原则在很大程度上限制了中国人的个体价值和个人创造力的实现，"荣辱与共""休戚相关""长幼秩序"则是这种群体人伦道德精神的重要体现，强调成员的责任与任务，却没有厘定作为个体的人的任何权利，重人情而轻法度，使得"法制"意识失去了深层的社会根基。中华民族在历史上曾失去与当今发达国家并行发展的机会，尤为典型的是元明清时期，这与过于强调整体而压抑了自我的主动性和创造性不无关系。

二、个体本位

作为西方文明重要源头的古希腊处在半岛型的海洋地理环境中，属于典型的海洋民族国家。②一方面，古希腊农业基础薄弱，单靠农业生产很难满足不断繁衍人口的生存需要，于是以海上贸易为主，兼以畜牧业、手工业、渔业并重的经济结构成为古希腊人谋生的重要手段。发达的商品经济和多元的结构形式，造就了古希腊人口频繁交往和流动的生活方式，也带来了古希腊更加外向的经济形式和更加开放的文化生态。另一方面，古希腊社会形式采取的是城邦制，这种独立自治的城邦形态在人口规模上有着一定的限度，超出限制的人口不得不一次次向外移民。工商业经济的繁荣

---

① 梁漱溟：《中国文化要义》，上海人民出版社，2003 年，第 235 页。

② 冯天瑜：《中国古代文化的类型》，深圳大学国学研究所主编《中国文化与中国哲学》，东方出版社，1986 年，第 59 页。

和人口的流动迁移，直接冲破了氏族社会的血缘关系纽带，摧毁了原始群居和血缘家族的组织形式，形成了以地缘政治、财产契约关系为基础的城邦体制。

个体本位的缘起是与古希腊城邦体制及其发达的工商业经济形态密不可分的。血缘宗法关系在古希腊的城邦社会结构中已起不到实质性作用，不同部落间的人口流动与聚合，完全不同于中国以血缘家族关系为基础的社会形态，必然会淡化血缘聚族而居，从而出现来自五湖四海的人口大杂居的生活方式。古希腊的城邦社会体制催生了政治意义和思维观念上的民主意识，在组织形式上体现为局部范围的民主共同体。尽管贵族阶层在初期依然把握政治权势，但随着工商业经济的发展，工商业阶层奴隶主的崛起和中下层普通民众逐渐获得政治的参与权，从而为古希腊乃至西方早期的民主政治实践奠定了坚实的基础。古希腊的城邦民主制，充分保障了个体在民主政治中的权利和平等地位。同时，从事海上工商业贸易活动为主要形式的经济形态，决定城邦中的人口不可能以长期稳定的形式保持聚族而居的生活方式，血缘宗族关系松散，其社会组织形式必然是地缘政治性城邦体制取代血缘宗法的社会结构，使得希腊人的团体意识和国家观念与中国人的归属意识和家国一体观念有了根本性的差异。而且，发达的工商业经济形式以平等交换为基本商业原则，进一步促发了希腊人个体意识的强化，进而孕育出西方崇尚个体本位与自我价值的文化精神。

西方从个体本位出发的文化价值系统，充分彰显了人是作为个体独特存在的人本主义精神。它以个人为轴心，以自由、平等、逐利、求知等为基本原则。基于个体本位的西方文化是多元并存的，西方社会一般对独立的个人和事物本身的多样性和动态变化持开放的态度，而且非常重视从多元的视角看待问题。个体主义的盛行，彰显了强烈的自我中心意识和独立的人格意识。每个个体都依托自身的能力和意志维系自己的生存，决定自己的前途和命运，这也进一步推动了人人都充分发挥自己独特个性的西方多元文化精神的发展。

西方的个体本位有着鲜明的“天赋人权”和“人人平等”观念。把财产、自由和平等视为“自然”所赋予的不可剥夺的“人权”，这种“自然人性”的强烈诉求使得满足人的“自然权利”成为个体本位原则的核心文化精神。以复兴古希腊和古罗马文化为旗帜的文艺复兴运动，高举个性解放的大旗，大力宣传个性发展的正义性，强调个体的人格、价值和尊严。到了 18 世纪启蒙时代，宣扬自由与平等的自然法则和天赋人权成为这个时代的最强音。人人平等、个体权益不容侵犯的基本准则深入人心，成为人们对理想社会蓝图的基本信念。美国《独立宣言》在开篇就明确宣称“人类生来是平等的，造物主赋予了他们与生俱来的权利，即生存、自由、追求幸福的权利”，受到“天赋人权”思想的极大影响。18 世纪以后，个人权利和自由平等更加深入人心，到了浪漫主义时期则达到高峰，形成了反对任何限制和束缚的极端自由主义思潮，并渗透到西方政治、哲学、文学、艺术等各个层面。

个体本位原则还表现为对自由爱情执着追求的推崇与歌颂。爱情充盈着激情与力量，甚至被注入一种原始生命的欲望与冲动，对爱情的追求常常能突破世俗道德伦理的束缚。古希腊神话是西方爱情范式最初的经典体现，古希腊神话中的人与神都毫无禁忌地追求他们所爱的人，尽管其中浸透着情欲与本能的恣肆，这种为了爱情可以舍弃一切的方式彰显了强烈的自我意识，肯定生命个体，重视个体生命价值的实现。这种直白、执着的爱情至上观，在后世文学和艺术中持续回荡，《罗密欧与朱丽叶》《简爱》《荆棘鸟》《红字》等作品就是明证。自由爱情的追求，成为实现自我的重要途径，更是指向对自由存在状态的限制和压迫的抗争。因此，这种自由爱情精神带有鲜明的个性反叛色彩，张扬独立的人格意识和人人平等的民主意识。

以个人主义为基础的西方现代价值观是在适应西方现代市场经济发展和现代化进程中形成的，这种价值取向也大大促进了西方市场经济的发展和现代化进程。它肯定了个体的独立自足自主的地位，从而为个体在现代社会生活中充分按自己的意愿行事提供了可能，也为个性自由发展、培养独立人格创造了条件。但个体主义的负面效应也是巨大的，过分强调个人利益，人人都想充分地发挥自己的独特性，并希望可以充分地享受到他们所享有的自由与权利，因此必须制定较为严格的法律来约束公民的行为。一方面，为了避免个体与整体的冲突，全面精细的法律条文是不可或缺的基本保障。围绕法律条文的规约，个性自由才能够以开放、多元的形式展开，西方现代社会生活才能够丰富多彩、和谐有序。另一方面，个体至上主义也催生了资本主义市场机制下社会精神的种种病态，如不加以合理引导和控制，容易对人们的世界观和价值取向产生巨大的误导。值得特别注意的是，当今西方有时看似打着高扬个人权利的旗帜，并试图把这一价值观推向全世界，甚至为之不惜采取军事干预措施，实则构成了对世界和平秩序的严重破坏。

第二节 天人合一与二元对立

人类在原始思维中对宇宙的认知有诸多共同之处，都秉持着普遍的人与自然紧密联系、共为一体的宇宙观。但在人类不断向现代文明迈进的过程中，中西方在天人关系、人与自然关系的思维方式上逐渐分道扬镳。中国注重人与自然同出一宗主导的和谐价值观，而西方走的是一条专注于人与自然万物之间主客对立的二分之路，将客观世界作为独立于人之外的事物来研究，表现出以人为主体对自然探索、利用的欲望，孕育出西方文化强烈的征服意识和科学精神。

一、天人合一

天人合一思想是中国传统文化最具代表性的文化特征之一，始终居于中国传统文化的主流地位，体现了古代中国对真善美的深刻理解和追求。天人合一思想作为华夏文明的重要源头，在先秦时期就已出现了朦胧的观念；到了西周初年，古老的天（神）观逐渐脱离鬼神文化本身，被赋予人性品格，在强调天与神是自然和人类社会的绝对主宰者的同时，孕育了天（神）与人相通合一关系的思想雏形。孔子提出“人能弘道，非道弘人”（《论语·子罕》），认为在尘世之外存在一个“天”的观念，它掌控着最高层次的正义、道德。老子提出“人法地，地法天，天法道，道法自然”，重视人与自然和谐一体的境界。庄子的《逍遥游》《秋水》《知北游》等名篇，呈现的皆为将自我了无痕迹地融合于“天地之大美”、与万物一体遨游的纯美境界。

到了汉代，天人合一思想糅合了带有谶纬色彩的神秘感应论，向更为系统成熟的方向进一步发展，西汉大儒董仲舒是突出的代表人物。他提出的“天人感应”说，强调“道之大原出于天”，天与人交相感应，天道与人性相统一。当然，董仲舒的理论是直接服务于封建大一统政治的产物。魏晋玄学虽然继承了老庄的天人合一思想，但玄学已将道家思想与儒家思想相结合，其中包含了很多儒家人伦道德的天人合一学说成分，有违老庄的原意。北宋的张载第一次明确提出天人合一命题。张载在《张载集·正蒙》中说，“儒者则因明致诚，因诚致明，故天人合一”，这是天人合一最早的直接表述。他针对佛教的唯心主义而提出“乾坤父母，民胞物与”之说，致力于发展出一种天人合一境界的博爱观。张载之后，朱熹、王阳明等人进一步发展了天人合一观念。朱熹主张“天人一理”的思路，程颐和朱熹之“理”实为将老庄之“道”赋予道德意义，并将天人合一的最高境界视为“与理为一”。与程朱不同，王阳明强调人心即“理”。在他看来，实现天人合一的根本途径是“知行合一”与“致良知”。王阳明这种强调融人性道德良知于世界万物一体之说，使得古代中国的天人合一思想臻于完善。

从先秦诸子开始，不同的学派蕴含着对天人合一不同的诠释和表达。总体而言，天人合一思想主要涉及两个层面的问题：其一是非道德教化的人与自然的统一问题，其二是人的行为（道德理性）与自然（天道理性）协调一致的问题，它们充分体现出中国古代圣贤卓越的辩证思维。就第一个层面而言，道家的天人合一思想较为典型。一方面，在道家看来，“天”是自然之天，而人是自然的一部分。这种天人合一思想观念，首先追求的是一种“天地与我并生，万物与我为一”（《庄子·齐物论》）的精神境界，追求人要彻底与自然万物融为一体的整体观念，也破除了将人类视为中心与自然主宰地位的思维模式。另一方面，道家也把人视为与天地自然互为依存的关联体，强调人与自然之间的亲和友善。尊崇天就是依顺自然，要按照自然的法则行事。这种天人合一强调通过人对自然的诗意把握，实现天与人的交流与互动，进而实现人对现实人生的把握。

就第二个层面而言，天人合一思想体现为人伦道德在个体为人行事和社会治理实践中的运用，或者说体现为一种“天人合德”思想观。《易传·文言·乾》说，“夫大人者，与天地合其德”。从这种“合德”的角度观之，孔子之“仁”、孟子之“良知”无疑都体现了天人合一思想。以孔孟儒学为先导，中国古典文化的天人合一思想向道德形而上深化发展。作为这种形而上存在的道可谓为天命，又是人道，即天人合一之道。天是人格化的、有德性的实体，它是一切社会法则和价值的来源。因此在这个层面上，“天人合一”指的是天道法则与社会法则、天道模式与社会模式的一体性。孔孟在天人关系上侧重人性和道德与天相关联的人为，主张构建“仁德之天”“义理之天”，不断赋予天以人伦道德意涵。天是恒定不变的，并且代表着最高层次的“至德”。基于这一前提，天人关系被置于一种社会关系之中，天道与人道合一，是合于“人事”之道，也就是社会伦理道德之道。这就决定了人作为社会性存在的同时，也是伦理性的存在。朱熹主张“以天统人”，王阳明主张“以人统天”，尽管取道有异，但指向相通，赋天以德性和人文色彩，将中国传统文化中的天道与人道统一观推向新的高峰。

天人合一思想历经几千年的传承，深刻地影响着每一个中华儿女，至今仍以极具生机与活力的姿态占据着中国文化精神的显要位置，并越来越被世界文化舞台所接纳，成为世界多元文化构成中的重要元素。文学、医学、建筑、雕塑、绘画等这些中国传统文化精粹，都以自身独特的方式展现着天人合一思想的无穷魅力。当然，天人合一思想在古代中国的主导价值取向并不是人与自然无利害的和谐，而是从道德意义和封建统治秩序层面去展现。封建统治秩序和伦理道德观念在天人合一思想中找到了坚实的理论依据，先秦孔孟的天人合一思想，注重从天的至德至善思维阐发天人相应、天与王权合一，其根本目的在于彰显天人合一思想的道德人伦色彩，进而充分肯定封建王权及其统治思想的合法性和神圣性。这一观念经由汉代大儒董仲舒的天人感应说得到了充分发挥，变得更加成熟且高度体系化。李泽厚先生曾明确指出，董仲舒神秘、谶纬式的天人合一理论学说本质上就是将皇帝的威权神圣化，藉以充分确立封建统治者的绝对权威和井然的统治秩序。

有学者认为，中国天人合一思想停留在一种直观经验的整体印象式体悟上，阻碍了人们对自然的认识和利用，进而严重制约了古代中国科技的进步，这一论断尚待商榷。但值得肯定的是，中国的天人合一思想在强调万物和谐共融共生的同时，实际上也警示着“人类中心主义”带来的危害，强调要在遵从和顺应自然规律的前提下利用自然、改造自然，从而真正能为人类发展所用。这对当今人类活动带来的环境污染问题、生态平衡破坏等问题，具有深刻的反思意义。党的十九大站在人与自然生命共同体的高度上，将人与自然的和谐问题上升为国家战略的生态文明观和政治大局观，强调人与自然和谐共生对于当今社会的重要意义，由此也充分体现出古人天人合一的远见卓识。

二、二元对立

与中国文化讲求整体融合为一不同，西方文化价值系统习惯于将感性与理性两分，破坏了“物我合一”的彻底融合状态，造成了人与自然、思维与存在、主体与客体的二元分裂对立。尽管中国先秦儒学思想家荀子很早就提出“明于天人之分”的理论学说，但其理论实质依然建立在天道自然论的基础上，未从根本上偏离儒家的“天命”思想。① 西方的二元对立思

① 陶月华：《从荀子的“天人相分”到董仲舒的“天人合一”》，汤一介主编《中国文化与中国哲学》，生活·读书·新知三联书店，1989年，第56页。

维充分确立了人作为主体性的地位，相应地，万事万物则被设定为主体的对立面，它们只是有待人类认识和改造的对象。

西方从古希腊开始就出现了二元对立思维的雏形，苏格拉底和柏拉图的宇宙观可以说是一个标志性的开端。苏格拉底和柏拉图之前，古希腊主流的宇宙观与中国天人合一思维大体相当，强调的仍然是自然与人类的本体同源性，将追求秩序与和谐视为人与自然、主体与客体关系的最核心价值指向。柏拉图的客观唯心主义开创了物我、主客二元两分之端倪，他明确把认知世界的理念与现象世界的感性分割开来，并以理念构造整个世界。在柏拉图看来，这两个世界有着截然不同的特质：现实世界具有不稳定性和流变性，而与之相对的理念世界则富有永恒不变的绝对真理品格。文艺复兴在人类重新“发现了自然和自己”之中，使人从宗教束缚中解脱出来，人的主体性得到高扬，进一步推动了二元对立思想的发展。直到 17 世纪哲学家笛卡尔那里，才真正实现了将人的主体性确立为哲学的第一原则，从而奠定了近代西方哲学主客二分的思维传统。笛卡儿明确将思维与存在、理性与感性、精神和物质、主体与客体的二分思维模式作为主观唯心主义哲学的主导原则，进而开启了近代西方哲学从本体论到认识论的新思索。

18 世纪的启蒙思想家更大张旗鼓地宣扬人类理性的决定作用，认为理性是一切事物的审判台。黑格尔则将西方二元对立思想推向了巅峰，他用“绝对精神”先验哲学来处理主客体二分问题，使二者高度统一。黑格尔以后的西方哲学家，如海德格尔、费尔巴哈、马克思、恩格斯等，虽在沿袭二元对立思维路径中各有不同的表现形式，但已不是单向地围绕主客二分展开，而是体现出主客二分与天人合一相交织的融合之势。

西方崇尚主体与客体的二元分裂对立，承认客观世界的可认知性，由此彰显以人为中心的主观能动性和创造性，孕育出西方文化对客观世界强烈的征服意识和科学精神。康德有一句名言，“人为自然立法”。尤其在上帝“死”后，人类取代了上帝的位置而拥有对自然进行统摄支配的绝对权力。人类拥有自然的主宰权，当然也具备认识自然的能力，自然在人类面前被摘去了一切神秘面纱。古希腊哲学家普罗泰戈拉指出“人是万物的尺度”，以人的价值尺度去衡量万事万物。这种观念把人的思想意识提升至绝对优先的地位，从而决定了人从有用性的角度去看待客观事物。

主客二分并非只专注于对立分离而不追求统一，实则也在以独特的路径探索“统一”问题。笛卡儿将世界分为“我思”形式的主体和经验现象的客体两个部分，并构想出一个从主体灵魂之“内”到客体经验之“外”

的思维贯通路径，但可惜的是他经由上帝或“松果腺”作为连接点的种种努力都难以让人信服。笛卡儿的荷兰门徒格令克斯将笛卡儿的二元论转换为“二时钟”学说，其基本逻辑在于把人的心灵和身体比喻为两个各自独立的时钟，试图实现精神的主观世界和身体的感官世界的调和一致。与笛卡儿的思维路径迥然不同，康德从客观经验的表象出发，去探求表象世界背后深藏的先验本体理念世界，进而达到主客世界的统一性。但需特别强调的是，西方的“统一”观念，是以二元对立为根本前提的，主体凭着认识客体事物的本质规律性去利用客体、征服客体，避免了盲目行动，使客体为我所用，从而达到主体和客体的统一。

“主客二分”的思维模式一定程度上对于人类科技的发展有进步意义。西方对工具理性的偏好，以及西方科学技术的持续发展，都与主客二分认识论有很大关联。二元对立思维模式之所以能确立人的主体性地位，其实质在于充分肯定人的理性。正是基于此，作为主体的人才显得高贵，才在自然界中占据独一无二的优越地位。同时，理性精神也成为西方文化科学精神的核心。周昌忠先生认为，西方对自然客体化的认知路径构筑了理性主义架构，“理性主义的认识活动在其中进行，理性主义的知识——理论化的知识从其中产生出来。正像亚里士多德所指出的，各门不同的科学都致力于认识现象后面的本质即本体，只不过研究本体的不同性质，或者说用不同性质去把握或刻画本体”。① 基于二元对立为前提的理性精神，西方社会以一种工具合理性原则不断探索着科学真理。西方近代以来工业社会的发展，是建立在人与物的对峙状态和占有状态之中的，主体带着强烈的征服意识，透过客体的表象世界去探索其背后的本质特性，从而实现利用客体的目的。西方三次工业革命进一步扩大了由主体支配和利用的客体范畴，前所未有地提升了人的认知性和创造性，从而也极大地推进了西方科学技术的发展。可以说，科学的发展实质上以对客观世界的深刻把握为基础，而中国文化与之走向不同的根源之一显然是没有把“物”视作客体对象的传统。正如海德格尔所言，中国文化缺乏系统探究知识生成论的维度，而更多呈现出的是与自然万物的“亲在”。②

当今二元对立走向极端化，造成了人文主义和科学主义的严重对立，引起了有识之士的密切关注，促使他们开始探究消解这种对立的有效途径。

---

① 周昌忠：《西方科学的文化精神》，上海人民出版社，1995 年，第 260 页。

② ［德］海德格尔：《存在与时间》，生活·读书·新知三联书店，2006 年，第 499 页。

二元对立思维逻辑下的客体改造，是以人类的喜好和人类自我为中心的。当人内心的欲望极度膨胀时，自然界的寂静就会被打破。中国的老庄、西方的卢梭和海德格尔，都曾看到人成为改造主体之后的灾难。因此，西方在创造发达的商品经济与科学技术的同时，也产生了一系列难以想象的问题。在对西方以“主客二分”为特征的人类中心主义文明的反思过程中，能够发现中国文化传统在一定程度上弥补了西方“主客二分”的缺失：中国“天人合一”的价值取向可以修正西方“主客二分”之偏，并使中西形成互鉴互补之势。中国大力倡导以人为本的科学发展观，就是强调在世界多元文化潮流下，要敞开胸怀吸收西方文化中的精华，同时保持主客体二元的辩证张力，既不让主客二分思维方式过分张扬，也不能没有或者摈弃主客二分思维方式，要以最小的代价换取社会的发展。还应当立足实际国情，把中国传统的天人合一思想同西方的主客二分模式结合起来，走一条真正适合中华民族长远发展的特色之路。

第三节　中庸平和与尚勇力争

中庸之道作为中国传统文化基本精神之一，在中国传统思想中占据着重要地位，其根源在于中国的群体本位文化特征。中国传统文化从群体本位出发，决定了中国讲求平衡、节制、和顺的价值取向。根据程朱理学的界定，“中”的涵义为“不偏之谓中”，“中者，不偏不倚，无过之不及之名”；“庸”则可谓“用”之意，同时也强调恒常之意。中庸之道要求不可偏激，不宜展露锋芒，是不偏不倚恰到好处的适度状态。儒家学说将中庸思想推及日常立身行事的人际协调和社会道德规范，造就了中国人温柔敦厚、端顺平和的文化品格。与中国文化呈现出内敛、“中和”的文化精神不同，西方文化立足于个体本位原则，其思维方式具有强烈的外倾性，推崇个体进取意识，表现出尚勇力争、坦率开拓的文化精神和价值诉求。

一、中庸平和

尚中思想并不是儒家形成后才有的，李泽厚先生指出，“从上古以来，中国思想一直强调‘中’‘和’”。[①]在中华文明史中，崇尚中庸之道有着悠

① 李泽厚：《历史本体论》，生活·读书·新知三联书店，2002年，第3页。

久的历史渊源，历经了一个漫长的形成过程，由尧、舜、禹、汤、文、武、周公直到孔孟，才发展成为中国文化的道统正传。从字源来看，根据许慎的《说文解字》，“中”原初的语言意义蕴含着巫史观念，其会意之旨，为先民处理天人关系时的一种绝对价值标准。现有的甲骨卜辞研究可以证明，中庸思想不仅包含着“令风使雨、赐吉谴凶”的原始巫术与信仰①，还蕴藏着远古圣贤的德性与智慧，而“中”的观念最迟在商代被人们援引为把握世界的一种价值取向，藉此寄望构筑起一种和谐安宁的生存与生活环境。

早在上古夏商周（西周）三代的经典历史文献“六经”体系中，就保留了丰富的中庸思想，从中能够找到先民崇尚中道、中德的踪迹。群经之首《周易》作为上古先民的卜筮之书，记载了上古时期的部落首领、王室贵族在面临国之大事与人生选择时卜问神灵的筮占记录，认为各种神灵能够主宰人间吉凶祸福。《周易》的行文不仅有十多处与中道思想有关的“中”字，而且体现出一种鲜明的思想:“中”是鬼神意志与日常实践经验的结合。

中庸之道的系统化发展得益于儒家学说的推动。春秋战国时期，儒家诸子正是吸纳了上古“六经”文献中的中庸之道的原始观念，并从上古原始初民遵从神性和原始巫术的观念中摆脱出来，构筑了中庸思想的基本架构，如从《论语》《孟子》《荀子》等中，可以发现大量有关中道的论述。“中庸”“中和”之说由孔子首先明确提倡，到战国中后期，孔门弟子大加发挥，遂形成《礼记·中庸》一篇，全面阐发了儒家的中和、中庸思想。由于早期儒家学者的理论升华，中庸之道开始由一种生活经验和宗教礼仪发展成为古代中国的道德观念、政治理念和哲学智慧，由此确立了其在中国思想传统中的重要位置，进而渗透到中华民族的思维方式和价值体制之中。早期儒家还进一步将“中和”“中德”之维提升为一种具有普遍意义的实践法则，进而将人道的理性法则提升为天道的普遍原理，建构出一种人道与天道合一的中道哲学。

中庸思想发展的高峰是宋代，朱熹可谓典范。他将中庸之道推至“天下之定理”的高度，使其成为恒定不变的天理，强调“上古圣神”“执中”相袭的根本意义在于“继天立极”。②其中庸之论，一方面将前代董仲舒的封建伦理纲常观念推向极端，另一方面将“执中”看成上天赋予的某种先

① 陈跃文：《论中道——中庸思想的起源》，《孔子研究》，1993 年第 3 期。

② 〔宋〕朱熹：《四书章句集注·中庸章句序》，中华书局，2016 年，第 14 页。

验的人伦道德“极至”之物。对此，清代学者王夫之进一步强调，中庸之道的要义即“以圣人继天理物，修之于上，治之于下，皇建有极而锡民之极者言也”（《读四书大全说·中庸名篇大旨》）。总而言之，早期儒学的持中尚和思想得到了历代思想家的认同、继承并努力实践，积淀为中华民族的优良传统和审美品格，从古至今在中华民族的思维方式上和现实生活中都发挥着重要作用。

中庸之道的核心要义，即反对“过”与“不及”，要端正和顺，节制求稳，避免偏激片面，强调事物秩序和稳定的“中和”之美。中庸强调的是“用中”，追求一种动态的平衡，突出人际和谐、人与自然和谐，以及人与社会和谐。中庸之道的一个重要思维特征，就是天道与人道的一致，或者说人道对天道的遵从。从这个层面上说，中庸之道蕴含着天人合一的审美特征，“中”可以界定为“天之道”，那么中庸之道则为合乎天理的正道。中庸思想遵从天之道，“天道”是世界万物繁衍生息的运行规律，体现出对宇宙秩序和谐状态的维护。中庸之道之所以具有崇高的权威，正如《中庸》所言，“致中和，天地位焉，万物育焉”，这说明中庸之道指向天地宇宙的最高目标和最终意义。中庸之道并不建立在主客二分的基础上，“中”既不是独立存在的客观事物规律，也不是人的理性认知，而是主观互动过程中的合宜、适度，因此中庸之维也成为连接个体存在和宏大宇宙的一种普遍法则。

虽然中庸之道并非与儒家思想相伴而生，但不可否认的是儒家学说直接推动了中庸之道更为抽象化的提升与完善。儒家学者赋予“人道”以“天道”的形而上品格，天的超人格性变成了人的道德性，人之为人的道在天那里找到了根据，抛弃了天的神秘色彩，人道是人之为人的道德伦理内在要求。《中庸》说，“喜怒哀乐之未发，谓之中”，天道和人道在这里实现了统一，统一的基础是修人之内在本性，追求的实为“中庸之德”。儒家将中庸视为最高的道德标准，孔子把它作为“至德”备加推崇，说“中庸之为德也，其至矣乎”（《论语·雍也》）。在孔子看来，任何德性修行都存在偏颇之可能，因此必须用“中庸”来调节，并推及至人们立身行事的规范。儒学认为，“诚”是实现中庸之道的重要途径。孔子强调真诚是天道之本，中庸以“诚”为修身的最高成就，至诚尽性是可以通天的，只有达到“诚”的境界，才能真正“致中和”，从而达到“中庸”。因此在儒家学说看来，追求真诚是为人之本，秉持真诚之心地去实践中庸之道就是圣人。

无论是在本体论层面、方法论层面抑或道德伦理层面，中庸之道蕴含的思想方式和价值诉求，皆是以群体本位为基础的。这也决定了其必然把协调人际关系放在首位，将实现社会平衡作为调整个人欲求和行事的依规。基于中庸之道构建的行动准则和价值追求，逐渐形成了中国人平和文弱的文化性格，表现出一种去除锋芒、温柔敦厚的民族性格行为。道家提倡的“不敢为天下先”“不争之德”“以德报怨”“抑制血气方刚”等思想观念的实质在于以德性修行的力量去化解“怨”“恨”“仇”，从而寄望最终实现人际和谐，这也充分体现了中国古典思想圆融无碍的高尚品性。而这种中庸平和的精神渗透到文学艺术之中，便形成了中国艺术特有的中和之美，追求艺术风格上怨而不怒、哀而不伤、乐而不淫的含蓄有致，力求温柔敦厚、婉约曲折而不直露，当然其批判性也相对较弱。

二、尚勇力争

西方的尚勇力争文化精神，最早可追溯至古希腊时期。古希腊独特的地理条件，使海上重重冒险成为古希腊人日常生活的一部分。这种生存环境和生活方式，造就了希腊民族具有像大海一样汹涌澎湃的性格，古希腊人依靠坚强的意志和超群的智慧征服大海，展现出自由奔放、乐于冒险、崇尚智慧和力量的文化特征。

以个体商业活动为经济基础的古希腊文化，始终把“利”与“力”看作健康的价值，它鼓励人们积极地追求现实功利，并在平等的基础上开展竞争，努力获取个人的最大利益和幸福。它强调，要在竞争中成功，就必须击败对手，这既需要有实力做后盾，还应当有敢拼敢争的冒险精神，由此便形成了西方崇力、好斗、尚争的民族性格和文化精神。西方拳击运动、健美比赛等体育赛事比较突出地体现了这种尚勇力争的文化精神，流传至今的现代奥林匹克运动会也是一种表现形式；而文学艺术方面则常常以表现不屈的个人进取精神作为母题。无论是古希腊神话、史诗还是其他艺术，都展现出强烈的进取精神。《荷马史诗》就是早期崇尚力量、展现征服意志的赞歌。《荷马史诗》讲述古希腊“英雄社会”时期的故事，出于当时频繁进行的各种战争的需要，整个希腊社会盛行崇力为中心的风气，高昂的战斗精神、强健的体魄和惊人的智慧就是崇力的完美展示。《伊利亚特》中的阿喀琉斯不愿默默无闻而长寿，把战场上获得荣誉和对自身力量的充分显现看作第一生命。《奥德赛》中俄底修斯凭借自己顽强的毅力和过人的智慧，最终战胜了海上的艰难险阻。荷马史诗所颂扬的就是在战争中涌现出来的英雄，而勇武、智慧与力量被看作是英雄的最高美德。

古罗马帝国文化承接了古希腊文明的血脉，其不断扩张的雄心壮志也进一步强化了古希腊人对以个体为中心的智慧和力量的崇尚。随着文艺复兴所带来的探索个人价值的实现，强调人在自然与社会面前的主观能动性高涨，尚勇力争文化精神得到强化。在达尔文之前，西方现代启蒙思想家霍布斯早已播撒了“争斗崇拜”的思想种子。霍布斯从人性的“自然欲望公理”观念出发，推导出“人对人是狼”的相互敌视关系，并宣称每个人都是“孤独的狼”，处于“一切人反对一切人的战争”① 自然状态之中，霍布斯的人性理论为“争斗崇拜”奠定了哲学基础。此后，经由达尔文的生物进化论，特别是在斯宾塞将“力的持久性”视为社会进步决定因素的“社会进化论”理论学说提出之后②，生存斗争、适者生存的理念风靡整个西方世界。近代以来工业文明的崛起，特别是三次工业革命的完成，进一步推动了尚勇力争精神融入现代生活特质之中。现代工业机器大生产代替传统的手工业生产，不断推动西方商品社会的繁荣发展，除了科学技术的进步之外，其重要途径就是强调提高工作效率，遵循优胜劣汰原则。藉此，西方的尚勇力争精神最终转化为一种谁都无法逃脱的“优胜劣汰、弱肉强食”的“争斗崇拜”，并成为西方当代文化的重要组成部分。

西方的二元对立思维模式是尚勇力争文化的理论基础。二元对立模式将宇宙分成截然不同的两个世界，即天人相分。这种认知方式，使西方人的思维趋向于外在的客观世界，突出了人与自然的对立和抗争，人的生存和发展就是不断去迎接自然的挑战，努力征服和改造自然。在西方人看来，认识活动是一种人对客观自然的冷静、理智的思维活动，身处自然之外的无可消除的认知距离和心理距离，使人与自然宇宙不可能达到一种完全的有机融合。这种思维观念与把握世界的方式，将人和自然万物置于一种不对等的关系中，人在与自然相处中，常常显示出一种能动的支配权。征服自然是求得生存和发展的基础，只有在与自然的艰苦斗争中才能求得生存和发展。天人相分的西方文化培育了西方民族探奇、竞争、冒险和顽强拼搏的精神。为了获得自己想要的东西或地位，西方民族不惜冒一切危险，甚至以生命为代价。为了在激烈的竞争中求得生存和发展，西方民族钟爱

---

① ［英］霍布斯：《利维坦》，黎思复、黎廷弼译，商务印书馆，1985 年，第 109 页。

② ［英］赫伯特·斯宾塞：《斯宾塞教育论著选》，胡毅、王承绪译，人民教育出版社，1997 年，第 39 页。

一个“争”字，甘愿冒险，渴望竞争和奋斗。千百年来，这种竞争、冒险、拼搏的精神植根于西方民族心理，成为西方民族性格之一。需要特别指出的是，这种彼此对立的二元思维并非价值中立，它是有倾向性的，即负载着价值取向的。因为二元之中总有一元被认为是坏的，另一元是好的。如理性与非理性，文明与落后，卑下与高尚，善与恶，美与丑。人们自然要选择自认为是“好”的“那个”，远离“坏”的“那个”，所以最终必然强化争斗意识，形成一种二元排他逻辑。

“争斗崇拜”背后的一大负面效应，即对于道德行为判断不太重视。在这种崇拜中，斗争是一种有他没我、有我没他的拉锯战。这就决定了道德的缺席，决定了人们为达到目的将非道德主义理念渗透在一切活动中。与中国儒家强烈的伦理道德色彩相比，西方文化一系列的英雄行为往往充斥着满足个人情欲、争夺世俗权力或累积私有财产等方面的追求，在追求个人利益的过程中显示出自己的力量、勇气与智慧。满足个人需要和实现自我的价值是第一位的，为了获得自己所追求的目标，他们总是直截了当地表明自己真实的观点，决不含蓄和委婉。西方民族在经济和感情上“独立自主”，不依赖父母家庭，也不依赖朋友，他们完全相信凭借自己的能力即可成就事业。可见，西方对个人力量和价值的展现远远超出了对自身的道德要求。用哲学家罗素的分析就是，“生活就是一种奋斗、一场斗争，在这场斗争中，荣誉属于胜利者”。① 这种视生活为竞赛、为战场的理念，已经成为一种被人们“普遍接受的生活哲学”，这种哲学无疑导致了不惜一切而求赢的非道德思想的广泛蔓延。这种个人主义把“占有”视为人的本质，信奉占有越多越幸福。在“多占有等同于幸福与价值的实现”的基础上，为了赢得个人的尊严和荣誉，为了争夺和维护个人私有财产，以自我需求为善恶曲直的尺度，道德和正义问题自然不在考虑之列。当然，西方文化不仅关注社会群体存在本身和社会运行过程中社会与个人的对立，也承认每个个体之间存在利益的冲突，因此会表现出为保护社会中每个个体权利的实现而创造所谓平等的机会。

求变图新精神是西方“尚争”文化的又一体现。它总是不安于现状，往往不会满足已有的种种成就，而是把专注力投向未来，期冀着事物在流动中日新月异地发展。斯宾诺莎、康德等人对进取、勇敢的理性认识及相

---

① ［英］罗素：《罗素论幸福人生》，杨玉成、崔人元译，世界知识出版社，2007 年，第 20 页。

关论述，实质上反映了新兴资产阶级在其历史上升时期不断开拓进取的客观需要。

西方尚争文化在肯定个人权利、强化个人独立意识的同时，也高扬了个人的奋斗进取精神，这种尚勇力争的精神渗透到文学艺术创造中，便形成了西方特有的人性张扬的艺术特质。西方艺术崇尚刚性之美，倡导英雄主义与悲剧精神，在艺术作品中充溢着率性的铺张、浪漫的激情和深沉、博大的气势。然而在另一层面上，西方的尚争文化容易形成个人至上、排斥他人的弊端。鉴于现代西方尚争文化的诸多缺失和现实危害，当今世界呼唤修正乃至超越这种尚争文化，推崇一种以和者生存为宗旨的尚和文明。西方文化视域中的尚勇力争精神不可避免地反映了西方社会的文化背景和社会条件，因此，在中西方文化的碰撞交融中，不能盲目地仿效西方，最为重要的是辩证地看待并批判性地吸纳，将“尚勇力争”精神用于市场开拓与竞争的思想，这无疑会有利于中国市场经济的深入发展。但与此同时，也要看到西方自由竞争中的“争斗”之品性是与资本社会某些原始“罪恶”捆绑在一起的，在对之借鉴的同时，务必剔除其如影随行的巧取豪夺、见利忘义等负面因素。

无论是中国文化还是西方文化，都有着悠久的历史和深厚的底蕴，探讨中西文化价值系统的差异既需要立足于传统而展开，也要充分考虑当今世界日益呈现出的不同文化间的对话与交流，充分观照不同文化间相互借鉴与融通的趋势。在比较中西文化模式和价值信仰差异的同时，应以一种真正开放的世界性眼光关注不同的文化体系，一方面要客观合理地认清中国文化精神的特色和亮点，另一方面更要正视中国传统文化在当今全球文化流动中的转型与更新。在历经近代以来的洋务运动、五四运动、新文化运动、改革开放等一系列历史境遇后，中国文化精神经历了一个不断革新、修正与调适的过程，经受住了种种磨难和考验。因而，承前启后、继往开来，在当今弘扬中国文化、彰显文化自信的文化强国战略的感召下，要通过“和而不同”的主体精神，积极寻求中西异质文化精粹之间可能存在的相互补充、相互参照乃至相互融通，进而推动中华大家庭共有的精神家园建设，推动人类命运共同体的建构。

参读文献

《中庸》节选

第一章

天命之谓性；率性之谓道；修道之谓教。

道也者，不可须臾离也；可离，非道也。是故君子戒慎乎其所不睹，恐惧乎其所不闻。

莫见乎隐，莫显乎微。故君子慎其独也。

喜、怒、哀、乐之未发，谓之中。发而皆中节，谓之和。中也者，天下之大本也。和也者，天下之达道也。

致中和，天地位焉，万物育焉。

右第三章

子曰："道之不行也，我知之矣，知者过之，愚者不及也。道之不明也，我知之矣，贤者过之，不肖者不及也。人莫不饮食也，鲜能知味也。"

右第五章

子曰："舜其大知也与！舜好问而好察迩言，隐恶而扬善，执其两端，用其中于民，其斯以为舜乎！"

右第十三章

君子素其位而行，不愿乎其外。

素富贵，行乎富贵；素贫贱，行乎贫贱；素夷狄，行乎夷狄；素患难，行乎患难。君子无入而不自得焉。

在上位，不陵下；在下位，不援上；正己而不求于人则无怨。上不怨天，下不尤人。

故君子居易以俟命，小人行险以徼幸。

子曰："射有似乎君子。失诸正鹄，反求诸其身。"

（选自朱熹：《四书章句集注》，中华书局，2016 年）

正蒙·乾称篇第十七（节选）

张 载

乾称父，坤称母；予兹藐焉，乃混然中处。故天地之塞，吾其体，天地之帅，吾其性。民，吾同胞；物，吾与也。大君者，吾父母宗子；其大臣，宗子之家相也。尊高年，所以长其长；慈孤弱，所以幼吾幼。圣，其合德；贤，其秀也。凡天下疲癃残疾、惸独鳏寡，皆吾兄弟之颠连而无告者也。“于时保之”，子之翼也；“乐且不忧”，纯乎孝者也。违曰悖德，害仁曰贼；济恶者不才，其践形，唯肖者也。知化则善述其事，穷神则善继其志。不愧屋漏为无忝；存心养性为匪懈。恶旨酒，崇伯子之顾养；育英才，颖封人之锡类。不弛劳而底豫，舜其功也；无所逃而待烹，申生其恭也。体其受而归全者，参乎！勇于从而顺令者，伯奇也。富贵福泽，将厚吾之生也；贫贱忧戚，庸玉汝于成也。存，吾顺事，没，吾宁也。

（选自张载：《张载集》，中华书局，1978 年）

家庭制度

林语堂

中国以前并没有“家庭制度”这样的社会学名词，我们只知道家庭是“国家的基础”，或者说，是人类社会的基础。这种制度给我们所有的社会生活增添了色彩。这种制度是与个人有关的，正如我们有关政府的观念一样，是带有个人感情色彩的。这种制度给我们的孩子们上的第一课就是人与人之间的社会责任，相互调整的必要，自制、谦恭，明确的义务感，对父母感恩图报和对师长谦逊尊敬。这种制度几乎取代了宗教的地位，给人一种社会生存与家族延续的感觉，从而满足人们永生不灭的愿望。通过对祖先的崇拜，这种制度使得人们永生的愿望看起来是那么切实，那么生动。这种制度培植了家族的荣耀感，就是在西方也很容易就能看到的那种荣耀感。

这种制度甚至还可以涉足于个人非常具体的事务。它从我们手中夺去了缔结婚姻的权利，把这种权利给了我们的父母；它让我们与“媳妇”结婚而不是与妻子结婚；它使我们的老婆生“孙子”而不是生儿子；它还百倍地增加了新娘的义务；它使年轻人感到如果大白天将自己的房门关起来是非礼行为，使英文中的“privacy”（独处、私事、秘密，隐私）这个词在汉语中失去存在的可能性。它像收音机那样迫使我们习惯于喧闹的婚姻、喧闹的葬礼、喧闹的晚饭、喧闹的睡眠。它像收音机那样麻痹了我们的神经，发展了我们温和的脾性，西方人就像一个未婚的姑娘，只要照看好自己就可以了，所以她总可以打扮得整洁一些，而中国人则像大家庭中的媳妇，有数不清的家务在等她去做。于是，这种制度在我们心中从小就培养了一种冷静感，使年轻人循规蹈矩，格守本分。它为我们的孩子们提供了过多的保护。很奇怪，很少有孩子们造反与出逃。在以父母为中心的独裁家庭中，这种制度使年轻人失去了事业心、胆量与独创精神。笔者认为，这是家庭制度在中国人性格形成上最具灾难性的影响，父母的葬礼使文人学士在三年之内不能参加科举考试，这也是内阁成员辞职的一个绝好理由。

家庭伦理甚至涉足我们的旅行与运动。《孝经》（从前的学童都要背诵的）中发展了一种理论，即“身体发肤，受之父母，不敢毁伤”。孔子的门徒曾子临终前说:“启予足，启予手。”即要人们检查他的手足，没有任何损伤，可以完整地交回给自己的祖先，这与宗教感情已相差无几。家庭伦理限制了我们的旅游，孔子说:“父母在，不远游，游必有方。”于是，最佳形式的游历，亦即漫无目的、不期望达到任何特定地点的旅游，从理论上讲是不可能有的。孝子“不爬高，不涉险”。所以，在阿尔卑斯俱乐部里，没有一个孝子。

总之，家庭制度恰好是个人主义的反动。它拉着人后退。正如赛马的职业骑师用缰绳把那向前猛冲的阿拉伯马拉回来一样。如果这是个优秀骑士，他就能帮助这匹马赢得这场比赛。然而，有时骑士并不那么优秀；有时阻止赛马向前奔跑的也不是骑士，而是一辆不中用的货车。如此，中国社会就不需要良种的阿拉伯马了，最好的证明就是我们的确没有良种马。我们把它们谋杀刺死，赶进山林，或送进精神病医院去了。我们需要的只是从容不迫，沉重缓慢地拉车的马。这样的马，我们有许许多多。

社会等级观念，人们也通常这样称呼儒教，是支配着家庭制度的社会哲学。正是这种观念在维持着中国的社会秩序。这也是社会结构与社会控制的原则。它的中心思想是等级，也即“名分”。它给予每一个男人女人以一定的社会地位。与人文主义“凡事备得其所”的理想一致，社会的理想是“凡人各得其所”。“名”即“名称”、“名义”，“分”即“本分”、“义务”。

儒教实际上被称为“名教”。一个名就是一个头衔，给予某人在社会上以特定的地位，并明确了他与别人的关系。没有名，没有一个特定的社会关系，人们就不知道自己的“分”，或者说是在这种关系中自己的责任。所以他就不知道如何控制自己的行为。儒家的观点认为，如果每个人都知道自己的地位，并使自己的行为与自己的地位相称，社会秩序就有了保障。“五伦”中的四项关系都与家庭有关。这五大伦理关系是：君臣关系、父子关系、夫妇关系、兄弟关系和朋友关系。这最后一项的朋友关系，可以说，是和家庭一致的，因为朋友是可以包括在家庭圈子里的人——“家里的朋友”。于是家庭就成了所有道德行为的出发点。

平心而论，孔子从来没有试图让家庭意识取代社会或国家意识，并使之成为一种扩大了的自私自利——这个结果，他老人家并未能预见到，尽管他有那么多实用的智慧。家庭制度的罪恶在韩非子的时代（公元前三世纪末）就已经很明显。我认为，韩非子是当时最伟大的政治思想家。他在著作中所描述的当时的政治状况与现代中国的情形相比较别无二致。比如裙带关系，徇私舞弊，损公肥私，政治家建立豪华的别墅，对犯渎职等罪行的官吏没有任何惩罚，缺乏公民意识，以及普遍缺乏社会意识。这些问题，韩非子早已全部阐明，所以他主张出路在于法治的政府。他自己的结局，却像苏格拉底那样被迫服毒自杀了。

然而，至少在理论上，孔子并没有认为家庭意识应该蜕化为一种扩大了的自私自利，从而把社会的完整丧失殆尽。在其道德系统中，他确实允许一定量的超家庭的仁爱。他认为家庭的道德教育是全社会道德教育的基础，并且认为通过全社会的道德教育，应该出现一个人民生活幸福和谐的社会。只有这样，才能真正理解为什么“忠孝”被放在道德之首，并得到如此特别的强调。甚至中文中代表“文化”或“宗教”的“教”字，也是从“孝”演变而来的。即“孝”字加一表示使役的偏旁“攵”，意思是“使……孝。”《孝经》是这样解释“孝”的：子曰：“君子之教以孝也，非家至而日见之也。教以孝，所以敬天下之为人父者也。教以悌，所以敬天下之为人兄者也，教以臣，所以敬天下之为人君者也。”

孔子还说：爱亲者，不敢恶于人；敬亲者，不敢慢于人。

所以，他就可以对门徒曾子说：夫孝，德之本也，教之所由生也。复坐，吾语女，身体发肤，受之父母，不敢毁伤，孝之始也，立身行道，扬名于后世，以显父母，孝之终也。夫孝，始于事亲，中于事君，终于立身。

所有的道德哲学，在社会上都是基于一种模仿的理论，在教育上则基于一种习惯的理论。社会教育的方法和途径是从小建立正确的思想态度，这自然是从家庭开始的。这一切都没有什么错。唯一的弱点是将政治与道德混为一谈。结果对家庭来说是比较满意的，而对国家来讲则是灾难性的。

家庭制度作为一种社会制度，是前后一贯的，它坚信一个由好兄弟好朋友组成的国家一定是个好国家。然而，在现代人看来，儒学在社会关系中忽略了每个人对自己不相识的人所应有的社会职责，这种忽略的灾难性是严重的。撒马利亚人乐善好施的品德在中国鲜为人知，实际上受到人们冷落。从理论上讲，这种品德已经体现在“互惠主义”中了。孔子说，仁者“己欲达而达人，己欲立而立人”。然而，这种与“他人”的关系并未包括在五种最重要的关系中，没有详细给予说明。家庭与朋友一起组成了一座有围墙的城堡。城内是最大限度的共产主义大协作，相互帮助；对城外的世界则采取一种冷漠无情，一致对抗的态度。结果正如人们所见到的那样，家庭成了有围墙的城堡，城墙之外的任何东西都可以是合法的掠夺物。

（节选自林语堂：《吾国与吾民》，沈益洪译，陕西师范大学出版社，2002 年）

每个人对于自己就是一切

［法］帕斯卡尔

自我是可恨的：而你，米东，你却在掩饰它，你并没有因此而取消它；因而你就永远是可恨的。——不然，因为像我们这样在尽义务为所有的人效劳的时候，我们就不再有借口可以恨我们自己了。——的确如此，假如我们所仇恨于自我的只不过是由此而产生的不愉快的话。然而，如果我仇恨它是因为它是不正义的，是因为它使自己成为一切的中心，那末我就永远都要仇恨它了。

总之，自我有两重性质：就它使自己成为一切的中心而言，它本身就是不义的；就它想奴役别人而言，它对于别人就是不利的，因为每一个自我都是其他一切人的敌人并且都想成为其他一切人的暴君。你可以取消它的不利，却不能取消它的不义；因此你并不能使它对那些恨它不义的人变得可爱，你只能使它对那些在其中不再发现有自己的敌人的不义之人变得可爱。因此你始终是不义的，并且只能讨不义的人的喜欢。

没有一个人不是把自己置于世上其余一切人之上的，没有一个人是不爱自己的财富、自己的幸福以及自己生命的延续，有甚于世上其余一切人的财富、幸福与生命的；这是出于怎样一种颠倒的判断啊！

每个人对于他自己就是一切，因为自己一死，一切对于自己就都死去了。由此而来的是，每个人都相信自己对于所有的人就是一切。所以我们绝不可根据我们自己来判断天性，而是必须根据天性。

这种欲念就形成了三种派别，而哲学家所做的事无非就是追随三种欲念之中的一种罢了。

探求真正的美好——普通人都把美好寄托在幸运上，在身外的财富上，或者至少是在开心上。哲学家已经指出了这一切的虚幻，而把它寄托在自己力所能及的地方。

哲学家——他们相信唯有上帝才配为人爱慕，却又愿望自己为人爱慕；他们并不认识自己的腐化。如果他们觉得自己充满了爱慕的感情，并发现了自己主要的快乐就在其中，并且自认为美好；那也很好。然而假如他们发现自己与之格格不入，假如［他们］没［有］任何别的意图，一心只要树立别人对自己的尊敬；并且他们为了全部完美而做的事就只是虽不强迫别人但却使别人发现自己的幸福就在于爱慕他们；那末我就要说，这种完美是可怕的。什么！他们认识上帝，而并不是一心愿望人们爱上帝，反倒愿望人们停止在他们的面前！他们愿意成为别人自愿的幸福目标！

哲学家——我们充满着种种要把我们投向自身以外的东西。

我们的本能让我们感到，我们的幸福必须求之于自身之外。我们的感情把我们推向身外，即使并没有什么对象来刺激它们。身外的对象其本身就在引诱我们，召唤我们，即使我们并没有想到它们。所以哲学家尽管高谈："返求你自己吧，你将在其中找到自己的美好"；我们却不相信他们，那些相信他们的人乃是最空虚而又最愚蠢的人。

斯多噶派说："返求你们自身之内吧！正是在这里面你们将会找到你们的安宁。"但这并不是真的。

又有人说："走出自身之外吧！向你们的欢乐中去寻求幸福吧。"但这也不是真的。祸害会临头的。

幸福既不在我们的身外，也不在我们的身内；它在上帝之中，既在我们身外，又在我们身内。

假如艾比克泰德确乎是完全看出了道路，他就该向人说：

"你在遵循一条错误的道路"；他指出了还有另一条道路，可是他并没有引到那条道路。那就是愿望上帝之所愿望那条道路；唯有耶稣基督才能引到那条道路：via，veritas。

芝诺本人的罪恶。

作用的原因——艾比克泰德。那些人说："你的头有病"，但这并不是一回事。我们对健康有把握，而对正义却没有；事实上他自己的话纯属毫无意义。”

然而在他说:“它要末是我们的能力所及，要末便不是”的时候，他是相信那是可以证明的。但他却没有察觉到调节内心并不在我们的权力之内，他从基督徒存在的这一事实中所得出的这个结论乃是错误的。

没有别的宗教曾经提出过人要恨自己。因此也就没有别的宗教能够使那些恨自己并在追求一个真正可爱的上帝的人感到喜悦。而正是那些人，即使他们从不曾听说过一个谦卑的上帝的宗教，也会马上拥抱住它的。

觉得我可以并不存在，因为这个我就在于我的思想；因此这些思想着的我可以并不存在，假如我的母亲在我出生以前就被人杀害了的话；因而我就不是一个必然的存在者。我也同样既不是永恒的，也不是无限的；然而我却确实看到了自然界中有着一个必然的、永恒的与无限的存在者。

（选自帕斯卡尔：《思想录》，何兆武译，湖北人民出版社，2007 年）

敬畏生命

［法］史怀泽

善是保存和促进生命，恶是阻碍和毁灭生命。如果我们摆脱自己的偏见，抛弃我们对其他生命的疏远性，与我们周围的生命休戚与共，那么我们就是道德的。只有这样，我们才是真正的人；只有这样，我们才会有一种特殊的、不会失去的、不断发展的和方向明确的德性。

敬畏生命、生命的休戚与共是世界中的大事。自然不懂得敬畏生命。它以最有意义的方式产生着无数生命，又以毫无意义的方式毁灭着它们。包括人类在内的一切生命等级，都对生命有着可怕的无知。他们只有生命意志，但不能体验发生在其他生命中的一切；他们痛苦，但不能共同痛苦。自然抚育的生命意志陷于难以理解的自我分裂之中。生命以其他生命为代价才得以生存下来。自然让生命去干最可怕的残忍事情。自然通过本能引导昆虫，让它们用毒刺在其他昆虫身上扎洞，然后产卵于其中；那些由卵发育而成的昆虫靠毛虫过活，这些毛虫则应被折磨至死。为了杀死可怜的小生命，自然引导蚂蚁成群结队地去攻击它们。看一看蜘蛛吧！自然教给它的手艺多么残酷。

从外部看，自然是美好和壮丽的，但认识它则是可怕的。它的残忍毫无意义！最宝贵的生命成为最低级生命的牺牲品。例如，一个儿童感染了结核病菌。接着这种最低级生物就在儿童的最高贵机体内繁殖起来，结果导致这个儿童的痛苦和夭亡。在非洲，每当我检验昏睡病人的血液时，我总是感到吃惊。为什么这些人的脸痛苦得变了形并不断呻吟：我的头，我的头！为什么他们必须彻夜哭泣并痛苦地死去？这是因为，在显微镜下人们可以看见10‰～40‰毫米的白色细菌；即使它们数量很少，以至于为了找到一个，有时得花上几个小时。

由于生命意志神秘的自我分裂，生命就这样相互争斗，给其他生命带来痛苦或死亡。这一切尽管无罪，却是有过的。自然教导的是这种残忍的利己主义。当然，自然也教导生物，在它需要时给自己的后代以爱和帮助。只是在这短暂的时间内，残忍的利己主义才得以中断。但是，更令人惊讶的是，动物能与自己的后代共同感受，能以直至死亡的自我牺牲精神爱它的后代，但拒绝与非其属类的生命休戚与共。

受制于盲目的利己主义的世界，就像一条漆黑的峡谷，光明仅仅停留在山峰之上。所有生命都必然生存于黑暗之中，只有一种生命能摆脱黑暗，看到光明。这种生命是最高的生命，人。只有人能够认识到敬畏生命，能够认识到休戚与共，能够摆脱其余生物苦陷其中的无知。这一认识是存在发展中的大事。真理和善由此出现于世。光明驱散了黑暗，人们获得了最深刻的生命概念。共同体验的生命，由此在其存在中感受到整个世界的波浪冲击，达到自我意识，结束作为个别的存在，使我们之外的生存涌入我们的生存。

我们生存在世界之中，世界也生存于我们之中。这个认识包含着许多奥秘。为什么自然律和道德律如此冲突？为什么我们的理性不赞同自然中的生命现象，而必然形成与其所见尖锐对立的认识？为什么在它发挥善的概念的地方，它就必须与世界作斗争？为什么我们须经历这种冲突，而没有有朝一日调和它的力量？为什么不是和谐而是分裂？等等。上帝是产生一切的力量。为什么显示在自然中的上帝否定一切我们认为是道德的东西，即自然同时有意义地促进生命和无意义地毁灭生命的力量？如果我们已能深刻地理解生命，敬畏生命，与其他生命休戚与共；那么，我们怎样使作为自然力的上帝，与我们所必然想象的作为道德意志的上帝、爱的上帝统一起来？

我们不能在一种完整的世界观和统一的上帝概念中坚定我们的德性，我们必须始终使德性免受世界观矛盾的损害，这种矛盾像毁灭性的巨浪一样冲击着它。我们必须建造一条大堤，它能保存下来吗？

危及我们休戚与共的能力和意志的是日益强加于人的这种考虑：这无

济于事！你为防止或减缓痛苦、保存生命所做的和能做的一切，和那些发生在世界上和你周围，你又对之无能为力的一切比较起来，是无足轻重的。确实，在许多方面，我们是多么的软弱无力，我们本身也给其他生物带来了多少伤害，而不能停止。想到这一点，真是令人害怕。

你踏上林中小路，阳光透过树梢照进了路面，鸟儿在歌唱，许多昆虫欢乐地嗡嗡叫。但是，你对此无能为力的是：你的路意味着死亡。被你踩着的蚂蚁在那里挣扎，甲虫在艰难地爬行，而蠕虫则蜷缩起来。由于你无意的罪过，美好的生命之歌中也出现了痛苦和死亡的旋律。当你想行善时，你感受到的则是可怕的无能为力，不能如你所愿地帮助生命。接着你就听到诱惑者的声音：你为什么自寻烦恼？这无济于事。不要再这么做，像其他人一样，麻木不仁，无思想、无情感吧。

还有一种诱惑：同情就是痛苦。谁亲身体验了世界的痛苦，他就不可能在人所意愿的意义上是幸福的。在满足和愉快的时刻，他不能无拘无束地享受快乐，因为那里有他共同体验的痛苦。他清楚地记着他所看见的一切。他想到他所遇见的穷人，看见的病人，认识到这些人的命运残酷性，阴影出现在他的快乐的光明之中，并越来越大。在快乐的团体中，他会突然心不在焉。那个诱惑者又会对他说：人不能这样生活。人必须能够无视发生在他周围的事情，不要这么敏感。如果你想理性地生活，就应当有铁石心肠。穿上厚甲，变得像其他人一样没有思想。最后，我们竟然会为我们还懂得伟大的休戚与共而惭愧。当人们开始成为这种理性化的人时，我们彼此隐瞒，并装着好像人们抛弃的都是些蠢东西。

这是对我们的三大诱惑，它不知不觉地毁坏着产生善的前提。提防它们。首先，你对自己说，互助和休戚与共是你的内在必然性。你能做的一切，从应该被做的角度来看，始终只是沧海一粟。但对你来说，这是能赋予你生命以意义的惟一途径。无论你在哪里，你都应尽你所能从事救助活动，即解救由自我分裂的生命意志给世界带来的痛苦；显然，只有自觉的人才会从事这种救助活动。如果你在任何地方减缓了人或其他生物的痛苦和畏惧，那么你能做的即使较少，也是很多。保存生命，这是惟一的幸福。

另一个诱惑，共同体验发生在你周围的不幸，对你来说是痛苦，你应这样认识：同甘与共苦的能力是同时出现的。随着对其他生命痛苦的麻木不仁，你也失去了同享其他生命幸福的能力。尽管我们在世间见到的幸福是如此之少；但是，以我们本身所能行的善，共同体验我们周围的幸福，是生命给予我们的惟一幸福。最后，你根本没有权利这么说：我要这么生存。因为你认为，你比其他生命幸福。你必须如你必然所是地做一个真正自觉的人，与世界共同生存的人，在自身中体验世界的人。你是否因此按流行的看法比较幸福，这是无所谓的。我们内心神秘的声音并不需要幸福的生存——听从它的命令，才是惟一能使人满足的事情。

我这样和你们说，是为了不让你们麻木不仁，保持清醒的头脑！这与你们的灵魂有关。如果这些表达了我内心思想的话语，能使在座的诸位撕碎世上迷惑你们的假象，能使你们不再无思想地生存，不再害怕由于敬畏生命和必然认识到共同体验的重要而失去自己，那么，我就感到满足，而我的行为也将被人赞赏……

（选自阿尔贝特·史怀泽：《敬畏生命》，陈泽环译，上海社会科学院出版社，1992 年）

西绪福斯神话

［法］加　缪

神判处西绪福斯把一块巨石不断地推上山顶，石头因自身的重量又从山顶上滚落下来。他们有某种理由认为最可怕的惩罚莫过于既无用又无望的劳动。

如果相信荷马，西绪福斯是最聪明最谨慎的凡人。然而根据另一种传说，他倾向于强盗的营生。我看不出这当中有什么矛盾。关于使他成为地狱的无用的劳动的原因，看法有分歧。有人首先指责他对神犯了些小过失。他泄露了他们的秘密。埃索波斯的女儿埃癸娜被宙斯劫走。父亲对女儿的失踪感到奇怪，就向西绪福斯诉苦。西绪福斯知道此事，答应告诉他，条件是他向科林斯城堡供水。西绪福斯喜欢水的祝福更胜过上天的霹雳。他于是被罚入地狱。荷马还告诉我们西绪福斯捆住了死神。普路同忍受不了他的王国呈现出一片荒凉寂静的景象。他催促战神把死神从他的胜利者手中解脱出来。

有人还说垂死的西绪福斯不谨慎地想要考验妻子的爱情。他命令她把他的遗体不加埋葬地扔到公共广场的中央。西绪福斯进了地狱。在那里，他对这种如此违背人类之爱的服从感到恼怒，就从普路同那里获准返回地面去惩罚他的妻子。然而，当他又看见了这个世界的面貌，尝到了水和阳光、灼热的石头和大海，就不愿再回到地狱的黑暗中了。召唤、忿怒和警告都无济于事。他又在海湾的曲线、明亮的大海和大地的微笑面前活了许多年。神必须作出决定。墨丘利用强力把他带回地狱，那里为他准备好了一块巨石。

人们已经明白，西绪福斯是荒诞的英雄。这既是由于他的激情，也是由于他的痛苦。他对神的轻蔑，他对死亡的仇恨，他对生命的激情，使他受到了这种无法描述的酷刑：用尽全部心力而一无所成。这是为了热爱这片土地而必须付出的代价。关于地狱里的西绪福斯，人们什么也没告诉我们。神话编出来就是为了让想象力赋予它们活力。对于他的神话，人们只看见一个人全身绷紧竭力推起一块巨石，令其滚动，爬上成百的陡坡；人们看见皱紧的面孔，脸颊抵住石头，一个肩承受着满是粘土的庞然大物，一只脚垫于其下，用两臂撑住，沾满泥土的双手显示出人的稳当。经过漫长的、用没有天空的空间和没有纵深的时间来度量的努力，目的终于达到了。这时，西绪福斯看见巨石一会儿工夫滚到下面的世界中去，他又得再把它推上山顶。他朝平原走下去。

我感兴趣的是返回中、停歇中的西绪福斯。那张如此贴近石头的面孔已经成了石头了！我看见这个人下山，朝着他不知道尽头的痛苦，脚步沉重而均匀。这时刻就像是呼吸，和他的不幸一样肯定会再来，这时刻就是意识的时刻。当他离开山顶、渐渐深入神的隐蔽的住所的时候，他高于他的命运。他比他的巨石更强大。

如果说这神话是悲壮的，那是因为它的主人公是有意识的。如果每一步都有成功的希望支持着他，那他的苦难又将在哪里？今日之工人劳动，一生中每一天都干着同样的活计，这种命运是同样的荒诞。因此它只在工人有了意识那种很少的时候才是悲壮的。西绪福斯，这神的无产者，无能为力而又在反抗，他知道他的悲惨的状况有多么深广：他下山时想的正是这种状况。造成他的痛苦的洞察力同时也完成了他的胜利。没有轻蔑克服不了的命运。

如果在某些日子里下山可以在痛苦中进行，那么它也可以在欢乐中进行。此话并非多余。我还想象西绪福斯回到巨石前，痛苦从此开始。当大地的形象过于强烈地缠住记忆，当幸福的呼唤过于急迫，忧伤就会在人的心中升起：这是巨石的胜利，这是巨石本身，巨大的忧伤沉重得不堪承受。这是我们的客西马尼之夜。然而不可抗拒的真理一经被承认便告完结。这样，俄狄浦斯先就不知不觉地顺从了命运。从他知道的那一刻起，他的悲剧便开始了。然而同时，盲目而绝望的他认识到他同这世界的唯一的联系是一个年轻姑娘的新鲜的手。于是响起一句过分的话：“尽管如此多灾多难，我的高龄和我的灵魂的高贵仍使我认为一切皆善。”像陀思妥耶夫斯基的基里洛夫一样，索福克勒斯的俄狄浦斯就这样提供了荒诞的胜利的方式。古代的智慧和现代的英雄主义会合了。

不试图写一本幸福教科书，是不会发现荒诞的。“啊！什么，路这么窄？”然而只有一个世界。幸福和荒诞是同一块土地的两个儿子。他们是不可分的。说幸福一定产生于荒诞的发现，那是错误的。有时荒诞感也产生于幸福。俄狄浦斯说:“我认为一切皆善。”这句话是神圣的。它回响在人的凶恶而有限的宇宙之中。它告诉人们一切并未被、也不曾被耗尽。它从这世界上逐走一个带着不满足和对无用的痛苦的兴趣进入这世界的神。它使命运成为人的事情，而这件事情应该在人之间解决。

西绪福斯的全部沉默的喜悦就在这里。他的命运出现在面前。他的巨石是他的事情。同样，当荒诞的人静观他的痛苦时，他就使一切偶象钳口不语。在突然归于寂静的宇宙中，大地的成千上万细小的惊叹声就起来了。无意识的、隐秘的呼唤，各种面孔的邀请，都是必要的反面和胜利的代价。没有不带阴影的太阳，应该了解黑夜。荒诞的人说“是”，于是他的努力便没有间断了。如果说有一种个人的命运，却绝没有高级的命运，至少只有一种命运，而他断定它是不可避免的，是可以轻蔑的。至于其他，他自知是他的岁月的主人。在人返回他的生活这一微妙的时刻，返回巨石的西绪福斯静观那一连串没有联系的行动，这些行动变成了他的命运，而这命运是他创造的，在他的记忆的目光下统一起来，很快又由他的死加章盖印。这样，确信一切人事都有人的根源，盲目却渴望看见并且知道黑夜没有尽头，他就永远在行进中。巨石还在滚动。

我让西绪福斯留在山下！人们总是看得见他的重负。西绪福斯教人以否定神祇举起巨石的至高无上的忠诚。他也断定一切皆善。这个从此没有主人的宇宙对他不再是没有结果和虚幻的了。这块石头的每一细粒，这座黑夜笼罩的大山的每一道矿物的光芒，都对他一个人形成了一个世界。登上顶峰的斗争本身足以充实人的心灵。应该设想，西绪福斯神是幸福的。

（选自阿尔贝·加缪：《加缪文集》，郭宏安译，译林出版社，2001 年）

拓展思考

1. 结合“达道”“中和”“隐恶扬善”等论述，谈谈你对中庸之道的理解，以及如何在社会实践中体现出中庸的现实意义？

2. 《正蒙·乾称篇第十七》怎样体现了张载著名的“民胞物与”思想

的？怎样看待这种思想与道家的道法自然观念的异同？

3. 帕斯卡尔曾说“人是一个被废黜的国王”，请结合《每个人对于自己就是一切》这篇文章，谈谈你对帕斯卡尔这句名言的理解。

4. 如何从生命伦理的角度理解“敬畏自然”与“敬畏我们自己”之间的关系？

5. 《西绪福斯神话》的哲学意蕴是什么？如何理解文末“西绪福斯是幸福的”这一论述？

延伸阅读

1. 陈来：《宋明理学》，华东师范大学出版社，2004 年。

2. 冯友兰：《东西文化之分与城乡文化之别》，《三松堂全集》（第四卷），河南人民出版社，1986 年。

3. 何怀宏：《西方公民不服从的传统》，吉林人民出版社，2001 年。

4. 〔宋〕朱熹：《四书章句集注》，中华书局，2016 年。

5. ［法］帕斯卡尔：《思想录》，何兆武译，湖北人民出版社，2007 年。

6. ［美］W. 考夫曼：《存在主义》，陈鼓应，等译，商务印书馆，1987 年。

7. ［英］弗兰西斯・培根：《培根人生论》，何新译，湖南文艺出版社，2012 年。

下编

第七章　学术道德与学术论文

《中华人民共和国高等教育法》规定，“高等教育的任务是培养具有社会责任感、创新精神和实践能力的高级专门人才”，“本科教育应当使学生比较系统地掌握本学科、专业必需的基础理论、基本知识，掌握本专业必要的基本技能、方法和相关知识，具有从事本专业实际工作和研究工作的初步能力”。从当前高校人才培养工作来看，科研和学术工作已不再是研究生的“专利”，一名合格的本科毕业生，除了需要通过所在学校规定的课程考试、修满培养计划要求的学分外，还应当培养和形成一定的科研能力和学术素养，以利于在未来的职场上创造性地开展工作。四到五年大学生涯，本科生不仅要在各个学习环节保质保量地完成课程论文、学年论文、学位论文等硬性任务，还要在科创竞赛、立项结题、评奖评优、推免保研等众多环节提供已经发表的学术论文作为支撑。可以说，在本科生培养过程中，始终贯穿着或显性或隐性的科研能力和学术素养考核。开展基础性的科研和学术工作，培养初步的学术研究能力，需要从学习学术论文写作和培养学术道德开始。

第一节　学术研究与学术道德

开展科研和学术工作，离不开学术道德的规范。“学者生产知识、发明技术、提供解决理论和实际问题的策略，会使人类通过学习和运用这些知识、技术和策略变得更有智慧，会使生产力更先进，会使社会更文明，他们的学术研究活动体现的是一种对民族以及对人类的责任。”[①]学术道德是社会道德和职业道德体现在科研和学术工作中的道德规范、思想素质和行为准则，是大学和学术科研机构的道德底线和生命线，是科研工作者的价值追求和学术良知。这种具有共识性、传承性、约束性的特殊的心理品质，要求学术研究者及其活动“应持有明确、坚定的学术价值观，具有一定的学术责任与学术担当，不受外界非学术势力的干扰，以追求真理、探索世

① 叶继元:《学术规范通论》(第二版)，华东师范大学出版社，2017 年，第 39 页。

界的学术精神抵御各种学术不正之风，形成学术道德自觉”①，对于保障学术研究的健康发展极其重要。

2018年10月24日，《中国青年报》刊发报道，直指南京某知名大学社会学院社会工作与社会政策系教授、博士生导师、“青年长江学者”梁某，涉嫌学术不端，至少有15篇论文存在抄袭或一稿多投等问题。报道进一步指出，梁某此前发表的100余篇论文也应其本人要求，从各大学术期刊上撤下，说明这些文章都有问题。如此违背学术道德的事件被披露之后，学术圈为之哗然。同年12月15日，新华网报道，该校给予梁某党内严重警告处分、行政记过处分，取消其研究生导师资格并调离教学科研岗位，终止“长江学者奖励计划”青年学者聘任合同，同时报请上级有关部门撤销其相关人才计划称号和教师资格。

2018年10月27日，“搜狐·教育”在《学术不端会付出什么样的代价?》中报道了国外学界发生的学术不端事件。2018年10月14日，美国著名生命科学网站STAT曝出大新闻：哈佛大学前知名教授皮耶罗被曝长期学术造假，哈佛医学院及其附属布莱根妇女医院要求从多个医学期刊上撤下其发表的总计31篇关于心脏干细胞的研究论文。由于皮耶罗在申请美国国立卫生研究院（NIH）的基金中也使用了伪造数据，因此被NIH追讨相关款项，并作出1000万美金的处罚。对皮耶罗的处罚可能还有更严厉的后续，因为他的行为意味着所有关于“证实心脏干细胞存在”的论文和引用了这些文献的论文全部作废，无数研究甚至产业可能在一夕之间化为泡影，整个领域数十年之间被引入歧途……

违背学术道德的行为，不仅导致个人学术信誉乃至发展前途的丧失，也严重污染了学术环境，甚至极大阻碍了整个学术领域的进步。

一、自觉恪守学术道德

冯友兰先生在回忆录《三松堂自序》中有言:“为什么研究学术呢？一不是为做官，二不是为发财，为的是求真理，这就叫‘为学术而学术’。”②学术研究须恪守学术道德，方能契合学术的本性，贡献有价值的学术成果。

---

① 郑伟、张茂聪：《高校学术道德生态系统：意蕴、境遇与重构》，《黑龙江高教研究》，2019年第4期。

② 冯友兰：《三松堂全集》（第一卷），河南人民出版社，2001年，第274页。

学术道德包含的思想内涵十分丰富。李金桥认为学术道德包含四个伦理维度，提出“学术良知体现出学者对学术的理想和本能追求，学术品格体现出学者的人格和价值观，学术素养体现出学者的学术底蕴和学术自信，学术诚信体现出学者的自省和自律”①。顾拓宇等认为学术道德具有三个层次的境界，“一是靠外在规范和法律约束的外发型学术道德；二是靠教师的道德良知去自我反省、自我发展和提高的内生型学术道德；三是以终极意义探寻为信仰的超越型学术道德”。②学术道德是内心以“为学术而学术”为自我要求的准则和规范，是在学术研究中自觉做到维护学术诚信，遵循学术规范，尊重学术伦理，强化学术责任，坚守学术精神。

（一）维护学术诚信

学术诚信是学术研究的前提和基础。美国休斯顿大学商学院对学术诚信做了非常简洁直观的描述:“做正确的事，即使在没有人注视你的时候。”学术诚信就是以真诚的学术态度，坚持实事求是；就是以诚实守信、公平尊重、责任担当、严谨扎实的作风，全力保障学术科研成果客观、真实、可靠、有效；就是不弄虚作假，不剽窃抄袭，维护学术活动公信力和良好形象的态度及行动。开展科研和学术工作，应当站稳“知之为知之，不知为不知”的鲜明立场，做到真的就是真的，研究到什么程度就是什么程度，而绝不能把假的装扮成真的，或是把别人的成果“移花接木”成自己的；应维护并保有学术的真诚和自律，耐得住寂寞，经得起诱惑，守得住底线，久久为功、善作善成，以真学问和原创成果不断积累起学术信誉。

（二）遵循学术规范

学术规范意味着尊重和约束并举，是对科学态度、专业精神和严谨学风的坚持，也是对学术研究效度和信度的追求。学术规范就是维护学术自由、独立、平等、民主等风气，推动学术积累、发展、创新的理念、传统或共识，是贯穿学术研究全过程、应予共同遵循的具有普遍约束性的准则、制度和要求的总和。开展科研和学术工作，不仅要遵守《中华人民共和国著作权法》《高等学校预防与处理学术不端行为办法》《科学技术报告、学位论文和学术论文的编写格式（GB 7713—87）》等法律、制度、技术层面的

---

① 李金桥：《学术道德之内涵与外延探析——基于伦理学视角》，《湖南工业大学学报（社会科学版）》，2015 年第 2 期。

② 顾拓宇、钟辰：《外发、内生与超越：学术道德的三重境界》，《教师教育论坛》，2017 年第 11 期。

明文规范，还要遵循如实详实介绍学术经历、客观公允推介本人成果等行为规范，严谨公正评价他人成果、不得干扰本人成果评价等评价规范，民主理性参与学术争鸣、行使正当批评反驳权利等批评规范。

（三）尊重学术伦理

学术伦理是学术研究所承担的道义责任。学术伦理就是学术研究在处理与研究对象、方法、过程、结果等的关系中，考量可能出现的原则、价值、道德、观念、利益、情感等冲突的机制和规则。修改胚胎基因让孩子天然免疫艾滋病，是审慎观察还是编辑基因；研发新药物疗效显著但个别副作用尚未明朗，是继续测试还是投入生产；研究大数据捕获他人隐私及敏感信息，是深入挖掘还是屏蔽回避等，都是现实的学术伦理问题。开展科研和学术工作，应当保持清醒的伦理意识和学术定力，认真检视研究动机是什么，这么做可不可以，以正面积极的价值选择赋予学术研究以深邃的人文性，如对自然的敬畏，对生命的尊重，对人类福祉和人类社会存续发展的关切，在科学与伦理的博弈中把学术研究引向正确的方向。

（四）强化学术责任

学术责任是学术研究的全部落脚点。在经济全球化和“互联网＋”、大数据、云计算等技术蓬勃发展的今天，学术研究的责任早已突破传统视阈，从单纯、有限的责任转向复合、广泛的责任，与社会隔膜和脱节的时代已经一去不复返了。学术责任就是学术研究帮助人类研究、发现、掌握和运用客观世界规律，传承、创造、丰富和引领人类先进文化，积极培养和造就满足各行各业需要的人才，并利用科研和学术成果推动经济社会进步。开展科研和学术工作，既要围绕社会需求做好“象牙塔”的学问，也要拿着“象牙塔”的学问主动对接社会，为政府、企业、学校与科研院所、社会团体、社区公众等提供决策咨询、战略管理、顾问策划、培训指导、产品开发、技术攻关、产学研合作等服务，为社会发展尽责任、做贡献。

（五）坚守学术精神

学术精神是学术研究的灵魂和导向。学术之所以能够传承、创新和不断向前发展，靠的就是前辈学人所坚守的“独立之精神，自由之思想”、“为学术而学术”等学术精神的引领和推动。学术精神就是在学术研究中，尊崇学术、回归学术、精研学术、维护学术的深厚情感和高度自觉，是科学精神和人文精神的和谐统一，是在全身心地投入学术、探寻真理过程中，展现出来的自由独立的学术人格、探索创新的学术追求、严谨求实的学术态度、质疑超越的学术品质、民主包容的学术气度、身体力行的学术意志、报国利民的学术境界和矢志献身的学术情操。开展科研和学术工作，既要仰望星空又要脚踏实地，把科学精神和人文精神更好融合起来，以科学精神让人文精神更可持续，以人文精神让科学精神更有温度。

二、严格遵守学术规范

严守学术道德底线，严厉打击学术不端，是国际社会促进学术繁荣、鼓励科研创新的普遍共识。进入新世纪以来，教育部、科技部、国家自然科学基金委等国家部委先后出台了一系列法规和制度文件来规范学术研究行为。这些规范性文件主要有：2002 年 2 月 27 日，教育部印发《关于加强学术道德建设的若干意见》；2004 年 8 月 16 日，教育部印发《高等学校哲学社会科学研究学术规范（试行）》；2006 年 5 月 10 日，教育部印发《关于树立社会主义荣辱观，进一步加强学术道德建设的意见》；2007 年 1 月 16 日，中国科协发布《科技工作者科学道德规范（试行）》；2009 年 3 月 19 日，教育部印发《关于严肃处理高等学校学术不端行为的通知》；2009 年 8 月 26 日，科技部、教育部等十部委联合下发《关于加强我国科研诚信建设的意见》；2010 年 2 月 9 日，国务院学位委员会印发《关于在学位授予工作中加强学术道德和学术规范建设的意见》；2012 年 11 月 13 日，教育部以 34 号令的形式颁布《学位论文作假行为处理办法》并于 2013 年 1 月 1 日起施行；2015 年 11 月 23 日，中国科协、教育部、科技部等七部门联合印发《发表学术论文“五不准”》；2016 年 6 月 16 日，教育部以 40 号令的形式公布《高等学校预防与处理学术不端行为办法》并于当年 9 月 1 日起施行；2018 年 7 月 4 日，教育部办公厅印发《关于严厉查处高等学校学位论文买卖、代写行为的通知》；2019 年 6 月 11 日，中共中央办公厅、国务院办公厅印发《关于进一步弘扬科学家精神加强作风和学风建设的意见》，等等。

依据这些规章和制度文件，根据学术失范和学术不端行为的性质，行为人将受到警告、通报批评、记过、降职，甚至解聘、辞退、开除等严厉处分，因而值得反复对照学习，始终保持头脑清醒，做到警钟长鸣。

第二节　学术论文认知

学术论文是科研和学术工作最重要、最直观的成果产出方式和呈现载体，是“对某一学科领域中的问题进行探讨、研究，表述科学研究成果的文章”[①]，它“既是对某一学术课题进行实验、理论探索或价值预测得出新的科学研究成果或创新见解和知识的科学记录，也可以是将某种理论应用于实际从而取得新进展的科学总结”[②]，因此是记录、保存、交流、传播科学知识及科学思想的重要形式。

一、学术论文的类型

根据不同的考察视角和标准，诸如学术论文写作的目的、内容、角度、性质，研究领域、对象、方法以及结构、形式等的差异，可以把学术论文作不同类型的划分。

（一）按照学科领域和研究对象划分

按照学科领域和研究对象进行学术论文类型的划分，较为宏观，是最为常见的划分方法。叶继元认为“按照学科领域划分，可将学术论文分为人文社会科学论文和自然科学论文”[③]。周淑敏、周靖也认为按照研究领域、研究对象划分，可以将学术论文分为社会科学论文和自然科学论文。他们认为“如哲学、经济学、军事学、法学、文艺学、语言学、史学等学科都属于社会科学领域”，相关论文就属于“研究并阐述各种社会现象及发展规律”的社会科学论文，而“如数学、物理学、化学、生物学、天文学、气象学、海洋学、地质矿产学等基础学科，以及能源科学、医药学、材料科学等应用技术科学都属于自然科学领域”，那么相关论文就属于“研究自然的物质形态、结构、性质和运动规律”的自然科学论文[④]。在四川大学编著的《学术论文写作概论》中，则进一步将学术论文划分为人文社科类学术论文、自然工程类学术论文和医学科学类学术论文。

1. 人文社科类学术论文。即以人文、社会现象为研究对象的学术论文，其任务是研究并阐述各种人文社会现象及其发展规律，研究领域涉及的范围广，类型复杂交错。根据学科内容的不同，人文社科类学术论文可以划分为哲学学科论文、语言文学学科论文、历史学科论文、艺术学科论文、体育学科论文、经济学科论文、政治学科论文、法学学科论文、管理学科论文、教育学科论文等类型。根据研究方法和行文角度的差异，人文社科

---

① 周淑敏、周靖：《学术论文写作》，清华大学出版社，2018年，第3－4页。
② 刘桂华：《学术论文写作》，经济管理出版社，2015年，第1页。
③ 周淑敏、周靖：《学术论文写作》，清华大学出版社，2018年，第4－5页。
④ 四川大学《学术论文写作概论》编写组：《学术论文写作概论》，四川大学出版社，2015年，第10－11页。

类学术论文还可以划分为论述型论文、评价型论文、考证型论文、证明型论文、介绍型论文、诠释型论文等类型。

2. 自然工程类学术论文。即理工科类学术论文，其研究目的是发现自然现象背后的规律，为人类社会发展作出贡献。该类学术论文又可分为自然科学类学术论文和工程科学类学术论文。自然科学类学术论文侧重于对自然本体进行研究和描述，揭示自然界发生的客观现象及自然现象背后的规律，具有客观性强、计量细、实验数据多等特点。自然科学类学术论文还可以进一步划分为数学学科论文、力学学科论文、物理学科论文、化学学科论文、天文学科论文、地球科学学科论文、生命科学学科论文等类型。工程科学类学术论文侧重于运用科学和技术原理来解决人类社会发展进步中存在的问题，可以进一步划分为土建类论文、水利类论文、电工类论文、电子信息类论文、计算机技术类论文、热能核能类论文、仪器仪表类论文、化工制药类论文等类型。

3. 医学科学类学术论文。医科是对有关医疗、药物、公共卫生等研究领域的学科统称，它以人类自身身体及其所患疾病、所受损伤等为研究对象，以诊断治疗预防生理疾病和提高人体机体健康为目的的学术论文即为此类论文。医学科学类学术论文可以细分为基础医学类论文、预防医学类论文、临床医学类论文、医学技术类论文、口腔医学类论文、中医学类论文、护理学类论文、药学类论文等类型。①

（二）按照内容性质和研究方法划分

叶继元认为，“按论文内容的划分，可将学术论文分为实验报道型学术论文、调查研究型学术论文、思辨争鸣型学术论文”②。四川大学编写的《学术论文写作概论》则根据这个划分标准，细分为理论型学术论文、实验型学术论文、描述型学术论文和设计型学术论文 4 种。

1. 理论型学术论文。该类学术论文的研究对象是比较广泛的自然现象和社会现象，以及这些现象之间的关系，即抽象的理论问题。其基本研究方法主要是理论证明、数学推导和综合考察等。

2. 实验型学术论文。该类学术论文是以实验本身作为研究对象，或者以实验作为主要手段得出研究成果后撰写的学术论文。它的核心内容是设

---

① 叶继元，等：《学术规范通论》（第二版），华东师范大学出版社，2017 年，第 126 页。

② 四川大学《学术论文写作概论》编写组：《学术论文写作概论》，四川大学出版社，2015 年，第 11－12 页。

计实验，进行实验研究，对实验结果的观察和分析，探讨客观事物和现象发生的原因和规律，形成结论或提出作者的见解。

3. 描述型学术论文。该类学术论文以自然和社会存在的客观事物和现象为研究对象，其研究方法是考察、观测和分析，其主要表达方式是描述、说明和比较，目的在于向读者介绍新发现的具有科学价值的客观事物和现象。因此，它的重点在于说明事物和现象是什么，并确认其种属、学科等，以及与类似事物或现象的异同，一般没有复杂的理论推导、逻辑分析。

4. 设计型学术论文。该类学术论文的研究对象是新工程、新产品的设计，主要研究方法是对新的设计方案或实物进行全面论证，从而得出某种结论或引出某些规律。①

除了上述两种常见的划分方法外，还可以按照学术论文的性质将其划分为基础学科学术论文和技术应用学科学术论文，前者是“提出与现有知识不同的新问题，以便于解决现有的知识不能解决的问题”，而后者是“针对具体面临的实际困难，这些困难往往是决策困难”②；或是按照综合分类，划分为研究提出某学科领域中某一学术问题的专题型论文、研究指出他人对某学科领域中某一学术问题的见解存在的不足或错误并开展论辩的论辩型论文、研究归纳前人在某学科领域中某一学术问题已有研究成果并加以介绍或评论的综述型论文以及将论辩型和综述型两种形式有机结合起来的综合型论文③；或是按照功用目的，划分为“报刊及会议论文”和“学位论文”两种类型④等。

此外，按照发表期刊在国际、国内学界的影响，有人还将学术论文划分为特种刊物论文，如在 *SCIENCE* 和 *NATURE* 两本期刊上发表的论文；权威核心刊物论文，指被国际通用的 SCIE、EI、ISTP、SSCI 以及 A&HCI 检索系统所收录的论文（以中国科技信息研究所检索为准），或同一学科在国内具有权威影响的中文核心刊物上发表的论文（不含报道性综述、摘要、消息等）；重要核心刊物论文，指在国外核心期刊上刊登的论文（见《国外科技核心期刊手册》），或在国内同一学科的中文核心期刊中具有重要影响的刊物上发表的论文；一般核心刊物论文，指在《全国中文核心期刊要目总

---

① 王雨磊：《学术论文写作与发表指引》，中国人民大学出版社，2017 年，第 10 页。

② 爱问共享资料 > > 教育资料 > > 其他资料：《论文的分类》，http：//ishare. iask. sina. com. cn/f/34718031. html，2012 年 11 月 18 日。

③ 叶继元，等：《学术规范通论》（第二版），华东师范大学出版社，2017 年，第 126 页。

④ 叶继元，等：《学术规范通论》（第二版），华东师范大学出版社，2017 年，第 126 页。

览》收录刊物上发表的论文，等等①。

二、学术论文的特征

学术论文是对某个学科领域中某一学术问题所作的系统思考、研究和探讨，是表达学术观点、学术见解和科研发现的载体，体现作者的专业水平和学术科研能力，具有明显的区别于其他应用文体的特征。

（一）学术性

学术性是学术论文第一位的属性，是学术论文区别于其他议论文体的根本属性。它要求科研人员以学术论文为载体表达学术创见或发布新的科研成果时，必须注重专业性和系统性。开展科研和学术工作时，应当立足专业的学科领域边界范围，精准聚焦某个具有学术价值的问题，以特定的专业概念或学科理论，系统理性地思考、分析和推理，并使用专业工具和专门的科学语言论证、表述自己的观点，解决理论或实践中的现实问题，而绝非天马行空、面面俱到的泛泛而谈，或杂乱无序的灵感片段和点滴所得。

（二）科学性

科学性是衡量学术论文价值的标准。学术论文的科学性表现在学术论文内容的科学性、学术论文结构和表述的科学性、学术论文结果的可重复性三个方面。②它要求科研人员以辩证唯物主义和历史唯物主义的科学态度和方法对待学术研究，尊重客观实际，把实事求是的精神贯穿始终。开展科研和学术工作，不得掺杂个人好恶偏见，不得主观臆造，提出问题或假设要符合客观实际和发展规律，占有资料要准确充分，梳理分析要认真客观，采取方法要科学合理，开展论证要严谨周密，提出论据要确凿有力，形成结论要严肃审慎，成果的表述文本要清晰规范，这样才能确保论点、论据、论证真实可靠，带有普遍意义，经得起推敲和验证。

（三）创新性

创新性是学术论文的灵魂所在。学术研究工作是人类对新知识、新突破的孜孜探求，要始终把创新创造作为学术研究的生命，“继承原有的、研

① 知乎＞＞研究生：《学术期刊有哪些种类?》，https：//www. zhihu. com/collection/277141810，2017 年 12 月 2 日。

② 四川大学《学术论文写作概论》编写组：《学术论文写作概论》，四川大学出版社，2015 年，第 3 页。

究现代的、探索未知的以及发现那些尚未被人认识的客观规律”①，创新不断、创造不止，坚定地把学术研究向前推进。开展科研和学术工作，可以在某一学科领域中引入新理论，使用新方法，针对陈旧过时的观点，提出新的见解；也可以将前人分散的研究系统化，利用新思维、新资料加以分析论证，得出新结论；还可以经过自己的观察、调查、实验，揭示现象成因、因素关联或变化规律，获得新的发现、发明或创造。

三、学术论文的结构

学术论文的结构体现着学术论文写作过程中必须遵守和贯彻的规范，根据学术研究问题的不同，或以国家标准为依据确定，或以约定俗成的方式处理。学术论文的结构通常由标题、署名、摘要、关键词、正文、注释、参考文献等要素组成。

（一）标题

标题是对科研成果或学术观点的命名，是学术论文内容的高度提炼和准确概括，用以向读者说明本研究的主要问题。标题应采用最精准、最简明、最贴切的词语和词组进行组合，反映学术论文蕴含的主要思想内容及其内在逻辑，避免使用非公认的缩略语、字符、代号等，一般不超过20字。特殊情况可采取加副标题的形式，做补充或引申说明。

（二）署名

署名是学术论文法定著作权人和主要责任人的姓名标注，是权利和义务的统一。学术论文的署名人，应该是在课题的申报和组织、方案的设计和操作、论文的构思和写作等方面做出实质性贡献或主要贡献的个人或团队。两个或两个以上人员共同完成的学术论文，应根据实际贡献大小排序。署名标注在标题下方，通常作者单位和邮编同时用括号括起，标注在署名下方。

（三）摘要

摘要是学术论文主要思想和内容的要点摘录，目的在于帮助编辑或读者通过简洁精练的内容梗概了解全文主要线索、观点、论据、见解等，从而决定是否进一步阅读全文。摘要必须简明扼要，一般学术论文的摘要在200字到300字之间，重要学术论文的摘要不超过1000字。摘要通常标注

① 周淑敏、周靖：《学术论文写作》，清华大学出版社，2018年，第20页。

在作者单位和邮编下方，“摘要”二字通常以方括弧括起，左起顶格引领全段。

（四）关键词

关键词是从学术论文题目、摘要或正文中甄选提取的词语、词组或术语，反映学术论文主题或主旨内容，具有文献索引和检索意义，方便读者准确查询和阅读。学术论文的关键词一般选取 3 个到 8 个，标注在摘要下方，“关键词”三字通常以方括弧括起，各关键词之间用“；”隔开，最后一个关键词后面没有句号。

（五）正文

正文是学术论文的主体，包含引论、本论、结论三个部分。引论又叫绪论、导言，置于正文最前面，用于简介研究现状、目的意义、问题提出、方法手段等。本论占据正文的主要篇幅，是作者对研究内容的全面阐述和论证，集中体现论文的学术价值，是学术论文的核心所在。结论是正文的结语，是对学术研究成果的总结。

（六）注释

注释是指学术论文在写作过程中，对正文中没有具体准确文献来源的字、词、句，或人名、地名、事件名等专有名词，或图表、公式等某一特定内容所作的进一步解释或补充说明。注释不同于参考文献，一般使用带圆圈的阿拉伯数字①②③……在需要注释的内容旁以“上标”的形式标注，同时把解释或补充说明的文字以夹注（随文注）、脚注（页下注）或尾注（篇末注）等形式进行相应标注，便于读者在同一页对照和阅读。

（七）参考文献

参考文献是学术论文在写作时，引用或借鉴的相关专著、论文、报纸、文集、汇编、声像等纸媒或电子文献。主要分为两种情况：一是直接引用，这时应对选取的文献原文加上引号；二是间接引用，即用自己的话转述文献大意，又称“意引”，则不加引号。标注时，一般使用带方括号的阿拉伯数字［1］［2］［3］等在直引或意引的内容旁以“上标”的形式标注，同时在正文结束后，以集中设置“参考文献”栏的形式，用前述的带方括号的阿拉伯数字逐条引导，保证标注明确、对应、规范和完整。

除了上述常见结构要素外，正规学术期刊的论文还包括介于“关键词”和“正文”之间的“中图分类号”“文献标识码”“文章编号”（一般由期刊标注）等结构要素。此外，现在很多学术期刊还会要求作者投稿时，附上作者简介、课题（项目）号，以及标题、署名（单位和邮编）、摘要、关键词的英文翻译，等等。在论文结构要素的标注格式、位置等方面，不同学术期刊往往会有不同的要求，投稿时要根据杂志的要求做出相应的处理。

第三节　学术论文写作

一、学术论文写作的步骤

学术论文写作是将科研和学术成果物化的过程，经过一代代学人的探索和总结，已经形成了较为成熟的规律性认识和实践经验。可以说，学术论文写作既是一个周而复始、循环不已的长期工作，也是一个步步递进、环环相扣的阶段过程。学术论文写作一般包括“进入状态”“确定选题”“梳理资料”“选用方法”“拟制提纲”“潜心写作”和“认真修改”七个步骤。

（一）进入状态

研究状态是在日常学习和研究中，积极主动地去探索和尝试，推动知识的逐步积累、认识的逐步深化、研究的逐步深入，努力实现学习和研究由量变向质变飞跃的精神状态。进入研究状态是一种可能性，“当量变到达临界点，这种可能性就变为现实性”①。因此，开展科研和学术工作首要的是做好充分的思想准备，及时调整心态和心理，既不能急功近利，以造假、剽窃等手段走所谓“捷径”，也不能遇难而退，面对一点困难就打“退堂鼓”。要对学习中发现的规律性线索和反复出现的重点、难点、疑点，有意识地观察留意，有目的地接触了解，做好读书笔记或观察记录，并在请教、学习的基础上，探索尝试一些普通项目或课题，体验自我突破的乐趣，不断从广泛地、分散地摄取知识转变为集中地、专注地围绕特定领域开展研究，发现兴趣和专长所在，进而树立研究志向和行动目标，逐渐进入研究状态。

（二）确定选题

选题就是论证、比较、敲定研究和写作的方向及问题。选题价值关系到学术论文所蕴含成果的学术价值，关系到研究的组织、路径、方法甚至最后的研究成效。一个研究领域，往往视阈宏大、层次叠加，内涵丰富、线索复杂，常常令人无所适从。这就需要树立问题意识，根据自己的研究

---

① 李秀林、王于、李淮春：《辩证唯物主义和历史唯物主义原理》（第五版），中国人民大学出版社，2004 年，第 175 页。

兴趣、能力、条件等，向可能的方向、向具体的问题做进一步对焦和聚焦，直至发现有价值、感兴趣、能够做的学术课题，以及合适的研究角度和切口，这个过程就是选题。选题应当关注相关领域及方向有哪些分歧、争论、误区需要澄清或空白需要填补，已有研究可以嫁接哪些视角创新或方法创新，并注意即将着手的研究具不具备理论价值或实践价值、切口偏大还是偏小、条件是否具备、可行性如何等问题。选题表述应当精练简洁，要用能反映学术论文特定内容的词语做恰当的逻辑组合，字数不宜太长，概念不宜太多，表达不宜太泛。

（三）梳理资料

梳理资料，就是在充分占有资料的基础上，理顺并把握相关研究问题的学术传承和发展脉络。开展科研和学术工作，首先要积极地占有资料，既可以通过亲身参与各类实践活动获得第一手资料，也可以通过请益求教获取别人的经验心得；既可以通过图书馆等检索到大量纸质实体文献资料，也可以借助互联网搜索引擎和常用数据库检索到丰富的数字化资料。其次要整理、核实和鉴别资料，通过去粗存精、去伪存真，把与研究紧密相关的背景和意义、现状和进展、理论和政策、原则和方法等资料留存下来，保证研究资料的完整、实用、准确。再次要认真分析筛选留存的资料，可以通过提取研究问题关键词或将研究问题细化为子课题的方式，对资料做专题化分析，努力把握所研究问题的历史和现实脉络，寻求一个合理的切入角度和突破点。最后，要善于运用资料，既不能刻意堆砌、面面俱到，更不能张冠李戴、似是而非，必须有目的、有判断、有规范地加以利用。

（四）选用方法

研究方法是在科研和学术工作中，发现新现象新问题、提出新理论新观点、揭示事物内在规律、贯穿科学思维的工具和手段。本科生开展初步的科研和学术工作，较为常用的研究方法有文献研究法、调查法等。所谓文献研究法，即围绕研究选题，通过调用和分析文献来获取有关资料，力图全面了解研究选题及相关问题的一种方法。所谓调查法，即综合运用观察法等方法以及谈话、问卷、个案研究、测验等科学方式，有目的、有计划地搜集研究选题和研究对象历史状况或现实状况材料，并在综合、分析、比较、归纳基础上发现规律性认识的方法。调查法中最常用的就是问卷调查法，是以书面提出问题的方式搜集资料的一种研究方法，即调查者就调查项目编制问卷，一般采取随机抽样方式分发给有关人员填写答案，并进行回收、整理、统计和研究。此外，还有比较研究法、实验法、个案研究法、定性分析法、定量分析法，等等。开展学术研究时，应当注意根据研究实际，合理选用一种或多种研究方法，拓展研究视角，让相关研究更完善、更科学、更深入。

（五）拟制提纲

写作提纲反映学术论文整体的体系和结构，体现学术论文的基本论点和主要论据，是“借助文字符号使思路系统化、定型化的过程，是把论文格局形态化的过程”①。在确定研究选题和梳理分析资料过程中，往往会在头脑中自觉不自觉地进行研究的“预演”，然后形成一个模糊的研究轮廓和零散的研究模块。其后，在合理的研究方法和深入的研究分析“催化”下，轮廓会逐渐变得清晰，模块会逐渐形成前后勾连，体系化的一揽子思路呼之欲出。这时就是拟制学术论文写作提纲的重要时机，需要及时整理思路，展开构思，以一级标题、二级标题、三级标题等形式，搭建起一个有层次、有逻辑的体系和架构。拟制写作提纲，是推动抽象研究向具体成果转化的重要前提和基础，是将研究思路和研究逻辑明确化、条理化，理论体系和观点架构完善化、成熟化的过程，有利于宏观把握总体写作任务，进一步规划、细化阶段性写作任务。

（六）潜心写作

学术论文的写作，就是把抽象的研究、分析、推理、论证通过规范的文本转化为具体的成果。要做到有序推进，需要注意以下方面：一是根据写作提纲，宏观把握写作的总体任务量，同时进一步细化、制订各部分的写作计划，明确阶段性任务量，做到心中有数；二是科学设计论证的过程，精心打造串联式、并联式或串联并联复合式“逻辑链”，强化论述过程的学理性和说服力；三是突出创新性，着力揭示研究对象的主要特征和本质属性，运用对规律性的科学把握得出令人信服的结论，而非简单推论或对前人研究的重复；四是合理运用专业的概念、原理、理论，以及专业化的论证、说理方式组织语言表达，注意表达的简明性，避免刻意的重复导致的累赘和冗长，防止有效信息被遮盖和淹没；五是根据研究的实际需要适时、适度进行调整或变更写作计划、补充研究材料、微调提纲体系、修正观点架构、引入新的方法等，不断提高写作质量和研究水准。

---

① 周新年、沈嵘枫、周成军：《学术论文写作流程与写作技巧》，《吉林农业科技学院学报》，2012年第2期。

（七）认真修改

学术论文一定要经过认真修改再定稿，这是科学精神和严谨作风的体现。修改是有“套路”的，不单单是字词标点的调整。第一，要对文本进行认真斟酌。先看论文总体结构是否完整齐全、段落层次是否清晰匀称，再看论文逻辑是否严谨流畅、论证过程是否科学严密，然后再看论文段落论述是否通顺连贯、语句表达是否合理准确。第二，要对文本进行细致查证。对正文中的各类公式、图表、数据等作进一步检查校核，对注释的内容、形式及其与文本注释位置的对应性作进一步梳理核对，对参考文献的作者、年代、出处、原文等信息作进一步查考核实，防止出现一些原则性错误或低级错误。第三，要对文本进行适度润色。在行文上，让陈述部分详略得当并体现简洁平实，让议论部分理性客观并体现透彻深刻；在语言上，让各级标题的提炼更精准并形成完善系统，让专业性的表达更理性并注重前后一致；在形式上，让论文各要素的标注和排版更加规范、统一，让标点、数字等的使用更加合乎学术论文写作的格式标准。

二、学术论文正文的写作

学术论文的正文是学术论文最重要的组成部分，是对学术研究成果进行详细论证阐述的部分。一般包括引论、本论、结论三个基本组成部分。

（一）引论部分的写作

引论部分是学术论文选题的延伸和概述，用于说明研究的范畴、意图和意义，必要时还应介绍研究现状、既有成果等，必须切题。写作引论时，应注意开宗明义、开门见山，行文简洁、突出重点，平实客观、实事求是，根据实际需要适当阐述以下内容：一是研究的理由、目的和背景，二是理论依据、研究基础和研究方法，三是预期成果及其地位、作用、意义等。引论篇幅可按照学术论文总体篇幅和需要概述的内容确定，不宜过长。如詹福瑞的《唐宋时期李白诗歌的经典化》的引论部分：

所谓经典，就是意义持久、价值深远，堪称文学典范的名作。中国文学史，从一定意义上说，就是文学经典史。作为中华民族文化遗产的精华，经典以活性文化的形态，在历代得到传播，并参与到历代文化建设中去，影响一代又一代人。经典之所以成为经典，自有其文本的价值所在。但经典之被确定为经典，则是在传播过程中形成的。正因为如此，一般而言，经典的形成都会有一个历史过程。这个过程就是文学作品在其长远的历史传播过程中，其文学的典范意义和价值逐渐得到发掘凝练、不断受到尊崇，文学史地位不断强化的经典化过程。但是具体情况也有所不同。有些经典名扬当代，后世亦有盛誉；有的则埋没当代，却获得后人的肯定。李白的作品，即属于前者。作为天才诗人，他的经典地位的确立，就在盛唐当代，至迟不过中唐。在宋代，又得到进一步强化。关于李白的诗歌，已有文章论述李白诗歌在唐五代的经典化。本文在此基础之上，扩展到宋代，试图进一步确定李白诗歌成为经典的时间，并阐述李白被经典化的价值取向。①

（二）本论部分的写作

本论部分是学术论文的核心内容，是在围绕选题充分掌握资料的基础上，对资料进行整理、分析、综合，甄选出相关论据，并采用专业原理和方法，经归纳、判断、推理，证明选题与论据之间的逻辑关系，进而证明论点或得出正确观点的决定性部分，占据整个论文的主要篇幅。本论离不开论点、论据和论证三大要素，其论证过程必须符合逻辑思维，因为“学术论文追求科学的逻辑力量，而科学的逻辑力量必须依赖充分的论证来体现”②。阳慧在《学术论文写作的语言特质》中对基于逻辑思维的论证方法做了精要阐释：

基于逻辑思维的论证方法，主要有引证法、分析法、例证法和比较法等。所谓引证法是引已被实践证明的科学原理、定义、定律、尽人皆知的常理，以及经典作家、名人名言等作论据来直接证明论点的论证方法。引证法常用直接证明、诠释证明、归纳推理、演绎推理和引申推理等逻辑思维方式。分析法，是将事物的整体分解为部分，对所包含的事理进行分析，揭示其内在的结构与本质及其逻辑联系，使论点得到证明和深化的论证方法。例证法是以客观事实、实验结果、统计结果、照片图表等作为论据以证明论点的论证方法。例证法属归纳推理的逻辑思维过程，它是由个别（论据）到一般（论点）的逻辑推理过程。比较法就是俗称“货比货”的方法，即运用与论题同类、相似、相近或相对的事物或观点作论据，通过比较说理，以证明论点的论证方法。比较法通常运用的逻辑思维有求异思维、求同思维和推理思维。③

---

① 詹福瑞：《唐宋时期李白诗歌的经典化》，《文学遗产》，2017 年第 5 期。

② 周新年、沈嵘枫、周成军：《学术论文写作流程与写作技巧》，《吉林农业科技学院学报》，2012 年第 2 期。

③ 阳慧：《学术论文写作的语言特质》，《写作学研究》，2013 年第 3 期。

刘桂华等则在《学术论文写作》中从直接论证和间接论证两个角度推介了论证方法：

> 直接论证主要是从正面进行论述。如果用演绎法，可从一般往特殊进行推导，由公认的原理为依据，推出它与论点的内在联系，从普遍性上证明论点的成立。如果用归纳法，可从特殊往一般进行推导，由具体的事实为依据，归纳出它们论点的共同点，从而证明一般性的结论成立。
>
> 间接论证主要从论点的反面或侧面入手，运用反证法、类比法。反证法是通过证明相反的论点不能成立，从而证明了自己的观点成立。类比法是从侧面论述，通过相同或相类似事物某些属性比较后得出结论。其形式有：一是通过同类事物来比较，由已知的相同属性推导出另一属性相同；二是通过设喻来类比，以喻体来形象地证明本体即自己的观点正确。①

这两种观点较有代表性，值得本科生在撰写学术论文时揣摩、学习和借鉴。

根据学术研究课题的不同，学术论文本论的写作可采用不同的结构形式。一般而言，有串联式、并联式、复合式三类。

1. 串联式结构。也叫递进式结构或纵式结构，是指学术论文写作时论点各层次之间以一种层层深入、逐层推进、直线贯穿的纵向呈现方式。该种结构各层次之间的先后顺序不能颠倒，类似"推进结构式"、"串式结构"和"'三段论'结构"。以"三段论"结构为例，不管是"提出问题—分析问题—解决问题"，还是"是什么—为什么—怎么办"，或是"提出假设—开展论证—证实或证伪"，就是此种结构形式。

如白刚的《劳动的张力：从斯密、黑格尔到马克思》的本论部分，就是层层递进、逐步深入，先后顺序不能颠倒的。论文以历史演进和传承为线索，分为三个部分：第一部分是"斯密：'生产性劳动'和'非生产性劳动'"，论述了在古典经济学发展历程中，亚当·斯密"提出了劳动价值论，赋予了劳动以现实性维度"，但他的局限性在于"仅将劳动当作实现资本增殖的手段，故把劳动区分为'生产性劳动'和'非生产性劳动'"；第二部分是"黑格尔：'积极劳动'和'消极劳动'"，指出黑格尔"完全站在国民经济学的立场"继承了亚当·斯密的劳动观，但是他的局限性在于"唯一承认的只是'精神劳动'"，尽管"赋予了劳动以超越性维度"，他的劳动观也"只是对劳动价值论的'观念性模仿'"，"只看到了'劳动的积极方

---

① 刘桂华：《学术论文写作》，经济管理出版社，2015年，第55－56页。

面’而看不到‘劳动的消极方面’”；第三部分是“马克思：‘异化劳动’和‘自由劳动’”，阐述了马克思通过“政治经济学批判”，在现实性与超越性相结合的基础上，揭示和论证了从“异化劳动”到“自由劳动”的“劳动解放”的全面意义，从而建构了取代“资本政治经济学”和“精神现象学”而实现人之自由个性的“劳动政治经济学”。①

2. 并联式结构。也叫平行式结构或横式结构，是指学术论文写作时，根据事物多角度、多侧面、多因素的特点，在本论中将总论点的各个部分置于平行、并列的位置，并分别展开论述，使本论的各个部分呈现出一种齐头并进的格局。

如王兆鹏《宋代〈赤壁赋〉的“多媒体”传播》的本论部分，就是从多个角度平行、并列地开展论述的。论文围绕苏轼的《赤壁赋》最终能广为传播、成为千古名篇的原因，提出了三个主要路径：一是“书法传播”，认为苏轼创作《赤壁赋》后，至少五次亲自书赠友人，以类似今天的“自媒体”传播方式，再经友人、后学等刻石和临摹，如今天的“转发”式的大众传播后，逐渐“让更多的人分享和欣赏”；二是“吟唱传播”，指出苏轼的《赤壁赋》经本人以及文人、儿童等吟诵“爱好者”公开、反复吟诵后，进一步被后人配乐传唱，成为文人雅士宴饮时助兴的“流行歌曲”，并有曲谱传世；三是“绘画传播”，提出北宋和南宋（金）时著名画家以苏轼的《赤壁赋》为主题创作绘画，可考的至少有 11 次，加之每幅绘画还可能有多种摹本行世，经过广泛的观赏品鉴，进一步扩大了影响。三个路径多维传播，特别是才人名士书法、题跋、题诗的累积，“名家之文、名家之画、名家之书，合为一处，堪称三绝”，促成了绘画作品的“文化增值”，形成了文化叠加效应，因此“其传播效果自非单一印刷文本所能比拟”。②

3. 复合式结构。也叫综合式结构或纵横式结构，是指学术论文写作时，为了充分论证中心论点，保证观点的正确性和论证的科学性，需要对以上两种方法进行综合运用，以纵、横复合的形式展开说理和论证。一般表现为两种：一是在各分论点之间的层次安排中采用串联式结构，但在各层次内部采用并联式结构；二是总体上采用各个部分平行的并联式结构，但在各个部分内部采用串联式结构，或再次套用并联式结构。“串—并”“并—串”“并—并”等套用，是学术论文写作中常见的情况。

---

① 白刚：《劳动的张力：从斯密、黑格尔到马克思》，《哲学研究》，2018 年第 7 期。
② 王兆鹏：《宋代〈赤壁赋〉的“多媒体”传播》，《文学遗产》，2017 年第 6 期。

比如梁妍慧《引领社会，服务社会——论党领导社会的内涵与方式》的本论部分，采取的是串联式结构套用并联式结构：第一层次采用“社会领域的独立性凸显”“社会领域的独立性凸显对党提出的挑战”和“构建执政党引领社会、服务社会的科学体系”串联递进，而第二层次又采用了平行结构，如在“社会领域的独立性凸显”中分别指出“‘单位人’变为‘社会人’”“‘两新’组织迅猛发展”“流动人口激增”“网络人群、拆迁人群等特殊人群相继涌现”等并行的现实问题，在“社会领域的独立性凸显对党提出的挑战”中分别强调“创新执政党整合社会的体制与方式”“树立新型的党社关系理念”等并行的关系把握，在“构建执政党引领社会、服务社会的科学体系”中分别提出“构建城乡一体化的公共服务体系”“构建社会组织管理体系”“构建社区建设与社会领导体系”“构建社会领域党建工作体系”等并行的工作对策。①

又如姚介厚《跨文化哲学的四个维度》的本论部分，是从“四个维度”开展多视角平行式论述，但是每个维度下又是层层深入递进的关系，采取的是并联式结构套用串联式结构：一是“历史哲学的维度”，强调一种文明不能自身封闭、孤立生成与发展，不同文明总是在跨文化交往中互相融汇与学习，从而不断丰富与发展；二是“跨文化解释学的维度”，强调跨文化哲学应包含建立一种跨文化的解释学，来说明、确立跨文化交往的一些基本哲学范畴，使不同文明交往运行在合理的轨道上；三是“比较哲学的维度”，强调体现不同文明之文化精神的不同哲学“文本”，以比较者见识为媒介，而完成一种特殊的相互理解与沟通，旨在发现不同哲学与文化传统中内在的差异性和同一性；四是“跨文化交往伦理学的维度”，强调在全球化的语境中，当今世界面对多元文化与多样文明的挑战，应当本着合理的跨文化态度，秉持跨文化交往的基本伦理原则，倡导多样文明的相互理解与交往，努力实现积极的跨文化性，来化解某些局部的文明冲突，促进世界不同文明的共同进步。②

再如翟红芬《习近平党群关系思想特点探析》的本论部分，是以“四性”为大框架的并联架构，同时在每个方面又进行并列式分述，采取的是并联式结构套用并联式结构：在“一、人民性：群众立场、为民情怀”中

---

① 梁妍慧：《引领社会，服务社会——论党领导社会的内涵与方式》，《中共中央党校学报》，2012年第1期。

② 姚介厚：《跨文化哲学的四个维度》，《中国社会科学院研究生院学报》，2011年第4期。

包含以人民群众为利益主体、以人民群众为评判主体、关心群众生活等并列的分论点；在“二、开放性：历史视野、世界眼光”中包含习近平党群关系思想的现实问题意识与历史视野、习近平党群关系思想的世界眼光等并列的分论点；在“三、可操作性：行动指南、具体指导”中包含转变工作作风的行动指南、提升群众工作能力的明确路径、加强联系群众制度建设的方法指导等并列的分论点；在“四、科学性：把握规律、实践检验”中则又包含揭示构建和谐互动党群关系的客观规律、系统总结实践经验、在指导实践中得到检验等并列的分论点。①

（三）结论部分的写作

结论部分是学术论文的成果总结，是在理论或实证分析验证的基础上，经过严密的逻辑推理而得出的具有创造性、指导性、经验性的成果描述。结论部分在写作时，注意突出本研究最终得出的结论和解决的问题，同时根据必要性相应开展讨论，就是从理论上对研究成果的意义进行分析和评论，并与前人有关研究相比较，开展进一步分析，从而使研究拓展和深化。因而，讨论也常常附带指明研究的局限，以及后来者继续研究时需要注意的问题等。结论部分是学术论文的结语，既是整篇论文完结的点睛之笔，也是对该研究未来发展趋势的科学预测。如徐群的《“互联网+”时代高等师范教育改革初探》的结论部分：

综上所述，“互联网+”时代高等师范教育改革及其实施，首先要立足于基础教育对“互联网+”时代教师素养和水平的需求。其中，高期待和多因素，反映出基础教育对“互联网+”时代教师素养和水平的迫切需求；专业性和信息化，是基础教育对“互联网+”时代教师素养和水平的具体要求；整合化和发展性，是“互联网+”时代教师专业发展的资源和环境要求。其次，要明晰“互联网+”时代高等师范教育改革的主要任务，应注重理念创新先导，以学生需求、时代需求、基础教育需求为前提重构课程；进行教育资源的整合和优化，建立开放、多元、互动、共享的教育资源库和网络课程，构建现代师范教育体系。应以理念创新引领“互联网+”时代教育方式等多方面的变革，通过变革，构建符合我国国情和互联网时代要求的、开放与封闭相融合的师范教育体制。要构建以政策制度层面为核心的支持系统，包括政府、教育行政机关、高校

① 翟红芬：《习近平党群关系思想特点探析》，《理论学刊》，2016年第6期。

的政策和制度支持，考核评价机制的支持，高等师范教育体系和教师教育制度的支持等等。①

参读文献

发表学术论文“五不准”

（中国科协、教育部、科技部、卫生计生委、中国科学院、中国工程学院、国家自然科学基金会2015年12月印发）

1. 不准由“第三方”代写论文。科技工作者应自己完成论文撰写，坚决抵制“第三方”提供论文代写服务。

2. 不准由“第三方”代投论文。科技工作者应学习、掌握学术期刊投稿程序，亲自完成提交论文、回应评审意见的全过程，坚决抵制“第三方”提供论文代投服务。

3. 不准由“第三方”对论文内容进行修改。论文作者委托“第三方”进行论文语言润色，应基于作者完成的论文原稿，且仅限于对语言表达方式的完善，坚决抵制以语言润色的名义修改论文的实质内容。

4. 不准提供虚假同行评审人信息。科技工作者在学术期刊发表论文如需推荐同行评审人，应确保所提供的评审人姓名、联系方式等信息真实可靠，坚决抵制同行评审环节的任何弄虚作假行为。

5. 不准违反论文署名规范。所有论文署名作者应事先审阅并同意署名发表论文，并对论文内容负有知情同意的责任；论文起草人必须事先征求署名作者对论文全文的意见并征得其署名同意。论文署名的每一位作者都必须对论文有实质性学术贡献，坚决抵制无实质性学术贡献者在论文上署名。

本“五不准”中所述“第三方”指除作者和期刊以外的任何机构和个人；“论文代写”指论文署名作者未亲自完成论文撰写而由他人代理的行为；“论文代投”指论文署名作者未亲自完成提交论文、回应评审意见等全过程而由他人代理的行为。

---

① 徐群：《“互联网+”时代高等师范教育改革初探》，《江苏高教》，2017年第10期。

拓展思考

围绕“本科生学风建设与学术道德”主题，在班级举办一次小型学术研讨会，在老师的指导下，围绕学术诚信、学术规范、学术伦理、学术责任、学术精神制定“选题指南”，并征集学术论文。

1. 设置分论坛研讨和大会发言环节，分论坛研讨活动同时推选大会发言人，相关环节分别邀请有关老师参与并指导。

2. 论坛结束后，举办学术论文展评活动，并邀请老师组成评审小组，评选优秀学术论文，并作点评和指导。

延伸阅读

1.《教育部办公厅关于严厉查处高等学校学位论文买卖、代写行为的通知》，教育部办公厅印发，2018 年 7 月 4 日。

2.《中共中央办公厅、国务院办公厅关于进一步弘扬科学家精神加强作风和学风建设的意见》，中共中央办公厅、国务院办公厅印发，2019 年 6 月 11 日。

第八章　实证精神与调研报告

实证是人类认识客观世界的重要方法。实证方法最早运用于自然科学研究领域，十九世纪以来逐渐发展成为人文社会科学须臾不能离开的重要研究方法。实证研究注重实证，反对单纯从形而上层面出发的纯理性思辨，强调对事物、问题和现象进行深入考察，强调用事实说话，言必有据。实证研究不是一种具体的研究方法，而是一种方法论群，调查研究就是这一群体的构成要素之一。调查研究或通过细致的观察、周密的调查获取客观真实的一手材料，从个别材料中推究出一般规律；或通过大量实验与持续考证，逐步认识事物的本质，这一过程体现着鲜明的实证精神。

第一节　实证精神与调查研究

一、实证精神

实证精神是科学精神的主要支柱，其思想导源于培根的经验哲学与牛顿—伽利略的自然科学研究。1844 年，法国社会学先驱、实证主义创始人奥古斯特·孔德（Auguste Comte，1798—1857）出版学术论著《论实证精神》，提出了“实证精神”的概念，倡导将自然科学实证研究运用于社会现象研究过程中，主张从经验入手，采用程序化、可操作化的定量分析方法，力图使社会现象的研究达到精细化和准确化水平。实证精神是从事科学研究必须秉持的精神，是追求真理的首要路径。

学术界普遍认为中国传统学术重思辨轻实证，其实不然，中国传统学术充盈着实证精神。从司马迁以来开创的史书编撰传统起，中国传统经学以版本、校勘与目录学为基础的治学方法，以及唐代萌芽至明清发展起来的“实学”，宋代的疑经改经，清代朴学家的考据学等等，无疑都彰显着实事求是的实证精神。学术大师胡适在谈到治学方法时，强调必须“尊重事实，尊重证据”。他认为“在应用上，科学的方法只不过是‘大胆的假设，小心的求证'"①。在《致罗尔纲信》中，胡适又进一步提出"有几分证据，说几分话"。"大胆的假设，小心的求证""有几分证据，说几分话"无疑也是实证精神的具体体现。胡适本人正是科学严谨的治学精神的实践者，作为"新红学"的开创者和奠基人，他撇开一切"先入的成见"，"处处存一个搜求证据的目的"，其《红楼梦考证》正是"大胆的假设，小心的求证"的成果。

实证精神是一种实事求是的客观态度，要求思考问题、开展研究应尽力排除主观和人为因素的干扰，以事实为根据，反映事物的本来面目，以符合逻辑的推理分析问题根源、揭示问题本质和规律。实证精神也是一种科学态度，不但自然科学研究要在实验室、工厂、车间、临床展开实验，反复验证以获取可靠的结论；社会科学研究也要求尊重事实、摒弃主观先验与个人喜好，力求提高推理论证的逻辑性与结论对策的普适性。不盲从盲信，不盲目怀疑反对，不把偶然当必然，不把局部作整体，通过实证了解客观问题和现象、恰当分析成因和走势，提出符合实际的决策，正是实证精神指导下开出的鲜艳之花。

赵宪章曾撰文对实证精神的价值作过阐述，其言：

实证精神始终是学术史永远不变的精魂，即所谓"言之成理"和"持之有据"，就是学理逻辑规范的通俗表达。在现代学术史上，就像人类对于自然界的探索必须通过科学实验进行证实和证伪一样，人文社会科学的现代发展历史同样表明了它也不能没有实证。法国学者孔德之所以被称为现代社会学的创始人，不仅仅在于他首先为"社会学"命名，主要还在于他所倡导的实证主义方法；心理学之所以在19世纪下半叶结束了长期不被学术界承认是一门科学的尴尬，首先归功于德国生理物理学家冯特于1879年建立了世界上第一所心理学实验室；精神分析这一同传统观念完全相左的理论之所以逐渐被人类接受并产生巨大影响，其中很重要的原因在于它有临床实验的背景；现代语言学和人类学在20世纪的迅猛发展，同样和它注重田野调查有着密切的关系……总之，19世纪以来现代人文学术的发展一步也离不开实证。现代学术注重规范既是古代学术实证精神的延续，又是学术现代性的必然要求。②

---

① 胡适：《治学方法》，辽宁人民出版社，2000年，第2页。

② 赵宪章：《学术规范、实证精神与数字时代》，《文艺理论研究》，2003年第5期。

无论自然科学研究还是社会科学研究，都充分认同实证精神的价值，高扬实证研究的大旗，实事求是，努力追求真理。

在信息化社会，人每天要受到来自外部世界无数信息的干扰和刺激，每收到一则信息，大脑就会根据相关信息和线索对其进行初步分析和判断，每一项分析判断的产生最初都是以假设的形式出现的，带着这些假设去调研和求证，或者证明假设是正确的，或者证明假设是错误的，即证实和证伪，其中蕴含的精神其实就是探寻真相、追求真理的实证精神。

二、调查研究

调查研究是认识事物、问题和现象的实证方法，是采用科学的方式方法，深入实际了解事物现状、认识事物本质，探寻事物发展规律的一种社会活动，也是人们认识社会、改造社会的一种科学方法，更是做好工作和事业成功的重要法宝。

马克思和恩格斯十分重视调查研究，《英国工人阶级状况》是恩格斯对英国工人状况和工人运动周密调查研究的成果；《资本论》创作的 40 年，正是马克思对资本主义社会深入调查研究的 40 年。毛泽东也十分重视调查研究，为答复当时党内外对于农民革命斗争的责难，1927 年 1、2 月间，毛泽东深入湖南湘潭、湘乡、衡山、醴陵、长沙等考察了 32 天，运用马克思主义的立场、观点和方法，写成著名的《湖南农民运动考察报告》，提出了解决中国民主革命的中心问题——农民问题的理论和政策。20 世纪 30 年代，毛泽东提出“没有调查，没有发言权”（毛泽东《反对本本主义》）的著名论断，后来又多次指出:“你对某个问题没有调查，就停止你对某个问题的发言权。”“注重调查!”“反对瞎说!”“我们的口号是：一，不做调查没有发言权。二，不做正确的调查同样没有发言权。”（《总政治部关于调查人口和土地状况的通知》）习近平也曾多次指出:“调查研究是做好领导工作的一项基本功，调查研究能力是领导干部素质和能力的一个组成部分。”（习近平 2011 年 11 月 16 日在中央党校秋季学期第二批入学学员开学典礼上的重要讲话）“调查研究是谋事之基、成事之道。没有调查，就没有发言权，更没有决策权。”（习近平 2013 年 7 月 23 日在武汉召开部分省、直辖市负责人座谈会上的讲话）这些精辟的论断和讲话，无不道出了调查研究方法的重要性，也反映出实证精神在开展工作和调查研究中的重要意义。

调查研究工作的展开，必须经历前后相关的几个过程和步骤扎实推进，才可能全面了解问题或现象的实际情况，逐步认识其本质、掌握其规律，才可能进一步提高认识、统一思想、做出决策、推进工作。

（一）确定调查课题

确定调查课题是开展调查研究工作的第一步，也是产生调研报告的前提和基础，解决“围绕什么展开调查”的问题。好的调查课题往往决定了调研报告本身的意义和价值。无论是社会调查还是机关单位的工作调查，一般而言，都应该选择热点、焦点、重点及难点问题（不管是正面的、中性的，还是反面的），选择具有研究价值和现实意义的问题展开调查。具体来说要考虑以下方面：一是社会发展过程中出现的具有根本性、普遍性、新颖性、疑难性或者倾向性的问题。一般社会调查会选择这一系列问题展开，比如“三农”问题、教育改革问题、中国优秀传统文化传承传播问题、网络安全问题等。二是工作中出现的新情况、新问题、新现象。这类调查主要了解和反映单位的基本情况或工作中出现的现象和问题，便于领导和相关工作人员在工作中把握全局动态。三是工作中值得学习的具有典型性的做法。这类调查主要是针对具有一定理论指导意义或实践推广价值的做法展开调研并进行理论总结，以便参考借鉴，更进一步推进工作的开展。四是为起草文件、修订政策、做出决策提供资料。这类问题是为调整决策、贯彻落实决策、了解决策执行情况等进行的。

（二）选定调查对象

调查对象是调查所得材料的来源，解决“向谁调查”的问题。调查对象选择得当，调查所得的信息资料有效性就强；对象选择不得当，往往就难以得到真实可靠的资料，研究也就没有了基础和条件。一般而言，要根据调查课题性质和目的选择有代表性和典型性的对象。如要了解大学生的读书情况，就必须深入大学生中间，以大学生为对象展开调查研究。要了解“三农”问题，必须深入农村向农民了解实际情况。根据调查对象范围大小和涉及人数多少，可以采取普遍调查或抽样调查的方法确定调查对象。限于篇幅的原因，抽样方法可参见社会调查方法或社会研究方法类书籍。

（三）设计调查问卷

调查问卷是载有调查者意向问题的书面材料，它是调查内容的集中体现，解决“调查什么”的问题。调查问卷设计的好坏，关系到能否搜集到与实际情况相吻合的全面可靠的信息资料，也直接关系到调研的成败和调研报告的有效性，因此，必须根据调查目的和调查者意向进行合理设计编排。调查问卷有三类，即开放式调查问卷、封闭式调查问卷和半开放半封闭式调查问卷。开放式问卷也叫非结构型问卷，是让调查对象针对问题自由发表意见和看法，调查者对其回答没有任何限制。封闭式问卷也叫结构型问卷，是要求调查对象在给定答案中选择的问卷。半开放半封闭式问卷也叫半结构型问卷，是给定若干答案要求调查对象选择，如果不符合调查对象的情况，允许其根据自己的情况补充作答的问卷。三种问卷各有优缺点，开放式问卷往往能搜集到意料之外的信息资料，但是结果统计较为复杂繁琐；封闭式问卷结果易于统计，但是搜集到的信息情况局限于答案对应的方面；半开放半封闭式问卷正可以补足前两种问卷的不足。

（四）选择调查方法

调查方法是了解情况、搜集资料、完成调查研究任务的方法，解决“怎样调查”的问题。调查方法的选择可依据调查资料来源和调查对象情况而定。常用的调查方法有访谈法、召开调查会法、现场观察法、实验法、问卷法、文献资料分析法等多种，每种方法都有其优缺点，可以单独使用一种方法，也可以组合使用多种方法。

（五）组织实施调查

组织实施调查是运用科学的调查方法深入调查对象中搜集资料、了解事实情况的过程。此时，需要考虑的主要是选择何种方式才能最大限度地获取必要的信息资料的问题。因此，调查人员一定要端正态度，放下架子，脚踏实地推行调查研究工作；同时也要坚持原则，敢于排除来自各方面的干扰，以便了解事实真相。具体实施过程中，可以选择访谈法、调查会法、实地观察法、实验法、函寄问卷法、电话调查法、网络调查法等多种方法。

（六）分析研究资料

资料的分析研究是调查的深化和发展，是在可靠的一手资料基础上，经过加工整理、筛选核对、验证分析以认识事物和现象的本质及其规律的工作。通过调查所获取的信息往往是杂乱的、表象的，可能并不是完全正确的，也往往不是调查报告都能用得上的。因此，必须对调查得来的各种表格、数据、文字、音像等资料和信息进行加工整理，分析研究，甄别处理，以发现和揭示材料之间的联系和事物的本质，提炼出调研报告的主题和所要反映的结论，对事物和问题的走向进行合理的预测，从而提出解决问题的办法和措施。

第二节　调研报告认知

调研报告是反映调查研究有关情况和成果的书面报告。它是就社会范围内或工作中出现的某个问题、某种现象或者某一情况经过深入细致的调查研究之后写成的一种事务文书。常见的“××调查”“××考察”“××调查记”“××调查记录”“××调查汇报”“××考察报告”等都属于调研报告的范畴。调研报告常常反映问题，批评时弊，总结经验，提出对策，为开展工作、解决问题和领导决策提供依据。

一、调研报告的类型

调研报告的用途非常广泛，它的基本作用是及时、准确地反映客观情况，为领导决策提供依据和参考，为机关单位进行日常管理提供帮助，为人们做好各项工作提供经验教训，为有关部门处理问题提供事实依据。按照不同的标准，调研报告可以分出不同的类型。如根据调研报告内容含量，可将调研报告分为专题性调研报告和综合性调研报告；根据调研报告涉及的问题，可将调研报告分为社会调研报告和市场调研报告等。按写作对象的性质和内容来分，调研报告可以分为如下几类：

（一）情况调研报告。即就社会范围内或机关单位的某一情况展开调查研究而写成的报告。如张旭东、孙宏艳、赵霞《从“90后”到“00后”：中国少年儿童发展状况调查报告》是中国青少年研究中心先后于2005年、2010年和2015年在全国十个省市进行了三次“中国少年儿童发展状况”调查基础上写成的报告，报告通过持续、纵向的对比研究，呈现出“90后”和“00后”的代际对比情况，集中探索了中国少年儿童的成长规律①。

（二）典型经验调研报告。即集中反映工作中的好做法和成功经验而写成的报告。该类调研报告一般包括调查对象基本情况、工作进展状况和规律、采取的办法和措施、收到的成效和结果等方面，供有关方面学习和借鉴。如管弦《国外高职教育卓越发展的典型经验——以美国、德国、瑞士、澳大利亚、新加坡为例》针对近年来我国高职教育加快内涵发展，建设一批世界一流的职业院校和骨干专业的国家职业教育战略，适时介绍了世界范围内5个国家推进高职教育的典型经验，为国内学习借鉴国外高职教育的成功经验，达到国际水平提供了范例②。

---

① 张旭东、孙宏艳、赵霞：《从“90后”到“00后”：中国少年儿童发展状况调查报告》，《中国青年研究》，2017年第2期。

② 管弦：《国外高职教育卓越发展的典型经验——以美国、德国、瑞士、澳大利亚、新加坡为例》，《教育学术月刊》，2015年第8期。

（三）问题调研报告。即就社会范围内普遍存在的问题展开调研而写成的报告，目的在于揭露问题和弊端，分析原因和危害，寻找对策和措施，以引起注意和重视，为解决问题提供线索或依据。这些关系国计民生问题的报告，往往给读者以深刻的印象，有些问题的严重性和影响甚至触目惊心，能引起各相关方面的注意和重视，对推动问题向好的方面转化和发展、促进问题的解决起到积极的作用。近年来，脑血管病在我国跃升为死因首位，且是导致成人长期病残的主要原因，其高发病率、高病残率、高死亡率业已成为全球性公共卫生问题。为揭示我国脑血管病的流行病学现状，在国家科学技术部与国家卫生和计划生育委员会的支持下，北京市神经外科研究所联合中国疾病预防控制中心（CDC）慢性非传染性疾病预防控制中心于2013年9月开始共同对我国60万人群脑血管病流行病学展开了抽样调查，孙海欣、王文志《中国60万人群脑血管病流行病学抽样调查报告》集中反映了此次调查的成果，并对解决问题提出了相应对策，为制定更合理的脑卒中防控策略提供了科学依据①。

二、调研报告的特点

（一）情况问题写实性强

一份高质量的调研报告，必须建立在周详细致的调查和准确合理的分析研究基础上。调查要深入实际，选择符合要求的对象，运用恰当的调查方法展开，如实反映问题和现象、工作情况、进展和做法等，讲清楚“是什么”或“怎么样”。因此，调研报告的内容客观、资料真实，情况和问题写实性强。不论哪种类型的调研报告，涉及的时间、地点、人物，事件的起因、经过、结果，所反映的情况、数字、经验、问题等都必须是真实的，绝不允许道听途说、捕风捉影、主观臆测。因此，撰写调研报告前，要深入实际，对调查对象相关方面进行反复核实、分析汇总、逻辑推理等，这样才能为决策的制定和问题的解决提供可靠的客观依据。

（二）原因分析逻辑性强

无论哪类调研报告，都要在反映现实情况的基础上对情况和问题产生的原因作出分析，并预测未来发展趋势或走向，讲清楚“为什么”或未来“怎么样”。因此，调查研究人员必须在翔实的资料、准确的数据、合理的

---

① 孙海欣、王文志：《中国60万人群脑血管病流行病学抽样调查报告》，《中国现代神经疾病杂志》，2018年第2期。

分析方法等的支持下，对现有情况和问题的原委作出富有逻辑性的分析和阐释，对未来一段时间内的发展趋势作出合理预测和说明。

（三）对策措施针对性强

调研报告是对现实生活和工作中情况、问题和做法等的真实反映，但绝对不是材料的简单堆砌，也不是对调查对象的具体描述，而是要求作者对搜集来的信息资料做周密严谨的分析研究，探明其发展变化的原因，预测其发展变化的趋势，提炼出符合客观实际的观点，进而提出有针对性的解决办法和措施。

第三节　调研报告的写作

调研报告的写作是调查研究的最后一个环节，是调查研究成果的反映和体现、公布和共享，是实现调查研究的意义和价值的中介环节。

一、调研报告写作结构及写作方法

一般而言，一篇完整的调研报告由标题、导语、主体、结尾等部分构成。

（一）标题

标题是调研报告的眼睛，集中、醒目、准确、简明地反映调研报告的主题、观点或结论。一般可根据调查的目的、内容、范围及调查对象等综合拟定，做到文题相符。就其形式看，有单标题和双标题两种。

1. 单标题。这类标题比较常见的有公文式标题和文章（新闻）式标题两种。

（1）公文式标题。即在标题中明确反映调查范围、调查对象、主要问题和文种的标题，前面还要加上介词“关于”，其形式与公文标题“关于+事由+文种”相似。如《关于高职学生规则意识现状的调查报告》《关于“远程送教”教学形式的调查》《关于电视广告与媒体和受众关系的调查》等。这类标题简单明了，易于制作，不足之处是较为平淡，缺乏生动性，问题的实质或报告的结论未能体现。

（2）文章（新闻）式标题。即采用新闻稿或文章拟标题的方式制作调研报告的标题，要尽可能将调查的问题、中心内容或结论简明扼要地揭示出来，以引起读者的阅读兴趣。如《贫困户搬出大山　生活出行不再难》《湖北省农产品加工园区发展调查报告》《2016年中国境外地产投资意向调查报告》《350 例在校大学生心理健康调查报告》《中国城乡困难家庭三类脆弱人群抽样调查报告》等。这类标题一般观点集中，一针见血，往往生动形象而富有文采，写法上比较自由灵活，也能引起读者极大的阅读兴趣。

2. 双标题。采用正标题和副标题相结合的形式，又称为复合式标题。一般而言，正标题采用文章（新闻）式，揭示调查报告的主题；副标题采用公文式，说明调查的范围或对象等，对正标题起补充说明的作用。如《民族旅游村寨语言景观调查研究——基于社会符号学与文化资本理论视角》《新时代人民群众的新期盼——全国 11 个社会群体新需求调查报告》等。这类标题传递的信息量大，正、副两个标题优势互补，相得益彰。

（二）导语

导语即前言、引言或引子，是调查报告正文的开头部分。这一部分是调查报告正文的先导，主要概括介绍调查的时间、地点、背景、目的、对象、范围、方法等，目的是向读者介绍调查的基本情况、交代调查的主要内容等，以便于形成整体印象。

1. 导语的类型

按照所反映问题的内容和方式，导语一般有如下几类：

（1）概述背景式。此类导语概括介绍调查研究开展的背景情况，一般会将调查研究置于时代发展或工作开展的大背景下，便于读者了解调研所涉问题的来龙去脉及其重要性和价值所在。如郗杰英、蒙晓平《新时代人民群众的新期盼》，开篇写道：

> 党的十九大重新定义了新时代社会的主要矛盾。“人民日益增长的美好生活需要”，“不平衡不充分的发展”，这两者之间的差异与距离，是广大人民群众内心深处的焦虑，也是党和政府行动的出发点和落脚点。现阶段，人民群众有哪些物质性和精神性的新诉求？有哪些需要解决的突出问题？这些问题的普遍性和迫切性如何？针对以上问题，国务院参事室社会调查中心于党的十九大之后，完成了《新时代人民群众需求》全国大规模社情民意抽样调查。①

概括交代了调查的背景和目的。

（2）交代目的式。此类导语简明扼要地交代调查研究的目的，以便读者明晓或依循目的了解问题的情况、发展过程及解决思路等。如沈正、盛

---

① 郗杰英、蒙晓平：《新时代人民群众的新期盼》，《中国青年社会科学》，2019 年第 2 期。

伟华《传承与生长：学校特色文化建设的内在密码——吴江区域学校特色文化建设调查报告》：

> 根据教育改革与发展的新形势新要求，苏州市吴江区教育局确定了基础教育改革和发展的方向："在均衡的基础上求特色，在有教的基础上求优教。"区教育局把学校特色文化建设作为教育发展的一个重点，以转型为核心，实践并提炼了"预构于策划、落实于整合、体现于文化、提升于科研"的学校文化建设策略。为了更好地推动学校文化建设，我们进行了此次调查，对区域内的学校特色文化建设进行系统调查、梳理，总结经验，发现问题，力图使吴江区的特色文化建设的推进步伐更为稳健。①

该文开篇先介绍相关背景，然后以"为了"引出调查目的，简明扼要。

（3）介绍调研情况式。此类导语概括介绍调研的过程，调研的时间、地点、对象、范围、方法，调研的主要问题和结论等，以便开宗明义，使读者对此有一总体认识。如江治强等《中国城乡困难家庭三类脆弱人群抽样调查报告》：

> 托底性民生保障政策支持系统建设项目由民政部政策研究中心主持，自 2015 年起，每年对城乡困难家庭进行追踪调查。2018 年度该项目采用计算机辅助面访（CAPI）的调查方式，在全国 29 个省区市 1800 多个村（居）对城乡困难家庭的老年人、儿童青少年和残疾人三类脆弱人群开展抽样调查。本报告基于调查数据，重点分析上述三类困难家庭的基本实事及面临的主要问题。②

集中交代了调查时间、调查方法、调查对象、调查组织者等。

2. 导语的写法

（1）开门见山式。这种方式直截了当引出调查的问题，简洁自然，能吸引读者继续阅读全文。如杜园春《"儿童食品"真的适合儿童吗?》:"现在很多家长在给孩子买食品时，青睐冠以'儿童食品'字样的产品，认为它们更符合孩子的身体发育情况，这类产品往往价格也更高。事实上，对于 3 周岁以上的儿童，我国还没有专门的食品安全标准，很多所谓的'儿童食

① 沈正、盛伟华：《传承与生长：学校特色文化建设的内在密码——吴江区域学校特色文化建设调查报告》，《江苏教育研究》，2016 年第 7 期 A。

② 江治强：《中国城乡困难家庭三类脆弱人群抽样调查报告》，《中国民政》，2018 年第 24 期。

品’，成分也与一般食品并无不同，甚至并不适合儿童食用。”①关系国计民生的问题本身就引人关注，儿童食品安全更是牵动千家万户的事，开门见山有很强的冲击力。

（2）提问设疑式。用设问方式提出与调查课题密切相关的问题，为读者制造了悬念，能抓住读者阅读的兴趣和注意力。如：“网络流行语已经成了年轻人表达情感的主要语言方式之一。有人认为这样的表达更直接、更准确，也有人觉得网络词汇让语言变得简单粗暴。对此你怎么看？”②设问更能抓住读者，引发读者思考。

（3）概括叙述式。用概括叙述的方式，或交代调研的背景，或介绍调研的目的、过程和情况，让读者对调研的重要性、意义及结论等有一总体认识。如王品芝《遇到好笑的事儿，我却只会说“哈哈哈”》开篇：

> 网络环境下，年轻人越来越倾向于使用网络用语表达思想情感。网络用语虽然有时幽默活泼，但也存在缺乏文化内涵的问题。很多习惯于使用网络用语的年轻人，语言越来越贫乏，偶尔说句成语都觉得不习惯。
>
> 近日，中国青年报社社会调查中心联合问卷网（www. wenjuan. com），对2002名受访者进行的一项调查显示，76.5%的受访者感觉自己的语言越来越贫乏了。受访者认为年轻人语言贫乏的表现是基本不会说诗句（61.9%）和不会用复杂的修辞手法（57.6%）。③

话题虽然轻松，但是反映的问题却让人“哈哈”不起来。

（4）画龙点睛式。前言即摆出作者在调查报告中所要阐明的观点。如戴德梁行《2016年中国境外地产投资意向调查报告》开篇：“2016年8月房地产服务商戴德梁行首次面向中国大陆投资者投资意向进行了调查，并于近日发布《2016中国境外地产投资意向调查报告》。调查显示，投资者对‘安全港’的市场情绪正在持续上升。2016年前8个月，美国和澳大利亚的市场情绪分别上升6%和2%，据受访者称，他们越来越喜欢成熟市场中经受住考验的投资目的地。”④此类导语简洁明了，一句话将调研的结果（观点或结论）呈现了出来，吸引读者进一步了解其原委。

---

① 杜园春：《“儿童食品”真的适合儿童吗？》，《中国青年报》，2019年4月4日。

② 王品芝：《九成受访者会使用网络流行语》，《中国青年报》，2019年3月21日。

③ 王品芝：《遇到好笑的事儿，我却只会说“哈哈哈”》，《中国青年报》，2019年3月21日。

④ 戴德梁行：《2016年中国境外地产投资意向调查报告》，《城市住宅》，2016年第11期。

（三）主体

主体是导语部分的自然延续，是调研成果的集中反映。这部分要求对导语提出的问题做进一步阐发和说明，用调查获得的事实及相关数据说明问题及现状，分析问题产生的成因，提出解决问题的建议和对策，是调研报告正文的核心部分。

1. 主体内容三要素

不同类型的调研报告，主体部分所涉及的内容不同。如市场调研查报告，一般包括市场现状、分析预测和建议对策三方面；社会调查一般包括现状及存在问题、原因分析和对策措施三方面。

（1）现状及情况部分。这部分以翔实的资料和准确的数据说明事实情况或者工作的现状，指出存在的问题。根据调查的目的，内容要有所侧重，要运用数据、图表对事实加以比较、分析、概括、综合，得出相应的结论。

（2）原因及结果部分。这部分要在情况和工作现状的基础上，分析现象或问题形成的原因，或者总结经验及教训，提炼出调查研究的结果或结论。写作时要求原因分析要合理，结论要能反映问题和现象的本质。

（3）建议及措施部分。这部分针对现象或问题产生的原因，对症下药，提出解决问题、扭转局面或进一步推进工作的办法和措施。

2. 主体结构三模式

调研报告主体三要素要写得条理分明、重点突出、完整合理，就必须选择恰当的结构形式。一般而言，调研报告主体有三种结构形式，具体使用哪一种结构形式，是由调查对象的内在本质和调研报告内容的侧重不同决定的。

（1）并列式结构。并列式结构也称横式结构，是根据调查报告内容的侧重和调查对象内在的规定性，将调查对象分成几个平行并列的方面进行分析综合，是一种分头综合叙述的结构方式，既可以用于总结经验或揭露问题，又可以用于分析原因或提出对策。如前引管弦《国外高职教育卓越发展的典型经验——以美国、德国、瑞士、澳大利亚、新加坡为例》导语提出问题后，主体部分从 5 个方面展开介绍了国外高职教育发展的典型经验：一是建立和完善高职教育卓越发展的法律支持体系；二是建立和完善保障高职教育卓越发展的经费投入机制；三是构建完善的现代职业教育体系；四是构建政府支持下高职教育多元协同发展机制；五是确立严格的师资准入制度。以上 5 个方面既相互独立，又共同统摄于“国外高职教育卓越发展的典型经验”范畴下。此种结构形式层次清楚，各部分平行展开，使人一目了然。

（2）递进式结构。递进式结构也称纵式结构，是以事物发生、发展的过程为顺序，将调研报告的主体分成几个自然衔接的部分；或者是以事物发展变化的内在逻辑关系为顺序，将调研报告的主体分成几个看似独立而实际相互勾连的部分。无论哪种形式，都能反映出调查对象的发展脉络和逻辑关系，给人系统完整的印象。梁林梅、夏颖越《美国高校在线教育：现状、阻碍、动因与启示——基于斯隆联盟十二年调查报告的分析》，全文由“研究背景”“在线教育发展基本样态”“年度热点事件及影响”“在线教育发展的阻碍因素”“在线教育持续发展的动因”“对慕课未来发展的启示”①六个方面展开，层层推进，呈现出作者思考问题的逻辑顺序，也体现了事物发展变化的内在逻辑顺序。

（3）综合式结构。综合式结构也称纵横式结构，是横式和纵式结构的结合。这种结构形式是调查报告主体的一级分论点采用横式（或纵式）展开，每一分论点下面的二级分论点则采取纵式（或横式）的结构形式展开。这种同一层级分论点之间逻辑关系相同，或横式或纵式的要求是符合事物的内在或本来面目的，如果同一级分论点之间既有横式又有纵式的关系，反而是违背事理和逻辑的。如王文琦《研究生支教团项目调查报告——以贵州省为例》主体部分包括研究“现状综述”“研究设计”“研究结果”“思考与建议”四方面。这四个方面层层递进，前一方面是后一方面的支撑或基础。每一分论点又包括若干平行并列的三级分论点，如“思考与建议”部分作者提出：第一，高校团委建立校研究生支教团官方发布平台，着力把研究生支教团项目做成高校团工作亮点和品牌。第二，严把准入关，延长“出征”前的培训时间至4周以上，适当增加试讲的培训形式，增加环境适应、行为规范等培训内容。第三，重视精神扶贫的力量，关注学生心理健康成长，采取科学有效的扶贫措施。第四，明确对研支团的管理考核机制，搭建派遣高校与受援学校的沟通平台。②以上四个方面平行展开，分别有针对性解决一个方面问题。如此纵横结合，体现了调查报告横向的伸展度和纵向的深入度，反映了调查报告的容量和分量，一般适合内容繁、篇幅大

---

① 梁林梅、夏颖越：《美国高校在线教育：现状、阻碍、动因与启示——基于斯隆联盟十二年调查报告的分析》，《开放教育研究》，2016年第1期。

② 王文琦：《研究生支教团项目调查报告——以贵州省为例》，《华中师范大学研究生学报》，2016年第4期。

的调查报告。

（四）结尾

结尾是调查报告的自然收束，起到呼应导语、重申观点、强调重点、交代未尽事宜等多重作用。不同的调研报告，结尾写法各不相同。或总括全文，深化主题；或展望未来，指出努力方向；或发出号召，激发兴趣，增强信心，不一而足。一般而言，调查报告的结尾要写得概括、精练，要言不烦。如孙海欣、王文志《中国60万人群脑血管病流行病学抽样调查报告》结尾写道："目前，我国居民脑卒中的主要危险因素是高血压、糖尿病、高脂血症、无症状性颈动脉狭窄等，其患病率持续升高，吸烟无明显改善，加之人口老龄化加剧，使脑卒中发病率和患病率仍持续上升。因此，我国亟待制定更加积极有效的防控策略，特别针对农村地区。大力推广适合我国国情和不同人群的干预模式，以降低脑血管病对我国居民健康和社会经济的危害。"①紧凑简洁，既总结全文重申调研的结果，又点明了重点应解决的问题及紧迫性。

也有的调研报告主体写完内容已经表达得十分清楚了，就可自然结尾，如前引关于研究生支教团项目调查报告就属于此种类型，此处不再赘述。

二、调研报告写作要求

（一）要恰当取舍材料

一次调查所得的信息和资料往往会多而杂，一般作为研究的基本素材而存在，真正用于调研报告撰写的信息和资料必须进行筛选。提笔写作时，材料的取舍意识非常重要，一定要根据调研报告内容所涉及的方面和主题表达的需要取舍材料，能说明问题表达思想观点的材料就用，不能对观点和问题的说明形成支撑作用的材料就要果断舍弃，否则调查报告就会变成冗杂繁琐的资料堆积，没有了重点和主题，其质量和所发挥的作用就会大打折扣。

（二）要着力提高客观性

调研报告作为作者精神活动的产物，必然会打上调研者自身的烙印，文本风格和观念认识的个体性甚至主观性往往很难避免。但是作者的主观认识和判断必须符合客观事物和对象实际，观点、结论等必须是客观事物

① 孙海欣、王文志：《中国60万人群脑血管病流行病学抽样调查报告》，《中国现代神经疾病杂志》，2018年第2期。

本身所蕴含，不能受主观偏见和认识局限的影响而使结论和观点失真或出现偏差。否则，调查报告质量和作用就会受到影响，也可能会使决策误入歧途。

（三）要有读者意识

写作是创制文章的精神生产，读者是精神产品的服务对象。好的文章只有满足了读者的需要，才能说服读者接受并最终产生积极的行为和行动，调研报告也不例外。调研报告的写作既要反映和体现作者的思想观点和诉求，同时又要满足不同读者的阅读需要，这样才能实现调研报告的社会价值。因此，作者在构思选材、提炼酝酿、执笔写作过程中，就不能一味站在自己的角度谋篇布局、取舍安排，而应该充分考虑到不同读者的阅读需求。

（四）要简洁明了

调研报告是反映调查研究成果的书面报告，其根本目的在于发现问题、分析问题和解决问题。一份好的调研报告要求材料准确，做到信息不掺假不失真，不主观臆断，不偏听偏信；也要做到重点突出，围绕观点和结论有深度、有厚度；还需要分析有力，不堆积罗列，不拉杂冗长，要简洁明了，把该说的问题说清楚说明白。因此，调研报告写得生动和优美，那是锦上添花的事，但不可有意追求，绝对不允许像文学作品那样虚构、夸张，过度求取辞藻和文采。

例文

从“90后”到“00后”：
——中国少年儿童发展状况调查报告

为全面及时了解当代中国少年儿童的发展状况，同时通过持续、纵向的对比研究探索中国少年儿童的成长规律，中国青少年研究中心先后于2005年、2010年和2015年在全国十个省市进行了三次“中国少年儿童发展状况”调查。本报告重点强调2005年和2015年，即“90后”和“00后”的代际对比——对“90后”和“00后”特征的描述分别以2005年和2015年的调查数据为根据，“95后”以2010年的调查数据为根据。

2015年的调查于2015年5月—11月进行，在北京、广东、上海、山东、辽宁、河南、湖南、四川、云南和陕西10个省42个区县162所中小学

（小学四年级至初中三年级）发放问卷，回收有效问卷9360份，其中男生占47.6%，女生占52.4%；小学生占53.1%，中学生占46.9%；城乡样本各半。

一、“00后”的学习呈现负担重、动机务实、期望理性等特征

1. “00后”学习负担更重，在校时间更长，家庭作业时间超标严重，上课外班时间显著增加

自20世纪90年代以来，我国政府制定了一系列的减负政策，“减负”成为全社会的共识。本次研究主要以学生的在校时间来衡量课堂负担，以家庭作业时间来衡量课业负担，以课外班时间来衡量课外负担。

调查数据显示，“00后”小学生平均在校8.1小时，比“90后”小学生增加了0.6小时；“00后”初中生平均在校11.0小时，比“90后”初中生增加了0.4小时。与“95后”相比，“00后”小学生平均在学校时间延长1.4小时，“00后”初中生平均在校时间延长3.3小时。可见，学生在校时间出现了先降后升的趋势。“95后”在校时间比“90后”大幅度降低，到“00后”又大幅度拉升，呈现“两头高、中间低”的趋势。

2010年，我国出台了《国家中长期教育改革和发展规划纲要（2010—2020年）》，再次吹响了“减负”集结号[1]，这或许是2010年调查数据偏低的重要原因。但是，5年过去了，少年儿童的在校时间不仅没有缩短反而延长。

2013年教育部《小学生减负十条规定（征求意见稿）》建议，小学每日家庭作业量不超过1小时、中学不超过1.5小时[2]。本次调查统计适当放宽，以小学不超过1小时、中学不超过2小时为标准来衡量家庭作业时间的变化。学习日“00后”小学生做家庭作业的时间超出标准0.7个小时，超标人数比例达66.4%；初中生超出1小时，超标比例达78.5%。休息日“00后”小学生做家庭作业的时间超出1.8小时，超标比例达81.1%；初中生超出2.3小时，超标比例达87.1%。与“90后”相比，学习日“00后”小学生做家庭作业的时间延长0.2小时，超标比例增加10.2%；休息日时间延长0.6小时，超标比例增加10.6%。与“90后”相比，学习日“00后”初中生做家庭作业时间延长0.3小时、超标比例增加33.4%；休息日延长0.8小时、超标比例增加29.4%（表1）。

表1　三次调查少年儿童做家庭作业时间状况（小时）

年级	规定标准	2005 年学习日		2010 年学习日		2015 年学习日	
		平均值	超标%	平均值	超标%	平均值	超标%
小学	1 小时以下	1.5	56.2	2.7	59.3	1.7	66.4
初中	2 小时以下	2.2	45.1	3.5	52.9	2.5	78.5
年级	规定标准	2005 年学习日		2010 年学习日		2015 年学习日	
		平均值	超标%	平均值	超标%	平均值	超标%
小学	1 小时以下	2.2	70.5	3.0	65.0	2.8	81.1
初中	2 小时以下	3.0	57.7	3.8	61.7	3.8	87.1

注：初中生国家规定时间是 1.5 小时，但调查统计超标时是以 2 小时为准的。

对“00 后”上课外班的时间进行比较发现，休息日“00 后”上课外班时间为 2.1 小时，是学习日的 2.6 倍多；不论是学习日还是休息日，2005 年、2010 年和 2015 年少年儿童上课外班的时间逐步增加，而且休息日的增幅超过学习日；“00 后”与“90 后”上课外班时间存在显著的代际差异，学习日“00 后”上课外班时间为 0.8 小时，是“90 后”的 2 倍，休息日上课外班的时间则是“90 后”的 3 倍。这表明，和“90 后”相比，“00 后”的课外负担有显著增加。

伴随学习负担的加重，少年儿童的睡眠时间被挤压，睡眠不足的情况愈加严重。学习日，“00 后”睡眠时间不足 9 小时的高达 57.0%，较“90 后”增加了 6.2%；休息日也有 34.5% 睡眠不足 9 小时，比“90 后”多 1.7%。

由此可见，“00 后”的学习负担没有减轻反而更加沉重，在校时间更长，家庭作业时间超标更严重，上课外班时间显著增加，睡眠不足情况愈加严重。和“95 后”比，“00 后”做家庭作业时间缩短，但上课外班的时间一直呈增长趋势。这说明少年儿童的学习负担出现了从课业负担向课外负担转移的特点。学校虽然减轻了学生的作业负担，但是家庭又在课外为少年儿童增加了新的负担。

2. “00 后”学习动机更加务实，为了造福社会而学习的比例下降显著

表 2 显示，54.3% 的“00 后”学习的主要动机是将来有好工作、适应社会竞争、实现自己的理想。这些目的可归为自我提高的内驱力，即学习是为了赢得一定的社会地位，和“90 后”相比，这类学习动机逐渐上升，

共增长3.3%。

表2 三次调查少年儿童学习动机状况（%）

		2005年	2010年	2015年
附属的内驱力（外部动机）	让父母满意	11.8	11.5	11.6
	怕老师批评惩罚	1.5	1.4	2.0
	担心同学看不起	1.9	1.1	1.9
	合计	15.2	14.0	15.5
自我提高的内驱力（外部动机）	将来有个好工作	16.8	17.5	18.7
	实现自己的理想	21.0	22.4	21.9
	适应将来的社会竞争	12.8	13.4	12.3
	不知道为什么学习	0.1	0.1	0.7
	其他	0.3	0.3	0.7
	合计	51.0	53.7	54.3
认知的内驱力（内部动机）	将来造福社会	17.3	16.4	13.2
	喜欢读书	6.9	7.0	6.6
	使自己更聪明	9.7	8.8	9.4
	合计	33.9	32.2	29.2

另一个变化显著的趋势是学生认知的内驱力在下降。认知驱力是一种内部动机，它是学习动机组成部分中最重要、最稳定的部分。“00后”学习动机是将来造福社会、喜欢读书、使自己更聪明的比例共计29.2%，和“90后”相比呈现下降趋势，共下降4.7%。

此外，还有15.5%的“00后”学习主要是为了让父母满意、不想被老师惩罚或让同学看得起，这类学习动机可以归为附属的内驱力，和“90后”相比，略有上升。

在这三类学习动机中，只有认知的内驱力呈现下降趋势且降幅增大。可见，“00后”的学习动机趋于务实。

3.“00后”的学历期望以研究生为主，对博士学历的期待呈现下降趋势

“00后”对学历的主要期待是博士研究生（39.7%），其次是硕士研究生（21.8%），第三位是本科（20.1%）。10年间，少年儿童对学历期待的

主要顺序并未发生改变，仍然首选博士，其次是硕士、本科。但是，和“90后”相比，“00后”对博士学历的期待呈现下降趋势，大幅度减少16.3%；对硕士和本科的学历期待分别上升2.8%和9.7%。父母对孩子的学历期待也呈现同样的趋势，对博士学历的期待（41.3%）下降了12.6%，对硕士（20.8%）和本科（22.2%）的期待上升了4.2%和8.4%。

可见，“00后”及其父母对学历的期待逐渐回归理性，对高学历的追求不再如“90后”及其父母那么热衷。

4. 建议：继续落实《国家中长期教育改革和发展规划纲要（2010—2020年）》，破解教育的热点和难点问题

少年儿童的学习与受教育状况是综合性的社会问题，彻底解决这一问题的根本是推进义务教育均衡发展，全面实施素质教育。从制度上建立和完善教育均衡保障体系，推动教育均衡向高质量高水平发展，是促进义务教育均衡发展的重要政策选择[3]。家长和教师要改变育人理念，重视少年儿童的思想品德素质、能力发展、个性发展、身心健康等一系列因素。改变评价机制，不能把分数作为衡量少年儿童、衡量家庭教育和学校教育的唯一标尺。此外，还要建立学生课业负担监测和公告制度等配套制度或措施促进“减负”科学进行，以此保障教育质量，促进学生健康成长。

二、“00后”的价值观呈现多元化、层次化、复杂化的特点

1. 亲情友情需要呈现增长趋势，社会价值呈现下降趋势

对幸福观进行比较发现，对温暖的家的渴求、对友情的需要是少年儿童10年来不变的选择，“有温暖的家”始终排在幸福要素的第一位，并呈现增长趋势，“00后”（59.4%）比“90后”增长4.2%；“有知心朋友”始终位居第二位，“00后”（46.9%）比“90后”增长7.0%。此外，“健康”“快乐”“自由自在”“受到尊重”均有所增长（表3）。

表3　三次调查少年儿童的幸福观（最多选2项，%）

	2005年	2010年	2015年
有温暖的家	55.2	59.4	59.4
有知心朋友	39.9	44.2	46.9
为社会做贡献	28.7	24.5	14.6
健康	17.1	18.5	19.0
快乐	13.7	16.8	15.6

续表

	2005 年	2010 年	2015 年
事业成功	13.0	8.4	6.4
自由自在	8.2	7.3	10.7
受到尊重	8.1	8.7	10.6
有钱	2.4	1.2	2.4
有权有势	1.4	0.8	1.9
享受	0.8	0.6	1.0

可见，亲情、友情在少年儿童心目中越来越重要，尤其是友情的分量呈明显上升趋势，彰显了现代社会人际支持、朋友交往的重要意义。但是，“为社会做贡献”的价值取向呈现明显的下降趋势，“00 后”（14.6%）比“90 后”下降了 14.1%，而且这一选项在排序上也有下降，“90 后”将其排在第三位，仅次于“有温暖的家”和“有知心朋友”；“00 后”则将其降为第五位，更落在“健康”“快乐”之后。此外，把“事业成功”看作人生幸福要素的比例也有所下降，“00 后”（6.4%）比“90 后”下降了 6.6%，而且在排序上也降到“自由自在”“受到尊重”之后。可见，“00 后”更注重个人的成长与感受，更看重个体的幸福，对社会价值的追求逐渐下降。

2. 谦虚品质更被看重，对孝敬品质的认可呈现下降趋势

10 年来，少年儿童的道德价值取向没有太大变化，“善良”“诚实”“勇敢”“守信”一直是受推崇的重要品质，排序均在前五位。不同的是，“90 后”更认同“孝敬”，将其列为第五位，而“00 后”将其降为第六位，这或许表明在“00 后”心目中，长辈的权威地位在下降；相反，“谦虚”从第六位跃升为第三位（表 4）。这可能是因为“00 后”生活在迅猛发展的新时代，他们更认识到当代社会是必须与人合作、共图发展的时代，因此，客观评价自我与他人、不骄傲自大或自以为是才能更好地适应当代社会的发展。

表 4 三次调查少年儿童认为重要的品质（最多选 5 项，%）

排序	2005 年	2010 年	2015 年
1	善良 76.7	善良 78.5	善良 74.4
2	诚实 53.5	诚实 54.5	诚实 49.2

续表

排序	2005 年	2010 年	2015 年
3	勇敢 40.9	孝敬 37.0	谦虚 36.5
4	守信 36.9	勇敢 36.7	守信 36.4
5	孝敬 34.5	守信 35.2	勇敢 35.7

此外，和“90 后”相比，“00 后”对“勤劳”（19.7%）、“节约”（8.0%）、“宽容”（16.3%）、“正直”（15.1%）的认可度均呈现下降趋势，分别下降 6.1%、6.0%、9.1% 和 10.3%；而对“责任感”（26.7%）、“公正”（9.2%）、“合作”（4.8%）的认可则呈现上升趋势，分别上升了 5.7%、1.5% 和 1.6%。可见，相对于一些传统道德品质，“00 后”更推崇新时代需要的道德品质。

3. 社会价值与个人价值并重

“00 后”选择“对国家、人民有益的事我会像对自己的事那样去做好”的比例（85.0%），比“90 后”高 2.3%。但是，对于“我会为班级或学校的荣誉放弃个人愿望”这一观点，“00 后”的认同度（44.2%）比“90 后”低 4.5%（表 5）。这说明，“00 后”既认同主流价值观，又具有强烈的自我意识，希望获得社会与个人的统一、社会价值与自我价值的统一。

表 5　三次调查少年儿童的群己观（%）

	态度	2005 年	2010 年	2015 年
我会为班级或学校的荣誉放弃个人愿望	很不符合	19.6	18.0	22.4
	不太符合	31.7	32.8	33.4
	比较符合	27.5	29.9	28.0
	非常符合	21.2	19.2	16.2
对国家、人民有益的事我会像对自己的事那样去做好	很不符合	6.3	4.3	4.4
	不太符合	11.0	7.7	10.6
	比较符合	29.4	29.8	35.3
	非常符合	53.3	58.2	49.7

4. 建议：从少年儿童的生活实际出发，培养积极向上的价值观；全社会大力加强社会主义价值观教育，为少年儿童建造价值观教育的共同体

价值观的形成受到多方面因素的影响，对少年儿童的价值观教育也要

从多方面着手。家庭、学校、社会均义不容辞，全社会要协力加强社会主义价值观教育，为少年儿童建造价值观教育的共同体。第一，家长要把价值观教育作为家庭教育的核心内容，为孩子树立良好家风，更多关注孩子的品德养成与价值取向。第二，学校和社会要多为少年儿童搭建实践平台，使价值观教育从书本走向现实，从课堂走向生活。第三，要尊重少年儿童的主体地位及其成长特点，维护少年儿童的权利，从少年儿童的生活实际出发，培养他们积极向上的价值观。此外，要创新网络时代的价值观教育形式，用少年儿童喜闻乐见的方式开展社会主义核心价值观教育。

三、"00后"青睐数码消费，消费理念多元，存款意识增加，公益慈善意识下降

1. "00后"比"90后"手头更有钱

手头的零花钱、压岁钱和个人名义的存款均体现了少年儿童的消费基础和富裕程度。

对少年儿童随身携带的零花钱进行调查发现，和"90后"相比，"00后"拥有零花钱的比例更高，零花钱数额也更大。表6显示，没有零花钱的比例，"00后"（28.1%）比"90后"下降6.0%；仅有1~4.99元零花钱的，"00后"（17.6%）比"90后"下降22.2%，而10元以上各档的比例呈现明显上升趋势，差距最大的是10~19.99元，共上升9.1%。可见，"00后"不仅"有钱人"多，而且能支配的零花钱数额更大。

表6　三次调查少年儿童随身携带的零花钱（%）

	2005年	2010年	2015年
没有	34.1	35.6	28.1
1~4.99元	39.8	27.1	17.6
5~9.99元	11.7	16.5	16.3
10~19.99元	8.8	13.0	17.9
20~29.99元	3.2	4.4	8.9
30~39.99元	0.9	1.0	2.7
40~49.99元	0.5	0.5	1.1
50元~99.99元	0.6	1.2	4.0
100元以上	0.4	0.9	3.5

对压岁钱进行调查发现，绝大多数"00后"有压岁钱（97.4%）。其

中，金额在1000～1999元的占26.2%，2000～4999元的占23.1%，还有10.4%的压岁钱在5000元以上，三者合计，约六成“00后”（59.7%）压岁钱在1000元以上，比“90后”上升了47.2%。

对存款进行调查发现，三成（30.5%）“00后”没有个人名义的存款，比“90后”下降22.3%。24.3%的“00后”存款在1000元以下，9.7%在1000～1999元，12.1%在2000～4999元，23.4%在5000元以上。

综上可见，“00后”比“90后”更富裕，个人财富呈现飞跃性增长的趋势。

2. “00后”的消费水平远超“90后”

零花钱支出、生活用品购买和数码产品使用体现少年儿童的消费水平。

对每周花费的零花钱调查显示，每周支出10元以下的比例，“00后”为40.4%，比“90后”降低25.5%；而每周消费10元以上的各档比例，基本呈上升趋势，尤其是100元及以上的比例，“00后”（11.2%）比“90后”高9.4%（表7）。

表7　三次调查少年儿童每周花费的零花钱比较（%）

	2005年	2010年	2015年
没有	8.1	8.5	8.7
1～4.99元	33.3	15.5	17.1
5～9.99元	24.5	20.6	14.6
10～19.99元	17.7	22.9	22.3
20～29.99元	7.0	12.8	13.7
30～39.99元	3.4	6.7	6.9
40～49.99元	1.3	2.0	2.2
50～99.99元	3.0	6.7	11.9
100元及以上	1.8	4.3	11.2

在生活用品购买上主要以常穿的鞋子为例。“00后”购买的鞋子多在100元以上，比例为85.1%，比“90后”上升了59.1%；“90后”购买的鞋子多在100元以下，比例为74.0%。

在数码产品使用方面，仅一成（11.3%）“00后”没有各类电子产品，比“90后”下降14.6%。10年间增长最快的是手机拥有率，“00后”（64.6%）比“90后”增长了56.6%。个人电脑拥有率增长也较快，“00

后”（29.1%）比“90后”增长了19.4%。

可见，“00后”的消费水平突飞猛进，而且作为网络时代的原住民，在手机、电脑的使用方面风头正劲。

3. “00后”存款意识一路飙升，公益慈善意识明显下降

数据显示，“00后”的存款意识较强，51.5%把自己掌握的钱存起来，比例呈现一路飙升趋势，共比“90后”上升34.9%，其次是零食消费上涨2.0%。其他方面的消费则绝大多数呈现下降趋势，例如，“00后”用自己掌握的钱给朋友买礼物的（11.6%）比“90后”下降8.0%，买学习用品的（70.6%）下降13.2%，用于捐助的（9.7%）下降最多，下降了21.7%（表8）。

表8　三次调查少年儿童自己掌握的钱的主要去向（最多选3项，%）

	2005年	2010年	2015年
买文具/课外书	83.8	86.3	70.6
存起来	16.6	21.1	51.5
买零食	35.8	42.5	37.8
给长辈买东西	23.7	34.4	20.4
买娱乐体育用品	16.3	22.9	12.9
给朋友买礼物	19.6	16.9	11.6
买衣服鞋等	13.3	20.1	10.6
捐助	31.4	40.7	9.7

可见，“00后”存款意识增加，捐助意识下降明显。这或许说明“00后”自我意识更强，更崇尚个人与家庭幸福。

4. 建议：转变观念，把理财教育作为生活教育的重要部分，发挥少年儿童的主体地位，让孩子多参与家庭经济规划

理财教育对少年儿童一生的成长、幸福都有重要意义。家庭、学校、社会、媒介等等，都在影响着少年儿童的消费观念及行为习惯。因此，家长和老师要把财商教育作为生活教育的重要部分，在日常生活中和学习中处处渗透理财教育；同时要注重发挥少年儿童的主体性，给他们更多的消费自由权，为他们提供学习消费、理财的机会。此外，消费教育要与时俱进，成年人应该加速学习新技术，用接纳的心态了解互联网时代的消费特点，结合互联网时代的特点对少年儿童进行理财教育，培养新时代的消费习惯。

四、“00后”闲暇时间充裕，喜欢阅读和互联网，运动量普遍不足

1. “00后”闲暇时间较“90后”多，但仍有相当多少年儿童闲暇时间匮乏

对于少年儿童而言，闲暇时间主要是学校规定的课堂时间以及睡眠、用餐、作业及家务之外的其他可自由支配的时间。“00后”闲暇时间比“90后”大幅增加，学习日闲暇时间超过1小时的达到半数（50.0%），增加了11.2%，而基本没有闲暇时间的（11.7%）减少了2.5%。闲暇时间的增多反映了近年来我国基础教育改革的方向和成果，尤其是以减负为中心任务的规范办学行为给中小学生提供了越来越多的闲暇时间。

但是，学习日仍有半数“00后”闲暇时间不足1小时，一成没有闲暇时间；即便在法定休息日，也有四分之一（25.2%）闲暇时间不足1小时，7.4%没有闲暇时间。“00后”初中生闲暇时间不足的情况尤为严重，学习日闲暇时间不足1小时的有56.5%，休息日也有25.9%。一些成年人容易将休闲和学习对立起来，认为休闲只会耽误功课，消磨意志，希望通过缩减儿童休闲的时间，而把时间更多地留给学习。

2. 课外阅读仍是最受欢迎的休闲方式，上网的吸引力大幅上升，喜欢看电视的比例减少，喜欢看电影的比例增多，玩耍不如视听娱乐有吸引力

表9列出了少年儿童课余时间最喜欢做的10件事，从中可见，“00后”少年儿童的休闲偏好染上了日渐浓烈的信息化色彩，呈现出以下特点：

表9　“00后”和“90后”的休闲偏好比较（最多选5项，%）

排序	2015年		2005年	
1	读课外书	50.4	读课外书	58.8
2	听音乐	46.2	看电视	56.1
3	看电视	39.8	温习功课	43.8
4	运动	37.7	听流行歌曲	38.2
5	与朋友聊天	34.3	运动	32.6
6	玩耍	34.2	玩耍	32.0
7	上网	33.4	做家务	29.4
8	看电影	28.8	与朋友聊天	28.1
9	温习功课	27.9	睡觉	15.7
10	听流行歌曲	20.3	上网	12.7

（1）课外阅读仍是最受欢迎的休闲方式。半数（50.4%）“00后”课余时间最喜欢做的事是读课外书，但比“90后”减少了8.4%。

（2）网络的吸引力大幅上升。33.4%的“00后”课余时间最喜欢做的事情是上网，比“90后”增加20.7%。在最喜欢的休闲活动排序中，上网也从第十位上升至第七位。

（3）运动日益受青睐。在“00后”最青睐的休闲活动中，运动仅次于读课外书、听音乐和看电视，居第四位，比“90后”上升了1位。课余时间喜欢运动的“00后”有37.7%，比“90后”增加了5.1%。

（4）喜欢看电视的比例减少，喜欢看电影的比例增多。喜欢看电视和喜欢看电影的“00后”分别有39.8%和28.8%，虽然电视的受欢迎程度仍超过电影，但与“90后”相比，减少了16.3%，而喜欢看电影的增加了16.9%。在少年儿童最喜欢的休闲活动排序中，看电视从第二位下降至第三位，看电影从第十一位上升至第八位。

（5）玩耍不如视听娱乐有吸引力。课余时间喜欢玩耍的“00后”和“90后”分别有34.2%和32.0%，在最受欢迎的休闲活动中，玩耍都排在第六位，居于听音乐、看电视等视听娱乐之后。

3. 看电视电影、上网、运动、玩耍均有增多，运动量不足的情况仍普遍存在

看电视电影是“00后”休息日参与最多的休闲活动，在休息日七成（69.7%）每天看电视电影1小时以上，比上网、运动、玩耍超过1小时的比例都高，且比“90后”增加13.8%。只要把握好“度”和观看的内容，看电视不会损害儿童的智力和社会性发展，但看电视是一项静坐的活动，与积极主动的身体活动相比，它会对儿童的健康造成较为不利的影响。

玩耍是“00后”学习日参与最多的休闲活动，学习日有四成（39.0%）每天玩耍1小时以上，比看电视、上网或运动超过1小时的比例都高；在休息日，玩耍超过1小时的达六成（60.0%），仅次于看电视电影。学习日、休息日每天玩耍超过1小时的“00后”分别比“90后”增加7.9%和12.3%。自发的、独立的玩耍对孩子身心发展极为有益，有助于少年儿童素质的全面发展。

“00后”上网主要集中在休息日，超过1小时的有45.7%，比“90后”大幅上升了35.7%；学习日上网超过1小时的也有16.1%，比“90后”上升11.5%。网络的飞速发展正在剧烈改变着儿童的生活方式。

“00后”运动时间增多，但多数仍运动量不足。学习日、休息日“00

后”每天运动超过1小时的有33.7%、53.7%，比“90后”分别上升了14.7%、25.3%；基本没有运动的为7.6%、8.3%，比“90后”分别减少17.6%、20.5%。但是，学习日、休息日“00后”运动时间不超过1小时的分别高达66.3%和46.3%，不足半小时的分别也有37.9%和23.1%。运动不足的状况已长期存在，其后果和损失将会一代一代地传递下去，必须尽快加以彻底扭转。

4. 建议：休闲教育应成为少年儿童成长中必不可少的教育内容

休闲为少年儿童的全面发展提供了一个更广阔的空间，是个性、创造和智慧萌发的重要舞台，休闲教育应成为少年儿童成长中必不可少的教育内容。休闲教育就是要使学生学会明智地利用闲暇时间，培养学生的休闲技能、休闲态度和休闲价值观，提高目前和今后的生活质量。学校休闲教育的实施可以通过课程的形态，在学科课程或活动课程中增加休闲教育的思想、理念和内容，也可以作为隐蔽课程，透过学校的物质文化、精神文化潜移默化地对学生产生影响。此外，休闲教育往往启蒙于家庭，父母参与休闲活动的程度、参与的时间以及家庭资源会形成休闲教育的基础，而且会有长期的影响。另外，少先队等儿童组织通过组织教育、自我教育和实践活动也可以对儿童的休闲生活产生积极的影响。

丰富休闲生活应从倡导身体活动开始。首先要让儿童自由地玩，其次要让儿童享受运动的快乐。成长在数字时代的“00后”尤其需要重拾“玩的精神”，顺应玩的天性，在玩的世界中畅游，享受自由愉悦的休闲之境。在新的时代背景下，运动也正在朝着生活化和休闲化的方向发展，应去除“体质”“健康”等功利目的，倡导自由、放松的休闲运动体验，这样才能让孩子们对某一项或某几项休闲体育活动产生兴趣，积极自主地参与到体育活动中来。

儿童休闲权利的实现需要全社会来共同保障。要积极开发公共资源，为儿童休闲创造条件。

五、“00后”上网频率和时长大幅增加，网络社交流行

1. “00后”拥有手机的比例是“90后”的8倍，拥有个人电脑是“90后”的3倍

数据显示，“00后”拥有手机的比例（64.6%）是“90后”（8.0%）的8倍，拥有个人电脑的比例（29.1%）是“90后”（9.7%）的3倍。此外，“00后”还拥有诸如Pad（20.2%）、数码相机（15.4%）、电子书（10.9%）及其他电子产品（22.0%）等更多类型的高科技数字产品。“00

后”从一出生就处于家庭条件优越、文化氛围开放、信息化程度较高的多元社会环境中，多样化的信息渠道与丰富的数字技术令他们对外部世界有更多了解和认识，其知识面、成熟度、操作力甚至超过长辈。同时，也不可避免地面临更多社会风险。

2. “00 后”电脑使用率和触网率均在九成左右，远高于“90 后”

无论是电脑使用率还是触网率，“00 后”都远高于“90 后”，“00 后”使用过电脑的有 94.7%，上升 13.4%；上过网的有 88.7%，上升 35.8%。经过十年的发展，互联网的普及程度大大提高，可及性和操作性大为简化，为少年儿童使用互联网创造了优越的媒介环境。“00 后”和“90 后”获取信息的首要渠道都是电视，但“90 后”通过电视了解国内外重大新闻事件的比例达 77.6%，“00 后”下降至 50.5%；在信息获取渠道的排序中，“90 后”把网络排在第四位（2.8%），“00 后”则将网络排在第二位（19.8%）。

3. 网络社交是“00 后”上网行为中比例最高的一项

手机是少年儿童新的娱乐工具，除了打电话这一基本用途外，更多是用于休闲放松和网络社交，能上网的智能手机在一定程度上取代了电脑的地位，便携性、高效性、功能多样性、良好操控性使少年儿童中也出现了“手机控”“低头族”“刷屏族”，一些在青年中才出现的亚文化现象提前至未成年人身上。

表 10 显示，“00 后”手机使用行为中比例最高的 3 项是打电话（59.5%）、听音乐（57.4%）和上 QQ、微信等社交网络（46.4%）；上网行为中比例最高的 3 项是上 QQ、微信等社交网络（50.3%）、听音乐（49.2%）和玩游戏（40.2%）。可见，网络社交是“00 后”网上最频繁的活动，尤其是“00 后”初中生，他们用手机登录社交网络的比例（58.5%）是小学生（36.0%）的 1.6 倍。这表明他们不仅能够通过网络平台维系已有的社交关系，而且还可能在网络中寻找、结识、交往陌生人。

进一步的调查发现，在上网的“00 后”中，33.4% 在网上与陌生人聊过天，11.8% 在网上透露过家庭或学校地址、电话号码等私人信息，10.1% 见过网友，虽然分别比“90 后”减少了 14.9%、4.3%、6.5%，但仍有部分少年儿童对网络社交的防范意识不够。

表10 "00后"使用手机及上网的主要内容（%）

排序	你主要用手机做什么		你上网主要做什么	
1	打电话	59.5	用QQ、微信等社交网络	50.3
2	听音乐	57.4	听音乐	49.2
3	上QQ、微信等社交网络	46.4	玩游戏	40.2
4	拍照、摄像	35.9	查阅学习所需信息	37.1
5	玩游戏	33.3	看视频	28.1
6	阅读	28.3	看新闻	18.2
7	上网	27.6	看小说或漫画	16.9
8	收发短信	26.5	其他	7.7
9	发图片、视频	14.7	看别人的微博、朋友圈	6.6
10	没有手机	12.9	收发邮件	6.2
11	其他	6.9	更新自己的微博、朋友圈	5.6
12			看星座和明星八卦	4.8
13			购物	4.3

4. 建议：将媒介素养培养教育体系下移至小学课程体系，并注重面向家庭开展媒介素养教育

网络已经成为"00后"的生活方式，媒介素养教育正当其时。媒介素养培养体系应下移至小学的课程体系之中，纠正媒介素养教育零散、分散的倾向，推进媒介素养理论发展，更新媒介素养教育方法、内容、形式，在小学阶段设置相关课程，对少年儿童的媒介素养进行正确引导。另外，应注重面向家庭开展媒介素养教育。以家长学校为依托，通过网络推送等手段，向少年儿童父母传授媒介知识、技能，帮助父母更好地指导孩子使用媒介；在成人与儿童的对话中，讨论媒介内容和使用策略，分享彼此的观点和看法，培养少年儿童鉴别媒介信息和批判性看待问题的能力。此外，要特别注意引导少年儿童的网络社交行为，让网络成为提高少年儿童社会交往能力的平台。

六、"00后"的亲子关系的亲和度增强、支持性升高、依赖性上升

1. "00后"大多生活在3~4人的小型家庭，家庭规模持续小型化

家庭规模小型化是全球性的趋势。调查显示，"00后"大多生活在三口或四口之家。三口之家占28.8%，四口之家占30.8%，五口之家占20.7%，

六口及以上家庭占16.8%，两口及以下家庭也占有一定比例，为2.9%。与2005年对比，三口及以下家庭增加，四口及以上家庭减少。三口之家增加了2.5%，两口及以下家庭增加1.8%，而四口之家略有减少，少了1.4%，五口之家减少0.8%，六口及以上家庭减少2.0%。家庭规模的缩小推动着家庭关系变化。在大家庭中，为维系大量成员和谐共处，就必须建立规范和长者权威；但随着家庭成员的减少，成员之间更可能彼此平等对待，父母与子女也几乎可以像朋友般平等相处。

2. 家庭教育观念明显改善，父母对学习成绩的关注度下降，对心理健康、在校表现的关注度大幅上升

父亲对“00后”子女最关心的三个方面是学习成绩（74.6%）、身体健康（68.5%）和心理健康（33.0%）；母亲最关心的是学习成绩（64.8%）、身体健康（43.4%）和安全（29.0%）。虽然大多数家长仍将学习成绩放在首位，但与10年前相比关注度已有较大幅度的下降，父亲和母亲对学习成绩的关注分别比10年前下降了15.0%和14.3%；与此同时，父亲对孩子身体健康、心理健康、在校表现（27.9%）的关注大幅上升，分别增加了24.2%、11.3%和13.7%；母亲对孩子心理健康和在校表现（17.6%）的关注也有所上升，分别增加了4.8%和4.3%。重智轻德、重知轻能的观念在一定程度上得到纠正。

3. 家庭教养方式趋于民主，暴力管教行为减少

一方面，在家庭中，愿意听取孩子意见的父母有28.8%，比10年前增加了9.7%。另一方面，从未挨过打的“00后”有46.7%，比“90后”增加18.0%；经常（4.3%）和有时（12.0%）挨打的则分别减少了0.6%和4.8%；从未遭受父母训斥或吓唬的有54.2%，比“90后”增加8.0%。这表明，家庭中民主的成分不断增强，父母的教养方式趋于文明，少年儿童在家庭中的地位不断提升，他们的需求更容易得到重视和满足。

4. 亲子关系的亲和度和支持性增强，冲突有所缓和，依赖性有所上升

亲子亲和度是指父母和子女之间亲密的情感联结，既可以表现于积极的互动行为中，又可以表现在父母与子女心理上对彼此的亲密感受。“00后”亲子关系的亲和度有所增强，30.6%的“00后”愿意将内心的秘密告诉母亲，30.9%经常和父母说心里话，分别比“90后”增加1.8%和5.5%。另一方面，近半数父母（47.6%）了解孩子的需要，比10年前增加了6.8%；37.0%的母亲在孩子心情不好时，能给予孩子理解和安慰，比10年前增加了2.2%。

亲子冲突是指子女与父母之间的对抗或对立。"00后"与父母的分歧减少，"有时"与父母看法不一致的有33.9%，比"90后"减少8.7%；"很少"（38.0%）或"从来不"（14.4%）与父母看法不一致的均增加了3.6%。

父母是孩子社会支持的重要来源。"00后"遇到问题时首先向母亲求助的有25.0%，比"90后"增加了7.8%；遇到问题时首先向父亲求助的比例（17.8%）比"90后"增加了3.5%。

亲子关系中孩子的依赖性有所上升。"00后"经常自己的事情自己拿主意的有23.1%，比"90后"减少1.2%；有时自己拿主意的（42.9%）减少了3.3%。积极的亲子关系不仅能够为孩子提供安全的情感联系和可以信赖的支持，同时也应为孩子提供体验独立的机会。

5. 亲子陪伴增多，母亲成为"00后"最重要的陪伴者

孩子课余时间与父母在一起的时间呈现增长趋势。33.3%的"00后"课余时间与母亲在一起的时间最长，比"90后"多13.1%；8.0%与父亲在一起的时间最长，比"90后"多2.5%。而且，母亲成为"00后"最重要的陪伴者，在所有重要他人中居第一位，父亲也从第五位上升至第四位。"90后"最重要的陪伴者是同学伙伴，母亲位居第二，父亲位居第五。比起丰富的物质生活，父母的陪伴与良好的亲子互动才是给孩子最好的礼物。

6. 建议：积极推进家庭教育立法，构建家庭教育的社会支持系统

家庭教育不仅是家庭内部的事，而且关乎全社会的公共利益。对于父母来说，必须不断地、自觉地学习如何扮演好父母角色。同时，家庭教育也需要政府的引导、社会的关爱、社区的支持以及学校的合作，共同构建起家庭教育的社会支持系统。应积极推进家庭教育立法，保障不同经济条件的家庭都能获得必要的支持，联合社区、学校，开展有针对性的家庭教育培训项目，促进教育公平。

七、"00后"少年儿童学习的主体地位不断得到重视和体现，但师生的亲密度下降；超过两成少年儿童缺乏校园安全感

1. 学生对师生之间的教学关系和社会关系评价更高，但对师生人际关系评价降低

师生之间实际上存在三重关系，即社会关系、人际关系和教学关系[4]。三种关系相互依存、影响和渗透，教学关系是社会关系和人际关系的基础，又受到社会关系的影响，人际关系又必然伴随教学关系生成。

老师在课堂教学中如何对待不能回答提问的学生、是否鼓励学生自己

提问和组织小组讨论等师生互动行为，是教学关系直观的反映。相比“90后”，“00后”对师生教学关系的评价有明显提高：64.8%的老师经常对答不出问题的学生给予提示和鼓励的，上升2.5%；67.8%的老师经常在课堂上鼓励学生提问，上升8.5%；61.1%的老师经常在课堂上组织学生进行小组讨论，上升14.2%。可见，10年来，在教学关系中，学生的主体地位不断得到重视和体现。

民主平等、相互尊重是现代师生社会关系的主要标志，具体可表现为老师对班级事务民主的处理方式、对学生话语权的尊重和对学生的一视同仁。相比2005年的调查数据，65.7%的老师会经常让大家出主意想办法、参与班级管理，上升7.2%；54.8%的老师做错事会经常主动认错，上升7.7%；52.7%的老师从来没有不允许学生辩解的情形，上升4.2%；56.0%的老师从来没有处理事情不公正的情形，上升10.1%。此外，82.5%的老师从来不或很少不喜欢学习差的学生，94.9%从来不或很少不喜欢经济条件差的学生，94.3%从来不或很少不喜欢相貌不好的学生，91.2%从来不或很少不喜欢爱提意见的学生，均比10年前有所增加。这说明，老师的职业道德得到稳步提升。

但是，10年来，少年儿童感受到来自老师的人际支持不断下降。例如，“90后”在遇到困难时，有24.5%最愿意向老师求助，而“00后”只有12.9%，下降了11.6%。因为感受到老师的支持比较少，“00后”主动与老师进行情感沟通的意愿也不强烈，不到一半（45.1%）表示会把自己的心里话告诉老师。缺少有深度的沟通，师生之间的亲密关系就很难建立起来。

2. 近三成“00后”认为班级里有人拉帮结派

中小学生中的非正式群体始终客观存在。少年儿童的需要是多层次、多方面的，班级、小组等正式群体往往难以满足他们丰富复杂的需要，而非正式群体是重要的补充。调查显示，28.4%的“00后”认为班级里有人拉帮结派。值得注意的是，积极的、亲班集体型的非正式群体有利于集体团结，但多数拉帮结派的群体是偏离班集体型甚至反班集体型，会对班级氛围产生负面影响。

3. 超过两成“00后”缺乏校园安全感

校园氛围代表一个学校的整体风格和特点，持续地影响着少年儿童的学习与发展，校园安全感是其中重要的部分。调查显示，23.0%的“00后”觉得校园不够安全。其中，初中生（28.9%）和家庭经济困难的少年儿童

(35.8%)校园安全感更差。这说明，年级、家庭经济水平等因素对少年儿童的校园安全感有影响；从客观原因来看，校园恶性事件、校园暴力和校园意外伤害时有发生，校园周边环境混乱，也直接对少年儿童造成了人身威胁，导致安全感缺失。

4. 建议：政府应尽快完善中小学教育布局和评价体系，学校应不断提高教师职业道德，为师生构建亲密关系营造良好环境；教师要注重对班级非正式群体的引导；全社会共同营造和谐安全的校园文化

各级教育部门应贯彻落实《教育部关于推进中小学教育质量综合评价改革的意见》，扭转单纯以学生学业考试成绩和学校升学率评价中小学教育质量的倾向[5]，为营造和谐自然的师生关系创造外部条件。学校要通过加强教师职前职后的情感培育和建构科学的激励机制，不断提高教师职业道德。家庭和学校也要培养学生与老师主动沟通的意识和习惯，在师生民主平等的基础上共同构建亲密的师生关系。

对于班级内的非正式群体，一方面，教师要正视其客观存在，根据不同类型因势利导，转化偏离班集体的消极群体；另一方面，积极组织班集体开展丰富多彩的活动，丰富学生的课余生活，满足学生多方面的需要，减少和淡化他们对非正式群体活动的过分追求。

校园安全感与时代背景、社会环境息息相关，营造和谐安全的校园环境也必须把社会各方面力量结合起来，狠抓落实。除了加强少年儿童自我保护的意识、能力和学校的防范水平外，还要以群防群治为着力点，不断夯实校园安全的社会根基。

张旭东：中国青少年研究中心少年儿童研究所
副编审
孙宏艳：中国青少年研究中心少年儿童研究所
所长，研究员
赵霞：中国青少年研究中心少年儿童研究所
副研究员，博士

参考文献：

[1] 中华人民共和国教育部．国家中长期教育改革和发展规划纲要(2010—2020年)［EB/OL］. http：//www.moe.edu.cn/srcsite/A01/s7048/201007/t20100729_171904.html.

[2] 中华人民共和国教育部．《小学生减负十条规定》公开征求意见启事［EB/OL］. http：//www.moe.edu.cn/publicfiles/business/htmlfiles/moe/s 248/

201308/156160. html.

［3］翟博. 均衡发展：我国义务教育发展的战略选择［J］. 教育研究，2010（1）：1－8.

［4］陈桂生. 略论师生关系问题［J］. 教育科学，1993（3）：5－9.

［5］中华人民共和国教育部. 教育部关于推进中小学教育质量综合评价改革的意见［EB/OL］. http：//www. moe. edu. cn/publicfiles/business/htmlfiles/moe/s7054/201306/153185. html.

（选自《中国青年研究》，2017 年第 2 期）

例文评析

青少年是国家的未来，民族的希望。青少年的发展状况和身心健康关系到千家万户对美好生活的向往和追求，是国家富强、民族复兴的重要事情。为及时、全面了解当代中国少年儿童的发展状况，持续、纵向对比探索中国少年儿童的成长规律，中国青少年研究中心选择北京、广东、上海、山东、辽宁、河南、湖南、四川、云南和陕西 10 个省、市共 42 个区县 162 所中小学（小学四年级至初中三年级），先后于 2005 年、2010 年和 2015 年进行了三次“中国少年儿童发展状况”调查。该系列调查地区分布广泛，样本代表性高，调查方法得当，数据资料翔实，分析客观理性，是一篇可资参考的好范文。

该报告正文由七个部分组成，分别从学习、价值观、消费、休闲生活、网络使用、亲子关系、校园环境等方面，对“90 后”与“00 后”进行对比研究，探索了代际差异的表现及成因，对促进我国少年儿童的健康发展提出了相关建议。报告七方面核心内容均以调查研究结论（成果）形式呈现，具体包括如下内容:“00 后”的学习呈现负担重、动机务实、期望理性等特征；“00 后”的价值观呈现多元化、层次化、复杂化的特点；“00 后”青睐数码消费，消费理念多元，存款意识增加，公益慈善意识下降；“00 后”上网频率和时长大幅增加，网络社交流行；“00 后”的亲子关系的亲和度增强、支持性升高、依赖性上升；“00 后”少年儿童学习的主体地位不断得到重视和体现，但师生的亲密度下降。在讲清情况、得出结论的同时，报告又提出应对的建议。如关于“‘00 后’的学习呈现负担重、动机务实、期望理性等特征”问题，调查组提出“继续落实《国家中长期教育改革和发展规划纲要（2010—2020 年）》，破解教育的热点和难点问题”的建议。整个报告反映的情况明晰，提出的对策针对性强，既可资了解我国现阶段少年儿童的成长问题，也可供调整相关方针政策的决策参考。

调查研究是一项基本功

调查研究是做好领导工作的一项基本功，调查研究能力是领导干部整体素质和能力的一个组成部分。习近平总书记指出:“调查研究是谋事之基、成事之道。没有调查，就没有发言权，更没有决策权。”研究问题、制定政策、推进工作，刻舟求剑不行，闭门造车不行，异想天开更不行，必须进行全面深入的调查研究。

重视调查研究，是我们党做好领导工作的重要传家宝。只有深入调查研究，才能真正做到一切从实际出发、理论联系实际、实事求是，真正保持党同人民群众的密切联系，也才能从根本上保证党的路线方针政策和各项决策的正确制定与贯彻执行，保证我们在工作中尽可能防止和减少失误，即使发生了失误也能迅速得到纠正而又继续胜利前进。经常开展调查研究，非常有益于促进领导干部正确认识客观世界、改造主观世界、转变工作作风、增进同人民群众的感情，有益于深切了解群众的需求、愿望和创造精神、实践经验。

调查研究要找准问题、有的放矢。要紧紧围绕党的路线方针政策和中央重大决策部署的贯彻执行，深入研究影响和制约经济社会持续健康发展的突出问题，深入研究人民群众反映强烈的热点难点问题，深入研究党的建设面临的重大理论和实际问题，深入研究事关改革发展稳定大局的重点问题，深入研究当今世界政治经济等领域的重大问题。这样才能使调查研究工作同中心工作和决策需要紧密结合起来，更好地为各级党委和政府科学决策服务，为提高党的领导水平和执政水平服务。

调查研究要深入实际、深入基层、深入群众。要多层次、多方位、多渠道地调查了解情况，既要调查机关，又要调查基层；既要调查干部，又要调查群众；既要解剖典型，又要了解全局；既要到工作局面好和先进的地方去总结经验，又要到困难较多、情况复杂、矛盾尖锐的地方去研究问题。基层、群众、重要典型和困难的地方，应成为调研重点，要花更多时间去了解和研究。尤其对群众最盼、最急、最忧、最怨的问题更要主动调研，抓住不放，真正听到实话、察到实情、获得真知、收到实效。

调查研究要坚持实事求是的原则。要树立求真务实的作风，坚持追求真理、修正错误的勇气，从客观实际出发，坚持结论产生在调查研究之后，建立在科学论证的基础上。对调查了解到的真实情况和各种问题，坚持有一是一、有二是二，既报喜又报忧，不唯书、不唯上、只唯实。处理好调查和研究两个环节的关系，在调查的基础上进行深入细致的思考，进行一番交换、比较、反复的工作，把零散的认识系统化，把粗浅的认识深刻化，直至找到事物的本质规律，找到解决问题的正确办法。

调查研究要制度化经常化。要坚持和完善先调研后决策的重要决策调研论证制度，把调查研究贯穿于决策的全过程，真正成为决策的必经程序，提高决策的科学化水平。坚持和完善领导机关、领导干部的调研工作制度，领导干部要带头调查研究，拿出一定时间深入基层，特别是主要负责人要亲自主持重大课题的调研。坚持和完善领导干部联系点制度，领导干部不仅要"身入"基层，更要"心到"基层，始终关心基层联系点，关心联系点的群众，真心实意地交朋友、拉家常，直接了解基层干部群众的所想、所急、所盼。

（节选自《掌握工作制胜的看家本领——关于科学的思想方法和工作方法》，《人民日报》，2014 年 7 月 17 日 12 版）

拓展思考

高校学生干部是大学生中的佼佼者。他们肩负服务同学、服务学校和学院学生中心工作的重任，是高校开展学生工作的核心力量，是促进校园精神文明建设的主力军。然而，2018 年暑假以来爆出的高校学生干部官僚主义倾向问题，却把他们推到了风口浪尖。一时间批评谴责之声四起，如《任命"副主席级""正部长级"干部，被批"太官僚"！中山大学学生会道歉》《"杨主席是你们直接@ 的?"某高校学生干部爆粗怼学妹，这么大官威?!》《学生官霸！校方回应抄名字 50 遍：断章取义，更多细节不妥》等，高校"学生官"现象引起社会的广泛关注和热议。

1. 以高校"学生官"现象为主题，以小组分工形式配合开展一次调查研究，完成一份调研报告。

2. 组织开展一次调查研究工作总结会，集中交流工作经验与问题，探寻提升策略。

第九章　语言艺术与讲话稿

人作为社会的一分子，必然要和其他人产生各种各样的关系和联系，在相互接触、相互信任、相互交流基础上，实现相互影响和相互作用。语言是实现社会交往的媒介，是个人思想情感、观念意识和精神世界的集中反映和体现，是实现人与人顺畅交流、良性互动的重要工具。良好的语言能力、得体的语言表达、巧妙的语言艺术可以帮助个人更加有效地传情达意，积极促进人与人之间的相互理解、相互信任、相互支持，实现社会交往中人际沟通效应的最大化。

第一节　社会交往中的语言艺术

一、社会交往的重要性

“人的本质不是单个人所固有的抽象物，在其现实性上，它是一切社会关系的总和。”（《马克思恩格斯选集》）早在两个世纪之前，马克思就从社会学和伦理学角度对人的本质作了最为深刻的揭示。亚里士多德有言:“喜爱孤独者，非神即兽。”诚然，完全脱离社会、不与他人交往沟通的“孤岛”式生活是不可想象的。

美国心理学家沙赫特·斯坦利曾做过这样一个实验：他以每小时 15 美元的酬金先后聘请了 5 位志愿者，让他们进入一个与外界完全隔绝的小屋，屋里除提供必要的物质生活必需品外，不允许他们以任何方式与外界接触和交流。实验过程中，1 人只待了两小时就出来了，3 人待了两天也没能坚持下来，只有 1 人在小屋里待了 8 天。这位待了 8 天的人出来说:“如果让我再在里面待 1 分钟，我就要疯了。”实验表明，人无法在与世隔绝的环境中长久生存。当然，即便能生存，也必然会异化，印度狼孩卡玛拉的例子就是有力的证据。

社会交往是人存在的基本方式，是在一定的历史条件下个体间进行的物质和精神交流的社会活动。在社会交往中，交往各方彼此取长补短，既可实现自我提升、自我发展，又可增进友情、促进合作，也能增加社会群体的聚合力。社会交往顺畅了，人际关系和谐融洽了，个人内心就平和，情绪就平稳，就能积极主动调适情绪，调节氛围，集中精力专注于工作。

社会交往顺畅了，人际关系和谐融洽了，就能实现内外平衡，对个人的生活、工作和事业都能起到润滑、推动和促进作用。如果人际关系紧张，社会交往不畅，则会成为阻碍个人成长和事业发展的拦路虎、绊脚石。

随着科学技术的飞速发展，社会物质财富的极大丰富，人们对精神生活质量的要求越来越高。信息技术时代人与人之间交往方式的碎片化、网络化、便捷化、多样化，越发凸显社会交往的价值和不可替代性。

二、社会交往中的语言艺术

语言能力是一项核心技能。“核心技能（Core skills）又称关键技能（Key skills）或核心能力（Core Competencies），它是指一种可迁移的、从事任何职业都必不可少的、跨职业的关键性的能力。”①欧美国家从 20 世纪 70 年代开始启动核心技能研究与资格认证，建构了一套较为成熟的体系。我国劳动和社会保障部“国家技能振兴战略”课题（1998），也提出开发一个适应中国国情的核心技能体系。根据劳动力资源实际情况和职业技能开发的实际需要，结合国际先进经验，我国开发的核心技能体系包括“交流表达”“数字运算”“革新创新”“自我提高”“与人合作”“解决问题”“信息处理”“外语应用”等八大模块。其中“表达能力”位列“八大模块”之首，被定义为“通过口头或者书面语言形式以及其他适当形式，准确清晰表达主体意图，和他人进行双向（或多向）信息传递，以达到相互了解、沟通和影响的能力”②。表达能力就是语言能力，是一种“可迁移的、从事任何职业都必不可少的，跨职业的关键性的能力”。

美国著名人际关系学大师、成人教育家卡耐基充分强调语言能力和语言艺术的重要性，在《口才决定领导力》中，卡耐基将人的口才与领导能力和领导艺术相结合，指导人通过训练出色的口才，不断建立自信、扩展人脉、彰显自己的价值和能力，轻松赢得领导赏识，迅速成长为同辈尊重、下级拥戴的精英领导。他认为一个人的成功，15% 靠的是专业知识技能，85% 靠的是言语交际能力。尽管无法用自然科学的方法准确量化和评判卡耐基理论的科学程度，但是几乎没有人不承认人际交往和语言能力在人的生活、工作和事业发展中的重要性。

语言表达是一门艺术。“言为心声”，在社会交往中，可以通过语言考

① 黄日强、黄勇明：《核心技能——英国职业教育的新热点》，《比较教育研究》，2004 年第 2 期。

② 陈宇：《职业能力与核心技能》，《职业技术教育》，2003 年第 11 期。

察一个人的思想观念、精神境界、修养学识、身份地位等，所谓“听其言而信其行”（《论语·公冶长》）；也可以通过个人言语表达的方式方法、语气语调等了解其目的和意图，注重言外之意、弦外之音。因此，在社会交往中，“怎么说”往往比“说什么”更重要。美国心理学家艾伯特·梅拉比安有一著名定律：信息的全部表达 =55% 表情 +38% 声音 +7% 谈话的内容。其中表情可以理解为包括人的面部表情在内的外表（个人外在形象）部分，声音包括人说话的音质、音色、音调等在内的与说话方式等相关的所有因素，甚至包括说话态度、说话技巧等。根据这一定律，个体必须在谈话内容以外的其他方面，诸如说话的方式方法、说话的声调语调等下功夫，以便收到好的表达效果。

语言表达是一门综合艺术。一般而言，表达效果的好坏受多方面因素的影响。比如要让自己的语言主题明确、言简意赅；要考虑说话的场合和环境，到什么山头唱什么歌；要注意听众的反应和表现，适时调整说话的方式和内容，与听众良性互动。当然，表达时还要充分考虑说话者的职业、身份、地位等，什么该说、什么不该说，怎么说、说多少等都要拿捏准确。再者，工作和交往中，还要充分考虑“讲话稿”“讲话”和“说话”的异同。作为讲话“蓝图”的讲话稿，可以事先写出来不断打磨和推敲，最大程度上实现讲话主题的明确性、内容的针对性与可听性。“讲话稿”与“讲话”不同，讲话成功与否受多方面因素的影响，讲话氛围和环境的因素、讲话关涉事情和工作的因素、讲话者的因素等都起着至关重要的作用。同时，讲话与日常说话也不能等而视之。讲话常有讲话稿，而日常说话却常常没有蓝图没有范本，具有随机性与不可逆性，全凭说话者出口成章、即兴发挥，因此，对说话者的要求更高。

第二节　讲话稿认知

讲话稿又叫发言稿，是讲话或发言人在一定场合发表讲话或言论的文稿，是讲话、发言的“蓝本”。讲话稿有狭义和广义之分。广义的讲话稿指人们在任何场合发表讲话的文稿，如欢迎辞、答谢辞、祝酒辞、主持辞、开幕辞、闭幕辞等。这些讲话稿集中体现欢迎、答谢、祝福、祝愿等，体现讲话人的美好愿景与期待。狭义的讲话稿一般指的是领导在工作场合的讲话稿，也叫领导讲话稿，是党政机关、企事业单位、社会团体等不同层级的领导人在会议、工作或活动等场合发表的带有鲜明的政策性、指示性、导向性、宣传性、总结性的文稿。领导讲话稿不仅体现社会组织的发展战略、方针政策、办法措施和任务要求等，同时也是领导者本人工作思路、工作方法、工作作风和工作能力等的集中体现。讲话稿的质量是影响讲话效果的关键因素，也会关系到工作推进的质量和水平。

一、讲话稿的类型

根据讲话的场合、内容及作用等，讲话稿可以分成三种不同的类型。

（一）礼仪性讲话稿

礼仪性讲话稿主要指讲话人在各类仪式上的讲话稿，一般称为致辞，如欢迎辞、欢送辞、祝酒辞、答谢辞和祝辞（祝酒、祝寿、祝婚、祝事业等）。此类讲话稿一般围绕仪式的性质或活动的内容展开，或者祝人或者祝事，常常表达美好的愿望和想法。其中祝人的讲话稿多出现在个人婚丧嫁娶、职称晋升、学业进阶、寿诞节庆等场合，表达讲话人对当事人的祝贺、祝福、问候、安慰等。而祝事的讲话稿一般出现在组织庆典、公司开业、公务接待、因公宴请、商务酒会等场合，一方面表达对事业顺利的祝贺，同时也表达对当事人的欢迎、欢送、答谢和祝福等。

（二）演说性讲话稿

演说性讲话稿是指在一定的场合向听众（观众）发表见解、表达诉求，期望能影响观众（听众）的思想观念，鼓舞精神、激励士气、激发热情乃至促成听众（观众）行为行动的文稿。在誓师会、动员会、庆祝大会、成立大会、运动会、群众集会等大会上，讲话人发表的开幕词、誓词、讲话、演讲等的文稿均属此种类型。这种讲话稿，一般不作具体工作指示、部署和安排，讲话的意图重在影响观念意识、转变精神面貌、唤起行动热情等。

（三）工作性讲话稿

工作性讲话稿指的是领导讲话稿，主要指领导人围绕某一阶段某项工作的开展、某项任务的完成或某项问题的解决等在一定的会议上发表的讲话。工作讲话稿常常围绕机关、单位的中心工作作出部署安排，明确重心，分配工作，布置任务，提出要求，制定措施，作出总结等，常常进行深刻的理性分析，深入浅出，循循善诱，逻辑性和说服力强。

二、讲话稿的特点

（一）主题的明确性

讲话稿的主题是讲话的灵魂，起到统领讲话内容、完成讲话任务、实现讲话目标的作用。任何一篇讲话稿或阐明问题，或提出要求，或指明方向，或部署安排，必须有明确集中的主题，才能使听讲的人快速抓住要领，才能影响听众调整行为和行动，收到预期效果。如习近平总书记 2014 年 5 月 4 日发表的《青年要自觉践行社会主义核心价值观——在北京大学师生座谈会上的讲话》，篇幅虽长，但是围绕“青年要自觉践行社会主义核心价值观”这一主题展开，结构紧凑，逻辑严密，读（听）后印象深刻。

（二）内容的针对性

讲话稿的内容是讲话的关键，是阐明讲话主题、实现讲话目标、发挥讲话作用的关键。内容空泛而不切实际，不能围绕相关工作展开阐述，讲空头道理不解决实际问题，不从实际工作出发走过场摆花架子，办法和措施不具有操作性，等等，都是造成读者（听众）厌倦排斥、懈怠抗拒的主要原因。因此，讲话稿必须要在鲜明集中的主题统领下，针对要解决的实际问题展开。例如，上引《青年要自觉践行社会主义核心价值观——在北京大学师生座谈会上的讲话》，针对“青年要自觉践行社会主义核心价值观”这一主题，集中阐明了“社会主义核心价值观的形成、内涵与意义”和“青年人要坚守和践行社会主义核心价值观必须做到勤学、修德、明辨、笃实”两个问题，环环相扣，道理显豁。

（三）风格的可听性

讲话稿是在一定的会议、活动等场合发表的讲话文稿，讲话效果的好坏与能否抓住听众的注意、能否吸引听众积极听讲、能否形成讲话和听话的良性互动密切相关。因此，必须在可听性上下功夫。为此，语言的通俗性、生动性，内容的逻辑性、篇幅的适度性等都要围绕听众进行有意识选择和设计，枯燥乏味、缺少文采、逻辑混乱、长篇大论的讲话均不会产生好的启发性和吸引力。如 2015 年 4 月 21 日，习近平主席访问巴基斯坦，在巴基斯坦议会发表了《构建中巴命运共同体　开辟合作共赢新征程》的演讲。中国共产党新闻网报道：习主席演讲期间，巴基斯坦议员们拍击桌子和鼓掌 50 多次，对习近平的演讲表示出高度的认同和热烈的支持。不到 5000 字的演讲就赢得 50 次“击节叫好”，实属不易。究其原因，除演讲传递的中巴之间“全天候战略合作伙伴”等核心信息外，演讲中蕴含的热忱、真情与暖意，演讲稿生动的语言，准确而富有人文底蕴的参引等，都是鼓舞人心抓住“巴铁”的关键所在。演讲稿先后引用中国名言名句如“与君初相识，犹如故人归”“人而无信，不知其可也”“疾风知劲草，烈火见真金”“己欲立而立人，己欲达而达人”“国虽大，好战必亡”“己所不欲，勿施于人”与巴基斯坦名言名句如“我们不辞赴汤蹈火，因为相信阳光未来”“诚信比财富更有用”“风，不是总朝着海员希望的方向吹”等10余种，引用贴切，文采斐然。演讲开篇，习主席说道:“巴基斯坦是我今年出访的第一站。这虽然是我第一次来到巴基斯坦，但我对巴基斯坦一点也不陌生。中国有句古话：‘与君初相识，犹如故人归。’这就是我访问巴基斯坦的真实感受。我年轻时经常听到老一辈人讲述巴基斯坦的风土人情和中巴友谊的感人故事，早就对巴基斯坦心驰神往。一踏上这片美丽的土地，我和我的同事们就沉浸在热情友好的海洋之中，仿佛回到亲如手足的兄弟家中。”“与君初相识，犹如故人归。”一语道出习主席宾至如归的真实感受，以及中国与巴基斯坦“比山高，比海深，比蜜甜”的真诚友谊。“巴铁”们50次击节叫好就是这种真挚情谊和诚恳表达换得的。

第三节　讲话稿写作

一、讲话稿的结构与写作方法

讲话稿由标题、称呼和问候、正文和结尾等部分组成，每一部分都有其相应的写作要求。

（一）标题及其附属要素

1. 标题

讲话稿的标题有两种写法。

（1）单标题。单标题一般有两种类型，一是反映讲话人、会议（活动）名称、讲话主题（内容）和文种的标题，如《袁寿其同志在江苏大学“三全育人”综合改革工作推进会上的讲话》《××同志在处级领导干部集体谈话会上的讲话》《××同志在党的群众路线教育实践活动工作座谈会上的讲话》。此类标题有时也可以省略讲话人姓名，如《在文艺工作座谈会上的讲话》等。二是反映讲话主题（内容）的标题，如《从严治党必须从严管理干部》《加强纪律建设，把守纪律讲规矩摆在更加重要的位置》等。

（2）双标题。双标题由正标题和副标题组成，一般正标题反映讲话的主要内容或主题（观点），副标题反映讲话人、会议（活动）名称及文种。如《青年要自觉践行社会主义核心价值观——在北京大学师生座谈会上的讲话》《练就人生“三趣”　创造美好人生——在2016级新生开学典礼上的致词》《不负青春——在2019届毕业典礼上的讲话》等。

2. 标题附属要素

讲话稿标题的附属要素指讲话日期和讲话者（作者）姓名。

（1）日期。指讲话日期，通常在标题下一行用圆括号括起来。

（2）作者。指讲话者姓名，置于讲话时间下一行，有时也标注讲话者身份（职务）等。

（二）称呼与问候

1. 称呼

讲话是讲给听众听的，恰当的称呼是对与会人员或活动参加者的礼貌和尊重，同时能引起与会人员或活动参加者的注意和重视。讲话稿的称呼书写格式同书信，置于标题下一行顶格位置。根据会议（活动）的性质、与会者（听众）的身份，分别使用“同志们”（党的会议常用）、“各位代表”（代表大会常用）、“各位专家学者”（学术会议常用）、“女士们，先生们”（国际性会议常用）等。礼仪性讲话稿和演说性讲话稿称呼时还常常加上敬语，如“尊敬的各位××”“敬爱的××”“亲爱的××”等。称呼在讲话稿中往往会多次出现，一以引起听众的注意，一以提示听众讲话稿内容进入新的层次。如习近平《青年要自觉践行社会主义核心价值观——在北京大学师生座谈会上的讲话》（2014年5月4日），全文三次出现“同学们、老师们”，强调和提示作用十分明显。

2. 问候

问候可视为称呼的附属要素，语气上紧承称呼而来，如“你们好”“大家上午好”等；格式上要求在称呼下一行左空两格形式书写。

（三）正文

讲话稿的正文一般由引言、主体和结尾三部分组成。

1. 引言

讲话稿的引言是写在讲话稿开头的话，写法上比较灵活，可根据会议性质、讲话内容、讲话者身份和听众身份，以及讲话目的等采取不同写法，或反映讲话目的，或简要回顾某项工作，或说明委托机构，或交代讲话缘由，或说明相关情况，或表达问候祝愿，或交代背景等，总的要求是用精练的语言抓住听众，引起听众的注意和重视。

一般而言，讲话稿的引言有如下几种写法：

（1）氛围营造式。此类开头常常以环境特征描写、季节物候转换、空间位移变化、场面烘托等为由头，着力营造与会议（活动）主题相关的氛围，以吸引听众的注意和兴趣。礼仪性讲话稿、演讲性讲话稿等较多采用此类引言。如：

今夜月明风清，波平如镜。中葡两国政府在这里举行庄严的澳门政权交接仪式，宣告中国政府对澳门恢复行使主权。历史将永远记住这一举世关注的重要时刻。（江泽民《在中葡澳门政权交接仪式上的讲话》，1999 年 12 月 20 日）

又如：

扬子江畔，滔滔江水奔流不息；三山脚下，百年名校文脉绵延。值此金秋九月，拥有 110 余年办学历史的江苏大学再次张开怀抱，迎来了又一批来自世界各地的青年才俊。今天，我们在这里隆重举行 2018 级新生开学典礼，共同见证来自 114 个国家的近一万名新同学，加入江苏大学这个温暖的大家庭。首先，我谨代表全体师生员工对 2018 级新同学的到来表示热烈的欢迎和衷心的祝贺！祝愿你们在江苏大学这片滋兰树蕙的沃土上，实现人生的理想、书写无悔的青春。（颜晓红《在 2018 级新生开学典礼上的讲话》，2018 年 9 月 19 日）

（2）慰问祝贺式。此类开头常常以慰问、祝贺、欢迎等方式开头，礼仪性讲话稿常用此种方式开头，上级领导出席下属某部门或系统会议讲话时也较多采用。如：

今天是五四青年节，很高兴来到北京大学同大家见面，共同纪念五四运动 95 周年。首先，我代表党中央，向北京大学全体师生员工，向全国各族青年，致以节日的问候！向全国广大教育工作者和青年工作者，致以崇高的敬意！（习近平《青年要自觉践行社会主义核心价值观——在北京大学师生座谈会上的讲话》，2014 年 5 月 4 日）

又如：

在层林尽染，叠翠流金的金秋时节，10000 余名 2016 级新同学带着成功与喜悦，载着理想与憧憬，来到百年学府江苏大学。同学们在经历高考和研究生入学考试的洗礼中，无论是像里约奥运会上中国女排夺冠一样历经艰辛、惊心动魄，还是像中国乒乓球队一样包揽四金、雄踞榜首，都值得庆贺，因为同学们通过自己的努力与拼搏实现了自己的大学梦和研究生梦。在此，我谨代表江苏大学 40000 余名师生员工，对同学们取得人生阶段性的成功表示热烈的祝贺，对同学们融入百年江大这个大家庭表示热烈的

欢迎！（袁寿其《练就人生“三趣”　创造美好人生——在江苏大学2016级新生开学典礼上的致词》，2016年9月9日）

既有氛围的营造，又突出祝贺欢迎的主旨，参考价值很高。

（3）开门见山式。此类开头往往直截了当、直入正题，直接点出讲话的目的、主旨或精神，先声夺人以引起听众的兴趣。工作性讲话稿常采取此种方式开头。如：

现在，我代表中共江苏大学第三届委员会向大会报告工作，请予审议。（袁寿其《解放思想谋新篇深化改革创一流　奋力开创高水平有特色国际化研究型大学建设新局面——在中国共产党江苏大学第四次代表大会上的报告》，2018年12月15日）

又如：

现在，我代表学校向四届一次教代会作工作报告，请予审议，并请各位特邀代表和列席人员提出意见。（颜晓红《咬定目标　攻坚克难　奋力书写高水平研究型大学建设新篇章——在江苏大学四届三次教代会上的工作报告》，2019年2月23日）

2. 主体

主体是讲话稿的核心部分，是讲话者讲话意图的集中体现，一定要做到主题明确、内容充实、层次清楚、表达通畅、文字准确。

（1）内容要求。讲话稿的内容必须充分，要集中围绕一个主题有针对性地展开。讲话稿的内容选择与会议性质、会议目的和意图、讲话者身份、内容侧重点和领导人讲话的先后次序等密切相关。每份会议讲话稿的内容都会有很大区别，无法一概而论。比如，代表性或决策性会议常常要先总结前一阶段的工作成绩和存在的问题，然后提出下一阶段的工作战略或部署下一阶段的工作；开幕词是会议的序曲，往往需要明确大会的目的、会议议程和会议的影响等；闭幕词作为大会的尾声，往往要回顾会议完成的任务、取得的成绩和效果，提出贯彻会议精神的有关要求等。

（2）结构方式。讲话稿主体部分的层次安排主要有并列式和递进式两种方式。

第一，并列式结构。就是根据讲话内容的逻辑关系，将欲讲的几方面问题相互并置排列起来，说完一个，再说一个，各个层次之间从意涵上属于平行并列关系，如果相互交换位置，一般不影响意思传达。各层次常常用序码标出，层次清楚，主题明确。如袁寿其《练就人生“三趣”　创造美好人生——在2016级新生开学典礼上的致词》即属于此类讲话稿。

第二，递进式结构。就是按照讲话稿内容的逻辑关系，由现象到本质、由表层到深层的结构安排法，各层意思之间呈现逐层深入的关系，前一部分常常是后一部分的前提和基础，位次不能颠倒交换。如习近平《青年要自觉践行社会主义核心价值观——在北京大学师生座谈会上的讲话》就属此类结构。

3. 结尾

讲话稿的结尾是全文的收束、收结或总结。一般讲话稿都需要有一个收结，给听众以明确的收尾（话讲完了）的感觉。具体写法上，主要有如下几种：

（1）概括式。结尾概括或回顾讲话稿正文所讲内容，以便进一步强调或加深听众的印象。或者讲话结束自然收尾，不再赘述。

（2）希望式。向与会者提出一些希望或要求。如习近平《在庆祝改革开放40周年大会上的讲话》结尾：

同志们、朋友们！

四十载惊涛拍岸，九万里风鹏正举。江河之所以能冲开绝壁夺隘而出，是因其积聚了千里奔涌、万壑归流的洪荒伟力。在近代以来漫长的历史进程中，中国人民经历了太多太多的磨难，付出了太多太多的牺牲，进行了太多太多的拼搏。现在，中国人民和中华民族在历史进程中积累的强大能量已经充分爆发出来了，为实现中华民族伟大复兴提供了势不可挡的磅礴力量。

建成社会主义现代化强国，实现中华民族伟大复兴，是一场接力跑，我们要一棒接着一棒跑下去，每一代人都要为下一代人跑出一个好成绩。

全党全国各族人民要更加紧密地团结在党中央周围，高举中国特色社会主义伟大旗帜，不忘初心，牢记使命，将改革开放进行到底，不断实现人民对美好生活的向往，在新时代创造中华民族新的更大奇迹！创造让世界刮目相看的新的更大奇迹！

一般讲话稿的结尾是一个自然段，这份讲话稿结尾虽然有三个自然段，但段与段之间文势一贯，一气呵成。首段以排山倒海的气魄，总括近代以来中国人民和中华民族的磨难，导引出从中累积起来的洪荒伟力与强大能力，为尾段的希望和号召攒劲、蓄势。中间段是过渡，从文气和意脉两方面衔接前后。如此气贯长虹、激情澎湃的结尾，是领导讲话稿结尾的精品。

（3）宣布式。开幕词或闭幕词的结尾，往往非常简洁，宣布开幕或闭幕即结束。如习近平《在“一带一路”国际合作高峰论坛圆桌峰会上的闭幕辞》（2017 年 5 月 15 日）结尾：“最后，我宣布，‘一带一路’国际合作高峰论坛闭幕！”简洁有力，戛然而止。

（4）祝愿式。向听众表达祝愿和祝福等。2015 年 4 月 21 日，习近平主席访问巴基斯坦，在巴基斯坦议会发表了《构建中巴命运共同体　开辟合作共赢新征程》的演讲，习近平在讲话最后说：“女士们、先生们、朋友们！构建中巴命运共同体，是中巴两国政府和人民从两国根本利益出发作出的战略抉择。巴基斯坦国父真纳说：‘只有通过团结一致的努力，才能把我们的理想变成现实。’让我们携起手来，共同开创两国更加美好的未来！”就是此类结尾。

总之，水到渠成，顺势自然收尾，不啰嗦不冗长，不让听众不耐烦，讲话结构完整、意思充分是最重要的。

二、讲话稿的写作艺术

讲话稿是讲话的蓝图，好的讲话依托于好的讲话稿。因此，一份好的讲话稿不但要便于讲话人“讲”，能让讲话人恰如其分地表达讲话的主旨和诉求，而且要便于听讲人“听”，能让听讲人第一时间顺畅领会讲话的主旨和意图。

（一）笔下有读者

讲话能否收到好的效果，一看讲话稿的质量和水平，二看讲话的质量和水平，二者相辅相成。一份讲话稿质量的高低，其评判标准不在秘书，不在领导，而在读者的心中，如果讲话稿不能说服读者，就不是好的讲话稿。因此，了解读者所急、所想、所要，为读者而写，把讲话稿关涉的事情和问题调整为读者所关心的事情和问题，让讲话稿中提出的办法、措施和要求能真正解决问题、切实可行、有利于读者，讲话稿就成功了。

（二）脑中有组织

讲话稿虽然一般都署名为某一领导者或某个人，但讲话内容往往并非个人意志的体现，特别是工作性讲话稿。讲话稿的实际撰写者往往不是署名作者本人或一人，因此，要写出好的讲话稿，必须要保证内容符合工作的要求和规范，符合领导的意图和打算。写作者要充分了解会议的性质，讲话人的身份，会议目的和预期等，要写出符合会议性质、体现说话人身份、能实现会议目的或意图等的讲话稿，不能不伦不类。

（三）心中有听众

讲话稿是一种作用于听觉的文稿，讲话人讲话水平的高低，关键要看是否能吸引听众、抓住听众、打动听众。因此，除了内容要符合听众的需要外，讲话形式也很重要。讲话的语速要慢一些，讲话时要尽量处理好书面语与口头语的关系；注意口齿清晰、吐字流利；注意和听众互动，关照听众的反应和表现。讲话的主题要切合听众的实际，每次讲话要围绕一个中心讲，不能信马由缰、东拉西扯等。总之，既要让讲话“上口”，又要让讲话“入耳”，还要让讲话“入脑”“入心”，多从听众角度考虑是一定要注意的。

例文 1

青年要自觉践行社会主义核心价值观

——在北京大学师生座谈会上的讲话

（2014 年 5 月 4 日）

习近平

各位同学，各位老师，同志们：

今天是五四青年节，很高兴来到北京大学同大家见面，共同纪念五四运动 95 周年。首先，我代表党中央，向北京大学全体师生员工，向全国各族青年，致以节日的问候！向全国广大教育工作者和青年工作者，致以崇高的敬意！

刚才，朱善璐同志汇报了学校工作情况，几位同学、青年教师分别作了发言，大家讲得都很好，听后很受启发。这是我到中央工作以后第五次到北大，每次来都有新的体会。在洋溢着青春活力的校园里一路走来，触景生情，颇多感慨。我感到，当代大学生是可爱、可信、可贵、可为的。

五四运动形成了爱国、进步、民主、科学的五四精神，拉开了中国新民主主义革命的序幕，促进了马克思主义在中国的传播，推动了中国共产党的建立。五四运动以来，在中国共产党领导下，一代又一代有志青年“以青春之我，创建青春之家庭，青春之国家，青春之民族，青春之人类，青春之地球，青春之宇宙”，在救亡图存、振兴中华的历史洪流中谱写了一曲曲感天动地的青春乐章。

北京大学是新文化运动的中心和五四运动的策源地，是这段光荣历史的见证者。长期以来，北京大学广大师生始终与祖国和人民共命运、与时代和社会同前进，在各条战线上为我国革命、建设、改革事业作出了重要贡献。

党的十八大提出了“两个一百年”奋斗目标。我说过，现在，我们比历史上任何时期都更接近实现中华民族伟大复兴的目标，比历史上任何时期都更有信心、更有能力实现这个目标。

行百里者半九十。距离实现中华民族伟大复兴的目标越近，我们越不能懈怠、越要加倍努力，越要动员广大青年为之奋斗。

光阴荏苒，物换星移。时间之河川流不息，每一代青年都有自己的际遇和机缘，都要在自己所处的时代条件下谋划人生、创造历史。青年是标志时代的最灵敏的晴雨表，时代的责任赋予青年，时代的光荣属于青年。

广大青年对五四运动的最好纪念，就是在党的领导下，勇做走在时代前列的奋进者、开拓者、奉献者，以执着的信念、优良的品德、丰富的知识、过硬的本领，同全国各族人民一道，担负起历史重任，让五四精神放射出更加夺目的时代光芒。

同学们、老师们！

大学是一个研究学问、探索真理的地方，借此机会，我想就社会主义核心价值观问题，同各位同学和老师交流交流想法。

我想讲这个问题，是从弘扬五四精神联想到的。五四精神体现了中国人民和中华民族近代以来追求的先进价值观。爱国、进步、民主、科学，都是我们今天依然应该坚守和践行的核心价值，不仅广大青年要坚守和践行，全社会都要坚守和践行。

人类社会发展的历史表明，对一个民族、一个国家来说，最持久、最深层的力量是全社会共同认可的核心价值观。核心价值观，承载着一个民族、一个国家的精神追求，体现着一个社会评判是非曲直的价值标准。

古人说:“大学之道，在明明德，在亲民，在止于至善。”核心价值观，其实就是一种德，既是个人的德，也是一种大德，就是国家的德、社会的德。国无德不兴，人无德不立。如果一个民族、一个国家没有共同的核心价值观，莫衷一是，行无依归，那这个民族、这个国家就无法前进。这样的情形，在我国历史上，在当今世界上，都屡见不鲜。

我国是一个有着13亿多人口、56个民族的大国，确立反映全国各族人民共同认同的价值观“最大公约数”，使全体人民同心同德、团结奋进，关乎国家前途命运，关乎人民幸福安康。

每个时代都有每个时代的精神，每个时代都有每个时代的价值观念。国有四维，礼义廉耻，“四维不张，国乃灭亡。”这是中国先人对当时核心价值观的认识。在当代中国，我们的民族、我们的国家应该坚守什么样的核心价值观？这个问题，是一个理论问题，也是一个实践问题。经过反复征求意见，综合各方面认识，我们提出要倡导富强、民主、文明、和谐，倡导自由、平等、公正、法治，倡导爱国、敬业、诚信、友善，积极培育和践行社会主义核心价值观。富强、民主、文明、和谐是国家层面的价值要求，自由、平等、公正、法治是社会层面的价值要求，爱国、敬业、诚信、友善是公民层面的价值要求。这个概括，实际上回答了我们要建设什么样的国家、建设什么样的社会、培育什么样的公民的重大问题。

中国古代历来讲格物致知、诚意正心、修身齐家、治国平天下。从某种角度看，格物致知、诚意正心、修身是个人层面的要求，齐家是社会层面的要求，治国平天下是国家层面的要求。我们提出的社会主义核心价值观，把涉及国家、社会、公民的价值要求融为一体，既体现了社会主义本质要求，继承了中华优秀传统文化，也吸收了世界文明有益成果，体现了时代精神。

富强、民主、文明、和谐，自由、平等、公正、法治，爱国、敬业、诚信、友善，传承着中国优秀传统文化的基因，寄托着近代以来中国人民上下求索、历经千辛万苦确立的理想和信念，也承载着我们每个人的美好愿景。我们要在全社会牢固树立社会主义核心价值观，全体人民一起努力，通过持之以恒的奋斗，把我们的国家建设得更加富强、更加民主、更加文明、更加和谐、更加美丽，让中华民族以更加自信、更加自强的姿态屹立于世界民族之林。

建设富强民主文明和谐的社会主义现代化国家，实现中华民族伟大复兴，是鸦片战争以来中国人民最伟大的梦想，是中华民族的最高利益和根本利益。今天，我们13亿多人的一切奋斗归根到底都是为了实现这一伟大目标。中国曾经是世界上的经济强国，后来在世界工业革命如火如荼、人类社会发生深刻变革的时期，中国丧失了与世界同进步的历史机遇，落到了被动挨打的境地。尤其是鸦片战争之后，中华民族更是陷入积贫积弱、任人宰割的悲惨状况。这段历史悲剧决不能重演！建设富强民主文明和谐的社会主义现代化国家，是我们的目标，也是我们的责任，是我们对中华民族的责任，对前人的责任，对后人的责任。我们要保持战略定力和坚定信念，坚定不移走自己的路，朝着自己的目标前进。

中国已经发展起来了，我们不认可“国强必霸”的逻辑，坚持走和平发展道路，但中华民族被外族任意欺凌的时代已经一去不复返了！为什么我们现在有这样的底气？就是因为我们的国家发展起来了。现在，中国的国际地位不断提高、国际影响力不断扩大，这是中国人民用自己的百年奋斗赢得的尊敬。想想近代以来中国丧权辱国、外国人在中国横行霸道的悲惨历史，真是形成了鲜明对照！

中华文明绵延数千年，有其独特的价值体系。中华优秀传统文化已经成为中华民族的基因，植根在中国人内心，潜移默化影响着中国人的思想方式和行为方式。今天，我们提倡和弘扬社会主义核心价值观，必须从中汲取丰富营养，否则就不会有生命力和影响力。比如，中华文化强调“民惟邦本”、“天人合一”、“和而不同”，强调“天行健，君子以自强不息”、“大道之行也，天下为公”；强调“天下兴亡，匹夫有责”，主张以德治国、以文化人；强调“君子喻于义”、“君子坦荡荡”、“君子义以为质”；强调“言必信，行必果”、“人而无信，不知其可也”；强调“德不孤，必有邻”、“仁者爱人”、“与人为善”、“己所不欲，勿施于人”、“出入相友，守望相助”、“老吾老以及人之老，幼吾幼以及人之幼”、“扶贫济困”、“不患寡而患不均”，等等。像这样的思想和理念，不论过去还是现在，都有其鲜明的民族特色，都有其永不褪色的时代价值。这些思想和理念，既随着时间推移和时代变迁而不断与时俱进，又有其自身的连续性和稳定性。我们生而为中国人，最根本的是我们有中国人的独特精神世界，有百姓日用而不觉的价值观。我们提倡的社会主义核心价值观，就充分体现了对中华优秀传统文化的传承和升华。

价值观是人类在认识、改造自然和社会的过程中产生与发挥作用的。不同民族、不同国家由于其自然条件和发展历程不同，产生和形成的核心价值观也各有特点。一个民族、一个国家的核心价值观必须同这个民族、这个国家的历史文化相契合，同这个民族、这个国家的人民正在进行的奋斗相结合，同这个民族、这个国家需要解决的时代问题相适应。世界上没有两片完全相同的树叶。一个民族、一个国家，必须知道自己是谁，是从哪里来的，要到哪里去，想明白了、想对了，就要坚定不移朝着目标前进。

去年12月26日，我在纪念毛泽东同志诞辰120周年座谈会上讲话时说：站立在960万平方公里的广袤土地上，吸吮着中华民族漫长奋斗积累的文化养分，拥有13亿中国人民聚合的磅礴之力，我们走自己的路，具有无比广阔的舞台，具有无比深厚的历史底蕴，具有无比强大的前进定力。中国人民应该有这个信心，每一个中国人都应该有这个信心。我们要虚心学习借鉴人类社会创造的一切文明成果，但我们不能数典忘祖，不能照抄照搬别国的发展模式，也绝不会接受任何外国颐指气使的说教。

我说这话的意思是，实现我们的发展目标，实现中国梦，必须增强道路自信、理论自信、制度自信，“千磨万击还坚劲，任尔东南西北风”。而这“三个自信”需要我们对核心价值观的认定作支撑。

我为什么要对青年讲社会主义核心价值观这个问题？是因为青年的价值取向决定了未来整个社会的价值取向，而青年又处在价值观形成和确立的时期，抓好这一时期的价值观养成十分重要。这就像穿衣服扣扣子一样，如果第一粒扣子扣错了，剩余的扣子都会扣错。人生的扣子从一开始就要扣好。“凿井者，起于三寸之坎，以就万仞之深。”青年要从现在做起、从自己做起，使社会主义核心价值观成为自己的基本遵循，并身体力行大力将其推广到全社会去。

广大青年树立和培育社会主义核心价值观，要在以下几点上下功夫：

一是要勤学，下得苦功夫，求得真学问。知识是树立核心价值观的重要基础。古希腊哲学家说，知识即美德。我国古人说:“非学无以广才，非志无以成学。”大学的青春时光，人生只有一次，应该好好珍惜。为学之要贵在勤奋、贵在钻研、贵在有恒。鲁迅先生说过:“哪里有天才，我是把别人喝咖啡的工夫都用在工作上的。”大学阶段，“恰同学少年，风华正茂”，有老师指点，有同学切磋，有浩瀚的书籍引路，可以心无旁骛求知问学。此时不努力，更待何时？要勤于学习、敏于求知，注重把所学知识内化于心，形成自己的见解，既要专攻博览，又要关心国家、关心人民、关心世界，学会担当社会责任。

二是要修德，加强道德修养，注重道德实践。“德者，本也。”蔡元培先生说过:“若无德，则虽体魄智力发达，适足助其为恶。”道德之于个人、之于社会，都具有基础性意义，做人做事第一位的是崇德修身。这就是我们的用人标准为什么是德才兼备、以德为先，因为德是首要、是方向，一个人只有明大德、守公德、严私德，其才方能用得其所。修德，既要立意高远，又要立足平实。要立志报效祖国、服务人民，这是大德，养大德者方可成大业。同时，还得从做好小事、管好小节开始起步，“见善则迁，有过则改”，踏踏实实修好公德、私德，学会劳动、学会勤俭，学会感恩、学会助人，学会谦让、学会宽容，学会自省、学会自律。

三是要明辨，善于明辨是非，善于决断选择。“学而不思则罔，思而不学则殆。”是非明，方向清，路子正，人们付出的辛劳才能结出果实。面对世界的深刻复杂变化，面对信息时代各种思潮的相互激荡，面对纷繁多变、鱼龙混杂、泥沙俱下的社会现象，面对学业、情感、职业选择等多方面的考量，一时有些疑惑、彷徨、失落，是正常的人生经历。关键是要学会思考、善于分析、正确抉择，做到稳重自持、从容自信、坚定自励。要树立正确的世界观、人生观、价值观，掌握了这把总钥匙，再来看看社会万象、人生历程，一切是非、正误、主次，一切真假、善恶、美丑，自然就洞若观火、清澈明了，自然就能作出正确判断、作出正确选择。正所谓“千淘万漉虽辛苦，吹尽狂沙始到金”。

四是要笃实，扎扎实实干事，踏踏实实做人。道不可坐论，德不能空谈。于实处用力，从知行合一上下功夫，核心价值观才能内化为人们的精神追求，外化为人们的自觉行动。《礼记》中说:“博学之，审问之，慎思之，明辨之，笃行之。”有人说:“圣人是肯做工夫的庸人，庸人是不肯做工夫的圣人。”青年有着大好机遇，关键是要迈稳步子、夯实根基、久久为功。心浮气躁，朝三暮四，学一门丢一门，干一行弃一行，无论为学还是创业，都是最忌讳的。“天下难事，必作于易；天下大事，必作于细。”成功的背后，永远是艰辛努力。青年要把艰苦环境作为磨炼自己的机遇，把小事当作大事干，一步一个脚印往前走。滴水可以穿石。只要坚韧不拔、百折不挠，成功就一定在前方等你。

核心价值观的养成绝非一日之功，要坚持由易到难、由近及远，努力把核心价值观的要求变成日常的行为准则，进而形成自觉奉行的信念理念。不要顺利的时候，看山是山、看水是水，一遇挫折，就怀疑动摇，看山不是山、看水不是水了。无论什么时候，我们都要坚守在中国大地上形成和发展起来的社会主义核心价值观，在时代大潮中建功立业，成就自己的宝贵人生。

同学们、老师们！

党中央作出了建设世界一流大学的战略决策，我们要朝着这个目标坚定不移前进。办好中国的世界一流大学，必须有中国特色。没有特色，跟在他人后面亦步亦趋，依样画葫芦，是不可能办成功的。这里可以套用一句话，越是民族的越是世界的。世界上不会有第二个哈佛、牛津、斯坦福、麻省理工、剑桥，但会有第一个北大、清华、浙大、复旦、南大等中国著名学府。我们要认真吸收世界上先进的办学治学经验，更要遵循教育规律，扎根中国大地办大学。

鲁迅先生说:“北大是常为新的，改进的运动的先锋，要使中国向着好的，往上的道路走。”党的十八届三中全会吹响了全面深化改革的号角，也对深化我国高等教育改革提出了明确要求。现在，关键是把蓝图一步步变为现实。全国高等院校要走在教育改革前列，紧紧围绕立德树人的根本任务，加快构建充满活力、富有效率、更加开放、有利于学校科学发展的体制机制，当好教育改革排头兵。我也希望北京大学通过埋头苦干和改革创新，早日实现几代北大人创建世界一流大学的梦想。

教师承担着最庄严、最神圣的使命。梅贻琦先生说:“所谓大学者，非谓有大楼之谓也，有大师之谓也。”我体会，这样的大师，既是学问之师，又是品行之师。教师要时刻铭记教书育人的使命，甘当人梯，甘当铺路石，以人格魅力引导学生心灵，以学术造诣开启学生的智慧之门。

各级党委和政府要高度重视高校工作，始终关心和爱护学生成长，为他们放飞青春梦想、实现人生出彩搭建舞台。要全面深化改革，营造公平公正的社会环境，促进社会流动，不断激发广大青年的活力和创造力。要强化就业创业服务体系建设，支持帮助学生们迈好走向社会的第一步。各级领导干部要经常到学生们中去、同他们交朋友，听取他们的意见和建议。

现在在高校学习的大学生都是20岁左右，到2020年全面建成小康社会时，很多人还不到30岁；到本世纪中叶基本实现现代化时，很多人还不到60岁。也就是说，实现“两个一百年”奋斗目标，你们和千千万万青年将全过程参与。有信念、有梦想、有奋斗、有奉献的人生，才是有意义的人生。当代青年建功立业的舞台空前广阔、梦想成真的前景空前光明，希望大家努力在实现中国梦的伟大实践中创造自己的精彩人生。

我相信，当代中国青年一定能够担当起党和人民赋予的历史重任，在激扬青春、开拓人生、奉献社会的进程中书写无愧于时代的壮丽篇章!

例文评析

青年是一个国家、一个民族的未来和希望。青年兴则国家兴，青年强则国家强。2014年5月4日，中共中央总书记、国家主席、中央军委主席习近平来到北京大学考察。在与北京大学师生的座谈会上，习近平代表党中央，向北大青年学生发表了《青年要自觉践行社会主义核心价值观》的讲话。这一天正属于青春的节日，习近平的讲话实际上是面向全国各族青年学生、青年工作者的讲话。

习近平的讲话站在民族复兴、国家富强的战略高度，从两方面深入浅出、鞭辟入里阐述了青年学生要坚持和践行社会主义核心价值观问题。其一，剖析社会主义核心价值观的形成、内涵，阐明了社会主义核心价值观与优秀传统文化的关系及其意义。其二，向广大青年提出树立和培育社会主义核心价值观必须要做到勤学、修德、明辨、笃实，要使社会主义核心价值观成为自己的基本准则，并身体力行大力将其推广到全社会去，努力在实现中国梦的伟大实践中创造自己的精彩人生。

这篇长达6000多字的讲话稿语重心长、充满热望，向广大青年提出了自觉坚守社会主义核心价值观、践行社会主义核心价值观的殷切期望，是一篇兼具思想性和艺术性的优秀讲话稿。

例文 2

练就人生“三趣”　创造美好人生

——在2016级新生开学典礼上的致词

（2016年9月9日）

袁寿其

2016级全体新同学：

大家上午好！

在层林尽染、叠翠流金的金秋时节，10000余名2016级新同学带着成功与喜悦，载着理想与憧憬，来到百年学府江苏大学。同学们在经历高考和研究生入学考试的洗礼中，无论是像里约奥运会上中国女排夺冠一样历经艰辛、惊心动魄，还是像中国乒乓球队一样包揽四金、雄踞榜首，都值得庆贺，因为同学们通过自己的努力与拼搏实现了自己的大学梦和研究生梦。在此，我谨代表江苏大学40000余名师生员工，对同学们取得人生阶段性的成功表示热烈的祝贺，对同学们融入百年江大这个大家庭表示热烈的欢迎！

从今天开始，美丽的江大校园，将是同学们开启人生新旅程的新起点。作为由江苏大学的本科、硕士、博士成长起来的“土著”校长，在我心目中，江苏大学是一所与南京大学同宗同源，传承百年文脉的高等学府。学校校风馥郁，学统端庄，人才辈出，1978年就被国务院确定为全国88所重点大学之一，1981年成为全国首批具有博士学位授予权的高校，曾培养了我国第一批农机本科、硕士和第一位农机博士。特别是“十二五”以来，学校确立了高水平、有特色、国际化的发展战略，学校事业长足发展：学校的工程学、材料科学、临床医学、化学和农业科学5个学科进入ESI全球同类学科前1%，并列全国第34位、江苏第4位；国家自然科学基金获批数学校连续5年列全国50位左右；2015年发明专利授权量学校列全国高校第6位；“挑战杯”全国大学生科技作品竞赛学校5届喜捧“优胜杯”；中国管理科学研究院《2016中国大学评价》学校列第48位；2015年《泰晤士高等教育》第三届金砖国家和新兴经济体大学排名学校列第181位；2016年《泰晤士高等教育》亚洲大学排名学校并列亚洲第193位；来自五大洲80多个国家的1000余名学历留学生规模列全国第42位、江苏第2位，等等。较强的综合实力和优质的办学资源，为学校创建本科教学质量名校提供了有力支撑。上半年，学校以优异成绩通过了教育部本科教学审核评估。特别是学校在创新创业人才、卓越人才、精英人才、国际化人才培养方面所取得的成效得到评估专家的充分肯定和高度认可。2016届毕业生中有994人考取北大、清华、复旦、浙大等名校研究生，170余名同学赴美国纽约大学、英国伦敦大学学院、加拿大多伦多大学、日本京都大学等世界名校深造。上半年共有492名同学赴海外游学，其中26名获得国家留学基金委公派资助。此外，校大学生男子排球队、女子足球队、女子沙滩排球队均曾获全国冠军，并代表中国大学生参加世界比赛，等等。这说明，江大的学生在全省、全国乃至全世界都是优秀的，是有竞争力的。所以说，江苏大学是一所能帮助同学们成人成才、实现梦想的好大学。

同学们，你们高考和考研只是人生书本上的重要一页，翻过这页，同学们的未来将有无穷多解。同学们来到大学，肩负两大任务：一是“研究高深之学问”，二是“养成健全之人格”，而“养成健全之人格”是“研究高深之学问”的基础，正如古人所说“修身种德，事业之基”。因此，同学们要获得未来人生的最优解，“养成健全之人格”最为关键。何为“健全之人格”？用著名教育家蔡元培先生的话来说就是“狮子样的体力、猴子样的敏捷、骆驼样的精神”，这实质上就是指一个人“知、志、情”三者的和谐统一。具体到同学们来讲，我觉得同学们的“健全之人格”就是：为学要有浓厚的兴趣，为事要有远大的志趣，为人要有高雅的情趣。因此，在同学们大学生活开启之际，我提三点希望与同学们共勉。

一、希望同学们以“众里寻他千百度”的韧劲激发浓厚的兴趣。每个人都是人才，每个人都能成才，但我觉得首先是要激发兴趣，因为兴趣是最好的老师。尤其是大学学习的本质是一种自主的学习、主动的学习，要从众多的课程学习以及阅读资料中提炼掌握知识规律，没有浓厚的兴趣很难做到。然而，兴趣作为启迪心智的钥匙，它要靠每个人自己去寻找和培养，甚至是一场须经一番寒彻骨方得梅花扑鼻香的追寻之旅。因此，同学们对所学专业都要想方设法地去了解，努力唤醒自己的兴趣。如果有的同学对所学专业暂时不了解，也千万不能由此为自己寻找不喜欢的理由，而是要反复地追问，我来大学的初心是什么？学好专业本领的意义、价值何在？兴趣是可以培养的，你学得越多越会发现专业的奥秘与价值。古人讲“万物得其本者生”。不忘进入大学的初心，抱定为求学而来的宗旨，激发对所学专业发自内心的热爱，这是学习的力量源泉。同学们一旦拥有了这种强大的内驱力，同学们就一定能“读万卷书，行万里路”，就一定能在知识的殿堂里潜心学问、耕读人生、诗意徜徉。

二、希望同学们以“会当击水三千里”的担当树立远大的志趣。志趣是人生的指南针和发动机。人生所能达到的高度，一定取决于他理想的高度。一个人如果仅仅满足于个人理智的发展，缺乏崇高的理想和担当，那么他就难以摆脱拜金主义、享乐主义的奴役和世俗现实的困扰，充其量只能是一般意义的“优秀”和有限的“成功”。这就是古人讲的:“人若志趣不远，心不在焉，虽学无成。”这就要求同学们在未来的大学生活中，必须要有大的理想、大的胸怀和大的担当，尤其在实现中国梦的伟大征程中要有舍我其谁的气概。因此，同学们当前的首要任务就是要按照习近平总书记“志存高远、德才并重、情理兼修、勇于开拓”的十六字要求，自觉把学习作为一种责任和追求，勤于学习，敏于求知，苦练本领。唯有既志存高远，又脚踏实地，同学们的青春远航才有力量，同学们的未来人生才能璀璨辉煌！

三、希望同学们以“善养吾浩然之气”的执着练就高雅的情趣。大学不是职业培训所，而是致力于人文精神养成和人性完善提高的殿堂。因此，同学们进入大学，决不单纯是知识的接受者和知识容器，同学们的目标定位决不能止于高分学霸，而是要情理兼修，砥砺德行，就是要通过练就高雅的情趣，开发潜能，实现人格的塑造。所谓高雅的情趣，主要包括“独立不迁”的批判精神、“上下求索”的顽强意志、“宁为玉碎，不为瓦全”的傲然风骨、“先天下之忧而忧，后天下之乐而乐”的人文情怀、“己所不欲，勿施于人”的道德原则，等等。其实，这就是一个人的“精神底子”，是体现一个人品位境界的精神坐标。而大学和研究生阶段正是打好“精神底子”的关键时期。所以，希望同学们在未来的学习中，要充分利用学校提供的各类学习资源，尤其是要养成阅读经典的习惯，努力在经典名著中瞻仰先哲的精神风骨、沐浴春风化雨似的艺术美感、领略史诗般的英雄主义，要通过观察、欣赏、沉思和体悟，养成独立的人格、批判的精神和科学的思维方式。唯有如此，同学们的学识文化、道德伦理、人格气质才能得到全面提升，才能不会沦为“精致的利己主义者”，同学们的未来才能走得更远、走得更好。

同学们，大国角逐，比拼的是高端人才；经济发展，人才是制胜之棋。实现伟大的中国梦，同学们使命光荣、责任重大。希望同学们倍加珍惜风华正茂的青春年华，倍加珍惜大学生活的流金岁月，在美丽的江大校园，秉承“博学、求是、明德”校训，扬帆启航，追逐梦想。我们相信，江大一定会因同学们的加入而更加精彩，同学们的青春足迹也一定将为江大历史所铭记！

最后，祝同学们学习进步，健康成长！

谢谢大家！

例文评析

大学是人生之船的起航处，大学开学典礼正是人生之旅的肇端，其意义和价值无论如何估计都不为过。从这一刻起，莘莘学子将与一所高等学府“情定终身”。从此，青年学生们将刻上一所高等学府的深深烙印，拥有一所高等学府的独特 DNA。从此，青年学子们徜徉学海，立志创新，追求卓越，历练品格，锻造底色，为人生奠基铺路。在开学典礼这一隆重的仪式上，校长、师长、学长、校友、家长等代表们的讲话都从自身经验和认识出发，解读一所高等学府的人文底蕴、校训校风、历史贡献、已有成就和未来规划等，以此寄寓对青年学子们的祝贺、祝愿、期许和勉励。这其中，校长的讲话最具权威性和导引力。

讲话稿正文三部分脉络清晰，开合自然。开头部分先以“层林尽染、叠翠流金”起笔，营造了唯美梦幻的金秋丰收氛围，与开学典礼的时间、季节和学子们的丰厚收获融合得天衣无缝；紧接着以类比手法褒扬了学子们在高考和研究生入学考试中经受的洗礼和梦想成真的硕果；最后以热烈的祝贺和欢迎收结，体现了开学典礼讲话稿开头的要义。讲话稿中间部分分两层展开。第一层向新生同学们展示了百年高等学府江苏大学的历史和现实，在“高水平、有特色、国际化”的发展战略指引下，学校在学科建设、人才培养、办学实力和学校地位等方面取得的成绩和成就，鼓舞人心。第二层在解读大学肩负的“研究高深之学问”“养成健全之人格”两大任务辩证关系的基础上，向新生们提出三点期望。其一，希望同学们以“众里寻他千百度”的韧劲激发浓厚的兴趣。其二，希望同学们以“会当击水三千里”的担当树立远大的志趣。其三，希望同学们以“善养吾浩然之气”的执着练就高雅的情趣。三点期望正好涵盖了“研究高深之学问”“养成健全之人格”的主旨和命意，阐发契合现实大学生活，寄寓高，要求实，既有引领和导向作用，又有指导和参照价值。讲话稿结尾部分将学生未来的成长带入全球化背景下，殷切希望学子们珍惜大学阶段的青春年华和流金岁月，“在美丽的江大校园，秉承‘博学、求是、明德’校训，扬帆启航，追逐梦想”。

该讲话稿寄寓高远，辞气激扬，意脉联贯，阐发明晰，引用贴切，体现了一位书记、校长宏阔的教育视野、先进的教育理念和对学生的殷殷期望。

例文3

不负青春

——在2019届毕业生毕业典礼上的讲话

（2019年6月21日）

颜晓红

亲爱的同学们，尊敬的老师们、学生家长们：

大家上午好！

“昼晷已云极，宵漏自此长。”今天恰逢二十四节气中的夏至，在夏收夏种的一派丰收与忙碌之中，我们迎来了2019届毕业生毕业典礼暨学位授予仪式。首先，我谨代表学校向顺利完成学业的10000余名本科生、硕士生、博士生和留学生表示热烈的祝贺！向为你们的成长成才付出辛勤劳动的全体教师、全体管理和服务人员以及你们的家人表示崇高的敬意！

毕业，既是离别，也是见证。伴随着你们把不同颜色的学位服定格在相框，江苏大学的一草一木将逐渐移入你们心中最柔软的地方，成为你们最为沉醉的回忆。这里有你们无以复制的青春，有你们弥足珍贵的情感。在一轮又一轮的四季交替中，你们在校园自在地畅游，成为江大诗情画意般的景致中最灵动的影像；在一堂又一堂的倾心传授中，你们沐浴着知识的阳光，快速地拔节成长；在一场又一场的文体活动中，你们展现唯美的力量，让青春恣意地飞扬；在一次又一次的实践历练中，你们告别了胆怯与徘徊，逐渐变得更加成熟和坚强。这些镌刻着江苏大学名字的青春时光，在岁月的淘洗中将会显得愈发晶莹透亮，直至沉淀为在座每一位江大人独有的长想！

很高兴青春的你们与青春之江大同向同行。今年是江苏大学合并组建18周年暨办学117周年。十八而志，江大正青春！18年的融合发展，倾注了一代代江大师生的满腔热血；18年的砥砺奋进，换来了今天的自信自强。《2019中国大学评价》，学校综合排名已经跃升至全国高校第41位。QS、THE、ARWU、USNEWS等国际权威世界大学排名，学校均跻身top1000。工程学等6个学科进入ESI排名全球前1%，综合排名列全国第51位，学校的办学实力和办学水平正越来越强、越来越高。作为全国25所、江苏2所“三全育人”综合改革试点高校之一，学校的创新人才、卓越人才、精英人才以及国际化人才培养体系日臻完善，“自强厚德，实干求真”的校园文化愈加浓郁，立德树人的软硬环境正越来越好、越来越靓。学校当选“江苏—英国高水平大学20+20联盟”江苏方常设秘书长和首轮主席单位，成为农业装备国际（产能）合作联盟和农业工程大学国际联盟发起和理事长单位，去年赴境外研修游学学生突破1000人，目前在校学历留学生超过2000人，学校国际合作与交流的步伐正越来越自信、越来越从容。

同学们，青春的你们与青春的江大如约相遇，就像同学们金工实习时见证的车床与铁块的相遇，碰撞时出现的是美丽的火花，成型时铸就的是辉煌的硕果！在过去的几年里，同学们积极进取、努力拼搏，奋斗是你们青春岁月里最亮丽的底色。你们当中，有1375人将赴北京大学、浙江大学等学校继续学习，115人将远赴英国谢菲尔德大学、新加坡国立大学等世界名校留学深造。陈嘉欣同学获第十五届“挑战杯”全国一等奖，已收到中科院广州生物院的博士录取通知书；程人同学四年里“博观约取”，最终“厚积薄发”，成功跨专业考入北京大学；赵慧敏同学坚信“每个故事都应该有一个Happy Ending”，在不断努力中等来了意大利米兰理工大学的录取通知书。张寿钰同学从理工科跨入法学专业，用3年时间完成了4年的学业，并赴港澳台、日韩等地了解不同的法律实践，收到了8所英国知名大学的硕士录取通知书。留学研究生ABDULLAH（阿卜杜拉）同学，热爱中国文化，在学期间发表10篇SCI论文，被香港大学以全额奖学金录取攻读博士学位。来自发达省份浙江的方超同学，立志投身“西部计划”，把青春时光用到祖国最需要的地方贡献力量。除了这些同学外，还有更多的同学用自己的青春实践，为青春江大增添了一道又一道夺目的光彩！

同学们，今年是五四运动100周年，也是新中国成立70周年。习近平总书记在纪念五四运动100周年大会上指出："五四运动以来的100年，是中国青年一代又一代持续奋斗、凯歌前行的100年，是中国青年用青春之我创造青春之中国、青春之民族的100年。"青年兴则国兴，青年强则国强。历史如此，将来也必然如此。同学们，你们作为新时代的中国青年，正处在中华民族发展的最好时期，既面临着难得的建功立业的人生际遇，也面临着"天将降大任于斯人"的时代使命。

这几天通过学校"毕业季"官微，听你们从《一个人的江大》唱到《走远》，看你们以独特的造型在校园各处真情地留念，我真为同学们的爱校之情而感动，为同学们的青春活力而骄傲。我觉得，照片上定格的只是你们曾经的花样年华，还不是你们"最美的青春"。梦想不老，青春不散。请你们记住"青春不散场"之约，在不断奋斗的成长路上成就明天更美的青春。值此同学们踏上新的人生旅程之际，由衷地希望你们不负青春、不负韶华，以燃烧的青春点亮奋斗的人生，用青春的力量擎起时代的梦想。

第一，希望你们有"敢教日月换新天"的青春豪气。

171年前，年仅30岁的马克思和28岁的恩格斯共同发表了影响着人类历史进程的《共产党宣言》；100年前，一群手无寸铁的青年学生走上北京街头为救亡图存振臂高呼，从而拉开了中国新民主主义革命的序幕；98年前，平均年龄28岁的13位中共一大代表在嘉兴南湖的一条画舫船上，探寻救国救民的新道路，共同宣告了中国共产党的诞生。由此可见，"青年是整个社会力量中最积极、最有生气的力量"。同学们正值青春年华，要立志高远，要有吞吐江河、指点江山的豪情和豪气，自觉将个人事业发展之"小我"融入国家民族复兴事业之"大我"，在民族复兴的滚滚洪流中展现青年人的担当、展示江大人的胆略。毕业于我校农机专业的97届校友徐正华，秉承"实业兴邦，推动农机装备制造业发展"的志向，创立了久富农机。凭借"只做高端农机产品"的初心、"世界一流品质"的匠心，以及企业的"牛文化"，他们的产品一跃成为国内插秧机品牌的领头羊，不仅改变了插秧机的市场格局，还打破了外资企业对高端插秧机市场的垄断。2017年时任全国人大常委会副委员长、民盟中央主席张宝文调研他们企业并给予了高度的赞赏。校友徐正华的故事用实践告诉我们，只有将个人的理想与民族命运、国家前途紧密相连，只有拥有胸怀天下、敢为天下先的青春豪情与豪气，才能成就一流之事业、一流之人生。

第二，希望你们有“踏平坎坷成大道”的青春锐气。

“千锤百炼方能造就英才，珍惜韶华才不负青春”，中国青年历来有“永久奋斗”的优良传统。从大局看，国家的进步和民族的复兴，是一代又一代人发扬艰苦卓绝的奋斗精神所推动的；从个人来看，奋斗是获取幸福的源泉，也是成长成才路上的奠基石。我校87届校友王晓秋，现任上汽集团副总裁、上汽乘用车总经理，是我国首款新能源中高级轿车的缔造者。他带领自主品牌走上差异化发展之路，在逆境中强势突破，取得了新能源汽车领域的明显优势。他曾感慨地说，“人们只惊艳花开放时的美丽，然而当初它的发芽和成长，其实是历经了风雨的洗礼，饱含了奋进向上的执着”。王晓秋的奋斗历程有很多不为人知的心酸和不易，他成功的背后是蕴含着难以想象的自律和自省、无数次的尝试和付出，以及镌刻在他内心深处的使命感和责任感。同学们，毕业之后的人生道路，永远都有艰难险阻和未知挑战，希望你们保持砥砺奋进的青春锐气，脚踏实地、练就过硬本领，勇于担当、勇克难关，你们的人生一定会得到崭新的历练和升华！

第三，希望你们有“各领风骚数百年”的青春才气。

当今社会，科技创新进入了空前密集活跃的时期，正深刻影响着国家前途命运和人民生活福祉。近期的中美贸易摩擦，以及华为被列入“实体名单”，本质上是国别间创新能力的比拼赶超。建设创新型国家，需要大批走在创新创业前沿的时代青年，正所谓“江山代有才人出，各领风骚数百年”。在江苏东台沿海经济区方东垦区，可以看到整齐排列的众多大棚，顶上的光伏发电板在太阳的照射下发出深蓝色的光芒。这是基于智能物联网技术，将智慧渔业养殖与新能源发电有效结合，在滩涂荒漠上发展出的立体式生产养殖体系。这项国内首创、国际领先技术的创始人之一是我校85届校友杨言华。他曾是国外知名企业的研发工程师，在祖国创新创业大潮的感召下，他毅然放弃国外优越的职位和生活，回国创业。他的创业项目改变了原有的小农养殖模式，实现了规模化和精细化养殖，形成了示范引导作用，推动了当地产业结构升级。同学们，你们身处于急剧变化的新时代，要想叱咤风云、独领风骚，首先要练就过硬的创新创业本领。随着创新型国家战略的深入实施，创新创业已经持续向更大范围、更高层次和更深程度推进，希望你们大力发挥创新创业的青春才情，以更加自信的心态，勇敢地突破传统思维模式，坚持从1到N的传统创新迈向从0到1的颠覆性原始创新，让创新创业成为青春远航的不竭动力。

同学们，在蕴含“事出于沉思，义归乎翰藻”丰厚人文精神的镇江大地上，在高扬“博学、求是、明德”校训精神的百年江大科教沃土上，你们以“诗书自饱满”成为国家发展和民族振兴的栋梁，今天是你们意气风发、激扬青春的出征的日子，希望同学们明白“青春不是年华，而是心境，是生命的源泉在涌流”，希望你们在为民族复兴的伟业中砥砺自我、展现真我、书写“大我”，在充满希望和挑战的人生长路上，永怀青春豪气、永葆青春锐气、永存青春才气，“以青春之我，创建青春之家庭，青春之国家，青春之民族，青春之人类……”以青春奋进的姿态唱响人生之歌，以梦想不老的激情书写“永远正青春”的时代华章！

最后，恭祝同学们家若春华秋实，业如月恒日升！

谢谢大家！

例文评析

大学是人生最重要一段进学历程，学业在此完成，本领在此练就，素养在此提升，人格在此健全，事业在此奠基。大学毕业典礼是对本科生、硕士研究生、博士研究生学习生涯的仪式化收束和理念化总结。在这一收束和总结仪式上，校长的讲话备受瞩目。好的校长讲话能起到肯定成绩、褒奖成长，梳理情绪、抚慰创伤，释放压力、安放心灵，激励斗志、促进新生，孕育希望、筑梦起航等作用。好的校长讲话也会伴随着学子们“把不同颜色的学位服定格在相框”之时，移入学子们“心中最柔软的地方”，成为学子们“最为沉醉的回忆”。江苏大学校长颜晓红教授在2019届毕业生毕业典礼上的讲话就是这样的典范。

这是一篇有热度的讲话稿。“‘昼晷已云极，宵漏自此长。’今天恰逢二十四节气中的夏至，在夏收夏种的一派丰收与忙碌之中，我们迎来了2019届毕业生毕业典礼暨学位授予仪式。”季节带入式入笔，以先入为主的方式让读者（听众）感受到夏天般的火热，一如青春的江大、青春的校园和青春的毕业学子们燃烧的激情。讲话稿通过动人的细节描摹和真实的故事讲述，娓娓道出一位校长对毕业生的款款祝福和颖颖期望，情感真挚，细腻动人。

这是一篇有厚度的讲话稿。“不负青春”是颜校长讲话的主题，对青春的礼赞正是颜校长讲话的深层命意。“青春”一词在讲话稿中共出现44次，用真情谱成的“青春”旋律引领着万余名毕业本科生、硕士生、博士生和留学生学子们回望在青春江大的青春历程，感悟在青春江大的青春时光，收藏在青春江大的青春过往。正如讲话稿所言，“这些镌刻着江苏大学名字的青春时光，在岁月的淘洗中将会显得愈发晶莹透亮，直至沉淀为在座每一位江大人独有的长想！”讲话稿以典雅的语言、清丽的文风、真实的例举，将青春江大美好的青春旋律无限延展，“梦想不老，青春不散”。

这是一篇有宽度的讲话稿。礼赞青春的意义在于激扬斗志，唤起力量；在于不负青春，不负韶华。在讲话中，颜校长以江苏大学优秀校友徐正华、王晓秋和杨言华的青春奋斗故事为例，从青春与国家关系维度、青春与奋斗关系维度、青春与创新关系维度，希望毕业生们有“敢教日月换新天”的青春豪气，有“踏平坎坷成大道”的青春锐气，有“各领风骚数百年”的青春才气。这三个“希望”，既是一位温柔敦厚的当代教育家的耳提面命，更是一位阅历丰富的前辈学者的深情寄语。带着校长的厚望，江苏大学的毕业生们必将能“以青春奋进的姿态唱响人生之歌”。全文辞气豪迈，极富感染力。

经典是指那些经过时间淘洗和历史选择经久不衰的传世之作。时间会告诉我们，这篇有热度、有厚度、有宽度的讲话稿一定能经得起淘洗和选择，与时并进，历久弥新。

拓展思考

每一届新生入校，学校和各学院都要举行隆重的开学典礼，让新一届学子们了解学校（学院）的发展历史和成就，了解学校（学院）的办学特色和校园文化，了解学校（学院）的人文精神与价值追求等，起到鼓舞学生士气，提升学生对学校（学院）的认可度，激发学生爱校、爱院的豪情，激励学生发奋学习的志向，坚定学生成人成才初心等作用。本届新生开学典礼已成功举办，校长、师长、学长们的讲话给你留下了什么印象，你认可他们的讲话吗？如果是你，你会讲些什么又怎么讲呢？

1．请以新生代表的身份拟一份讲话稿。

2．以小组为单位，在充分研讨的基础上完成一份新生代表讲话稿。

3．以小组为单位，各组选择校长、师长或学长一种身份，模拟完成一份讲话稿。

4．以班级为单位，分角色模拟组织一次开学典礼。

5．全班同学在教师组织引导下，对讲话稿写作及模拟开学典礼活动进行总结。

第十章　规则意识与公务文书

公务文书简称“公文”，是一种具有法定效力的文书，是各级党政机关依法行政和开展公务活动的工具，是应用文的重要组成部分。我国现行公文有党政机关公文和军队公文两大系统，本书主要讲解党政机关公文。企事业单位没有专门的公文系统，参照使用党政机关公文开展工作。现行《党政机关公文处理条例》（中办发〔2012〕14 号，以下简称《条例》）第一章总则第三条指出：“党政机关公文是党政机关实施领导、履行职能、处理公务的具有特定效力和规范体式的文书，是传达贯彻党和国家方针政策，公布法规和规章，指导、布置和商洽工作，请示和答复问题，报告、通报和交流情况等的重要工具。”公文是一枚“双面币”，它能帮助机关单位有效地行使职权，也可能出现机关单位在行使职权的过程中利用公文的法定效力滥用职权的情况。其实质就是党政公文职权范围的大小、效力的高低、作用的强弱问题，也涉及机关单位的办事效率、工作作风问题，即公文法定效力的加强与规范的问题。具体到个人，则是培育规则意识、自觉维护办事规程和践行文明准则等问题。

第一节　公文的法定效力与规则意识

一、公文的法定效力

公文的法定效力指的是与公文的发布（下发、传达、下达）同时产生的一种效力，具体包含以下几方面的内容：

（一）确定力

公文的确定力是指公文的不可更改性，即任何事情一旦经一级党政机关的某一类公文确定下来，任何人不得以任何方式随意更改，除非相应的机关或其上级机关按照法定程序予以允许。例如，各级党政机关以命令、决定或通知等公文任命机关单位领导人，是极其严肃的行政行为。某人一旦被某公文确定担任某一职务，不经相应机关或其上级机关按照法定程序许可，其权力和义务不废止。如果被任命者本人不履行义务，要依法追究其不履行义务的责任；如果本人自愿辞去这一职务，也要经过批准，未经批准辞呈无效，其权力和义务亦不废止。公文中所包含的其他任何事项都具有和上例一样的不可更改性。

（二）执行力

公文的执行力即它的“有令必行”功能。公文不发则已，既发，其中所包含的办法、措施、规范、要求，受文对象都必须予以执行。如果主送机关不付诸实施，发文机关或其上级机关有权依据相关法律法规追究其不执行的责任。例如：上级机关下发公文分配工作、布置任务，下级机关必须按要求组织开展、落实完成；下级机关上呈公文请求上级帮助解决问题、批准事项或作出指示，上级机关必须在规定的期限内作出相应答复；平级机关通过公文知照情况、询问或商洽工作，受文机关应及时给予回复；等等。如《××省人民政府关于进一步做好公文处理工作的意见》（×政办发〔2014〕14 号）中规定:“各地、各部门办公厅（室）对急件的办理要根据紧急程度统筹安排，明确各个环节办理时限，加强催办、督办工作。上级领导机关交办的急件，牵头部门要负总责，统筹安排办理工作，有关协办及配合部门要积极予以协助。在急件办理工作中，除来文有明确的时限要求外，原则上按照‘特提’随到随办，‘特急’2 日内办结，‘加急’4 日内办结，‘平急’6 日内办结。”像这样具体的规定在公文中屡见不鲜，受文对象无论是上级机关、下级部门、平级或不相隶属机关都必须不折不扣地执行。

（三）约束力

公文的约束力即它的“令行禁止”功能。公文的内容不但规定受文对象应该做什么、应该怎样做，还规定不应该做什么、不应该怎样做。一旦有了明确的“禁止”规定，受文对象必须严格遵守，如果不遵守则要承担由此带来的后果和责任。

公文的约束力与执行力共同构成了一个问题的两个方面，即平时所说的“令行禁止”。

（四）公文的法定效力是直接的、特定的

公文的法定效力又叫公文的直接效力或特定效力。首先，公文的法定效力是直接的，即随着公文的发布（下发、传达、下达）一起产生。其次，公文的法定效力又是特定的，其确定力、执行力、约束力是公文特有的，公文以外的任何应用文都不具有这一特性。我国现行 15 种党政机关公文均具有直接的法定效力，而党政机关使用的其他文书都不属于这一范畴。

（五）附件的效力

公文经常有附件，附件与主件共同构成一份完整的公文。公文主附件是一个整体，因此主附件具有同样的效力，这正是规定、制度、计划、总结等事务文书具有约束力的原因。在我国，重要的事务文书都是以公文附件的形式发布的，它“借”公文的法定效力而获得法定效力。比如，我国常用命令发布条例、章程、规定等，用通知发布办法、细则等。公文主附件效力相同，但是其效力生成不同，主件所具有的直接效力是公文的本质属性，附件的效力不是附件本身具有的，是非本质的，是“借”来的。需要说明的是，组织内部的规章制度可能存在未借助公文发布的情形，但是同样具有效力，这是因为在我国各级各类组织开展工作过程中，领导在一定会议上公布或讲出，就赋予规章制度以法定效力，此种情况属于现实开展工作过程中一种惯常操作现象。内部的规章制度只针对机关内部特定范围的人员，虽然表面看来没有用公文的形式专门发布，但效力与正式发布的规章制度是一致的。

二、公文法定效力的意义

公务文书与其他应用文种类相比，有两方面的特点非常明显。一是格式极其规范，以国家标准的形式固定下来，各级各类党政机关、企事业单位、社会团体制发公文必须按照相应要求选择用纸、排版印制、装订发出等。二是公文的法定效力是直接的，其确定力、约束力和执行力是与公文的制发一起产生的效力，受文单位和个人必须按照公文内容的要求当行则行，当止则止。

（一）规范发文单位的行为

公文作为机关单位实施领导、履行职能、处理公务的重要工具，因其具有直接的法定效力，其制发后产生权威性和约束力毋庸置疑。正因为如此，对机关单位发出的公文要有相应的要求，必须符合国家法律法规和党的路线方针政策，完整准确体现发文机关意图，并同现行有关公文相衔接，不出现方针政策性偏差；必须进行深入调查研究，充分论证，广泛听取意见；必须一切从实际出发，分析问题实事求是，所提政策措施和办法切实可行，不能随意乱发命令、乱下指示。公文法定效力是对机关单位行政行为的约束和规范。

（二）维护发文单位的权威性

机关单位要充分利用公文具有的法定效力的特性，合理而充分利用公文传达贯彻党和国家方针政策，公布法规和规章，指导、布置和商洽工作，请示和答复问题，报告、通报和交流情况，既能维护自身权威性，保证“令行禁止”，又可理顺工作关系，提高工作效率。

（三）建立正常的工作秩序

一级机关要实现对下级机关有效的管理、指挥、协调和控制，就必须借助于公文直接的法定效力。公文所独具的直接的法定效力是机关单位实现有效管理、指挥、协调和控制的保障，是一级党政机关职权的象征和标志，利用它可以建立起行业系统内正常的领导与被领导或者指导与被指导关系，维护正常的工作秩序。

（四）保护单位的合法权益

相对于上级机关而言，下级机关、单位及其人员一般处于从属的、被领导的、被支配的地位，但这并不意味着上级机关可以任意发号施令，下级机关必须唯命是从。同样，公文所具有的直接的法定效力也维护下级机关的利益，下级机关所呈送的请示、报告、意见等公文，上级机关收到后必须在规定的期限内给予答复或办理，否则也要承担相应的责任。同时，平级机关和不相隶属机关之间正常的关系和联系也受到公文法定效力的约束和规范；它们之间用于商洽工作、询问问题的“函”也同样具有直接的法定效力，相关机关收到后必须及时给予回复。通过公文在机关单位之间往来，各级各类上下左右机关形成一个通畅、有序的系统，共同发挥其在社会大系统中的功能和作用。

三、规则意识及意义

公务文书的规范性与“令行禁止”的特定效力是针对机关单位实施领导、履行职能、处理公务活动而言的。对于个体而言，应该从公文的法定效力中得到启发或启示，即认识到个人拥有规则意识的重要性，自觉培养根植于内心的规则意识。

所谓规则意识，是指个人在社会生活中所具有的自始至终遵守国家法律、法规和规章，遵守社会公德、职业道德和家庭美德，践行约定俗成的礼仪规范，自觉按照行规、章程、纪律、要求等行为处事的观念和识见。个人作为社会的一分子，其规则意识和遵从规则的程度是反映社会整体文明程度的一面镜子，也是社会秩序得以正常维持的保证。

习近平曾多次在讲话中强调“规矩”和“规则”的重要性。他说:“治理一个国家、一个社会，关键是要立规矩、讲规矩、守规矩。”提出要“注重培育人们的法律信仰、法治观念、规则意识，引导人们自觉履行法定义务、社会责任、家庭责任，营造全社会都讲法治、守法治的文化环境”。要求党员、领导干部要讲“政治规矩”，“无规矩，不成方圆”。规矩就是做人、做事的根本规则。

近年来，不断被媒体曝光的诸多不守规则事件及其带来的危害与损伤，充分说明拥有规则意识、遵守规则的重要性。这些事件，大到诸如官员违反党纪国法、收受贿赂、贪污腐败，中到研究生考试泄题作弊、学术论文造假抄袭、公共交通工具上无理取闹、马路“碰瓷”、酒后驾车，小到高铁占座、闯红灯、翻栅栏、公共场合高声喧哗，等等。这些行为和问题的出现，其实都是规则意识缺失的表现。一个置规则于不顾的人，很可能就是一个不遵纪守法的人。不遵守规范和秩序，违法乱纪、胡作非为、我行我素，必然给社会、给他人带来危害和麻烦。

“在现代社会的文明肌体中，规则就是筋和骨。有了明确的规则，才能框定人们的行动边界。”①个人必须充分认识到规则意识的重要性，自觉培育自己根植于内心的规则意识，敬畏规则，遵循规则，自我设限，社会才能更加和谐，生活才会更加美好。

第二节 公务文书认知

一、公务文书的作用

（一）纽带作用

公文起着联系上下级单位、协调平级机关和不相隶属机关的纽带作用。公文可以将发文单位和它的上级机关、下级机关和不相隶属机关联系在一起，形成组织之间的立体网络工作关系，实现上传下达、联系工作、互通有无等作用。

（二）指导作用

公文是机关开展工作、完成任务、解决问题的重要依据。发文机关通过发出的公文指挥生产、指导实践，起着传达贯彻党和国家方针政策，发布行政法规和规章，施行行政措施，请示和答复问题，分配工作、布置任务，商洽工作、询问问题，汇报工作、反映情况，交流经验、互通有无等

---

① 人民日报评论部：《培育深入人心的规则意识——如何提升我们的社会文明》，人民网 http：//opinion. people. com. cn/n1/2018/1114/c1003 -30398869. html，2018 年 11 月 14 日。

作用。

（三）凭证作用

公文是机关开展工作、完成任务、解决问题等的重要依据，是机关各方面工作开展的重要痕迹留存和凭证。工作结束后，重要公文都要作为档案材料保存起来，在需要查询、引用或研究时发挥“千年文字会说话”的查考和凭证作用。

（四）规范作用

公文在分配工作、布置任务时常常要提出具体的要求和规定，特别是下行文，工作要求、工作办法和措施、工作时间安排、工作注意事项等方面都是公文的主要内容。所以，公文一经发布，受文单位必须遵照执行，不得违反。发文单位通过公文实现对相关单位和人员的行为、行动的规范和约束。

（五）晓谕作用

晓谕作用是指公文的宣传教育作用，在下行文中表现得尤为突出。上级机关制发的下行文，常常要讲明发文的客观依据，阐明指导思想，不但规定应该怎么做，而且要讲清为什么，摆出情况和道理，提出相应要求。因此它能起到进行宣传教育、提高认识、统一思想的作用。

二、公务文书的特点

（一）法定的权威性

公文一旦发布会对受文单位产生特定效力，代表发文机关行使职权，体现机关的意志和权力，具有法定权威性。机关和单位制发公文必须体现公文法定的权威性，什么允许做，什么不允许做；应该怎么做，不应该怎么做；要实现什么目的，需要注意些什么等都必须明确提出，受文单位方能依法依规领会精神开展工作。

（二）内容的政策性

机关单位职权和意志的具体化就是方针、政策。党政公文是各级各类机关、单位方针、政策的主要载体，公文内容本身既要符合党、国家和上级机关的法律、法令和法规，反映机关单位的方针、政策，又传达机关单位的大政方针、政策，也在贯彻、执行发文单位的大政方针、政策。因此，党政公文内容体现政策性特点。

（三）作者的法定性

公文的作者是法定作者，即依法成立并能以自己的名义行使权力和承担义务的机关单位或机关单位的领导。公文的文责由法定作者即发文机关来负，撰拟者不对所拟的公文负法律责任。因此，拟文人员要懂得运用代位思维的方式，明确自己写作中的身份地位，站在被代言人即法定作者的立场上说话，思维的角度要符合被代言人的身份与职责权限。

（四）处理的程序性

公文从草拟到归档，由一系列前后相关的过程和步骤组成，具有程序性。遵循一定的程序，才能保证公文处理的科学化、制度化和高效率，使其更好地发挥作用和价值。拟文人员必须从酝酿公文开始就充分领会单位和领导意图，明确草拟公文的基本要求，按照公文办理程序开展公文处理工作。

（五）体式的规范性

体式的规范性是公文区别于其他文字材料的显著特征。拟文人员必须知悉现行国家党政机关公文格式，即中华人民共和国国家质量监督检验检疫总局和中国国家标准化管理委员会 2012 年 6 月 29 日发布并于 2012 年 7 月 1 日起实施的《中华人民共和国国家标准·党政机关公文格式》（GB/T9704—2012 代替 GB/T9704—1999）（以下简称《格式》），以及《党政机关公文处理条例》（以下简称《条例》）中关于公文格式的内容，保证公文处理符合的规范体式。

（六）读者的特殊性

公文的直接读者明确、具体，是公文的受文对象，是负责承办或答复该文件内容的机关单位。受文对象能否准确领会公文的意图和要求直接关涉到工作开展的效率和完成任务的质量。公文的读者阅读公文是职务性阅读，是为了履行工作职责而被动阅读。因此，公文无论是内容的取舍，方针政策的提出，结构的安排，语气措辞的选择，都要充分考虑到读者的特殊性。

三、公务文书的种类

《条例》第二章第八条规定，党政公文的种类主要有：

（一）决议。适用于会议讨论通过的重大决策事项。

（二）决定。适用于对重要事项作出决策和部署、奖惩有关单位和人员、变更或者撤销下级机关不适当的决定事项。

（三）命令（令）。适用于公布行政法规和规章、宣布施行重大强制性措施、批准授予和晋升衔级、嘉奖有关单位和人员。

（四）公报。适用于公布重要决定或者重大事项。

（五）公告。适用于向国内外宣布重要事项或者法定事项。

（六）通告。适用于在一定范围内公布应当遵守或者周知的事项。

（七）意见。适用于对重要问题提出见解和处理办法。

（八）通知。适用于发布、传达要求下级机关执行和有关单位周知或者执行的事项，批转、转发公文。

（九）通报。适用于表彰先进、批评错误、传达重要精神和告知重要情况。

（十）报告。适用于向上级机关汇报工作、反映情况，回复上级机关的询问。

（十一）请示。适用于向上级机关请求指示、批准。

（十二）批复。适用于答复下级机关请示事项。

（十三）议案。适用于各级人民政府按照法律程序向同级人民代表大会或者人民代表大会常务委员会提请审议事项。

（十四）函。适用于不相隶属机关之间商洽工作、询问和答复问题、请求批准和答复审批事项。

（十五）纪要。适用于记载会议主要情况和议定事项。

15 种公文还可依据秘密等级、保密期限、行文方向等标志进行类型的划分。根据行文方向，15 种公文还可以分为下行文、上行文、平行文三类：一类是上级机关向下级机关发布的下行文，有“决议”“决定”“命令（令）”“公报”“公告”“通告”“通知”“通报”“批复”8 种。一类是下级机关向上级机关报送的上行文，有“报告”“请示”2 种；一类是平级和不相隶属机关之间往来的平行文，主要有“函”“议案”2 种；“意见”和“纪要”可以看作特殊文种，是既可以上报、又可以下发、也可以平送的公文。

四、公务文书的格式

党政公文的格式在《条例》第三章中有相关条款，此外《格式》中对党政公文的书写印制格式和文面格式均有明确规定。

（一）公文用纸幅面尺寸及版面要求

1. 幅面尺寸

公文用纸采用 GB/T148 中规定的 A4 型纸，其成品幅面尺寸为：210mm×297mm。

2. 版面

（1）页边与版心尺寸：公文用纸天头（上白边）为37mm±1mm，公文用纸订口（左白边）为28mm±1mm，版心尺寸为156mm×225mm。

（2）字体和字号：如无特殊说明，公文格式各要素一般用3号仿宋体字。特定情况可以作适当调整。

（3）行数和字数：一般每面排22行，每行排28个字，并撑满版心。特定情况可以作适当调整。

（4）文字的颜色：如无特殊说明，公文中文字的颜色均为黑色。

3. 印制装订要求

（1）制版要求：版面干净无底灰，字迹清楚无断划，尺寸标准，版心不斜，误差不超过1mm。

（2）印刷要求：双面印刷；页码套正，两面误差不超过2mm。黑色油墨应当达到色谱所标BL100%，红色油墨应当达到色谱所标Y80%、M80%。印品着墨实、均匀；字面不花、不白、无断划。

（3）装订要求：公文应当左侧装订，不掉页，两页页码之间误差不超过4mm，裁切后的成品尺寸允许误差±2mm，四角成90°，无毛茬或缺损。

（二）公文格式各要素及编排规则

《格式》将版心内的公文格式各要素划分为版头、主体、版记三部分。公文首页红色分隔线以上的部分称为版头；公文首页红色分隔线（不含）以下、公文末页首条分隔线（不含）以上的部分称为主体；公文末页首条分隔线以下、末条分隔线以上的部分称为版记。页码位于版心外。

1. 版头

（1）份号

公文份号是将同一文稿印制若干份时每份公文的顺序编号。公文份数序号用6位3号阿拉伯数字，顶格编排在版心左上角第一行。《条例》中规定，涉密公文应当标明份号。此外，公文印数大时也标明份号，便于发文时逐份登记和清退时对号注销。份号编写时采取编虚位的方式，前面不加“第”字。

（2）密级和保密期限

秘密等级是公文内容保密程度等级的标志。涉密公文应当根据涉密程度分别标注“绝密”“机密”“秘密”和保密期限。凡公文内容涉及国家安全和利益，在一定时间内只限一定范围人员知悉的事项，均得按法定程序确立密级。公文如需标识秘密等级，用3号黑体字，顶格标识在版心右上角第一行，两字之间空一字；如需同时标识秘密等级和保密期限，用3号黑体字，顶格编排在版心右上角第一行，秘密等级和保密期限之间用“★”隔开。

（3）紧急程度

紧急程度是对公文送达和处理的时限要求，只有需要紧急处理的公文，才需标注。公文的紧急程度有“特急”和“急件”两种，而电报的紧急程度有“特提”“特急”“加急”和“平急”四种。公文如需标识紧急程度，用3号黑体字，顶格编排在版心右上角第一行，两字之间空一字；如需同时标注份号、密级和保密期限、紧急程度，按照份号、密级和保密期限、紧急程度的顺序自上而下分行排列。

（4）发文机关标志

发文机关标志即公文的制发机关，是公文的法定作者，表明公文的归属，一般用大号字套红印刷，使其醒目大方。发文机关标志由发文机关全称或者规范化简称加“文件”二字组成，也可以使用发文机关全称或者规范化简称。联合行文时，发文机关标志可以并用联合发文机关名称，也可以单独用主办机关名称。发文机关标志居中排布，上边缘至版心上边缘为35mm，推荐使用小标宋体字，颜色为红色，以醒目、美观、庄重为原则。联合行文时，如需同时标注联署发文机关名称，一般应当将主办机关名称排列在前；如有“文件”二字，应当置于发文机关名称右侧，以联署发文机关名称为准上下居中排布。

（5）发文字号

发文字号是发文机关编排的公文代号，便于发文机关掌握该年度的发文数量和公文的收发登记、办理、保管和查找。发文字号包括机关代字、年份和发文顺序号。例如“国发〔2018〕×号”是国务院的发文字号，其中“国”是机关代字，“〔2018〕”是年份，“×号”是发文顺序号。机关代字是机关名称的极度规范化简缩，如国务院发文的机关代字是“国”，教育部办公厅的机关代字是“教办”。发文字号编排在发文机关标志下空2行位置，居中排布。年份、发文顺序号用阿拉伯数字标注；年份应标全称，用六角括号“〔〕”括入；发文顺序号不加“第”字，不编虚位（即1不编为01），在阿拉伯数字后加“号”字。上行文的发文字号居左空一字编排，与最后一个签发人姓名处在同一行。联合行文时，使用主办机关的发文字号。

（6）签发人

签发人指代表机关核准并签写发出公文文稿意见的领导人姓名。一般只需在机关内部的发文稿纸上签写，但在上行文中必须正式标注签发人，以示对文稿负责。两个或两个以上机关联合行文时，所有机关领导人都要签上自己的姓名。由“签发人”三字加全角冒号和签发人姓名组成，居右空一字，编排在发文机关标志下空二行位置。“签发人”三字用3号仿宋体字，签发人姓名用3号楷体字。如有多个签发人，签发人姓名按照发文机关的排列顺序从左到右、自上而下依次均匀编排，一般每行排两个姓名，回行时与上一行第一个签发人姓名对齐。

（7）版头中的分隔线

发文字号之下4mm处居中印一条与版心等宽的红色分隔线。分隔线把公文版头和主体之间隔开。

2. 主体

（1）公文标题

公文标题就是公文名称，一般由发文机关名称（发文机关）+公文主要内容（事由）+公文种类（文种）三要素构成。公文标题中除法规、规章加书名号外，一般不加标点符号。

发文机关名称一般用全称或规范化简称。如果前面有发文机关标识，此处的发文机关名称可以省略；但是重要的公文，即使已有发文机关标识，也不宜在标题中省略发文机关，这是为了使标题更显庄重，以衬托公文的重要性；如发文机关名称省略，转发此公文时，要补全发文机关，以保证公文的完整性和规范性。

事由要求能准确而简洁地概括公文的主要内容，一般和介词“关于”组成介词结构充当文种的定语。公文事由在一定条件下可以省略，如公文内容单纯、篇幅简短时，或者公文内容非常复杂，很难用几个词概括时，但是一般情况下不强调省略，以便提高机关办事效率。

公文种类应该用党政公文法定的规范化名称，不得生造、变更公文文种。文种是根据行文目的、发文机关的职权和与主送机关的行文关系，以及公文内容的性质确定的，必须准确使用，不得随意混淆使用。文种在任何情况下都不能省略。

公文标题一般用2号小标宋体字，编排于红色分隔线下空二行位置，分一行或多行居中排布；回行时，要做到词意完整，排列对称，长短适宜，间距恰当，标题排列应当使用梯形或菱形。

（2）主送机关

主送机关是行文的对象，即公文的受理机关或受文机关，是负责承办或答复该文件内容的机关。公文能否准确确定主送机关，关系到公文发出后能否得到有效处理。确定一份公文的主送机关是谁，是一个、几个还是一大批，必须遵循两个原则：一是公文的内容和工作需要，一是机关的隶属关系。

上行文的主送机关只能有一个，不能多头主送，以免责任不明。如果需要同时报送另一个上级机关，可以用抄送的形式。下行文和平行文的主送机关可以根据需要确定一个或若干个。但不论上行文或下行文，都只能主送给某一机关而不是某一机关的领导个人。

多于一个主送机关的，在名称中加顿号或逗号。对于主送机关的全称、特称、单称，要使用统一的文字表达方式。例如国务院下行文的全称概念为“各省、自治区、直辖市人民政府，国务院各部委、各直属机构”；特称为“各有关省、自治区、直辖市人民政府，国务院各有关部委，各有关直属机构”；单称为“×省人民政府”等。需要所有下级机关周知或执行的公文，叫普发公文，可以省略主送机关。

主送机关在标题下空一行，左侧顶格用3号仿宋体字标识，回行时仍顶格；最后一个主送机关名称后标全角冒号。如主送机关名称过多而使公文首页不能显示正文时，应将主送机关名称移至版记中的主题词之下、抄送之上，标识方法同抄送。

（3）公文正文

正文是公文的主体和核心部分，是公文的内容所在，也是公文主题的具体体现，是公文写作的关键。公文的正文可分为开头、中间、结尾三部分，内容比较简单、篇幅较短的公文，这三部分之间并没有明显的界限，可以采取篇段合一的结构方式；内容较多的公文，均可采取分条列项的方式来结构全文。

正文的开头是制发该公文的缘由，一般用简洁的语言表明发文意图，即发文的依据、目的，以及工作的重要意义和价值等，以引起主送机关的注意和重视，从而统一思想，提高认识，便于其继续阅读全文和开展工作。简短的公文可不必专门写开头，如一些发布性通知。

中间部分一般是具体事项，在开头写明发文缘由后，大多数公文都用一定的过渡性词语，如“特作如下通知”“特作如下规定”“报告如下”“请示如下”“答复如下”等，以此与事项部分自然联结。结合公文的发文缘由和意图，中间部分或叙述情况，对问题进行必要的分析；或列举材料，申述观点，提出要求；或分配工作、布置任务。无论涉及什么内容，都要把事情说清楚，把问题讲明白，做到事由贯一。

结尾部分就是正文的收束部分，根据前两部分撰写的情况，可以提出执行要求，也可以提出希望和号召，还可以重申问题的重要意义。有些公文可以以规范化结语作结，如“特此通知”“特此报告”“以上请示妥否，请批示”“此复”等。规范化结语一般以自然段的形式出现。

公文首页必须显示正文。一般用3号仿宋体字，编排于主送机关名称下一行，每个自然段左空二字，回行顶格。文中结构层次序数依次可以用“一、”“（一）”“1.”“（1）”标注；一般第一层用黑体字，第二层用楷体字，第三层和第四层用仿宋体字标注。

（4）附件说明

附件是附属于正文的说明性、附带性或补充性材料。有的公文有附件，有的公文没有附件。附件一般有两类：一类附件随文发布、转发、批发、印发，这类附件的名称已作为事由列入文件的标题，可将附件直接附于主件之后，无需在主件里作特别说明和标注。另一类附件是用于补充说明主件某方面内容的，如有关图表、计划、调查材料、名单、提纲等，这类附件要在正文内作专门的标注。

公文如有附件，在正文下空一行左空二字用3号仿宋体字编排“附件”二字，后标全角冒号和名称。附件如有序号使用阿拉伯数字标注（如:“附件：1. ××××”）；附件名称后不加标点符号。附件名称较长需回行时，应当与上一行附件名称的首字对齐。附件应与公文正文一起装订，并在附件左上角第1行顶格标注“附件”，有序号时标注序号；附件的序号和名称前后标注应一致。如附件与公文正文不能一起装订，就在附件左上角第一行顶格标注公文的发文字号并在其后标注附件（或带序号）。

（5）发文机关署名、成文日期和印章

① 发文机关署名。署发文机关全称或者规范化简称。具体有三种情况。

第一，加盖印章的公文。成文日期一般右空四字编排，印章用红色，不得出现空白印章。单一机关行文时，一般在成文日期之上、以成文日期为准居中编排发文机关署名，印章端正、居中下压发文机关署名和成文日期，使发文机关署名和成文日期居印章中心偏下位置，印章顶端应当上距正文（或附件说明）一行之内。联合行文时，一般将各发文机关署名按照发文机关顺序整齐排列在相应位置，并将印章一一对应、端正、居中下压发文机关署名，最后一个印章端正、居中下压发文机关署名和成文日期，印章之间排列整齐、互不相交或相切，每排印章两端不得超出版心，首排印章顶端应当上距正文（或附件说明）一行之内。

第二，不加盖印章的公文。单一机关行文时，在正文（或附件说明）下空一行右空二字编排发文机关署名，在发文机关署名下一行编排成文日期，首字比发文机关署名首字右移二字，如成文日期长于发文机关署名，应当使成文日期右空二字编排，并相应增加发文机关署名右空字数。联合行文时，应当先编排主办机关署名，其余发文机关署名依次向下编排。

第三，加盖签发人签名章的公文。单一机关制发的公文加盖签发人签名章时，在正文（或附件说明）下空二行右空四字加盖签发人签名章，签名章左空二字标注签发人职务，以签名章为准上下居中排布。在签发人签名章下空一行右空四字编排成文日期。联合行文时，应当先编排主办机关签发人职务、签名章，其余机关签发人职务、签名章依次向下编排，与主办机关签发人职务、签名章上下对齐；每行只编排一个机关的签发人职务、签名章；签发人职务应当标注全称。签名章一般用红色。

有特定发文机关标志的普发性公文和电报可以不加盖印章。

② 成文日期的数字。署会议通过或者发文机关负责人签发的日期。联合行文时，署最后签发机关负责人签发的日期。用阿拉伯数字将年、月、日标全，年份应标全称，月、日不编虚位（即 1 不编为 01）。

③ 特殊情况说明。

当公文排版后所剩空白处不能容下印章或签发人签名章、成文日期时，可以采取调整行距、字距的措施解决。

（6）附注

党政公文如有附注，居左空二字加圆括号编排在成文日期下一行。附注是指公文中附加的要向受文单位说明的情况，如发送和阅读范围，行请示时下级机关的联系人和联系方式等。

公文如有附注，居左空二字加圆括号编排在成文日期下一行。

（7）附件

公文印发传达范围等需要说明的事项。公文附件应当另面编排，并在版记之前，与公文正文一起装订。“附件”二字及附件顺序号用 3 号黑体字顶格编排在版心左上角第一行。附件标题居中编排在版心第三行。附件顺序号和附件标题应当与附件说明的表述一致。附件格式要求同正文。

如公文附件与正文不能一起装订，应当在附件左上角第一行顶格编排公文的发文字号并在其后标注“附件”二字及附件顺序号。

3. 版记

（1）版记中的分隔线

版记中的分隔线与版心等宽，首条分隔线和末条分隔线用粗线（推荐高度为0.35mm），中间的分隔线用细线（推荐高度为0.25mm）。首条分隔线位于版记中第一个要素之上，末条分隔线与公文最后一面的版心下边缘重合。

（2）抄送机关

除主送机关外需要执行或者知晓公文内容的其他机关，应当使用机关全称、规范化简称或者同类型机关统称。抄送机关可以是该文制发机关的上级机关或党委机关，可以是某项职能的主管机关，也可以是主送机关的平行或相关机关。

公文如有抄送机关，一般用4号仿宋体字，在印发机关和印发日期之上一行、左右各空一字编排。“抄送”二字后加全角冒号和抄送机关名称，回行时与冒号后的首字对齐，最后一个抄送机关名称后标句号。

公文如需把主送机关移至版记，除将“抄送”二字改为“主送”外，编排方法同抄送机关。既有主送机关又有抄送机关时，应当将主送机关置于抄送机关之上一行，之间不加分隔线。

（3）印发机关和印发日期

公文的送印机关和送印日期。印发机关指印发该公文的具体机关部门，多数是某机关的办公室（厅）或者秘书科（室）等。印发时间指该公文具体印发时间，可能与成文时间一致，也可能是成文时间以后的某一时间。

公文印发机关和印发日期一般用4号仿宋体字，编排在末条分隔线之上，印发机关左空一字，印发日期右空一字，用阿拉伯数字将年、月、日标全，年份应标全称，月、日不编虚位（即1不编为01），后加“印发”二字。

公文版记中如有其他要素，应当将其与印发机关和印发日期用一条细分隔线隔开。

4. 页码

一般用4号半角宋体阿拉伯数字，编排在公文版心下边缘之下，数字左右各放一条一字线；一字线上距版心下边缘7mm。单页码居右空一字，双页码居左空一字。公文的版记页前有空白页的，空白页和版记页均不编排页码。公文的附件与正文一起装订时，页码应当连续编排。

(三）公文的特定格式

1. 信函格式

公文如以函的形式发出，发文机关标志使用发文机关全称或者规范化简称，居中排布，上边缘至上页边为30mm，推荐使用红色小标宋体字。联合行文时，使用主办机关标志。发文机关标志下4mm处印一条红色双线（上粗下细），距下页边20mm处印一条红色双线（上细下粗），线长均为170mm，居中排布。如需标注份号、密级和保密期限、紧急程度，应当顶格居版心左边缘编排在第一条红色双线下，按照份号、密级和保密期限、紧急程度的顺序自上而下分行排列，第一个要素与该线的距离为3号汉字高度的7/8。发文字号顶格居版心右边缘编排在第一条红色双线下，与该线的距离为3号汉字高度的7/8。

标题居中编排，与其上最后一个要素相距二行。第二条红色双线上一行如有文字，与该线的距离为3号汉字高度的7/8。首页不显示页码。版记不加印发机关和印发日期、分隔线，位于公文最后一面版心内最下方。

2. 命令（令）格式

发文机关标志由发文机关全称加“命令”或“令”字组成，居中排布，上边缘至版心上边缘为20mm，推荐使用红色小标宋体字。发文机关标志下空二行居中编排令号，令号下空二行编排正文。

3. 纪要格式

纪要标志由“××纪要”组成，居中排布，上边缘至版心上边缘为35mm，推荐使用红色小标宋体字。标注出席人员名单，一般用3号黑体字，在正文或附件说明下空一行左空二字编排“出席”二字，后标全角冒号，冒号后用3号仿宋体字标注出席人单位、姓名，回行时与冒号后的首字对齐。标注请假和列席人员名单，除依次另起一行并将“出席”二字改为“请假”或“列席”外，编排方法同出席人员名单。

纪要格式可以根据实际制定。

第三节　公务文书的写作

一、公务文书的写作步骤

公文的写作，应当围绕公务活动目的的达成，合理设计和安排整体流程，并逐层细化到日常工作。一般情况下，党政公文写作的主要步骤及相关注意事项，可以从以下六个方面来认识和学习。

（一）培养职业敏感，及时汇报沟通

在党政机关的办公室工作，不仅要积极适职、认真履职、全力尽职，还要注意不断培养和提高自身的职业化、专业化能力。党政机关工作中的谋划、部署、组织、领导、协调、推进、检查、总结等各项职能的实现过程，实际上就是各类信息的传播、交流和互动的过程。这就要求机关工作人员培养观察、梳理、把握这些“信息流”的职业敏感，精准地预知或发现重要的工作节点。一旦预知周期性工作节点即将到来，或发现随机性工作节点即将到来，必须提前向本部门分管领导或主要领导汇报，主动请示和沟通，初步分析情况，判断是否需要通过党政公文来承载信息、传递信息、沟通信息，而不能被动地“等”和“靠”。这种职业敏感既是机关工作人员的必备素养，也是党政公文写作的逻辑起点。

（二）结合工作实际，确定写作任务

衡量机关工作的绩效，并不是党政公文制发越多越好。现行《党政机关公文处理工作条例》也以第十三条的形式，在“行文规则”部分明确规定:“行文应当确有必要，讲求实效，注重针对性和可操作性。”党的十八大以来，中央三令五申整治和精简非必要性的“文山会海”。这就要求机关工作人员必须根据中央和上级机关的决策部署，围绕当前的形势任务和中心工作，立足本单位、本部门工作实际，结合开展相关工作的规定程序和既有经验，对上述“信息流”反映出来的周期性、随机性工作，进行“必要性”研究、分析和判断，确定是否具有行文的必要性。如行文确有必要，则尽快安排落实写作任务。确需行文又涉及重大事项、重要问题时，应当进一步向本单位分管领导甚至主要领导汇报请示，征得明确的指导意见或倾向性意见后，尽快安排落实写作任务。

（三）领会组织意图，加强角色代入

“组织意图”是当前和今后一段时间，组织上最为关注和最想推动的、与本单位或本部门建设发展关系最紧密的目标、计划、任务等在党政公文写作中的贯彻和体现。接到写作任务后，要紧扣上级关于相关工作的口头或书面意见，认真领会，仔细揣摩，必要时也可以在充分准备的前提下，与上级作进一步的沟通和交流，尽最大可能把握组织的目的、设想、思路和要求，做到“身在兵位，胸为帅谋”，让组织意图全面、连贯、清晰、立体起来。随后，要以上级或上级领导的站位，从理论和政策高度、大局和全局角度、现实和实践维度，加强角色代入，“身临其境”地思考和研究，“设身处地”地开展写作前的破题、立意等工作。

（四）收集分析资料，形成提纲框架

收集分析资料，是破题立意、写好公文的基础性工作。根据组织意图和对相关工作的代入式思考，可以围绕有关主题，采用调研、访谈、检索等方法，收集相关资料。收集资料时，必须以现行、权威资料和反映实际情况的材料为主，注意收集党和国家对相关工作的一贯性指导方针、政策或现行文件，特别是最新文件，注意收集本行业、本系统在相关工作上的现行规定、办法，以及新思想、新动向、新经验，注意收集本单位、本部门在相关工作上的情况总结、统计数据和阶段性规划。经过耐心的去粗存精、去伪存真工作，立足实际，分析研判，积极把握中央和上级政策，吸收本行业、本系统成熟做法和经验，启发思维，在找准主要问题特别是抓住主要矛盾和矛盾的主要方面的基础上，进行立意构思和谋篇布局，理顺逻辑，提炼观点，形成较为完善的写作提纲和框架。

（五）拟订工作计划，认真投入写作

一些内容宏观、工作重要、影响广泛的公文，写作时需要慎重对待，最好拟订有关工作计划，对目标、时间、环节等进行整体性规划，做到心中有谱，确保时间、思想、精力投入。如重大问题的决议（如《中国共产党第十九次全国代表大会关于〈中国共产党章程（修正案）〉的决议》）、重要事项的部署性决定（如《中共中央关于深化党和国家机构改革的决定》）、综合工作报告（如《决胜全面建成小康社会，夺取新时代中国特色社会主义伟大胜利——在中国共产党第十九次全国代表大会上的报告》）、规划性意见（如《国务院关于全面加强基础科学研究的若干意见》）等文种。重要公文写作时，还应当妥善安排好其他工作，全神贯注、心无旁骛，精确选取文种，合理选用总分式、并列式、递进式、因果式、时序式、三段式或篇章一体式结构，紧扣提纲框架写作，努力形成一份文种正确、重点突出、主次分明、结构紧凑、逻辑严密、过渡自然、语言风格前后一致的党政公文草稿。

（六）反复修改完善，精心校核成文

党政公文草稿初步形成后，还需要经过一个修改、完善的过程。日常事务性公文需要“自改—他改”一到两轮，即可基本定稿。较为重要的公文则需要“自改—讨论”“自改—他改”“再讨论—再修改”三到四轮甚至更多轮次的打磨，方能基本定稿。有时还有可能对某一段落、某一章节乃至全篇，推倒重来，另起炉灶。因此，党政公文修改和完善的过程，可以是做“加法”或做“减法”的过程，可以是调整段落层次的过程，可以是修正完善或进一步提炼观点的过程，也可以是思想、风格、语句、节奏等方面修饰润色的过程。党政公文基本定稿、报送相关负责人签发前，需要认真校核，防止文稿中隐藏的错字别字、多字漏字、错用误用、标点使用不当等低级错误，以及文字表述方面的问题，如病句等也要认真梳理。正式提交相关负责人审核、签发时，要及时把可能出现的个别修改意见继续落实到位。送印过程中，还要认真校对印制清样，防止排版时出现语句段落错位、格式要素遗漏等情况。最后装订、分发时，依然要核查版面和页码，保证整体印刷、装订质量。

二、公务文书的语言表达

（一）公文的语言特征

党政公文具有权威性和约束作用，政治性、政策性和实用性较强，因此具有与其他文体相区别的语言特征，特别注重语言的准确、得体、庄重、平实和简明。

1. 准确。准确是指党政公文遣词要准确无误，造句要合乎语法和逻辑，表达的每个词、每句话都应当有明确的含义。党政公文必须用准确的语言来表达思想内容和工作要求。如果在党政公文写作中用词含混、歧义迭出，或用语不慎、前后矛盾，或概念不清、导致漏洞，或判断不当、结论模糊，必然带来理解和执行上的困难，甚至造成混乱，就会影响或消解党政公文的权威性和严肃性。党政公文语言的准确，还体现在“模糊语”的使用上。模糊语与语言表达上的模糊不清有本质区别。如在时间（如“近来”“一段时间以来”）、范围（如“基本”“左右”）、程度（如“显著”“较为”）、频率（如“屡屡”“一再”）、语气（如“预计”“可能”）等方面的表达上，模糊语的使用体现出伸缩性、灵活性、概括性、委婉性等优势，反而使党政公文的表述显得更加客观、真实、准确。

2. 得体。得体是指党政公文语言的运用要与行文目的、内容、对象、条件等特定需要相适应，让行文关系中的各方感到自然、贴切和舒适。需要判断党政机关之间的工作关系，从工作关系确定公文传递的基本方向，进而确定制发的党政公文是上行文、下行文还是平行文。知晓行文对象是上级领导机关或上级业务主管机关，还是下级隶属机关或下级业务指导机关，是同组织、同业务系统的同级机关，还是不相隶属机关，掌握好语体风格和表达分寸。如决议、决定、命令等指挥性公文，一般用于阐明领导指导原则、指导布置工作或颁布大政方针，语言应当郑重严肃；公告、通告、通知等告知性公文，一般用于向一定范围通知事项、通报情况、公布要求或联系工作，语言应当明白晓畅；请示等呈请性公文，一般用于请求指示或批准，语言应当恳切谦逊；函等商洽性公文一般用于商询某些问题或事项、希望对方自愿提供某种帮助或便利，语言则应当委婉平和。

3. 庄重。庄重是指党政公文语言要注意端庄、郑重的格调，使用规范的正式的官方语言，不俗气、不随意，是公文制发机关应有的严正立场和严肃持重的气度在公文中的体现。一要注意使用书面语，如死亡，规范的书面语习惯用“逝世”“辞世”“去世”等敬语，一般情况下不用“死亡”。二要注意使用标准语言，避免使用“赶趟”（东北话里指“来得及”）、“抄手”（四川话里馄饨的叫法）等方言土话，“掌眼”（文物鉴赏界指懂行的人对艺术品、古玩等藏品进行鉴定甄别）、“挡风”（旧时典当铺指袍子）等行话隐语，“+U”（即鼓励加油）、“喜大普奔”（即“喜闻乐见、大快人心、普天同庆、奔走相告”的缩略语）等网络语言。可选择典雅简洁、从古汉语中凝练发展而来的一些词语，如“怙恶不悛”“兹有”“收悉”等提高庄重性。

4. 平实。平实是指党政公文语言要注意用语朴素，语意实在，言之有物，言之成理。一是不滥用文学、文艺式描写语言。如通报里关于事故情况的表述，写成“说时迟、那时快！大客车以一个意想不到的横滚姿态，翻入公路边的大沟内，如坠千尺沟壑，如堕万丈深渊。车内顿时头碰头、手挠手、脚蹬脚，人们一时间惊慌失措，乱作一团”是很不合适的。二是坚决摒弃官腔和套话空话。如常见的“主要领导亲自抓，分管领导具体抓，相关部门协调抓，一级抓一级，层层抓落实”等套话，既没有触及实际问题，也没有指出具体成效，言之无物，读来无味，听后无用。三是力戒浮夸。如使用“重大突破”“国际水平”“行业领导者”“知名骨干企业”“最权威的业内报告”“完全掌握核心专利和关键技术”等定性式用语，一定要审慎措辞，符合实际，实至名归，而不能夸夸其谈，名不副实，抢眼球、吹政绩、博出位。

5. 简明。简明是指党政公文语言要做到“文约而事丰”，简明精练又抓住要点，使人一看就明白，体现党政公文的实用性和工具性。列宁曾经提倡拟写文件要简短，强调“请写简短些，采用电报文体……写长了我根本不看，一定不看”。毛泽东也曾提出“报告文字每次一千字左右为限，除特殊情况外，至多不要超过两千字”。2010 年 5 月 12 日，时任中共中央政治局常委、中央书记处书记、中央党校校长的习近平，在出席中央党校 2010

年春季学期第二批入学学员开学典礼的讲话中，强调改进文风要在“短”“实”“新”三个方面下功夫。党政公文是用来沟通事务、协商工作、解决实际问题的，“就是要用最少的语言表达最丰富的内涵、最完备的思想、最深刻的哲理，传达出最大、最全的信息量”①，不能兜圈子、作铺垫，热衷于长篇大论，那只会淹没有效信息，导致言不及义和语意不明，最终妨碍具体执行，阻碍问题解决。

（二）公文的表达方式

党政公文的表达方式，就是公文写作者为表达特定的思想主旨而运用的特定的语言组合方法及样式。党政公文在写作中需要采用多种表达方式，增强说服力和感染力，这样才有利于沟通协调和理解执行。叙述、说明、议论是党政公文写作中最常用的三种表达方式。

1. 叙述。党政公文中的叙述与一般记叙文不同，主要是顺叙和概述。它不在于详细记叙具体事实，而是通过对基本情况或个别事实的简要叙述，开门见山陈述全貌，达到说明问题、反映情况、交流思想、阐明观点的目的。如会议决议对会议概况、成果等的介绍，表彰决定或处分决定对拟表彰或处分事实的概述，情况通报对相关事件的简要描述，工作报告对一段时间以来举措、成绩的总结等，都是采用的叙述方式。在写作时，注意叙事部分必须简明、实在，避免过多描述。如党十九大报告中就有典型的叙述文字：

十八大以来的五年，是党和国家发展进程中极不平凡的五年。面对世界经济复苏乏力、局部冲突和动荡频发、全球性问题加剧的外部环境，面对我国经济发展进入新常态等一系列深刻变化，我们坚持稳中求进工作总基调，迎难而上，开拓进取，取得了改革开放和社会主义现代化建设的历史性成就。……

为贯彻十八大精神，党中央召开七次全会，分别就政府机构改革和职能转变、全面深化改革、全面推进依法治国、制定“十三五”规划、全面从严治党等重大问题作出决定和部署。五年来，我们统筹推进“五位一体”总体布局、协调推进“四个全面”战略布局，“十二五”规划胜利完成，“十三五”规划顺利实施，党和国家事业全面开创新局面。……

一百年前，十月革命一声炮响，给中国送来了马克思列宁主义。中国

---

① 张金烨：《公文写作应追求大道至简》，《应用写作》，2019 年第 1 期。

先进分子从马克思列宁主义的科学真理中看到了解决中国问题的出路。在近代以后中国社会的剧烈运动中，在中国人民反抗封建统治和外来侵略的激烈斗争中，在马克思列宁主义同中国工人运动的结合过程中，一九二一年中国共产党应运而生。从此，中国人民谋求民族独立、人民解放和国家富强、人民幸福的斗争就有了主心骨，中国人民就从精神上由被动转为主动。

2. 说明。党政公文中的说明是用简明扼要的文字，对党的路线方针政策和社会管理工作的原理、性质、特征、规律、作用等进行较为抽象的、概括的、简要的阐释。说明在公文的表达方式中发挥着十分重要的作用，常与叙述、议论等方法结合起来使用。如发布性通知颁布或印发的章程、条例、规定、办法，陈述领导机关意图、要求与措施的命令、批复，公布措施与要求的公告、通告等，主要使用说明的方式。在为叙述所涉及的人与事做必要的介绍、为议论做必要的解说与阐释时，也会用到说明的方式。写作时应注意合理运用。试看党的十九大报告的以下部分，就是运用说明方法撰写的：

中国共产党第十九次全国代表大会，是在全面建成小康社会决胜阶段、中国特色社会主义进入新时代的关键时期召开的一次十分重要的大会。

大会的主题是：不忘初心，牢记使命，高举中国特色社会主义伟大旗帜，决胜全面建成小康社会，夺取新时代中国特色社会主义伟大胜利，为实现中华民族伟大复兴的中国梦不懈奋斗。……

同时，必须清醒看到，我们的工作还存在许多不足，也面临不少困难和挑战。主要是：发展不平衡不充分的一些突出问题尚未解决，发展质量和效益还不高，创新能力不够强，实体经济水平有待提高，生态环境保护任重道远；民生领域还有不少短板，脱贫攻坚任务艰巨，城乡区域发展和收入分配差距依然较大，群众在就业、教育、医疗、居住、养老等方面面临不少难题；社会文明水平尚需提高；社会矛盾和问题交织叠加，全面依法治国任务依然繁重，国家治理体系和治理能力有待加强；意识形态领域斗争依然复杂，国家安全面临新情况；一些改革部署和重大政策措施需要进一步落实；党的建设方面还存在不少薄弱环节。这些问题，必须着力加以解决。

3. 议论。党政公文中的议论是对客观事物或问题进行分析评述，给出判断或评议，表明观点和态度，证明或反驳某一观点的表达方式。其目的是给受文者提供理解公文精神的理论依据，因此重在就事论理，而不需要多层次、多角度的逻辑推理和完整的论证过程。议论一般以正论为主，采取夹叙夹议的形式，通过简单的结论性、论断性的三言两语，点到为止，是从属于叙述和说明的一种方法。如决定中对拟表彰或处分事实表明的观点态度，意见中对工作形势、背景、意义等的分析判断，工作报告中对取得经验的提炼概括，会议纪要中对贯彻上级精神的理解和阐发等，都属于议论方式。写作时应注意说理简明扼要，体现客观、冷静的态度，不带或尽量少带个人感情色彩。党的十九大报告中也有不少语段是运用议论的典范：

经过长期努力，中国特色社会主义进入了新时代，这是我国发展新的历史方位。

中国特色社会主义进入新时代，意味着近代以来久经磨难的中华民族迎来了从站起来、富起来到强起来的伟大飞跃，迎来了实现中华民族伟大复兴的光明前景；意味着科学社会主义在二十一世纪的中国焕发出强大生机活力，在世界上高高举起了中国特色社会主义伟大旗帜；意味着中国特色社会主义道路、理论、制度、文化不断发展，拓展了发展中国家走向现代化的途径，给世界上那些既希望加快发展又希望保持自身独立性的国家和民族提供了全新选择，为解决人类问题贡献了中国智慧和中国方案。……

伟大斗争，伟大工程，伟大事业，伟大梦想，紧密联系、相互贯通、相互作用，其中起决定性作用的是党的建设新的伟大工程。推进伟大工程，要结合伟大斗争、伟大事业、伟大梦想的实践来进行，确保党在世界形势深刻变化的历史进程中始终走在时代前列，在应对国内外各种风险和考验的历史进程中始终成为全国人民的主心骨，在坚持和发展中国特色社会主义的历史进程中始终成为坚强领导核心。……

青年兴则国家兴，青年强则国家强。青年一代有理想、有本领、有担当，国家就有前途，民族就有希望。中国梦是历史的、现实的，也是未来的；是我们这一代的，更是青年一代的。中华民族伟大复兴的中国梦终将在一代代青年的接力奋斗中变为现实。……

三、几种常用公文的写作

（一）“决定”的写作

“决定”适用于对重要事项作出决策和部署、奖惩有关单位和人员、变更或者撤销下级机关不适当的决定事项。

1. 决定的分类

决定具有权威性、指导性、稳定性、长远性的特点，是较为典型的下行文。一般分为部署性决定、奖惩性决定和变更性决定。

（1）部署性决定。又称宣告性决定，这类决定的使用范围较广，主要是领导机关、有关部门或单位对重要事项作出安排，如会议的重要决定、机构的设置与调整等。这类决定的特点是重在宣告、知照，要求下级机关、单位及人员周知。如《中共中央关于认真学习宣传贯彻党的十九大精神的决定》。

（2）奖惩性决定。是指对于某一件事、活动过程完结之后，褒扬表彰好人好事或批评处理违规行为及当事人，目的在于树立榜样或吸取教训。如《中共中央国务院关于表彰改革开放杰出贡献人员的决定》。

（3）变更性决定。变更或者撤销下级机关违背国家法律、法规以及党的路线、方针、政策的决定事项，或随着形势发展已不适应或者过时的决定事项，或群众尚不能普遍认可的、超前的、不可行的决定事项等。如《天津市北辰区人民政府关于撤销取缔北辰区市级以下工业园区（集聚区）的决定》。

2. 结构与写法

（1）标题。通常由发文机关名称、事由和文种组成，应当准确、简明、扼要地概括公文的主要内容。

（2）题注。会议通过的决定，应采用题注的形式，即在标题下一行标明该决定在什么时间、由什么会议通过，并用圆括号括上。公开发布的决定，通常也使用题注形式。有题注的决定，文后不再标注发文机关署名和成文日期。

（3）主送机关。主送机关是决定的受文对象，顶格标识在标题下方空一行处。

（4）正文。主要包括决定的依据和决定的事项。部署性决定、变更性决定一般内容较为复杂，正文部分可采取序号条目式列述，或小标题引领式列述。在正文末一般还会有“各地区各部门要及时将××××（执行决定）的情况报告××××（上级单位）”“本决定自×年×月×日起施行”等补充说明式结尾。奖惩性决定则采取自然分段式列述，包括简要介绍被表彰（处分）单位或个人的基本情况、简述其先进事迹（错误事实）并定性、说明奖励（处分）的依据、宣布具体的奖励（处分）决定等内容要素，最后一般还会有

“希受表彰的先进集体和先进个人珍惜荣誉，戒骄戒躁，在今后的工作中，发扬成绩，再接再厉，再创佳绩”“希全体工作人员以先进为榜样，认真贯彻落实××××会议精神，围绕大局，团结拼搏，共同努力，共同推动××××工作再上新台阶”“希望全体同学引以为戒，严格遵守校纪校规，认真学习，诚信考试，营造良好学风”等希望式、号召式结尾。

（5）发文机关署名和成文日期。非会议通过的决定，有发文机关署名和成文日期。发文机关署名应当用发文机关全称或规范化简称。

例文1

江苏省人民政府关于表彰首届江苏技能大奖获得者的决定

各市、县（市、区）人民政府，省各委办厅局，省各直属单位：

近年来，我省围绕建设新型技能型劳动大军，深入实施科教与人才强省战略，大力弘扬工匠精神，推进职业技能提升行动计划，技能人才队伍建设取得显著成绩，涌现出一批优秀的高素质技能人才，为全省经济社会发展作出了重要贡献。为表彰先进、树立榜样，营造劳动光荣的社会风尚和精益求精的敬业风气，省人民政府决定，表彰作出突出贡献的优秀高技能人才，授予王南石等10位同志“江苏大工匠”称号，授予马上录等94位同志“江苏工匠”称号。

希望受表彰的同志发扬成绩，传承创新，执着坚守，匠心筑梦。全省广大技能人才要向先进学习，爱岗敬业，钻研技能，争当技能标兵和技术能手，在技能成才中书写出彩人生。各地各部门要全面贯彻党的十九大精神，以习近平新时代中国特色社会主义思想为指导，认真落实中央和省委、省政府加强技能人才队伍建设的部署要求，围绕高质量发展，大力弘扬劳模精神和工匠精神，加快推行终身职业技能培训制度，打造知识型、技能型、创新型劳动者大军，为建设制造强省、促进富民增收，为推进“两聚一高”新实践、建设“强富美高”新江苏作出更大贡献。

附件：首届江苏技能大奖获奖人员名单

江苏省人民政府

2018年1月4日

例文评析

这是一份表彰决定，标题、主送机关、正文、附件说明、发文机关署名、成文日期等都非常完整（为了行文简洁，省去了例文具体附件）。决定的正文仅两个部分：一是简要叙述发文的背景、目的，告知决定的事项；二是对受表彰者、全省广大技能人才和各地各部门提出要求，发出号召。

这份表彰决定结构精练，内容简明，语言朴实，不“兜圈子”，不拖沓，表达洗练而又不失庄重。一方面，叙述背景、陈述目的非常精练，告知决定、发出号召非常简要；另一方面，以背景引出目的、以目的带出决定的思路清晰连贯，作出决定、提出要求、发出号召准确明了。可以说，这份表彰决定开门见山，开宗明义，客观中肯，干净利落，很好地体现了公布表彰结果、表明组织态度的行文目的。

（二）“通知”的写作

“通知”适用于发布、传达要求下级机关执行和有关单位周知或者执行的事项，批转、转发公文。

1. 通知的分类

通知是现行公文中使用频率最高、范围最广的一种下行文，一般分为政策性通知、发布性通知、批转（转发）性通知、会议通知和专项通知。

（1）政策性通知。即指示性通知或规定性通知，用于上级机关安排部署某项工作，或者对于工作中出现的带有普遍性的新问题、新情况明确处理办法；或者对于下级机关在处理某些问题上出现政策偏颇，需要从全局衡量提出一些解决办法，或作出一些政策性的规定时，可使用这类通知发文。这类通知有指示、有措施和具体要求，属于政策性、规定性文件，要求下级机关按政策和规定办理执行。如《国务院安委会办公室关于进一步加强当前安全生产工作的紧急通知》。

（2）发布性通知。用于告知受文单位某一条例、规定、办法、细则已经某会议讨论通过或经某级机关批准，予以发布或印发，并要求下级机关遵照执行。重要的规章和文件用“颁布”或“发布”，一般的规章和文件用“印发”。如《中共中央关于印发〈中国共产党支部工作条例（试行）〉的通知》。

（3）批转（转发）性通知。用于上级机关批转下级机关公文，转发上级机关、同级机关和不相隶属机关的公文。如《中央编办关于批转〈事业单位法人公示信息抽查办法（试行）〉的通知》，《河南省教育厅转发〈教育部关于进一步推进职业教育信息化发展的指导意见〉的通知》。

（4）会议通知。凡召开会议都要事先通知。除了一些小型、紧急会议口头或电话通知外，重要会议一般都要发书面通知。根据会议内容、规模和形式的不同，会议通知也有繁简之分。一般而言，会议通知一定要把会议的时间、地点、主要内容、参加对象、有关要求等要素交代清楚。如《国家认监委关于召开全国认证认可工作会议的通知》。

（5）专项通知。用于传达要求下级机关办理以及有关单位需要周知或共同执行的专门事项，主要用于部署工作、安排活动、解决实际工作中的某些具体问题等。如干部任免、成立机构、启用印章、改变作息时间、调整电话号码及假日放假安排等专项性通知。如《教育部关于×××等试用期满正式任职的通知》。

2. 结构与写法

（1）标题。通常由发文机关、事由、文种组成，写作的基本要求同"决定"。批转，特发性通知的标题为"××××批发（转发）××关于××的通知"；发布性通知的标题为"××关于颁布（发布）《××××》的通知。"需要注意的是，除法律、法规、条例、规章名称以及有关的书名、篇名、报刊名需要加书名号外，标题中一般不使用标点符号。

（2）主送机关。写作的基本要求同"决定"。

（3）正文。通知的正文，主要包括缘由、事项、要求三部分，有时还有结束语，一般为"特此通知"。不同类型的通知，对其中某一部分的侧重点不同，写法上会有一些区别。

政策性通知：往往先对以往工作进行简短小结，肯定成绩，指出问题或不足，分析原因，然后提出具体的要求和措施。

发布性通知：只需要告知被发布公文的名称以及什么时间由某会议通过或某机关批准，同时接上惯用语"现予印发，请认真贯彻执行"或"现印发给你们，请贯彻执行"，以引起受文单位重视即可，一般内容较为简短。发布重要的条例、规定、办法、细则等，也可就其意义作适当阐释。

批转（转发）性通知：使用惯用语"经研究，现将《××××》（×××〔20××〕×号）转发给你们，请遵照执行"，或"希研究执行"，或"请认真贯彻执行"，或"望参照执行"，或"供参阅"等即可。

会议通知：一般包括会议目的、主办单位、会议内容、时间地点、参加人员、注意事项等，重要或大型会议的通知可能还包括报到地点、联系电话、乘车路线、携带材料、会议费用等，涉及接待的还需要附上回执。

专项通知：通常较为简洁。如任免通知，只需要讲清楚任免的理由、具体任免的情况就可以了。

（4）发文机关署名和成文日期。写作的基本要求同“决定”。

例文2

中共中央关于印发《中国共产党纪律处分条例》的通知

各省、自治区、直辖市党委，中央各部委，国家机关各部委党组（党委），解放军各总部、各大单位党委，各人民团体党组：

2003年12月中共中央印发的《中国共产党纪律处分条例》，对维护党的章程和其他党内法规，严肃党的纪律等发挥了重要作用。党的十八大以来，随着形势发展，该条例已不能完全适应全面从严治党新的实践需要，党中央决定予以修订。现将修订后的《中国共产党纪律处分条例》（以下简称《条例》）印发给你们，请认真遵照执行。

《条例》贯彻党的十八大和十八届三中、四中全会精神，坚持依规治党与以德治党相结合，围绕党纪戒尺要求，开列负面清单，重在立规，是对党章规定的具体化，划出了党组织和党员不可触碰的底线，对于贯彻全面从严治党要求，把纪律和规矩挺在前面，切实维护党章和其他党内法规的权威性、严肃性，保证党的路线、方针、政策、决议和国家法律法规的贯彻执行，深入推进党风廉政建设和反腐败斗争具有十分重要的意义。

各级党委（党组）要担当和落实好全面从严治党的主体责任，以对党的事业和党员、干部高度负责的精神，切实抓好《条例》的学习宣传、贯彻落实，使党的纪律刻印在全体党员特别是党员领导干部的心上。要把严守政治纪律和政治规矩永远排在首要位置，通过严肃政治纪律和政治规矩带动其他纪律严起来。各级纪委（纪检组）要认真履行监督执纪问责职责，加大查处违反《条例》行为的力度，进一步探索建立不敢腐、不能腐、不想腐的有效机制。党员领导干部要以身作则，带头增强党章党规党纪意识，敢于担当、敢于较真、敢于斗争，确保把党章党规党纪落实到位。广大党员要牢固树立党章党规党纪意识，严格遵守国家法律法规，守住纪律“底线”，自觉做守纪律、讲规矩的模范。

各级党委（党组）和纪委（纪检组）要适时对《条例》实施情况进行

专项检查，确保各项规定落到实处。

各地区各部门在执行《条例》过程中的重要情况和建议，要及时报告党中央。

中共中央

2018 年 8 月 18 日

例文评析

这是一份印发党内法规的通知，通知与印发的《中国共产党纪律处分条例》共同构成一份完整的公文（《条例》从略）。通知的正文共五段，意涵分为三层：

第一层意思即第一段，说明了印发原因，并使用惯用语“现将修订后的《××××》印发给你们，请认真遵照执行”指出行文目的。一般情况下，发布性通知到这里就可以结束了。由于全面从严治党背景下，党要管党是一项常抓不懈、永远在路上的工作，这就要求党内法规制度的篱笆必须越扎越牢，因此有了第二层，即通过第二段对修订印发新的《条例》的重大意义进行了简要阐述。第三至第五段是第三层，就贯彻落实新《条例》提出相关要求。

纵观通知的正文，行文目的非常突出，阐述意义简要到位，贯彻落实要求兼顾了原则性和明确性，有一说一，明白晓畅，便于传达和执行。

例文 3

共青团××省委关于召开共青团××省第××届委员会第×次全体会议的通知

各设区市、县（市、区）团委，省级机关团工委，省直有关单位团委、各省部属企业、科研院所、高校团委，各省级行业、外省驻×团工委：

报经省委同意，定于20××年×月×日在××召开共青团××省第××届委员会第×次全体会议，会期 1 天。现将有关事项通知如下：

一、会议内容

深入学习贯彻习近平总书记与团中央新一届领导班子成员集体谈话重

要讲话精神、团的××大精神和省委××届×次全会精神，总结上半年工作成效，部署下半年工作任务，推动全省各级团组织以解放思想为先导，奋力建设青年身边的共青团，助推高质量发展走在前列。

二、与会人员

团省委××届委员、候补委员出席会议。

不是委员或候补委员的设区市、县（市、区）团委书记，省级机关团工委书记，省直有关单位团委、各省部属企业、科研院所、高校团委书记，各省级行业、外省驻×团工委书记，团省委机关全体干部列席会议。

三、会议地点

××宾馆主楼×楼××厅。

地址：××市××路××号，总机：×××－××××××××。

四、会议安排

×月×日上午，全体会议；×月×日下午，团××大精神专题辅导及全省××论坛。

五、会议要求

请与会人员携带本人身份证于×月×日（星期×）18：00前报到，×月×日（星期×）18：00前离会。

共青团××省委

20××年×月×日

例文评析

一般会议通知主要包含会议主题、会议时间、会议地点、参加人、参会要求等要素。这是一个规模较大、内容丰富、时间紧凑的会议在召开之前所发的通知。

通知开头以“报经×××同意”这一刚性语句切入，简明扼要，严肃庄重；同时标明了会议时间和长度，并使用“现将有关事项通知如下”过渡，引出下文。随后，通过“会议内容”“与会人员”“会议地点”“会议安排”和“会议要求”，将一系列会议信息一一列出，结构清晰，一目了然。其中，“会议内容”既是会议主题，也是开头没有说明的会议目的。此外，“会议安排”一般适用于内容较为重要、议程较为复杂的会议，必要时也可加上附件“会议日程”，以表格形式把具体安排列出，便于参会者对照，而在例行会议通知里则无需点出。

(三)“报告”的写作

“报告”适用于向上级机关汇报工作、反映情况，回复上级机关的询问。一些专业部门从事业务工作时所使用的行业文书的标题也带有“报告”二字，如审计报告、评估报告、立案报告、调查报告等，不属于党政公文的范畴，不能混淆。

1. 报告的分类

报告具有陈述性、沟通性、事后性及单向性，是典型的上行文。一般分为工作报告、情况报告、建议报告、答复报告和呈送报告。

(1) 工作报告。凡是用来向上级汇报工作的报告，都是工作报告。工作报告又分为综合工作报告和专题工作报告两种。综合报告涉及面宽，要把主要工作范围之内的方方面面都涉及，可以有主次的区分，但不能有大的遗漏。如《决胜全面建成小康社会，夺取新时代中国特色社会主义伟大胜利——在中国共产党第十九次全国代表大会上的报告》。专题报告的涉及面窄，只针对某一方面的工作或者某一项具体工作进行汇报。如《温州市人民政府关于“最多跑一次”改革工作推进情况的报告》。

(2) 情况报告。如果本单位出现了正常工作秩序之外的情况，譬如发生了事故、出现了意想不到的问题等，对工作产生了一定程度的影响，应该将有关情况及时向上级原原本本地进行汇报。即使对工作没有太大影响，一些具有倾向性的新动态、新风气及最近出现的新事物等，必要时也要向上级报告。凡此种种，都属于“情况报告”。作为下级机关，有责任做到“下情上达”，保证上级机关耳聪目明，始终对下级的情况了如指掌，这就是情况报告的意义。如果隐情不报，则是一种失职的表现。如《国务院关于文化遗产工作情况的报告》。

(3) 建议报告。对自己职权范围内的某方面工作有了深思熟虑、切实可行的设想之后，将其归纳整理成意见、办法、方案，报送上级机关，希望上级机关采纳、推行，这就是建议报告。对于建议报告，上级机关如果采纳，可能会批转给有关部门实施，这是建议报告的最终目的。但上级机关也可能不予采纳，也是非常正常的。作为下级机关，拥有建议的权力，但是没有逼迫上级机关一定采纳、推行的权力，对此必须具有清醒的认识。如《林业部关于进一步加强森林防火工作的报告》。

(4) 答复报告。答复上级机关询问的报告，称为答复报告。如《贺兰县交通局关于市政协〈社情民意〉意见建议办理情况的回复报告》。

（5）呈送报告。这是向上级报送文件、资料、物件时使用的报告。如《银川市志办关于报送市委十四届五次全会有关材料的报告》。

2. 结构与写法

（1）标题。通常由发文机关、事由、文种组成，基本要求同“决定”。

（2）主送机关。应报送自己的直接上级机关或上级询问机关，一般情况下不要越级行文。写作的基本要求同“决定”。

（3）正文。报告的正文一般包含导语、主体、结语三个部分。导语部分可以交代报告产生的现实背景，可以交代报告产生的根据，可以简述一个事件的概况，也可以明确阐述发文目的。主体部分根据报告的不同类型，有不同写法。结语部分则较为简单，可以强调意义、进行展望，也可以另行使用“特此报告”“以上报告，请审阅”“以上报告如无不妥，请批转执行”等惯用语结束。

工作报告：适宜采用总结式写法，主要以思路、成绩、经验、不足、目标、任务、举措等为主，在叙述基本情况的同时，有所分析、归纳，找出规律性认识，类似于工作总结和展望。

情况报告：适宜采用“情况—原因—经验—措施”四步写法，这种结构先将情况叙述清楚，然后分析情况背后的主客观原因，接着总结经验（或教训），最后提出下一步的行动措施。

建议报告：适宜采取“指导式”写法。因为提出这类报告，就是希望上级机关采纳建议，并批转给有关部门执行和实施，所以建议应当针对某项工作提出系统完整的方法、措施和要求，对推动相关工作具有较为全面的指导意义。在写作时，最好采取分条列项、逐层表达的形式。

答复报告：这类报告内容针对性最强。写作时要特别注意，上级机关询问什么就答复什么，不能答非所问。一定要慎重对待上级机关的询问，如果不了解实情，必须经过深入的调查研究后再审慎答复。

呈送报告：这类报告的主体部分通常非常简略主要内容都在所报送的文件、资料、物件里面。

（4）发文机关署名和成文日期。写作的基本要求同“决定”。

例文4

××市××区××局关于20××年度民主生活会召开情况的报告

根据中共××市××区委组织部、中共××市××区纪委《关于认真开好20××年度××区党和国家机关党员领导干部民主生活会的通知》(×××〔20××〕×号)精神，区××局党组于×月×日下午在局机关会议室召开了20××年度民主生活会，现将有关情况报告如下：

一、会前准备情况

1. 制定方案。(略)

2. 开展学习研讨。(略)

3. 广泛征求意见。(略)

4. 开展谈心谈话。(略)

5. 撰写发言提纲。(略)

二、会议基本情况

会议由局党组书记、局长×××同志主持，局班子成员×××、×××、×××、×××参加了会议，派驻纪检组×××、局中层干部×××、×××、×××、×××、×××列席了会议。

会上，局党组书记、局长×××同志首先通报了20××年度专题民主生活会整改落实情况和20××年民主生活会会前准备情况及征求意见情况。然后，由×××同志代表局领导班子做对照检查，班子成员进行了讨论、补充、认领存在的问题并提出整改意见。接着，局班子成员×××、×××、×××、×××、×××、×××同志分别从××××等×个方面对照检查，查摆问题，深入剖析根源，开展自我批评并虚心诚恳接受其他同志的批评意见，并提出下一步努力的方向和整改措施。最后派驻纪检组×××同志对我局民主生活会给予了肯定，并提出了意见。

整个会议，严肃认真，切实做到了直面问题、直奔主题，既红了脸又出了汗，达到了发现问题、解决问题，增强友谊、促进团结，转变思想作风、提高工作能力的目的。

通过征求干部群众意见及班子对照检查，共从××××等×个方面查找出了×条存在的问题及表现，对存在的问题产生的原因进行了深入剖析，并指明了今后努力的方向和主要整改措施。

三、会后落实情况

局党组结合民主生活会开展批评情况及前期查摆的班子存在问题清单进行再梳理，形成问题整改清单，同时细化整改措施，明确了整改时限，并在局公示栏上公示，接受党员群众的监督。

1. 加强理论学习，不断提升党性修养。(略)

2. 进一步改进工作作风，增强服务意识。(略)

3. 狠抓党建和党风廉政建设，强化党性修养、提高科学决策和民主决策水平。(略)

四、上年度民主生活会整改措施落实情况

(略)

××市××区××局

20××年×月×日

例文评析

这是一份党内民主生活会召开后呈报上级机关的情况报告。这份报告很好地体现了报告的“陈述性”特点，按照上级机关要求，进行了对照和陈述。

陈述会前准备情况，采取了条目式陈述，使得制定方案、学习研讨、征求意见、谈心谈话、撰写发言提纲等规定环节更加清晰。对会议召开情况，抓住“人”和“议程”进行陈述，重在概括会议的实况、成效及成果。会后落实情况，同样采取条目式陈述。同时，按要求报告了上年度民主生活会整改措施的落实情况。

这份对照上级要求撰写的报告，是一份实事求是、不掩盖问题的报告，也是一份陈述情况清晰、完整、简明的报告，便于上级及时全面地了解、掌握相关情况。

(四)“请示”的写作

“请示”适用于向上级机关请求指示、批准。“请示”与“批复”是成对出现的文种，“请示”后必有“批复”，“批复”前必有“请示”。

1. 请示的分类

请示是下级机关向上级机关请求决断、指示、批示或批准事项所使用的呈批性公文，也属于典型的上行文。一般分为请求指示和请求批准两大类。

（1）求示性请示。也叫政策性请示，行文的主要目的是寻求上级指示，适用于对一些新问题、新情况当前无章可循，对上级的政策、方针、规定、指示等有疑问或把握不准，或者与其他机关单位就某个问题有分歧、需要上级裁决等情况，即在“不知如何是好”的情况下使用。如《××××关于明确××县公证处机构编制性质的请示》。

（2）求批性请示。也叫事务性请示，行文的主要目的是请求上级批准，适用于向上级请求批准有关规定、方案或规划，请求审批某些项目或指标，请求批转有关办法、措施等情况，即在“已有计划安排，但须报经上级批准方可施行”的情况下使用。如《××××关于增加办公用房的请示》。

2. 结构与写法

（1）标题。通常由发文机关、事由、文种组成，写作基本要求同“决定”。

（2）主送机关。写作时要注意，请示的主送机关一般只有一个，避免“多头”请示，责任不明。受双重领导的机关向上级请示，应根据请示的内容，确定负责答复的上级机关为主送机关，另一个则采用抄送形式。写作的基本要求同“决定”。

（3）正文。主要包括请示缘由和请示事项，以及“当否，请批复”“妥否，请指示”等惯用的结束语。一份请示只能写一件事，因为“一文多事”牵涉的单位多了，涉及的政策也多，任何一个上级机关都很难答复，几个单位同时答复更不现实。

请示缘由：包含请示原因、理由及依据，要有说服力，理由充分。有的请示事项较重大或较复杂，往往会用稍长的篇幅，分几个层次或从不同角度加以说明。求示性请示的缘由需要根据工作遇到的新情况、新问题，如实叙述，并把问题、矛盾摆出来，让上级机关了解掌握。求批性请示的原由需要充分陈述理由，可以列举典型数据，正反对比，将困难、必要性、紧迫性等呈现出来以增强说服力。

请示事项：指请示上级机关批准、帮助、解答的具体事项，应当符合国家法律、法规，符合实际。对需要上级审批的事项，作具体说明，提出切实可行的意见。求示性请示的事项需要在提出问题的基础上，阐明本机关的主张，并陈述为什么要这样做，供上级机关参考，不能只提问题而无主张。求批性请示的事项则要实事求是，充分论证，具体可行。

（4）发文机关署名和成文日期。写作的基本要求同“决定”。

例文 5

××市农委关于引进高层次专业技术人才的请示

市人才办：

近年来，市农科所在上级部门的关心和支持下，初步建成了国内硬件设施一流的县级××××研发基地，科技创新能力有了较大提升，先后育成了“××系列”、“××系列”等7个××新品种，分别被各级确定为国家××××创新基地、国家××××工程技术研究中心××分中心、国家农作物区域试验站、江苏省××××工程技术研究中心、江苏省博士后创新实践基地分站等。拥有一支以×××为首的××××创新团队，具有国家级的创新平台和设备先进的实验室（国家发改委新增××××科技支撑实验室、××××研究推广中心实验室）。为大力实施乡村振兴战略，以科技创新带动农业供给侧结构性改革，解决农业增收农民致富的迫切问题，急需引进高层次农业技术人才充实到科技队伍中，提高市农科所的科技创新能力和核心竞争力。

××大学××学院××××专业博士生×××，19××年×月生，江苏××人，本科毕业于××学院，之后在××大学攻读博士学位，于20××年×月毕业。博士期间主要研究方向为××××的研究，曾参与××××方面的国家自然科学基金重点项目。该同志专业研究方向与市农科所所需紧缺专业人才对口，志愿到基层一线从事××××工作。20××年×月到市农科所实习工作以来，积极参与到××××的工作中，开展了××××等工作。同时参与××××考察，重点进行了××××检测和××××鉴定工作。该同志在工作期间的表现得到领导、同事和专家×××同志的认可。

市农科所现有在职在编人员×人，空编×人。为加强市农科所高层次农业科研团队建设，进一步发挥先进实验室的积极作用，加快××××技术向××××技术转变，提高市农科所的××××水平和××××效率，特请求引进高层次紧缺人才×××博士。

妥否，请批示。

××市农业委员会

2019年×月×日

例文评析

这一份关于人才引进的请示，请示原因、建议人选情况、请示事项、惯用结语等非常完整，层次清晰，尤其是陈情、推介、说理既全面又简要，背景、形势分析透彻，建议人选自然情况和现实表现考察比较充分，提出的请示事项合情、合理、合规，显示出爱惜人才的真诚、汇聚人才的迫切，衬托出呈请事项的真实和可靠。

（五）“批复”的写作

“批复”适用于答复下级机关请示事项，是与“请示”相对应的下行文。

1. 批复的分类

请示是典型的上行文，与之相对应的批复就是典型的下行文，具有针对性、指示性和权威性。批复通常分为指示性批复和审批性批复。

（1）指示性批复。主要是针对求示性请示（政策性请示）中涉及的方针、政策性问题进行答复。这类批复是对下级机关提出的请示事项的答复，同时提出开展工作的意见和要求，以指导下级机关工作，同时批复的指示性内容，在其管辖范围内，具有普遍的指导和规范作用。如《国务院关于中信公司有关政策问题的批复》。

（2）审批性批复。主要是针对求批性请示（事务性请示）作回复，表明上级机关对下级机关请示的内容同意或不同意。这类批复，主要是针对下级机关请示的机构设置、人事安排、项目设立、资金划拨等具体事项，经审核后所作的答复。如《国务院关于同意深化服务贸易创新发展试点的批复》。

2. 结构与写法

（1）标题。通常由发文机关、事由、文种组成，写作基本要求同“决定”。

（2）主送机关。批复具有很强的针对性，所以写作时要明确针对报送请示的下级机关。写作的基本要求同“决定”。

（3）正文。主要包括三个方面：一是引述来文。开头一般引述来文（即报送的“请示”）的日期、标题和发文字号，如“你们（你单位）20××年×月×日《关于××××的请示》（××〔20××〕×号）收悉”，随后使用惯用语“经研究，现批复如下”或“现将有关事项作如下批复”

过渡，引出下文。二是表明意见。指示性批复要针对下级机关请示的方针、政策性问题，明确依据，做好解释，帮助澄清误区，理清头绪，提出权威的指导性意见。审批性批复包含两种态度，同意的，有时还要具体布置，说明要注意的问题；不同意的，常用“暂缓进行”或“暂不宜考虑”等委婉语气，并说明理由。三是使用惯用的结束语，一般另行写“此复”“特此批复”等结束。

（4）发文机关署名和成文日期。写作的基本要求同“决定”。

例文 6

中共中央　国务院
关于对《河北雄安新区规划纲要》的批复

中共河北省委、河北省人民政府，国家发展改革委：

你们《关于报请审批〈河北雄安新区规划纲要〉的请示》收悉。现批复如下：

一、同意《河北雄安新区规划纲要》（以下简称《雄安规划纲要》）。《雄安规划纲要》深入贯彻习近平新时代中国特色社会主义思想，深入贯彻党的十九大和十九届二中、三中全会精神，坚决落实党中央、国务院决策部署，牢固树立和贯彻落实新发展理念，紧扣新时代我国社会主要矛盾变化，按照高质量发展要求，紧紧围绕统筹推进“五位一体”总体布局和协调推进“四个全面”战略布局，着眼建设北京非首都功能疏解集中承载地，创造“雄安质量”和成为推动高质量发展的全国样板，建设现代化经济体系的新引擎，坚持世界眼光、国际标准、中国特色、高点定位，坚持生态优先、绿色发展，坚持以人民为中心、注重保障和改善民生，坚持保护弘扬中华优秀传统文化、延续历史文脉，符合党中央、国务院对雄安新区的战略定位和发展要求，对于高起点规划、高标准建设雄安新区具有重要意义。

二、设立河北雄安新区，是以习近平同志为核心的党中央深入推进京津冀协同发展作出的一项重大决策部署，是继深圳经济特区和上海浦东新区之后又一具有全国意义的新区，是千年大计、国家大事。雄安新区作为北京非首都功能疏解集中承载地，与北京城市副中心形成北京新的两翼，有利于有效缓解北京“大城市病”，探索人口经济密集地区优化开发新模式；与以2022年北京冬奥会和冬残奥会为契机推进张北地区建设形成河北两翼，有利于加快补齐区域发展短板，提升区域经济社会发展质量和水平。要以《雄安规划纲要》为指导，推动雄安新区实现更高水平、更有效率、更加公平、更可持续发展，建设成为绿色生态宜居新城区、创新驱动发展引领区、协调发展示范区、开放发展先行区，努力打造贯彻落实新发展理念的创新发展示范区。

三、科学构建城市空间布局。雄安新区实行组团式发展，选择容城、安新两县交界区域作为起步区先行开发并划出一定范围规划建设启动区，条件成熟后再稳步有序推进中期发展区建设，划定远期控制区为未来发展预留空间。(略)

四、合理确定城市规模。坚持以资源环境承载能力为刚性约束条件，科学确定雄安新区开发边界、人口规模、用地规模、开发强度。要坚持生态优先、绿色发展，雄安新区蓝绿空间占比稳定在70%，远景开发强度控制在30%。(略)

五、有序承接北京非首都功能疏解。雄安新区作为北京非首都功能疏解集中承载地，要重点承接北京非首都功能和人口转移。积极稳妥有序承接符合雄安新区定位和发展需要的高校、医疗机构、企业总部、金融机构、事业单位等，严格产业准入标准，限制承接和布局一般性制造业、中低端第三产业。(略)

六、实现城市智慧化管理。坚持数字城市与现实城市同步规划、同步建设，适度超前布局智能基础设施，打造全球领先的数字城市。(略)

七、营造优质绿色生态环境。要践行绿水青山就是金山银山的理念，大规模开展植树造林和国土绿化，将生态湿地融入城市空间，实现雄安新区森林覆盖率达到40%，起步区绿化覆盖率达到50%。(略)

八、实施创新驱动发展。瞄准世界科技前沿，面向国家重大战略需求，积极吸纳和集聚创新要素资源，高起点布局高端高新产业，大力发展高端服务业，构建实体经济、科技创新、现代金融、人力资源协同发展的现代产业体系。(略)

九、建设宜居宜业城市。按照雄安新区功能定位和发展需要，沿城市轴线、主要街道、邻里中心，分层次布局不同层级服务设施，落实职住平衡要求，形成多层级、全覆盖、人性化的基本公共服务网络。(略)

十、打造改革开放新高地。要把改革开放作为雄安新区发展的根本动力，总结吸收我国改革开放40年来的经验成果，进一步解放思想、勇于创

新，探索新时代推动高质量发展、建设现代化经济体系的新路径。(略)

十一、塑造新时代城市特色风貌。要坚持顺应自然、尊重规律、平原建城，坚持中西合璧、以中为主、古今交融，做到疏密有度、绿色低碳、返璞归真，形成中华风范、淀泊风光、创新风尚的城市风貌。(略)

十二、保障城市安全运行。牢固树立和贯彻落实总体国家安全观，以城市安全运行、灾害预防、公共安全、综合应急等体系建设为重点，构建城市安全和应急防灾体系，提升综合防灾水平。(略)

十三、统筹区域协调发展。雄安新区要加强同北京、天津、石家庄、保定等城市的融合发展，与北京中心城区、北京城市副中心合理分工，实现错位发展。(略)

十四、加强规划组织实施。雄安新区是留给子孙后代的历史遗产，要有功成不必在我的精神境界，保持历史耐心，合理把握开发节奏，稳扎稳打，一茬接着一茬干，一张蓝图干到底，以钉钉子精神抓好各项工作落实。(略)

《雄安规划纲要》执行中遇有重大事项，要及时向党中央、国务院请示报告。

中共中央
国 务 院
2018 年 4 月 14 日

例文评析

这是中央对《河北雄安新区规划纲要》的批复，正文引述来文并使用过渡语引起下文，在正式的批复意见中，表明了中央的态度，提出了相关要求，结尾部分使用了要求式结语，态度鲜明，要求明确，站得高、看得远，具有总揽全局的战略指导作用。

通常情况下，批复是比较简单的，因为针对的情况比较日常和常规。而规划雄安新区，是“千年大计”和“国家大事”，是党的十九大报告提出的“以疏解北京非首都功能为‘牛鼻子’推动京津冀协同发展，高起点规划、高标准建设雄安新区”的要求。批复不仅同意了《河北雄安新区规划纲要》，并鲜明地指出其实施意义，更重要的是就雄安新区的定位和规划的具体实施，提出了一系列战略性、指导性意见，站位高、格局大、视野宽，谋划全面，影响深远，体现了中央对河北雄安新区规划实施工作的重视和审慎，表明了中央在这一问题上的全局性、指示性、权威性意见。

（六）“函”的写作

“函”适用于不相隶属机关之间商洽工作、询问和答复问题、请求批准和答复审批事项。

1. 函的分类

函是典型的平行文种，根据不同的标准可分出不同类型。

（1）按公务性质，分为公函和便函。公函用于机关单位之间正式的公务活动往来，而便函则用于日常事务性工作的处理。严格来讲，便函不属于正式公文，没有公文格式要求，甚至可以不要标题，不用发文字号，只需在末尾署上机关单位名称、成文时间并加盖公章即可。

（2）按发文目的，分为发函和复函。发函即主动提出公务事项而制发的函，复函则是回复对方来函的函。

（3）按内容用途，分为商洽函、催办函、邀请函、请示函、答复函、转办函、报送函等。

2. 结构与写法

（1）标题。一般由发文机关、事由、文种组成，写作基本要求同“决定”。如是发函，标题中的文种写“函”，而如是回复的函，标题中的文种则写“复函”。但是由于函的灵活性，有时还会省略发文机关，只有事由和文种，或者省略发文机关和事由，只写文种，便函甚至不拟标题。

（2）主送机关。写作的基本要求同“决定”。

（3）正文。无论发函还是复函，正文均应写清三个方面：

发函要注意把三个部分写完整：一是陈述发函的原因或理由，简要说明发函的目的、根据、原因等内容，然后用“现将有关问题说明如下”。二是提出致函商洽、询问的内容或请求批准事项，注意一函一事，行文时直陈其事，无需刻意铺垫或绕弯子。三是提出复函请求，一般另行用“盼予复函”“请予函告”“特此函达”“请予审核批准”等惯用语结束。

复函也要注意把三个部分写清楚：一是引述来函（类似“批复”开头的表述），然后使用惯用语“经研究，现将有关事项函复如下”过渡，引出下文。二是答复来函，适当陈述理由，用简洁得体的语言把需要告知对方的意见写清楚，注意答复事项的针对性和明确性。三是使用惯用的结束语，通常另行写“专此函达”“特此函复”“特此函告，务请见谅”等结束。

（4）发文机关署名和成文日期。写作的基本要求同“决定”。

例文 7

××新区环保局关于明确××路接管单位的函

××新区建设和交通委员会：

你委《关于明确××路（××大道—××路）工程接管单位的函》（×××〔20××〕×号）收悉。经研究，复函如下：

根据市政设施移交接管相关规定和局《关于××新区道路照明工程建设与移交接管工作实施细则的通知》（×××〔20××〕×号）精神，××路（××大道－××路）及该道路上标志标线均由新区公路管理署接管，路灯设施由新区公用事业署接管，消防栓由新区公用事业署协调供水企业养护维修。

接文后请与新区公路管理署、公用事业管理署取得联系，并按照移交接管相关规定，做好移交接管工作。

特此函复。

××新区环保局

20××年×月×日

例文评析

这是一份体现了业务商洽关系的复函，业务工作上的请示、管理和指导的色彩较为浓郁。正文开头引用来文，和“批复”的惯用开头一致。随后，以“经研究，复函如下”引出下文，同样是“批复”的惯用格式。正文第二段是函复的主要内容，明确了相关道路公用设施接管（维护）单位，第三段是提示接函后的程序、手续办理。最后以惯用语“特此函复”结尾。

复函行文简洁、清楚，就事论事，回复依据明确、责任单位明确、办理程序明确，针对性强，很好地发挥了业务沟通协调的作用。

拓展思考

请您认真阅读某企业的会议信息及实况，进入会议情境，理清会议研究的事项和形成的决定，并根据要求作答。

一、会议信息

1. 名称：厂长办公会。

2. 时间：2019 年 9 月 1 日上午 9：00—9：30。

3. 地点：第一会议室。

4. 出席人：张厂长、李厂长、王厂长、赵厂长、冯厂长。

5. 请假人：无。

6. 主持人：张厂长（注：厂长、党委书记，其他为副厂长）。

7. 记录人：陈主任（注：厂办主任）。

8. 会议议题：通报会商近期重点工作。

二、会议实况

张厂长：今天开会通报会商近期重点工作，请大家一起议一议。老李先说说。

李厂长：第二季度生产形势不错。想在近期开个车间主任会议，总结总结。

张厂长：好！鼓舞一下士气。放中旬，6 月 15 号，就在这里怎么样？

李厂长：中旬上级要来检查安全生产，还有外单位要来学习。是不是放下旬？

张厂长：要么放 6 月 30 号，周四，上午 9：00 在这里开。办公室发个通知，请各车间正、副主任、主任助理准时到会，不得缺席，特殊情况要提前跟厂办请假。车间主任每人准备 5 分钟经验交流发言。全体厂领导参加，老李主持，然后是交流发言，我最后讲一讲。

李、王、赵、冯厂长：好的。

张厂长：老王，你说说安全隐患摸排的事情。

王厂长：为配合上级的安全生产检查，我们对全厂重点部位做了隐患排查，发现二车间锅炉因使用年限长，存在安全隐患。主要涉及几个重要配件的更换。

张厂长：这个要抓紧，安全是第一责任。请二车间配合设备科尽快调研，打个报告上来，准备换什么、谁来换、多少预算，提交厂长办公会集体研究一下，尽快实施。

王厂长：好。会后马上召集他们开会落实。

张厂长：老赵，你说说准备出去搞技术调研的事情。

赵厂长：一车间牵头的技术攻关遇到瓶颈，我们想组个团去三一重工，跟他们的专家交流一下。

张厂长：我有个同学在那里当副总，可以先电话联系一下。如果人家方便，我们再发个正式的东西过去。到时老赵你带队，参加人员确定一下，人不宜太多。

赵厂长：好。会后跟你要一下你同学的联系方式，然后我来联系。参加人员我尽快拟个初步名单，跟你商量下。

张厂长：好的。老冯，你这边好像有个什么事情？

冯厂长：接自来水厂通知，明天上午厂附近自来水管网改造，上午9点到下午5点之间职工宿舍区临时停水。下午准备通过厂里的网站主页告知一下。

张厂长：好的。请办公室先拟个东西，给冯厂长看看，然后上网。可能的话，办公室同时群发短信再提示一下，确保不影响大家生活。没其他事情的话，就到这里。今天的会议，请办公室正常形成个东西。散会！

1. 从党政公文的角度出发，研讨此次会议应该涉及哪些公文？请简要回答并备注事由。

2. 请选择其中一种文种，根据会议实况代拟一份公文（主体部分即可）。

延伸阅读

1. 中共中央办公厅、国务院办公厅关于印发《党政机关公文处理工作条例》的通知（中办发〔2012〕14号）。

2. 中华人民共和国国家质量监督检验检疫总局、中国国家标准化管理委员会发布《中华人民共和国国家标准·党政机关公文格式》（GB/T 9704—2012 代替 GB/T 9704—1999）。

第十一章　创新精神与创意写作

创意写作的核心是“创意”，是以创新、创造为追求的写作，贯穿着丰富的文本体裁和表达手法，具有多样的呈现形式和载体。从最初的文学理念到现代性写作模式，到大学学科专业，再到社会接受并纳入文化服务体系，创意写作经历了100多年的发展。在“互联网+”时代，创意写作带有更加鲜明的创新色彩。广义上讲，创意写作是指包含文学类创意写作在内、与文化创意产业深度融合、具有创造思维和创新意识的现代性写作。狭义上讲，创意写作就是文学类创意写作，即文学创作。学习创意写作，可以拓展创造思维，激活创新潜能，通过写作能力的提升带动综合素质的提升。

第一节　创作实践与创新精神

创新是人类特有的认识能力和实践能力，是人类主观能动性的高级表现。2014年10月15日，习近平在文艺工作座谈会上的讲话中强调指出："文艺创作是观念和手段相结合、内容和形式相融合的深度创新，是各种艺术要素和技术要素的集成，是胸怀和创意的对接。要把创新精神贯穿文艺创作生产全过程，增强文艺原创能力。"此处虽然强调的是宏观上的“文艺创作”，但同时也深刻指出了创新是创作的本质属性，创新精神是创作的动力源泉。无论是广义上的创意写作，还是狭义上的创意写作，其实都属于以创意文本为核心的创作实践，必须以创新为前提，以创新精神为引领。忽视了创新，离开了创新精神，创作实践就会沦为无源之水，无本之木。

一、创作实践需要创新的意识

创新的意识是创作实践的先导，是在创作实践中表现出来的强烈的创新动机和倾向。创作实践首先要培养对社会生活中新事物新现象、新思想新知识、新风向新潮流、新规律新趋势的敏感，保持好奇心、求知欲和探究兴趣，用开放的眼光去观察周围的世界、人群、言语、行为和事件，捕捉生活的多面性、复杂性及典型的细节。其次要善于突破传统写作主要把精力放在遣词造句与谋篇布局上，习惯于把写作当作一种“如何运用语言”的问题这一思想藩篱，认识到“写作的天赋归根到底源于创意的天赋，创意的天赋归根到底又源于自我的发掘与自我的认知”①，强化“创意”第一、“写作”第二意识，以原创性的灵感创意，呈现一反常态的架构、打破常规的表达、不同前人的套路和耳目一新的风格。最后要立足时代和国情酝酿创意内涵和表现形式，及时反映新风貌新气象和社会主流价值观，在“互联网 +”和大数据时代始终坚持唱响“真、善、美”，做到言之有物、言之成理，“文章合为时而著，歌诗合为事而作”。

二、创作实践需要创新的信心

创新的信心是创作实践的精神柱石，是对创作实践具有重要的激发效应的自我把握和自我肯定。一是在厚植文化创意产业成为国家战略的今天，要看到作为文化创意产业链“始发端”的创意写作，发展前景一片大好，从事文学创作和文化创作有前途、有未来，明确并树立创作实践的志向恰逢其时，生发和强化创新从我做起、创意舍我其谁的信心正当其时。二是创作实践的成功者并非完全是“天生其材”，要认识到实际上每个人都会迸发创意，每个人都能参与写作，只要树立信心，通过创意写作原理、规律和技巧的系统学习，凭借后天的努力也有可能成为作家或职业撰稿人。三是团队就是力量、分享才有资源是当今时代的重要法则，要认识到“独学而无友，则孤陋而寡闻”的规律，以开放交流的姿态，组织或参与创意写作工坊活动，与写作爱好者们一道，以无领导讨论方式开展“头脑风暴”，通过评论作品、拓展思维，分享创意、启发灵感，实现相互认同和自我认同，进一步强化投入创作实践的信心。

三、创作实践需要创新的智慧

创新的智慧是创作实践的内生力，是在创作实践中发现问题解决问题、总结规律利用规律的能力。创作实践一定要注意人们对美好生活的向往是与时俱进的，只有及时跟上经济基础、社会条件、外部环境的深刻变化所带来的文化需求、审美情趣、接受习惯的变化，不断改进和创新，才能抓住受众心灵，产生影响。创作实践一定要注重方法的学习，既要纵向地学

---

① 黄斌：《创意写作视野中的作家培养》，《广西科技师范学院学报》，2016 年第 6 期。

习传统的方法，力争古为今用、推陈出新，又要横向地学习西方和本土的现代方法，追求中西融通、比照借鉴，同时还要注意学习课堂传授的方法、书本讲授的方法、网络传播的方法，博采众长，厚积薄发。创作实践一定要认识到文学创作或文化创作的创新本质，是通过创意思维的训练，打破固有的思维桎梏或定势，实现思维的创新和创意的迸发，继而摒弃陈词滥调，发现自己的“声音”，最终实现的自我表达的创新。

四、创作实践需要创新的勇气

创新的勇气是创作实践的关键所在，是在创作实践中显现出来的敢想敢做、敢闯敢试、敢于创新和突破的魄力。创作实践过程中，要勇敢地突破前人的经典作品和成熟经验的范式、模式给创作带来的牵引力，突破成功者的名气、荣誉、地位、资历等对自主创新的影响，突破自身经验、习惯或成绩给继续进步形成的障碍，大胆地去探索和尝试，在主题、体裁、内容、形式、方法、风格甚至语法、词组搭配、标点等方面进行创作“试验”，不在意世俗的眼光，敢于先行和试错，积极拓展创作的领域、路径和方法、技巧。要勇敢地挣脱各种思想束缚，敢于打开心灵、书写真我，自我呈现、自我表达，在创作实践中真实地分享内心深处最原生态的感受，以内心的真诚袒露吸引人、打动人。要勇敢地对中国优秀传统文化资源、西方优秀文明成果进行创造性转化和创新性发展，不忘本来、吸收外来、面向未来，积极发掘现实价值和现代意义，促进文化文明交流互鉴，启迪智慧，启示当代。

五、创作实践需要创新的意志

创新的意志是创作实践最为宝贵的“磨刀石”，是在创作实践中自觉地确定创新的目标并支配行动，不断克服困难，坚持不懈的精神品质。创作实践需要对最基本的技巧和方法进行反复练习和体会，只有久久为功，经历繁琐甚至枯燥的坚持，才能融会贯通、信手拈来，达到熟练甚至熟能生巧的地步，实现突破和创新。创作实践需要保持对真知、新知的执着追求，坚持开放学习和广泛吸纳，在今天这样一个信息爆炸的时代，特别要注意借鉴鲁迅先生“运用脑髓，放出眼光，自己来拿”的思想，有思考、有鉴别、自主地来获取真实有效的新信息和新知识，不断丰富自己的积累和积淀。创作实践还需要正确看待和处理各种现实的挫折和困阻，认识到探索和尝试不可能一帆风顺，保持创新、创造、创作的定力也不是一朝一夕之功，唯以百折不挠的精神，持续地自我磨练，才能有所收获和进益。

第二节　创意写作认知

创意写作（Creative writing）由美国思想家、文学家、诗人拉尔夫·沃尔多·爱默生于19 世纪 30 年代提出，伴随着美国文学教育变革浪潮的起伏，这一概念相继在教育界、文学界、学术界引发了各种讨论、探索和实践，最终实现了系统化、学科化、正规化，并将理念、模式及影响散播到全球。

一、创意写作发展史

（一）与大学的不解之缘

创意写作最初的探索实践开始于 19 世纪末哈佛大学对写作教学理念的变革和校外经验丰富的剧作家进校搭建教育平台的尝试。20 世纪初，以著名作家为“领头羊”，采取集体创作形式带领和培养文学新人渐成风气，逐步在一些大学形成了工作室、工坊制模式的教学体制。当时，随着科学技术的发展，美国出版业开始走向繁荣，纽约、费城、波士顿等一度成为当时的出版中心，直接推动了席卷全美的文学商业化大潮。面对文学商业价值超越文学审美价值这一效应，文学创作作家群体面临两条道路选择：一方面是坚守出世隐居的清修式创作生活，较为辛苦，但似乎可以坚持纯粹的传统创作；另一方面则是进入大学执教，解决单靠写作难以解决的生计问题。不同的道路选择，其实并无对错之分。从梳理创意写作历史的角度，后者使得集体创作的工坊制模式在大学得以延续和发展，并推动了 20 世纪20 年代驻校作家制度的建立①②。

驻校作家制度并非来者不拒的“普惠制”。由于资金短缺等方方面面的问题，当时的驻校作家制度只能接纳部分真正具备创作实践经验、具有一定艺术成就和影响的作家，因此尚不足以为创意写作的规模发展提供广泛

---

① 高尔雅：《创意写作的兴起及理念传播——前期美国创意写作史概述》，《2015 世界华文创意写作大会论文集》，上海市华文创意写作中心，2015 年，第 189 – 195 页。

② 高尔雅：《困境、重构与价值发现——美国创意写作学科发展问题研究》，《湘潭大学学报（哲学社会科学版）》，2016 年第 1 期。

空间和强大支撑①。不过，这时候的创意写作已经不可逆转地登上历史舞台，虽然还没有崭露头角，但是它与文学商业化大潮的相识和拥抱，乃至深度介入美国各类社会问题进行反思并发声，只是时间问题。严肃的思考和讨论也已经开启，执着于传统的人们担心写作的商品化最终将扼杀作家的创造性，而教育改革者和新锐作家却认为应当积极回应时代的需要，发展出新的现代性写作模式。在质疑与反质疑的声音中，越来越多的创意写作工坊出现在美国的大学，很多直接以“创意写作”命名的课程得以大范围开设，创意写作班逐渐风行，并慢慢形成了较为成熟的教学体系。这些创意写作班沿袭了集体创作的工坊制传统，要求学生“每人都要交出自己的作品，任一群陌生人对它指手画脚、把它批得体无完肤”，加州大学洛杉矶分校的马克·麦格尔教授形容“这是个公开接受羞辱的残酷过程，目的是为把今天丢人的烂作改造完善成将来令人骄傲的出版物”②。通过这样的实践形式，最大程度地激发学生的好奇心和学习热情，让他们迸发出令人惊奇的写作创造力。

鉴于盟军已经在太平洋和亚洲战场取得了压倒性的优势，而美国由于大量青壮年长期投入战争而导致本土劳动力不足，大裁军成为美国高层的必然选择。但是，离开火线的退伍老兵大多身体和精神背负着战争创伤，除了军事技能，缺乏走进新生活的一技之长。在此背景下，1944 年美国颁布实施《服役军人重整法案》，主要目的之一就是由政府出资帮助老兵重新进入大学学习，特别是学习实用型技术，以快速融入美国社会。然而由于老兵们普遍文化基础薄弱，学习高等级的理工课程较为困难，于是很多人选择了不需要特别专业背景、更加灵活开放的创意写作班。在教员们“写你知道的”这一口头禅鼓励下，老兵们凭借丰富的阅历和亲身的体验，根据自己对战争的回忆、观察和思考，写出了一大批真实而独特的原创作品，水准超过了战前任何一个时期，吸引了专业作家和广大读者的注意，推动了美国战后文学的全面繁荣和创意写作的蓬勃发展③。由于法案规定，接受资助的人必须选读颁发学位或证书的专业，这就促使创意写作班升格为正规系科成为可能。与此同时，由于冷战开始后，美国政府大幅增加教育财

① 高尔雅：《创意写作的兴起及理念传播——前期美国创意写作史概述》，《2015 世界华文创意写作大会论文集》，上海市华文创意写作中心，2015 年，第 189 – 195 页。

② 张芸：《创意写作与美国战后文学》，《书城》，2009 年第 12 期。

③ 葛红兵、许道军：《大学创意写作 · 文学写作篇》，中国人民大学出版社，2017 年，第 9 – 10 页。

政投入，公立大学如雨后春笋般涌现，增加颁授学位的专业科目，成为这些大学快速打造形象的重要选项。①基于这两大原因，创意写作班的转型终于水到渠成，实现了向授予艺术学位的创意写作系的华丽转身。至此，创意写作作为新兴学科在美国高校得以确立和推广，“彻底改变了学习的路径，……从问题出发，从实践入手，将抽象化的变得具象化，神秘化的变得通俗化，理论化的变得实践化，……降低了写作的门槛”②。

（二）爱荷华大学的影响

研究创意写作的发展史，美国爱荷华大学是一个绕不过去的坐标。在诺曼·福斯特、威尔伯·L. 施拉姆、保罗·安格尔、聂华苓等几代文学教育改革“急先锋”的开拓下，爱荷华大学的前瞻性和行动力可谓首屈一指，成为世界创意写作学科发展最重要的推动者、贡献者和引领者。20 世纪 30 年代，爱荷华大学已将创意写作作为获取学分的形式正式接纳，这是全球大学确立“学分制”后，创意写作在高等教育体系“登堂入室”所迈出的第一步；1936 年，爱荷华大学成立“爱荷华作家工坊”，成为全美第一个正式的创意写作艺术硕士学科点；1967 年，爱荷华大学创建“爱荷华国际写作计划”项目，为不同种族、民族、文化背景的作家们提供平等交流的平台③。在今天的爱荷华大学，作家工坊主打创意写作教学，教授写作的都是非常著名的作家、评论家，而国际写作计划项目则主要是在每年的 8 月份到 10 月份邀请世界各地的作家赴爱荷华城参观访问，并参与爱荷华大学的创意写作教学及相关文化交流活动。可以说，爱荷华大学由作家工坊和国际写作计划项目组成的创意写作系统具有世界影响。

尽管在学界和媒体界曾经出现批评其创意写作系统就像复制作家的工业化流水线这样的声音，但爱荷华大学却坚定又不失风度地回应：“尽管我们部分同意一个普遍流行的观点，即创作是不能被教出来的，但我们也坚信并且在实际中发现天赋是可以被助长的，在教学过程中我们看到了这一点。从写作工坊出来的那些校友里，有杰出的诗人和小说家。我们将继续寻找这个国家最有才能的学生，并传播我们的理念，即‘作家或许不能被

① 陆涛：《西方创意写作与我国大学写作教学》，《宁波大学学报（教育科学版）》，2013 年第 4 期。

② 刘伟：《创意写作中的文体意识》，《2015 世界华文创意写作大会论文集》，上海市华文创意写作中心，2015 年，第 215 - 220 页。

③ 葛红兵、刘卫东：《从创意写作到创意城市——美国爱荷华大学创意写作发展的启示》，《写作》，2017 年第 11 期。

教出来，但可以被鼓励’。”①大学是所在城市的亮丽名片。2008年，继英国爱丁堡、澳大利亚墨尔本之后，爱荷华城被联合国教科文组织授予“文学之都”称号。由此，带来这样一个启示：创意写作与创意城市之间是相互补充、相互促进、和谐共生的关系，“一方面创意写作可以为创意城市培养原创型的写作和创意人才，另一方面可以为创意城市提供丰富的文化产品……而从创意城市的发展角度来看，创意城市的发展和建设，对创意写作学科在人才培养、文化创意人才、产品创造方面提出了更多的要求。创意城市为创意写作提供实践的空间，也在促进创意写作不断地调整自己，刺激创意写作的快速发展”②。

（三）从美利坚走向世界

创意写作依托大学而兴，大学也因创意写作与时代、与社会对接。由于美国大学普遍设有专门教授创意写作的系科，因此，很多美国当代知名作家都获得了创意写作学位。许多人甚至受聘于大学，在创意写作专业执教，使得创作经验和文学传统得到良好有序的传承。今天的美国，很难找到一个没有受过创意写作训练的作家，而几乎所有的作家又都有职业，来自各行各业。这确实是一个值得探讨的有趣的现象，深刻地显示出创意写作在一个社会的深入人心，与一个社会的深度融合。

“二战”后的美国，既要经历纾解诸多社会问题的阵痛，又面临构建和塑造与全面崛起的世界大国形象相匹配的思想文化体系这一重大使命，创意写作在其中发挥了关键的、独特的作用。创意写作“强调给学生提供充分的自我表达机会”，一方面倡导“写你知道的”，引导学生“不断从个人的经历、回忆、观察、思考中深挖素材，写出以往没人写过的原创作品”，实现“认识自我、发现自我、表达自我”，另一方面倡导“找到自己的‘声音’”，为不同阶层和族群“提供了一个平台和通道，使被忽略的声音在公共领域得到倾听”③。创意写作的这一核心理念，促使遍布美国高校、网罗了各阶层人士的数千个创意写作工坊和创意写作班，参与了退伍军人安置及抚平战争创伤、黑人平权与种族问题、原住民文化与移民浪潮、女权运动、美苏冷战等“二战”后美国几乎所有社会问题的讨论④，不仅鼓励了

---

① 丁伯慧：《让“创意”成为写作的一种习惯》，《中国艺术报》，2016年9月30日第3版。

② 葛红兵、刘卫东：《从创意写作到创意城市——美国爱荷华大学创意写作发展的启示》，《写作》，2017年第11期。

③ 张芸：《创意写作与美国战后文学》，《书城》，2009年第12期。

④ 葛红兵、雷勇：《英语国家创意写作学科发展研究》，《社会科学》，2017年第1期。

退伍军人作家，以及后来的少数裔作家和女性作家群体的涌现，丰富了美国文学的多样性，繁荣了美国战后文学，更重要是推动了不同阶层和族群间的表达和聆听、反思和对话、沟通和谅解，有效促成了阶层与族群的弥合，让多元文化在碰撞与融合中逐步建构、完善美国思想文化体系，极大地推动了“美国梦”的塑造和凝聚，美国文化创意产业发展和创意国家建设，以及美国思想文化及其价值观的全球输出①。

在美国的影响带动下，加拿大、英国、澳大利亚、新西兰、以色列、墨西哥、新加坡、日本、韩国、菲律宾等国家，以及我国台湾、香港、澳门地区，也纷纷在大学设立创意写作专业。比如，在1946年的加拿大，英属哥伦比亚大学首推创意写作课程；在20世纪60年代初的英国，东英吉利大学开始创意写作教学；在20世纪70年代末、80年代初的澳大利亚，墨尔本大学率先开设创意写作课程②，等等。如今，在英国和澳大利亚也已经有很多当代作家获得了创意写作学位。今天的创意写作已经发展成为一个包含近20个子类，设有本科、硕士、博士研究生培养层次的大学科。目前，全球已有非常多的大学（如美国有350多所、英国有100所左右）开设了创意写作课程，为有志于创意写作的人提供不同层次的学习和深造机会，美国的爱荷华大学、纽约大学，英国的牛津大学、东英吉利大学，澳大利亚的墨尔本大学、昆士兰科技大学，香港中文大学、香港城市大学，等等，都是不错的选择。

（四）融入文化创意产业

“创意写作的落脚点在于创意，通过创意或创意写作再到阅读消费，就形成了创意产业的链条，实现创意的产业化。”③在美国、英国等很多文化创意产业较为发达的国家和地区，创意写作已经逐渐从单纯的大学创意写作课程或工坊向一种复杂的社会文化服务体系演变，并作为文化创意产业链上最为关键的环节和极其重要的组成部分，助力当地文化创意产业发挥独特的“软实力”作用。

比如美国。冷战结束时，成为唯一超级大国的美国，其文化创意产业在美国GDP中占比约20%，发展成占比第一的支柱产业，同时美国也成为

① 张娟：《学院·市场·民间：多维视野下中国创意写作发展的本土化路径》，《广西科技师范学院学报》，2016年第6期。

② 戴凡：《国内外创意写作的教学与研究》，《中国外语》，2017年第3期。

③ 马妍：《创意　规约　互补——应用写作与创意写作的比较研究》，《改革与开放》，2017年第18期。

世界第一大文化产业出口国，出口占比超过军工和一般制造业①。从这个时候开始，美国的文化软实力已经较为充分地体现在发达的多元化的文化创意产业上，而支撑起整个文化创意产业、发挥着人才摇篮作用的就是创意写作。众所众知，好莱坞大片和美剧是讲述“美国故事”，颂扬“美国精神”，承载和传播美国思想文化及其价值观的重要形式。它们之所以成为“美国故事”和“美国精神”的完美喉舌，得益于那些负责剧本创作的编导有相当多的人曾在创意写作学科专业学习和实践过，对如何投市场和观众所好、如何有技巧地传达“很美国”的思想内容驾轻就熟。这些编导继承了创意写作工坊的优良传统，习惯于运用团队讨论、集体创作的模式，在充分研究观众的兴趣喜好和市场可接受方式的基础上，以极其高效、娴熟的方式，为影视剧构建“起承转合”的框架，设计令人心动的时刻，填充牵引情绪的内容，并通过高科技技术“装配”和呈现，最终与美国思想文化及其价值观一起“打包”，借助文化产业的“外壳”销往海外。

再如英国。1997 年，布莱尔政府成立了创意产业特别工作小组，聚焦培养更多文化创意产业的核心从业人员，意在以繁荣文化创意产业，提振萎靡不振的英国经济。其后的历届政府延续了这项工作，并经过 20 多年的积淀，取得了令人瞩目的成绩。目前，英国文化创意产业在英国 GDP 占比 20% 以上，超过任何一种传统制造业占比，文化创意产业从业人数与重要支柱产业——金融业从业人数几乎旗鼓相当。观察创意写作在其中发挥的作用，正如英国著名经济学家约翰·霍金斯在提出“创意产业经济”模式时所指出的那样，文化创意产业“使得创意写作体系这样的文学生产模式进一步放大，进入到更大的文化生产活动中，与当代新兴商业组织合作，充分进入社会、家庭、个人的多层生活体验中。也就是说，用创意生产与活动整合现代生活”②。时至今日，英国已经成为仅次于美国的世界第二大创意产品生产国，其电影电视、音乐出版、电游动漫、广告设计、表演艺术等产业享誉全球。

① 葛红兵、许道军：《大学创意写作·文学写作篇》，中国人民大学出版社，2017 年，第 33 – 34 页。

② 葛红兵、许道军：《大学创意写作·文学写作篇》，中国人民大学出版社，2017 年，第 17 页。

二、创意写作在中国

（一）启蒙与酝酿

创意写作发轫于美国、流变于西方、流播于世界已历百年，但其勃兴和崛起也只是近三四十年的事情。在中国，港澳台地区的大学早于内地设立创意写作专业，且教学体系和研究、推广工作较为成熟。创意写作在内地高校的第一次惊艳亮相，当属1998年《萌芽》杂志联合北京大学、复旦大学、华东师范大学、南京大学、南开大学、山东大学、厦门大学等七所全国著名高校，组团叫板中学教育“唯理模式”而举办的首届全国新概念作文大赛。新概念作文大赛“不命题、不限定题材、体裁”，倡导“新思维、新表达、真体验”的办赛理念，给写作活动乃至当时的内地文坛吹来了一股清新之风。随着赛事影响的逐年扩大，清华大学、浙江大学、中山大学、北京师范大学、武汉大学、中国人民大学也先后加入进来，成为联合主办单位。20余年来，新概念作文大赛成为“80后”“90后”乃至“00后”们追求“文学梦”的一个重要平台，选拔和培养了一大批有影响的青年作家，韩寒、郭敬明等不少获奖者借此走上文学舞台。可以说，首届全国新概念作文大赛让人们认识到“原来作文还可以这么写”，具有深刻的启蒙意义。

首届全国新概念作文大赛之后，创意写作逐渐进入人们的视野。早在2001年教育部制定的《全日制义务教育语文课程标准（实验稿）》在第二部分“课程目标”中，就对第四学段7～9年级的“写作”提出了“多角度地观察生活，发现生活的丰富多彩，捕捉事物的特征，力求有创意地表达”等目标，并在第三部分“实施建议”中强调“为学生的自主写作提供有利条件和广阔空间，减少对学生写作的束缚，鼓励自由表达和有创意的表达。提倡学生自主拟题，少写命题作文”。随后，一些专家学者和一线教师开始关注创意写作。武传新提出“培养中学生创意写作的能力，应成为我们语文教育工作者进行素质教育的重要途径”①。黄玉鑫较早介绍了重新界定法、反习惯法、强烈组合法、延展意念法等香港学者提出的提升学生创意写作能力的方法②。缪如宁借助“透过创意写作活动提高儿童作文的表现型水平”课题，就适合儿童心理和语言发展规律的最佳写作教学途径进行了探

---

① 武传新：《培养中学生创意写作的能力》，《安徽教育》，2001年第Z2期。

② 黄玉鑫：《简介香港中学创意写作教学》，《广西教育》，2002年第32期。

索研究，并提出一系列教学策略①。张翊忠强调“选材要有创意”“立意要有创意”“形式要有创意”②，才能实现有创意的表达。娄凤从“提供创意环境”“创意写作从阅读开始”“注意题型选择，诱发写作情感”“优化创意写作教学方法”等方面，介绍了自己总结归纳的小学“创意作文教学”法③。这些都预示着创意写作正悄然酝酿一场写作革命。

（二）拓荒与扎根

早在西南联大时期，当时的中文系主任罗常培，以及之后20世纪50年代北大中文系主任杨晦都曾表示过“中文系不培养作家”。但是时过境迁，就在21世纪的头十年，创意写作终于正式进入内地，并依靠大学这一“根据地”，在推动相关专业特别是中文专业教育教学改革中稳健起步。最先吃到“创意写作”这只“螃蟹”的是中国人民大学。2006年，已获美国南加州大学创意写作终端学位两年的李华回国，正式任教于中国人民大学外国语学院英语系，先后开设英语非虚构创作、电影剧本创作、戏剧创作及表演等课程，成为内地第一位获创意写作终端学位并回国教授该专业课程的“拓荒者”。其后，更多大学“开眼看世界”，并尝试在中文教育中引入创意写作。2009年4月，上海大学成立国内第一个文学与创意写作研究中心，2011年8月该校又公布了创意写作方向学术型硕士招生计划，葛红兵教授团队在创意写作的教育教学、教材建设、翻译出版、研究传播等方面发挥了重要的开拓性作用。2009年秋，复旦大学中文系成立国内首个创意写作专业硕士学位点，2007年起任教于该校的著名作家王安忆成为带头人，次年该学位点首批创意写作专业硕士生入学。

之后，创意写作仿佛被推倒了的多米诺骨牌，生发了一系列连锁效应。2012年6月，广东外语外贸大学率先宣布当年起招收汉语言文学（创意写作）专业本科生。2014年2月，北京大学宣布招收创意写作专业硕士。2017年11月，在“阅文集团·上海大学创意写作学科产学研合作”签约仪式上，中国网络文学第一个创意写作硕士点宣告成立。南京大学、北京师范大学、中山大学、武汉大学等，也敏锐地捕捉到这一趋势，纷纷跟进“创意写作进高校”这股高教热潮。截至目前，创意写作专业已在我国100多所大学落地、扎根并逐步推广，形成了较为完善的学士、硕士、博士等

---

① 缪如宁：《创意写作活动的教学策略》，《上海教育科研》，2003年第9期。

② 张翊忠：《创意写作指津》，《作文教学研究》，2004年第9期。

③ 娄凤：《创意写作教学初探》，《上海教育》，2005年第11期。

各层次人才培养体系。与此同时，相当一部分大学把目光再次投向爱荷华大学，努力地从它的世界级影响中汲取经验，探索尝试引入驻校作家制度，建立起一批创意写作工坊，并组织开展了一系列活动，进一步壮大了创意写作的推广声势。

（三）扩展与延伸

作为一种新的写作理念和实践，创意写作显示出强大生命力。进入内地不过短短 10 余年，创意写作不仅由高教界向整个教育界扩展和渗透，还迅速地向学术界、出版界、创作界、产业界等“跨界”，影响人群也由大学师生向中小学生、专家学者、出版业者、职业作家、文创工作者等更多社会群体延伸。具体表现在：

一是竞赛活动层出不穷。1998 年首届全国新概念作文大赛之后，2000 年中国出版集团现代教育出版社、全国语文创新教育研究中心、《中国校园文学》杂志社、北京三爱创新教育科技中心主办的“全国中小学生创新作文大赛”，2005 年北京大学中文系和《课堂内外》杂志社主办的“课堂内外杯”创新作文大赛，2014 年中国当代文学研究会、北京大学、北大培文创意研究院主办的“北大培文杯”全国青少年创意写作大赛，以及 2016 年重庆邮电大学主办的“钓鱼城”全球大学生中文创意写作大赛，2017 年东莞理工学院、广东花城出版社主办的大学生汉语创意写作大赛等名目繁多的创意写作赛事，接续涌现，蔚为壮观，引发了公众的关注和热议，进一步推动了创意写作的“大众化”和“普及化”。

二是研讨交流如火如荼。2016 年 9 月，全国创意写作大会在北京召开，来自高校的学者和活跃于创作一线的作家就“创意写作与传统文学创作是否可以融合”等进行了深入探讨。2017 年 7 月，由中国人民大学出版社和中国人民大学教育培训中心联合举办的“2017 创意写作国际论坛”在中国人民大学国学馆开幕，与会专家学者就“创意写作教学实践成果与反思”开展了热烈讨论。2018 年 11 月，“2018 世界华文创意写作大会暨创意写作高峰论坛”在广东外语外贸大学举行，来自海内外 120 多所高校近 300 位文学与写作教师，以及知名作家、资深媒体出版人济济一堂，共商新时代中国高校创意写作专业建设和人才培养大计。2019 年 3 月，上海大学也举办了“上海大学儿童文学创意写作工坊暨中国原创儿童文学论坛”。

三是著作出版方兴未艾。2011 年开始，中国人民大学出版社在内地推出第一套系统引进美国创意写作成果的丛书——“创意写作书系”，包括多萝西娅·布兰德的《成为作家》、于尔根·沃尔夫的《创意写作大师课》、杰克·赫弗伦的《作家创意手册》、伊莱恩·沃尔克的《创意写作教学》，以及刁克利的《诗性的寻找》、李华的《写出心灵深处的故事》、葛红兵和许道军的《大学创意写作·文学写作篇》等，产生了广泛而深远的影响。而上海大学葛红兵教授及其团队则于2012年翻译出版了中国第一本介绍美国创意写作学科发展史的研究书籍《创意写作的兴起——战后美国文学的系统时代》，编撰出版了中国本土第一本创意写作教材《创意写作：基础理论与训练》，并在此后的几年陆续出版编著、译著10余种，同样引起了热烈反响。

四是作家深造水到渠成。2006年12月，上海市作家协会与上海社科院联手举办的首届中国现当代文学（文学写作方向）研究生课程进修班（简称"作家研究生班"）举行了开学典礼，23名来自全国各地、已经出版或发表过文学作品并且拥有本科学历及学士学位的35岁以下青年作家正式入学。2014年10月，中国人民大学文学院发布简章，首次通过单独考试招收攻读创造性写作专业硕士学位研究生，招生对象明确为"青年作家和有志于文学创作的青年"，报考条件提出至少满足以下条件之一："（1）出版过两部以上重要文学作品；（2）获得过全国文学奖或相当于全国文学奖项；（3）有重要作品被海外翻译出版。"2016年9月，曾于20世纪80年代末联合举办文学创作专业（挂靠文艺学）硕士研究生班的北京师范大学与中国作协下属的鲁迅文学院再续前缘，发布简章以合作培养的方式联合招收文学创作专业方向的硕士研究生，报考条件强调"考生须有一定数量并正式发表的文学作品"。2018年1月，由江苏省作家协会和南京大学合作共建的江苏文学院在南大仙林校区挂牌成立，并宣布自2018年起开展学历教育与非学历培训，其中学历教育为创意写作专业学位硕士，推荐的招生对象为符合国家招生规定，有一定创作成绩的作家、文学工作者等。同年9月，江苏省作家协会、江苏文学院联合发布了《关于江苏作家报考2019年南京大学创意写作硕士研究生的通知》。

五是周边产业应运而生。围绕创意写作能力培养和提升，相关社会教育、辅导、培训机构（中心、基地等）纷纷成立，各类以成人或学生为主体的写作培训班、写作课程纷至沓来。围绕创意写作专业硕士报考，各类考研全程辅导班、一对一课程、专业答疑服务、教材资料提供、实战技巧特训，以及留学咨询服务已呈遍地开花之势。围绕创意写作在线推广，各类创意写作教学网站、平台、公众号大量涌现，借助"互联网+"时代的大数据、云计算技术，云课堂、在线工坊、掌上慕课等正为各类学习人群带来前所未有的深度体验。围绕创意写作的嵌入和融合，各类集驻点创作、出版发行、影视编剧、拍摄制作、非遗保护、旅游休闲、会展培训、文创产品开发等业态于一身的作家村、文学小镇、文化民宿等项目，得以论证、培育、立项和孵化，有效带动了当地产业升级和经济转型。

总而言之，我国创意写作正处于起步和探索阶段，虽然在一定程度上弥补了中文系“不培养作家”的不足，但培育世界级大作家、大作品，培养专业基础深厚、写作能力突出、创意才能出色的能够满足文化创意产业急需的核心从业人员，依然任重道远。当前，振兴文化产业已上升为国家战略，而文化产业在我国GDP占比仅5%左右，上升的空间和潜力巨大。构建完善且具有中国特质的创意写作学科和社会文化服务体系，以推动文化创意产业拉动整个文化事业的大发展大繁荣，讲述好中国故事，传播好中国声音，对于展示真实、立体、全面的中国，提高国家文化软实力，树立文化自信，实现中华民族伟大复兴具有重大战略意义。这就需要不断夯实创意写作群众基础，坚持提高全民创意写作能力，充分释放整个民族的创意能力、创造能力、创作能力，不断推动文化创意产业高质量发展，加速创意社会和创意国家建设进程。

三、创意写作的内涵

（一）基本问题

1.“创意写作是什么”。尽管什么是创意写作还在讨论中，但是纵观其发展历程，从广义上来讲，创意写作是一种文学教育理念、一个大学学科专业，是一股战后文学思潮、一种社会文化现象，也是一类文化创意产业、一项国家顶层战略。在发源地美国，创意写作的初衷是培养“文学作家”，但是面对文学商业化大潮的冲击，它顺势而为、随机应变，依托大学创生出新的现代化写作模式，不仅“开宗立派”、建立学科，还辐射公众、介入社会，在参与各类社会问题的反思和讨论中，不断弥合分歧和裂痕，推动公共领域形成共识，既为塑造新的统一的国家精神意志、思想文化及其价值观发挥了独特的“黏合剂”作用，也为支撑美国文化创意产业体系、讲好“美国故事”、服务“美国精神”的全球输出发挥了强大的“助推器”作用。应该说，今天的创意写作已经成为一切创造性写作的统称，它一方面要继续着力于“文学作家”的培养，另一方面要特别转向“文化创意人才”的培养。因此，创意写作包含文学写作，也包含在“文化创意、影视制作、出版发行、印刷复制、广告、演艺娱乐、文化会展、数字内容和动漫等所有文化产业”中提供的“具有原创力的创造性写作”①。当然，从狭义上来讲，创意写作就是指区别于传统写作、更加追求创意的现代文学创作，包括作家的文学创作行为和教师指导文学创作的课程，这就回到了文学教育理念和大学学科专业的层面。

2. 其他相关问题。与创意写作相关的、值得探研的问题，诸如“创意写作可不可以教学”“作家可不可以培养”“创意写作为何可以教学”“作家为何可以培养”，以及“创意写作如何教学”“作家如何培养”②等。关于“创意写作可不可以教学”“作家可不可以培养”等问题，除了美国爱荷华大学创意写作系统培养出的学生先后斩获 10 余个普利策奖小说类和诗歌类奖项这个公认成就外，2017 年诺贝尔文学奖得主石黑一雄毕业于英国东英吉利大学创意写作专业，旅美作家、波士顿大学创办创意写作课程六十多年以来的首位华人写作教授、美国国家图书奖和福克纳小说奖得主哈金毕业于美国波士顿大学创意写作专业，作家、评论家、中国大陆首位创意写作文学博士叶炜曾任美国爱荷华大学创意写作专业访问学者，以及白先勇、严歌苓、王安忆、余华等著名作家都曾系统学习过创意写作的案例，其实已经做了相当圆满的回答。包括莫言，也曾在解放军艺术学院文学系、鲁迅文学院和北京师范大学受过较为系统的训练，他在一次访谈中说过“作家是可以培养的”。而关于“创意写作为何可以教学”“作家为何可以培养”“创意写作如何教学”“作家如何培养”等问题，国内外学界热议未息，众多大学也正在实践和深化当中，所谓百花齐放、百家争鸣，仁者见仁、智者见智。需要强调的是，西方创意写作在发展过程中曾一度注重技巧传习和创作实践，而忽视了系统化的理论建构。因此，建构具有中国气派的创意写作系统，既要学习借鉴西方创意写作理论和实践，又要立足中国实际，融入自己的思考和特质。

（二）核心理念

葛红兵、许道军对贯穿创意写作、具有本质性和统领性的核心理念进行了较好的提炼和概括：一是理性的“养成论”，“承认每个人都有进行创意写作的能力，反对‘作家写作能力与生俱来’的‘天才论’，而提倡‘写作能力可通过后天学习而获得’的‘养成论’”；二是民主的培养机制，学

① 葛红兵、许道军：《大学创意写作·文学写作篇》，中国人民大学出版社，2017 年，第 34 页。

② 许道军、葛红兵：《核心理念、理论基础与学科教育教学方法——作为学科的创意写作研究（之一）》，《写作》，2016 年第 3 期。

生“被确定为写作活动的中心，即‘学生中心主义’成为写作教学的起点”，“挖掘内蕴于学生心理行为机制深处的潜在能力并适时、适法地进行激发”；三是普适的创意原则，借助美国斯坦福大学教授马克·麦克格尔在《创意写作的兴起——战后美国文学的“系统时代”》一书中提出的“自主诗化”①过程中“创造力—技巧—经验”的三维金字塔结构（创造力对应“寻找你的声音”，技巧对应“展示而非讲述”，经验对应“写你知道的”），指出“创造性自我表达与技巧自我提升二者同个人经验各有交集”，倡导创意写作“对经验和自我的强调需要限定在一个理性、适度的范围之内”，有利于“培养写作者真正的创作情绪”，否则一旦“‘自我表达’‘自我提升’与个人经验的关系更加密切时，与创造力和技巧的距离则会拉开”，就会陷于“情绪宣泄”②。

（三）学科视野

在观照西方创意写作理论和国内外创意写作教学实践的基础上，从学科建构的角度，葛红兵、许道军提出的“学科视野”包括：一是“创意写作认为，创意可以激发，写作可以教学，因而作家可以培养；相对于‘写作技巧’，‘创意能力’更加重要”。二是“创意写作认为，写作不仅可以研讨、交流、教学，而且更需要教学；作家不仅可以通过创意写作教育培养，而且在当代条件下，更需要创意写作教育的培养”。三是“创意写作包括传统意义上的文学写作，文学写作是创意写作非常重要的组成部分，从创意写作学科发展史角度看，最初的创意写作课程就是诗歌写作，但是创意写作不等同于文学写作”。四是“创意写作认为‘写作’本质上是一种交流、沟通、说服活动，以文本为媒介，牵连写作者和接受者两头，实现人与人之间的交流、沟通和利益、观念的碰撞以及妥协”③。此外，他们还提出了创意写作的理论基础、教学教法等，形成了较为系统、完善的学术观点。

第三节　创意文本写作

长期以来，传统写作接受着正统的、标准化的写作训练，习惯于按照

---

① 笔者按：自主诗化，指马克·麦克格尔强调的“创意写作系统时代作者身份的扮演”。

② 葛红兵、许道军：《大学创意写作·文学写作篇》，中国人民大学出版社，2017年，第9－13页。

③ 葛红兵、许道军：《大学创意写作·文学写作篇》，中国人民大学出版社，2017年，第31－33页。

老师的要求按部就班地破题、构架和写作，追求谋篇布局严谨、遣词造句恰当，讲究思路清晰和语言优美，这当然是无可厚非的。不过，创意写作与传统写作是不同的，如果用精练的语言概括，中国大陆首位创意写作文学博士、江苏师范大学作家工作坊主持人、驻校作家叶炜曾经说过这么一句很精辟的话：创意写作与传统写作最大的区别在于，创意写作认为，动笔写不是最重要的，将写之前的潜能激发出来才是最重要的。“豆瓣读书”在推介美国旧金山写作社《642 件可写的事——停不下来的创意冒险》这本书时有一篇文章，它的开头似乎可以更直观地说明作文和创意写作的区别：

以“我最敬爱的老师”为主题，写一篇 800 字的记叙文。

以“信赖往往创造出美好的奇迹”为主题，写一篇 800 字的议论文。

以“北国之春”或“故都的秋”为主题，写一篇 800 字的散文。

文体不限，小说、诗歌、剧本除外。

——这是写作文。

“假如你被关进死囚牢房，今天是第一天，未来十年，你将在这间狭小的牢房中等死，请规划一下自己的生活。”

“你在一片空地醒来，身着宇航服，躺在一块冲浪板上。发生了什么？”

“你是希腊神祇，位居中层，渴望跻身奥林匹斯高层，你的权限是？打算怎样利用职权，向宙斯和其他神祇证明自己？”

文体不限，欢迎小说、诗歌、剧本。

——这才是创意写作。①

创意写作讲求“创意”第一位，“写作”第二位。金庸的武侠小说人物鲜活，包罗万象，传统文化内涵深厚，尤其是具有“为国为民，侠之大者”的思想境界，成为“新武侠小说”首屈一指的集大成者，是因为“创意”的高绝。2019 年霸屏春节档、被誉为是开启“中国科幻电影元年”巨制的《流浪地球》，它的原创作者、曾经是电厂计算机工程师的刘慈欣于 2015 年凭《三体》作为亚洲第一人获颁第 73 届世界科幻大会雨果奖最佳长篇小说奖，是因为“创意”的独特。在风行 IP② 开发和孵化的今天，火遍网文界、影视圈的“穿越小说”（如《步步惊心》）、“盗墓小说”（如《盗墓笔

① 前折口：《出来玩创意写作》，豆瓣读书 https：//book.douban.com/review/9883786/，2019 年 1 月 9 日。

② IP，即 Intellectual Property，直译是知识产权。IP 可以是一个故事、一种形象、一件艺术品、一种流行文化。现在更多的是指适合二次或多次改编开发的影视文学、游戏动漫等。

记》)，引起全民造句运动的“琼瑶体”“甄嬛体”，等等，这些现象级风潮的横空出世，无不是因为创作者“创意”满满，脑洞大开。其实，创意就在身边，“寻找你自己的声音”，你也一定可以。

一、小说的创作实践

小说，是以刻画塑造人物为中心，通过完整的故事情节和具体的环境描写，多角度多层面反映社会生活的一种文学体裁。小说有其构成要素，即构成小说这种文学形式并显示其基本特征的主要因素，主要分为两大类：一是小说的内容因素，包括小说的素材、题材、主题、人物、环境、情节等；二是小说的形式要素，包括小说的语言、结构、体裁、表现技巧等。一般把最能显示小说独特性的人物、情节、环境称为“小说三要素”。

（一）关于人物塑造

创意写作对人物的塑造，讲求“千人千面”，仿佛作品里的一群人物都有其各自的家族出身、姓名性别、外貌体格、家庭环境、思想性格、成长经历、思维品质、语言动作等，好像完全可以为其拿出一袋档案资料、随时进行验证一样，不是老套的人物、程式化的人物、可以预知其行为和结局的人物，而是复杂的、多面的、具有特质的、符合生活的人物。正如欧洲文学长廊中的四个经典的“吝啬鬼”形象，尽管都是抠门的小气鬼，但果戈理《死魂灵》里的泼留希金迂腐，莫里哀《悭吝人》里的阿巴贡多疑，巴尔扎克《欧也妮·葛朗台》里的葛朗台狡黠。

维多利亚·林恩·施密特的尝试，是选择希腊神话中的人物作为“模型”，即提出可供选择并套用到角色身上的原型让初学者选择。如宙斯适合国王与独裁者等角色，阿瑞斯适合保护者、角斗士等角色，德墨忒尔适合养育者、过度控制的母亲等角色，雅典娜适合父亲的女儿、背后中伤者等角色。他建议要注意使用原型“这种宝贵的工具”，因为“原型会促使你更深地挖掘自己的角色，不仅仅把他们视为‘角色一’或者‘图书管理员’之类，而要认识到他们是在矛盾冲突的故事中会有自己特定反应的某类人。……一旦选定了原型蓝图后，家庭、文化、阶层和年龄就决定了这个角色会如何表达自己的本质”。他认为，在准备写一个故事前，要“扩充你对你的主要角色的想象”，为想要描写的人物选择一个原型：一是想象 TA 的脸，是饱满还是瘦削、为什么，是否能看出年龄或经历、职业，眼神是锐利还是悲伤；二是想象 TA 的皮肤，黑不黑，是娇生惯养的那种娇嫩还是蓝领工人的那种粗糙；三是想象 TA 的头发，是长还是短，是直的还是卷的；四是想象TA的年龄，展现这个角色挣扎的最佳年龄是几岁；五是想象TA的体型，是丰满抑或精瘦；六是想象TA的风格，是时髦还是土得掉渣，着装与年龄是否相称；七是想象你对TA的印象，喜不喜欢这个角色、为什么，打算怎么写让读者爱上TA。随后，确定"哪个原型跟这个角色最吻合"，"注意自己之前是否设置了一些不符合这个原型的性格元素。角色性格只有保持连续和一贯性，才能使读者感到他是活生生的"①。

杰夫·格尔克强调"小说的完美人物就像洋葱，他们是有层次的"，并提出这些层次由内而外包含"核心性格""外在属性""人生重大事件与文化""人物的心路历程/人物弧线""人物的可爱之处""他人眼中的人物"，以及"言行举止和话题"。②他强调"最重要的是其核心性格"，批评了"老人就是和善的，年轻人就是叛逆的"等经常看到的老套的人物，指出"如果没有找到真正属于某个人物的核心性格，再多的外在装饰也无法掩饰人物的空洞"。③他承认"因为每个人都有自己的一面或几面"，尝试利用"麦布二氏人格类型量表"把所有人格类型划分成的四种非此即彼的性格构面（要么外向要么内向、要么理性要么直觉、要么思考要么感受、要么判断要么意识），进行交互后所形成的十六种性格类型做了简要而精准的描述（如"外向＋直觉＋感受＋判断"性格类型表现为"做事有条理、有决断；工作中重视人际关系的和谐；感情充沛；能看到他人的潜力"），同时建议，为要塑造的人物甄选合适的性格类型，并在必要时为所塑造的人物叠加两种或两种以上的性格类型，只不过"性格类型叠加会增加读者认识人物的难度"④。

（二）关于情节设计

情节就是故事。美国蒙大拿州立大学媒体与戏剧学院教授罗纳德·B.托比亚斯在《经典情节20种》里详尽分析了探寻、探险、追逐、解救、逃跑、复仇、推理故事、对手戏、落魄之人、诱惑、变形记、转变、成长、

---

① ［美］维多利亚·林恩·施密特：《经典人物原型45种——创造独特角色的神话模型》（第三版），吴振寅译，中国人民大学出版社，2014年，第5－8页。

② ［美］杰夫·格尔克：《情节与人物——找到伟大小说的平衡点》，曾轶峰、韩学敏译，中国人民大学出版社，2014年，第12页。

③ ［美］杰夫·格尔克：《情节与人物——找到伟大小说的平衡点》，曾轶峰、韩学敏译，中国人民大学出版社，2014年，第12－15页。

④ ［美］杰夫·格尔克：《情节与人物——找到伟大小说的平衡点》，曾轶峰、韩学敏译，中国人民大学出版社，2014年，第17－19页。

爱情故事、不伦之恋、牺牲、自我发现之旅、可悲的无节制行为、盛衰沉浮（走上坡路和走下坡路）这20种经典情节。但是要注意的是，小说的情节设计不同于“讲故事”本身，而应该围绕人物讲述和铺陈，为展现人物服务。创意写作在小说情节设计上虽然也会选用一些经典情节，并注意把握“开端—发展—高潮—结局”这一宏观结构，但是特别重视为人物设置别样的冲突和悬念，更加自觉地规避那些用烂的“千年老梗”。如果把情节比喻为一段新开辟的路途，那么冲突就像发动机，而悬念就是调控节奏的变速器。

诺亚·卢克曼认为“人物是进一步讨论经历、冲突和悬念的基础——而且是情节的基石”①。他重视“悬念”，强调“悬念就是创造和延长预期”，并提出“制造悬念”的12个方法②：让你的人物拥有一个目标（如人物驾车紧急赶往机场能否及时拦住恋人并消除误会），提高筹码（如《百万英镑》中拿到百万英镑的穷困小伙子亨利·亚当斯到底会有什么境遇），为你的人物设置危险情境或让你的人物对别人构成危险（如即将接近氪石却还浑然不觉的超人最后如何脱身），加入滴答作响的时钟（如被绑上定时炸弹的人质能否被成功解救），强化人物的无能为力（如面对霸王龙逼近却因为哆嗦装不进子弹的人物会遭遇什么），为人物设置未知的环境（如走进废弃疯人院寻找淘气儿子的母亲会碰到什么），利用爱情的张力（如意外邂逅的爱情是蜜糖还是毒药），创设“戏剧反讽”（如一边是海里嬉戏的情侣，一边是饥饿的大白鲨正在靠近，下面会发生什么），延长某一个人物预期某件事情的时间（如刻苦练习求婚但总是被意外事件搅黄的人物，最后能否求婚成功），制造“悬而未决”（如人物正准备向别人预警危险时被突发事件打断，后面如何完成这个预警），设置秘密（如卧底到底是谁），塑造人物的类型（如自私而愚蠢的人物在探险团队遇险时常常会坑害队友，最后究竟是谁逃出生天）③。他也非常重视“冲突”，提出了制造人物之间、群体内部、被迫在一起、权力斗争、恋爱、内心等冲突的13种方法④。

---

① ［美］诺亚·卢克曼：《情节！情节！——通过人物、悬念与冲突赋予故事生命力》，唐奇、李永强译，中国人民大学出版社，2012年，第2页。

② 笔者按：［美］诺亚·卢克曼提出“制造悬念”的12个方法中括号里的例子均由笔者所加。

③ ［美］诺亚·卢克曼：《情节！情节！——通过人物、悬念与冲突赋予故事生命力》，唐奇、李永强译，中国人民大学出版社，2012年，第90－102页。

④ ［美］诺亚·卢克曼：《情节！情节！——通过人物、悬念与冲突赋予故事生命力》，唐奇、李永强译，中国人民大学出版社，2012年，第108－119页。

詹姆斯·斯科特·贝尔认为:“冲突早已被公认为是故事的引擎。没有冲突就没有戏剧性。没有戏剧性就没有人感兴趣。没人感兴趣就没有读者。”①他指出，引人入胜的冲突有四个要素：一是“值得追随的主角”，因为“读者必须关心情节涉及的那些当事人。这就构成了读者对人物的情感投资，也让读者急于了解这样的麻烦最后会如何收场”；二是“生死攸关的目标”，强调冲突是“要么想得到某种东西，要么想摆脱某种东西”，必须全力以赴才能避免生理上、职场上或心理上的所谓“死亡”；三是“正面对抗”，设置主人公与其对立面之间的巨大冲突，这个对立面可能是“坏蛋”也可能是“好人”；四是“精彩的结尾”，强调“结尾必须解决冲突”，“剧情的安排应该让读者无法预测故事到底将如何收场。当结局揭晓的时候，读者回首前面的情节，还要觉得故事合情合理、滴水不漏才好”②。在提到悬念时，他说:“悬念拖延了问题最终得到解决的时间。……你要让答案悬着，读者不停地想要找到答案，而这个悬着的东西最后得到了解决。”他强调要思考悬念：一是宏观的悬念，“从头到尾都必须有意地保持悬念。读者必须翻页读下去，因为他们需要弄清楚后面发生的事”；二是场景悬念，“每个场景都应该有悬念，假如你能把悬念建立在人物的担心与恐惧的基础之上，则每个场景都能有悬念”；三是超级悬念，就是设置“人物和读者都不知道与人物对抗的势力是什么”的终极悬念；四是段落悬念，即“把任何一个段落都当成有可能藏匿信息或者可以提升紧张程度的段落”③。

（三）关于环境设置

小说环境包括自然环境和社会环境。自然环境是人物活动的时间、地点、季节、气候及自然景物，而社会环境则是人物活动的时代背景、社会风貌、生活环境、人际关系等。创意写作不否认环境描写对表现人物身份、地位、行动，表达人物心情，渲染气氛具有的重要作用，但是它的创意似乎更加天马行空。

许道军、葛红兵认为“选择特定读者群，提供特定审美需要”的网络文学“更在加速当代文学的类型化……为当代文学的发展提供了新的发展

① ［美］詹姆斯·斯科特·贝尔:《冲突与悬念——小说创作的要素》，王著定译，中国人民大学出版社，2014年，第8页。

② ［美］詹姆斯·斯科特·贝尔:《冲突与悬念——小说创作的要素》，王著定译，中国人民大学出版社，2014年，第34－69页。

③ ［美］詹姆斯·斯科特·贝尔:《冲突与悬念——小说创作的要素》，王著定译，中国人民大学出版社，2014年，第236－240页。

可能性”①，并列举了架空小说、同人小说、穿越小说、架空历史小说等例子。穿越小说比较容易理解，即人物由所在时空穿越到其他时空，如黄易的《寻秦记》、桐华的《步步惊心》，典型的将主人公生存的自然环境和生活的社会环境进行彻底颠覆，为人物制造冲突和悬念。所谓架空小说，不是尚有现实依据的科学幻想，而是“讲述发生在现实生活和传统想象世界之外，作者完全另设的世界图景中的幻想故事”，如约翰·罗纳德·瑞尔·托尔金的《魔戒》（即《指环王》）、乔治·R.R. 马丁的《冰与火之歌》（即《权力的游戏》），就是为需要塑造的人物打造了一个脱离现实生活和传统想象世界、具有自身逻辑和秩序的新世界；所谓同人小说，“是利用原有的漫画、动画、小说、影视作品中的人物角色、故事情节或背景设定等元素进行的二次创作”，如柏杨的《西游怪记》、江南的《此间的少年》，就是分别为《西游记》、金庸作品的主要人物设置了新的环境和故事；所谓架空历史小说，是“穿越小说、架空小说、历史小说的兼类”，如月关的《回到明朝当王爷》、阿越的《新宋》，都以正史中的事件为背景或是借助正史的影子来设计情节，展现并不存在的主要人物及次要人物②。海晏的《琅琊榜》凭借精致入微的人物塑造和丝丝入扣的情节设计，观感极佳，好评如潮，虽无穿越，但依托历史来虚构人物、网结故事的实质，应当视为架空历史小说的精品力作。

二、新诗的创作实践

新诗是指五四运动前后产生，突破古典诗歌的格律形式，以白话俗语为语言表达手段的诗歌体裁，是中国现代诗歌的主体，兼备自由体、新格律体、十四行诗、阶梯式诗、散文诗等多种形式。由于自由体新诗（即自由诗）是现代诗歌创作的主流，因此通常把新诗就称为自由诗。新诗的“字数、行数、节数、句式诸方面均无固定格式”③，可押韵可不押韵，可用标点可不用标点，语言可典雅可通俗，具有思想、意象、语言、手法、节奏等要素。

① 许道军、葛红兵：《创意写作：基础理论与训练》，广西师范大学出版社，2012 年，第 56 页。

② 许道军、葛红兵：《创意写作：基础理论与训练》，广西师范大学出版社，2012 年，第 56 – 62 页。

③ 葛红兵、许道军：《大学创意写作·文学写作篇》，中国人民大学出版社，2017 年，第 156 页。

（一）思想的确立

新诗诞生之初就是紧跟时代变革精神、追求个性解放自由的，应当带有思想和灵魂，摆花架子、无病呻吟、自大自恋而没有审美、思考、感动和温度，必然行而不远。

“右手写诗，左手写散文”的余光中写有感动无数人的《乡愁》，共四个段落：“小时候/乡愁是一枚小小的邮票/我在这头/母亲在那头∥长大后/乡愁是一张窄窄的船票/我在这头/新娘在那头∥后来啊/乡愁是一方矮矮的坟墓/我在外头/母亲在里头∥而现在/乡愁是一湾浅浅的海峡/我在这头/大陆在那头。”余光中的创意在于真挚、深沉、娓娓道来，把“乡愁”这个沿袭几千年的诗歌主题写实了，把一种“剪不断，理还乱”的情绪在人们的心坎里写活了，把游子“思、恋、悲、憾”的人生境遇和家国情怀写深了、写透了、写尽了。

“朦胧诗派”当代浪漫主义抒情诗人海子的《面朝大海，春暖花开》，共三个段落：“从明天起，做一个幸福的人/喂马，劈柴，周游世界/从明天起，关心粮食和蔬菜/我有一所房子，面朝大海，春暖花开∥从明天起，和每一个亲人通信/告诉他们我的幸福/那幸福的闪电告诉我的/我将告诉每一个人∥给每一条河每一座山取一个温暖的名字/陌生人，我也为你祝福/愿你有一个灿烂的前程/愿你有情人终成眷属/愿你在尘世获得幸福/我只愿面朝大海，春暖花开。”海子的创意是以朴实的“大白话”直抒胸臆，亲切自然的内心表白，尽管带有一种孤独感，但是对生活、对未来的积极和热切，看待世界、看待他人的乐观和真诚，让这种“孤独感”好似“面朝大海、春暖花开”的高大背影，给人以温暖、坚定、振奋、一往无前的遐想。

（二）意象的捕捉

“意象”是中国古代文论中较为独特的美学概念，“意”是抽象的内在心境，“象”是具体的外在物象，“意”靠“象”来表达和抒发，“象”是“意”的载体和寄托物，体现了含蓄之美。新诗也有意象，需要通过联想和想象来捕捉。

“新月派”诗人徐志摩的《再别康桥》，其创意是全诗不见一栋建筑、一条街道、一个广场，甚至除了“我”不见一个人，而是通过联想捕捉了“云彩”“金柳”“青荇”“清潭”“星辉”“夏虫”等一系列意象，代表自己所眷恋的康桥（即剑桥大学）的一草一木和人事过往，以眼前美好的事物来反衬自己无可奈何的离情别绪，意象美妙，含蓄隽永。

“朦胧诗派”主要代表人物顾城的《一代人》，是朦胧诗最重要的代表作之一，全诗仅有两句：“黑夜给了我黑色的眼睛/我却用它寻找光明。”顾城的创意是将自己的经历、思考和内心的希望进行了联想和想象，选取了日常生活中极为常见的事物“黑夜、眼睛、光明”作为意象，以极其微小的篇幅对“一代人”这个宏大的话题进行了提炼和概括，形成强烈的对比和巨大的反差，表达了经历“文革”的青年一代的“反思”“觉醒”和“追求”。

（三）语言的淬炼

新诗的语言是干净洗练的，除了努力继承古典诗歌字斟句酌的传统，当然还应该摒弃套话、口号、标语，删除可有可无的字词甚至标点，努力去掉故作深沉的繁冗，刻意堆砌的累赘，荡涤那些不纯粹的动机和不真诚的情感。

“现代诗派”代表人物卞之琳最著名的作品《断章》：“你站在桥上看风景/看风景的人在楼上看你/明月装饰了你的窗子/你装饰了别人的梦。”卞之琳的创意就在敢于舍弃、删繁就简的“断章”之举，上下文决然剪去，扫进历史的故纸堆，留下的短短35字自然浑成，再无一字冗余，不仅定格了一瞥间的风景、一刹那的灵感，更可贵的是道出了“相对性”的人生意蕴和哲理思索。

著名诗人臧克家为纪念鲁迅逝世十三周年而写的《有的人》，以“有的人活着/他已经死了/有的人死了/他还活着”开篇，既贬斥了骑在人民头上作威作福的人，他们只是躯壳活着，生命如行尸走肉般毫无价值，又褒扬了一生为人民、甘愿为人民做牛做马的人，他们虽然生命消逝，但是思想和精神永驻人间，虽死犹生。臧克家的创意是短短四行警句式的开头，语言淬炼到了极致，词藻朴实到了极致，没有洋洋洒洒的铺陈，惜墨如金却对比强烈、态度鲜明、意涵深刻，高度概括出全诗的主题思想，贯穿引领了全诗的价值取向。

（四）手法的选用

新诗的艺术手法较之古典诗歌更为复杂，既有记叙、议论、描写、抒情等表达方式，也有联想、烘托、象征、化用等表现手法，还有比喻、夸张、对偶、排比等修辞手法。在前面讲到思想的确立、意象的捕捉、语言的淬炼时，其实多少有些涉及。

法国象征派诗歌代表人物、被誉为“诗人之王”的保尔·魏尔伦写有《皓月》：“皓月闪烁在树林/枝干上，树叶下/发出一种声音/啊，心上的人//池塘像深邃的明镜/倒映着黑色的柳影/风在柳梢啜泣嘤嘤……/梦幻吧，是时候了//辽阔，温馨的宁静/似乎走下/星光闪烁的苍穹/这正是美满的时刻。”全诗流畅舒缓，读来清新自然，明朗轻快，对心上人的思念和期待，流露出一种淡淡的又并不颓废的忧伤。魏尔伦的创意首先是描写，随风摇曳的树林让皓月产生闪烁的感觉，池塘、柳影、星光、苍穹包围，组成一幅美妙的月夜图景；其次是象征，这么美好的时刻“心上人”却不在，池塘的深邃感、柳影的黑色调、晚风的啜泣声象征着诗人失望的心情，而辽阔温馨的宁静、星光闪烁的苍穹则又象征着诗人平复的心境；最后，当然还有联想、衬托、借景抒情、比喻、拟人等手法的综合运用。

同是“现代诗派”代表人物的戴望舒因《雨巷》闻名天下，被誉为“雨巷诗人”。在《雨巷》一诗中，戴望舒的创意是选择了“雨巷”“丁香”等婉约朦胧的意象，以象征主义的手法，把自己在大革命失败之后的苦闷、迷惘心情，艺术地编织在“悠长而又寂寥的雨巷”里，同时把理想幻灭后尚存的一丝希望，描摹为“一个丁香一样地结着愁怨的姑娘”。《雨巷》的创意自然远远不止这些，虚实结合的描写、气氛的渲染烘托、对古典诗歌意境的化用，以及比喻、通感、排比、回环往复、押韵等的综合运用，让这首诗具有很强的艺术表现力和感染力。

（五）节奏的跳跃

新诗是以语言为载体，以各种手法串联意象并构造意境，言简意丰地表达情感和思想的创意写作，与小说、戏剧截然不同，与散文或有交集但也有着明显区别。这种差异表现在方方面面，但是非常重要的一点，就是节奏的差异。因为新诗常规的文本容量相对较小，思想情感的表达要求浓缩化，意象意境的呈现要求片段化，艺术手法的表现要求集成化，文本语言的拿捏要求凝练化，因此新诗的情绪是高低起伏的，意象、手法、语句等是频繁、迅速、间或切换的，这就造成了节奏的跳跃感。诗人往往为了突出节奏的跳跃感，或营造似断非断、似连非连的效果，或以外在形式制造视觉冲击，因而写作时的断句分行非常讲究。一般情况下，是长句变短句、整饬的句子变参差的句子，也经常出现为了体现“诗感”而尽量少用或不用标点符号，将语句、词组拆分断句，甚至以词为句、以字为句的情况。

“朦胧诗派”代表人物舒婷的《神女峰》在分行方面非常典型：

在向你挥舞的各色花帕中
是谁的手突然收回

紧紧捂住了自己的眼睛
当人们四散离去，谁
还站在船尾
衣裙漫飞，如翻涌不息的云
江涛
　高一声
　　　　　低一声

美丽的梦留下美丽的忧伤
人间天上，代代相传
但是，心
真能变成石头吗
为盼望远天的杳鹤
而错过无数次春江月明

沿着江岸
金光菊和女贞子的洪流
正煽动新的背叛
与其在悬崖上展览千年
不如在爱人肩头痛哭一晚①

舒婷的这首诗，先不论其思想、意象、手法或语言方面的创意，光是在制造节奏上的跳跃感就非常有创意："当人们四散离去，谁/还站在船尾""但是，心/真能变成石头吗"，是藕断丝连、欲说还休的情绪流露；"江涛/高一声/低一声"则是高高低低、参差错落的阶梯形式，具有"江涛"的跌宕感，产生了从视觉冲击到意蕴探寻的效果；而仅有的三个逗号，不但形成了语流的停顿，而且其中两个突出了"谁"和"心"这两个极有意涵的字，提示读者应当停顿、重读并加以揣摩体会。

三、剧本的创作实践

剧本是与舞台或影视艺术创作密切相关的文学体裁，是指导舞台表演

① 舒婷：《中国当代名诗人选集·舒婷》，人民文学出版社，2007 年，第 202－203 页。

或影视剧拍摄的“蓝图”。从实际应用角度，剧本可分为文学剧本和影视剧本。文学剧本注重文学性，阅读性更强，或者更加适合指导舞台表演，一般以“幕”和“场”为单位，如小说剧本（即剧本小说）、话剧剧本、戏剧剧本、小品剧本、相声剧本、音乐剧剧本等。影视剧本则注重拍摄性，必须从摄影机的视角出发，对场景、分场景的设置和调度，人物造型、神情、动作，镜头远近和角度的切换等进行较为详细的描述，一般以场景、分场景甚至分镜头为单位。

（一）寻找一个社会现象、题材或经典小说，可以酝酿也可以改编一个完整的、具有一定价值和意义的、适合展现的故事。这个故事应当具有深刻的主题、完整的结构、典型的人物和审美的价值。夏衍创作的《上海屋檐下》通过一群生活在上海弄堂里的小人物的命运，表现了被营救出狱的革命者与底层人物的人生境遇、交集和喜怒哀乐，揭露了国民党统治下的黑暗现实，塑造了林志成、匡复、李陵碑、葆珍等一系列鲜明的人物形象，暗示出暴风雨将至的社会前景，力图使观众“听到些将要到来的时代的脚步声音”，是中国抗战戏剧的开端。老舍的《龙须沟》通过讲述主人公程疯子在旧社会由艺人变成“疯子”，中华人民共和国成立后又从“疯子”变为艺人的故事，表现了新旧社会两重天的巨大变化，塑造了程疯子、王大妈、娘子、丁四嫂等各具特色的人物形象，赞扬了党和人民政府对群众利益的关切，受到周恩来总理的关注和赞誉，成为老舍的代表作之一。

剧本创作尝试：假设选择鲁迅的《药》作为改编题材写作多幕话剧。茶馆主人华老栓夫妇为儿子华小栓买人血馒头治“痨病”，但最终未能挽救儿子，揭露了长期的封建统治给人民造成的思想戕害和精神麻木，暗中颂扬了革命者夏瑜英勇不屈的精神，也指出了辛亥革命未能贴近群众、革命不彻底的历史局限性。这个故事明暗线交织，结构完整，人物形象鲜明，主题深刻，又为大家所熟悉，适合作为改编话剧的题材。

（二）对这个故事进行分解，形成故事的主要段落、情节，以及主要人物和人物关系，然后根据具体需要，对这些段落及情节进行取舍和拼接。话剧包括多幕话剧和独幕话剧，故事的总体篇幅较长。如老舍的《茶馆》、曹禺的《雷雨》等属于多幕话剧，胡适的《终身大事》、田汉的《名优之死》等属于独幕话剧。通常情况下，舞台大幕拉开一次就是“一幕”，是情节发展的一个较完整的段落；“一幕”又分为若干场，舞台二道幕拉开一次就是“一场”，是一幕中发生空间变换或时间隔开的情节。所以，故事分解后的段落及情节，分别对应“幕”和“场”。剧本应当体现“浓缩后的生活，把生活简化至最基本，但强化出最本质的东西”，讲的“是线性事件，事件按叙述上的安排一一发生”①。对多幕话剧而言，展示一个相对宏大的故事是比较从容的，而对独幕话剧而言，由于多数不分场且不换布景，则要注意结构的紧凑、情节的单纯，矛盾冲突迅速展开，形成高潮，戛然而止，即注意集中展示最精彩的故事内核。

剧本创作尝试：假设把《药》的明暗两条线索合并为一条线，并做适当改编，形成牢狱、茶馆、夏府、室外等主要段落、情节，以及主要人物和人物关系，同时对这些故事段落和情节材料进行选用和整合：第一幕，夏瑜被抓，分红眼睛阿义狱中套话、夏三爷狱中劝降、夏氏宗亲商议 3 场；第二幕，夏瑜一案的发展，分茶客议论革命党被抓及华小栓病情、夏三爷领赏怂恿官府杀害夏瑜、康大叔夜赴华家达成秘密交易 3 场；第三幕，夏瑜被杀害，分华老栓刑场外买人血馒头、茶客议论革命党被处决、华小栓吃人血馒头 3 场；第四幕，不可避免的命运，分夏氏宗亲驱赶夏四奶奶、华老栓夫妇不能理解儿子之死、两个母亲上坟相遇对话。

（三）撰写故事梗概，并根据舞台表演的特点，设计故事的主要段落、情节特别是人物的矛盾冲突。舞台表演的特点是空间、时间、人物具有规定性，即场景变换、表演时间、人物及人物关系是受限的。相较而言，论场景变换，小说最为自由，影视剧次之，即便有了现代声、光、电和虚拟技术，但舞台表演还是难度最大的；论构建情节、表现人物，小说、影视剧可以通过若干章节，或若干剧集甚至若干“季”，徐徐铺垫、慢慢道来，而舞台表演必须在较短的时间内把人物和情节交代清楚；同样地，论人物及人物关系，小说、影视剧的情节理论上可以无限扩张、极其繁复，但舞台表演中的人物特别是主要人物必须少而精，并且他们之间的关系应当具有紧密的关联性。总而言之，多幕话剧必须结合舞台表演的这些特点，让这个故事在设计具体的段落和情节过程中，故事段落、情节要契合场景的变换和跳跃，采取严谨的递进式叙事手法，集中地推动关联人物及其矛盾冲突。而场景相对固定的独幕剧，虽然可以借助现代声、光、电和虚拟技术辅助，但是还要紧紧抓住最精彩的故事内核，利用高度集中的时间、地点、人物推动矛盾冲突。之所以反复强调矛盾冲突，是因为矛盾冲突“创造出故事的张力、节奏、悬念，并且将读者，或是观众牢牢地按在他们各

① ［美］尼尔·D. 希克斯：《编剧的核心技巧》，廖澹苍译，世界图书出版公司北京公司，2011 年，第 3 页。

自的座位上”①。

剧本创作尝试：假设新剧《药》的故事梗概已经写好，在设计故事的主要段落、情节时，可以设计以下人物的矛盾冲突：（1）红眼睛阿义套话不成，反被夏瑜抓住机会宣传革命，恼羞成怒之下暴打夏瑜，而夏瑜报以轻蔑的嘲笑；（2）夏三爷狱中劝降，反被夏瑜斥责，发生宗族权力和民主思想的冲突；（3）夏氏宗亲围绕夏瑜是什么人、该不该救发生激烈争论；（4）茶馆里大家议论谁被抓，发生争执，被消息灵通的康大叔平息；（5）围绕买不买人血馒头，华老栓夫妇十分犹豫，并和康大叔讨价还价；（6）华老栓胆战心惊地去买人血馒头，被不耐烦的康大叔威胁、打发；（7）夏四奶奶人财两失，夏氏宗亲相互埋怨却又认为夏瑜不争气、活该，最后赶走夏四奶奶；（8）两个母亲上坟祭奠，相遇对话，都对自己的命运不理解；等等。

（四）精心设计场景各个要素，以及人物形象、动作、态度，特别是人物的语言，按规范写作。话剧离不开场景的设置，离不开人物形象、动作、态度的设计，也离不开人物的独白和对白。除了旁白可以介绍背景、人物、提示场景变换外，人物的独白和对白是构成矛盾冲突、推进情节进展的最为重要的工具。

剧本创作尝试：假设“幕”（段落）和“场”（情节）已经确定，就可以设计场景和人物的形象、动作、态度及语言，并做好思想准备，开始下笔了。以前面设计的第一幕夏瑜被抓、阿义套话一场为例：

时间：中午

地点：牢狱

人物：夏瑜，牢头（红眼睛阿义），狱卒

舞台背景：全屏背景展示牢狱墙壁、窗子，舞台左边是监牢（立式木栅栏，左前右三面围起，铺着破旧毡布），舞台右边摆一张桌子，三个条凳（左右里三面围桌），桌上放置碗盏。

第一幕

旁白（简介夏瑜被抓的背景，略）。

［幕起。舞台灯光昏暗，划拳行酒令声传来。两只追光灯分别打向舞台

① ［美］悉德·菲尔德：《电影编剧创作指南》，魏枫译，世界图书出版公司，2011 年，第 101 页。

左侧关在监牢、穿着囚服的夏瑜，以及舞台右侧正在喝酒吃肉、划拳行酒令的狱卒。]

夏瑜（带着脚镣，长衫、小马褂衣衫不整，靠在木栅栏上，凝视窗外）:“革命，革命……”

（牢狱过道里几个狱卒正在喝酒吃肉、划拳行酒令，大声喧哗。）

牢头（上场，挎着佩刀，霸道地）:“他妈的，老子在外面办差，你们倒是快活!”

（狱卒们停止喧哗，谄媚地抢过牢头的刀，让座、倒酒、递肉。牢头在中间坐下。）

狱卒甲（端起酒碗，低声下气地）:“义哥辛苦！小的们知错啦！嘿嘿，莫生气莫生气……来，咱们一起敬义哥!”

（狱卒们纷纷端酒，附和。）

红眼睛阿义（轻蔑地端起碗，伸长脖子，低声地警告）:“这关的可是革命党！你们可得看紧了！别他妈的整天灌黄汤……”

狱卒们（点头哈腰，参差地附和）:“义哥教训的是！敬义哥、敬义哥!”

（众人一起喝酒。红眼睛阿义听到夏瑜在喃喃自语。）

狱卒甲（大声呵斥）:“说什么哪！一天到晚叨叨叨，叨叨叨，妨碍大爷们喝酒!”

红眼睛阿义（用食指竖在嘴前嘘了一声，使了个眼色，轻声地）:“喝你们的!”

（狱卒们点头会意，继续喝酒，安分下来。舞台灯光渐亮。红眼睛阿义端着酒、抓着肉走向监牢，隔着木栅栏蹲下来，对着夏瑜。）

红眼睛阿义（假装端详几下）:“哟！这不是夏府的大公子吗？怎么到我这地儿来了？……受委屈啦！吃饭没有？来来来，喝点酒，吃点肉!”

（红眼睛阿义把酒和肉放到夏瑜脚边。夏瑜不理会，依旧喃喃自语。）

红眼睛阿义（倾耳过去听，压低嗓门规劝）:“哟！都什么时候啦，还革命、革命哪！夏公子，您小声点儿，上头他妈的那些混蛋要是听到了，对您不好!”

夏瑜（狠狠地往地上呸了一口）:“怕什么!”

红眼睛阿义（压低嗓门，假装请教）:“夏公子，我就不懂了，这革命是掉脑袋的事，有那么好？这革命，有酒喝、有肉吃?”

夏瑜（转过脸对着红眼睛阿义，缓缓地）:“这大清的天下是我们大家的！革命，就是把大家的天下还给大家，然后大家来做主，再不是他皇帝一个人做主!"

红眼睛阿义（连忙摇手，压低嗓门）:"别说啦，别说啦，夏公子！您三叔夏三爷正在给你活动，说您年少无知，不是什么他妈的革命党。夏三爷还跟我家老爷求情，说您肯定是受了坏人的撺掇，……呃，迷住了双眼，蒙住了心智，说了他妈的……大逆不道的话……只要你把那些人说出来，夏三爷马上保您出去。"

夏瑜（回过头，看向窗外）:"我都说了，我就是革命党！就我一个人，没有其他人!"

（画外音传来拷打犯人的声音和惨叫声。）

红眼睛阿义（压低嗓门，缓缓地，装作惋惜地）:"那个是前儿半夜在衙门口贴革命党标语的小家伙，东街头的，他妈的，打得不成人样了，才十八九岁，肯定废了……"

（红眼睛阿义稍停顿，悄悄观察夏瑜的反应。）

红眼睛阿义（压低嗓门，缓缓地规劝）:"夏公子！您青春年少，还有老母在上，何必呢！您在这儿吃苦，跑掉的人知道吗？……算啦，何必跟官家作对，把那些害你的人说出来，立马保释回府上，还是他……堂堂的夏府的大公子！……您不比我们这些人，他妈的命贱，还得守着这破地方，跟坐牢一样，……日后还得托您的福……"

夏瑜（看着红眼睛阿义，缓缓地、痛心地）:"这天下是我们大家的天下啊！你不负责，我不负责，他不负责，这天下，还有希望吗？驱逐满清，光复中华，需要我们每个人都要觉醒啊！你说你们活得有意义吗，喝酒、吃肉，抓人、打人，……然后还是喝酒、吃肉，抓人、打人，……麻木啊，麻木啊……"

（红眼睛阿义慢慢站起身来。）

夏瑜（继续看着红眼睛阿义）:"你们这些有刀有枪，有兵器的公差，可不能再欺负老百姓啦，有种的，围了衙门，赶走官老爷，烧了那混账的公堂……"

红眼睛阿义（断然地打断、呵斥）:"你他妈的真是疯了，说疯话!"

（回头朝向狱卒们，一手指着夏瑜。）

红眼睛阿义（大声地、轻蔑地）:"嗨，哥几个，听听、听听，还在叨着革命、革命，还他妈的说'这大清的天下是我们大家的'，这是人话么?"

（以下略）。

拓展思考

1. 在班级举办一次现场创意写作竞赛。写作情境是：为对抗外星人入侵，美国战区由“复仇者联盟”负责组织反击，中国战区准备筹组一个超级英雄联盟，这天是他们第一次开会，准备选出队长。要求：

（1）请选取中国文学作品里面的英雄人物，自由组建；

（2）在全班随机找三位同学每人报一个词，并把这三个词嵌入其中一个英雄人物的语言中；

（3）文体不限，不少于 800 字，上不封顶。

2. 找一首新诗，分析其创意所在。

参考文献

1. 丁莉：《实用文秘写作速成培训》，中国纺织出版社，2016 年。

2. 董小玉：《语言表达与交流艺术》，高等教育出版社，2018 年。

3. 杜晖、刘科成、张真继、孙莉：《研究方法论——本科、硕士、博士生研究指南》，电子工业出版社，2010 年。

4. 冯光：《现代公文写作原理与实践》，高等教育出版社，2015 年。

5. 冯友兰：《中国哲学史》，华东师范大学出版社，2000 年。

6. 冯友兰：《中国哲学史新编》（上卷），人民出版社，2001 年。

7. 冯友兰：《新事论》，生活 · 读书 · 新知三联书店，2007 年。

8. 葛红兵、许道军：《大学创意写作 · 文学写作篇》，中国人民大学出版社，2017 年。

9. 韩延明：《大学理念论纲》，人民教育出版社，2003 年。

10. 胡适：《治学方法》，辽宁人民出版社，2000 年。

11. 蒋润民、蒋阳：《谋事之基　成事之道：调查研究新论》，江苏人民出版社，2016 年。

12. 李承贵：《天道与人道：中国哲学寻道之旅》，南京大学出版社，2015 年。

13. 李立民：《怎样做好办公厅（室）调查研究》，中国言实出版社，2014 年。

14. 李秀林、王于、李淮春：《辩证唯物主义和历史唯物主义原理》（第五版），中国人民大学出版社，2004 年。

15. 李泽厚：《历史本体论》，生活 · 读书 · 新知三联书店，2002 年。

16. 李泽厚：《美学三书》，天津社会科学院出版社，2003 年。

17. 李泽厚：《实用理性与乐感文化》，生活 · 读书 · 新知三联书店，2005 年。

18. 李志、潘丽霞：《社会科学研究方法导论》，重庆大学出版社，2012 年。

19. 李中华：《中国文化概论》，华文出版社，1994 年。

20. 梁漱溟：《中国文化要义》，上海人民出版社，2003 年。

21. 刘宝珊：《如何撰写调查报告》，红旗出版社，2013 年。
22. 刘纲纪：《传统文化、哲学与美学》，武汉大学出版社，2006 年。
23. 刘纲纪：《中国书画、美术与美学》，武汉大学出版社，2006 年。
24. 刘桂华：《学术论文写作》，经济管理出版社，2015 年。
25. 刘宏彬：《新编应用文写作教程》，新华出版社，2017 年。
26. 刘小枫：《拯救与逍遥》（修订本），华东师范大学出版社，2011 年。
27. 陆瑜芳：《秘书学概论》（第二版），复旦大学出版社，2012 年。
28. 马振彪：《周易学说》，花城出版社，2002 年。
29. 潘懋元、刘海峰：《高等教育》，《中国近代教育史资料汇编》，上海教育出版社，2007 年。
30. 钱锺书：《谈艺录》，生活・读书・新知三联书店，2007 年。
31. 邵燕祥、林贤治：《宿命的召唤》，生活・读书・新知三联书店，1998 年。
32. 四川大学《学术论文写作概论》编写组：《学术论文写作概论》，四川大学出版社，2015 年。
33. 孙哲：《春风化雨：百名校友忆清华》，清华大学出版社，2011 年。
34. 陶东风：《大众文化教程》（修订版），广西师范大学出版社，2012 年。
35. 王宁：《中国文化概论》，湖南师范大学出版社，2000 年。
36. 王永春：《现代应用文写作》，华中科技大学出版社，2015 年。
37. 王雨磊：《学术论文写作与发表指引》，中国人民大学出版社，2017 年。
38. 王元化：《释中国》（第二卷），上海文艺出版社，1998 年。
39. 魏建周：《新编机关公文实务全书》，人民日报出版社，2012 年。
40. 温儒敏：《温儒敏论语文教育》，北京大学出版社，2010 年。
41. 吴建明：《学位论文的研究与撰写》，清华大学出版社，2014 年。
42. 吴瑞玲：《应用写作教程》，人民邮电出版社，2017 年。
43. 吴增基：《理性精神的呼唤》，上海人民出版社，2001 年。
44. 夏征农：《辞海》，上海辞书出版社，2002 年。
45. 夏中义：《大学人文读本：人与自我》，广西师范大学出版社，2002 年。
46. 萧驰：《中国诗歌美学》，北京大学出版社，1986 年。
47. 谢冕：《中国新诗史略》，北京大学出版社，2018 年。

48. 徐复观:《论智识分子》，九州出版社，2013 年。

49. 徐行言:《中西文化比较》，北京大学出版社，2004 年。

50. 徐扬杰:《中国家族制度史》，人民出版社，1992 年。

51. 许道军、葛红兵:《创意写作：基础理论与训练》，广西师范大学出版社，2012 年。

52. 杨国荣:《善的历程：儒家价值体系研究》，中国人民大学出版社，2012 年。

53. 叶继元，等:《学术规范通论》（第二版），华东师范大学出版社，2017 年。

54. 叶圣陶:《叶圣陶教育文集》，人民教育出版社，1994 年。

55. 余良杰、蒋传红:《新编实用写作教程》，南京大学出版社，2006 年。

56. 余英时:《现代儒学论》，上海人民出版社，1998 年。

57. 余英时:《朱熹的历史世界——宋代士大夫政治文化的研究》，生活·读书·新知三联书店，2004 年。

58. 喻本伐、熊贤君:《中国教育发展史》，华中师范大学出版社，2005 年。

59. 詹福瑞:《论经典》，人民文学出版社，2016 年。

60. 张保忠:《公文写作规范指南》，经济科学出版社，2012 年。

61. 张岱年、方克立:《中国文化概论》，北京师范大学出版社，2011 年。

62. 张岱年:《文化与哲学》，中国人民大学出版社，2006 年。

63. 张浩:《综合事务类文字材料写作范本》，北京工业大学出版社，2012 年。

64. 张祥龙:《从现象学到孔夫子》，商务印书馆，2001 年。

65. 张彦:《社会研究方法》，上海财经大学出版社，2011 年。

66. 周昌忠:《西方科学的文化精神》，上海人民出版社，1995 年。

67. 周淑敏、周靖:《学术论文写作》，清华大学出版社，2018 年。

68. 周裕锴:《百僧一案》，上海古籍出版社，2007 年。

69. ［德］海德格尔:《形而上学导论》，熊伟、王庆节译，商务印书馆，1996 年。

70. ［德］海德格尔:《存在与时间》，陈嘉映、王庆节合译，熊伟、陈嘉映修订，生活·读书·新知三联书店，2006 年。

71. ［德］黑格尔：《哲学史讲演录》（第一卷），贺麟、王太庆译，商务印书馆，1959 年。

72. ［德］康德：《实践理性批判》，邓晓芒译、杨祖陶校，人民出版社，2003 年。

73. ［德］马克斯·韦伯：《儒教与道教》，王荣芬译，商务印书馆，1999 年。

74. ［德］雅斯贝尔斯：《什么是教育》，邹进译，生活·读书·新知三联书店，1991 年。

75. ［法］阿尔贝·加缪：《加缪文集》，郭宏安译，译林出版社，2001 年。

76. ［法］奥古斯特·孔德：《论实证精神》，孔德、黄建华译，译林出版社，2014 年。

77. ［法］帕斯卡尔：《思想录》，何兆武译，湖北人民出版社，2007 年。

78. ［古希腊］亚里士多德：《政治学》，吴寿彭译，商务印书馆，1983 年。

79. ［美］Michael E. Chapman：《人文与社会科学学术论文写作指南》，［美］桑凯丽译，北京大学出版社，2012 年。

80. ［美］Willimam Germano：《从学位论文到学术专著》，许茜译，高等教育出版社，2017 年。

81. ［美］埃利希·弗洛姆：《为自己的人》，孙依依译，生活·读书·新知三联书店，1988 年。

82. ［美］弗洛德·J. 福勒：《调查问卷的设计与评估》，蒋逸民，等译，重庆大学出版社，2010 年。

83. ［美］杰夫·格尔克：《情节与人物——找到伟大小说的平衡点》，曾轶峰、韩学敏译，中国人民大学出版社，2014 年。

84. ［美］杰里·克利弗：《小说写作教程——虚构文学速成全攻略》，王著定译，中国人民大学出版社，2011 年。

85. ［美］克里夫顿·费迪曼、约翰·S. 梅杰：《一生的读书计划》，谢天海、苑爱玲译，中信出版社，2005 年。

86. ［美］罗纳德·B. 托比亚斯：《经典情节 20 种》，王更臣译，中国人民大学出版社，2015 年。

87. ［美］莫提默·J. 艾德勒、查尔斯·范多伦：《如何阅读一本书》，郝明义、朱衣译，商务印书馆，2004 年。

88. ［美］尼尔·D. 希克斯：《编剧的核心技巧》，廖澺苍译，世界图书出版公司北京公司，2011 年。

89. ［美］诺亚·卢克曼：《情节！情节！——通过人物、悬念与冲突赋予故事生命力》，唐奇、李永强译，中国人民大学出版社，2012 年。

90. ［美］维多利亚·林恩·施密特：《经典人物原型 45 种——创造独特角色的神话模型》（第三版），吴振寅译，中国人民大学出版社，2014 年。

91. ［美］悉德·菲尔德：《电影编剧创作指南》，魏枫译，世界图书出版公司，2011 年。

92. ［美］伊迪丝·汉密尔顿：《希腊精神》，葛海滨译，辽宁教育出版社，2005 年。

93. ［美］詹姆斯·斯科特·贝尔：《冲突与悬念——小说创作的要素》，王著定译，中国人民大学出版社，2014 年。

94. ［意］卡尔维诺：《为什么读经典》，黄灿然、李桂蜜译，译林出版社，2012 年。

95. ［英］阿诺德·汤因比：《历史研究》，刘北成、郭小凌译，上海人民出版社，2000 年。

96. ［英］罗素：《罗素论幸福人生》，杨玉成、崔人元译，世界知识出版社，2007 年。

97. ［英］赫伯特·斯宾塞：《斯宾塞教育论著选》，胡毅、王承绪译，人民教育出版社，1997 年。

98. ［英］霍布斯：《利维坦》，黎思复、黎廷弼译，商务印书馆，1985 年。

99. ［英］毛姆：《巨匠与杰作》，孔海立、王晓明，等译，华东师范大学出版社，1987 年。

100. ［英］伍尔夫：《伍尔夫读书随笔》，刘文荣译，文汇出版社，2012 年。

101. ［英］约翰·斯道雷：《文化理论与大众文化导论》（第五版），常江译，北京大学出版社，2010 年。

后 记

作为高校人文素质教育课程，大学语文的地位无可替代。然而20世纪90年代以来，在高等教育受社会转型、就业环境、评价标准等因素的影响逐步进行课程体系调整过程中，作为传统课程代表的大学语文逐渐出现边缘化趋势，在高校课程框架中的生存空间越来越逼仄。新时代，迎着我国高等教育“立德树人”、内涵式提升的改革新风，大学语文必须重构教育教学理念，深掘价值资源，从而掀起大学语文教学的课堂革命。守好大学语文这段渠，种好大学语文这块田，助力当代青年学生提高经典阅读鉴赏水平、塑造健康健全的人格和心灵、构建坚实的人文精神和文化自信、培养良好的表达能力，这正是大学语文课程突围的理想出口。心怀着这样的情愫和追求，我们完成了《大学语文：人文思考与写作实践》的编著工作。

本书是团队合作的成果。全书的整体构想和编著体例由乔芳和周衡提出，编著团队在充分研讨基础上形成各章节编著思路与结构框架，最后由团队通力合作完成编著任务。各章节编著分工如下：绪论由乔芳、周衡编著；第一章由徐美秋编著；第二章、第三章、第四章由周衡编著；第五章由张敏编著；第六章由罗昔明编著；第七章、第十一章由王祥编著；第八章、第九章由乔芳编著；第十章由乔芳、王祥编著。全书各章先由编著者本人编著并推敲修改，后由乔芳、周衡和王祥梳理、删削并完成统稿校核工作。

本书是教研结合的成果。大学语文是江苏大学的公选课，大学语文与写作是江苏大学卓越学院“金山英才班”的必修课，被评为颇受学生欢迎的A类课程。本书编著团队成员都是多年从事大学语文、大学语文与写作教学的一线教师，授课理念、授课内容、授课风格和价值追求均广受学生的认可和喜爱。在教学基础上，团队合作完成省、市级教改课题多项，发表相关教研论文多篇。把多年从事大学语文与写作教学的精神理念、价值追求、想法做法、经验体会等呈现出来，就教于同行专家学者和教学名师，进一步提升大学语文与写作的教学质量和水平，这是我们最为质朴的初心。

本书是校际合作的成果。河北师范大学张敏博士的加入，拓宽了编著团队教学思想和观念的输出渠道。安徽师范大学研究生高洋参与了书稿的统校工作，提出一些颇具建设性的意见。张敏、高洋是江苏大学的优秀校友，他们的支持与付出既是师友情谊的见证，也是学术力量的体现。

本书是厚爱和期许凝聚的成果。教育部大学物理课程教学指导委员会委员、江苏大学校长颜晓红教授于百忙中利用暑期拨冗审阅书稿，提出宝贵建议并欣然作序。国家万人计划教学名师、国家教材委员会语文专家委员会委员、教育部中小学分级阅读委员会委员、南通大学原副校长周建忠教授在繁忙的工作间隙审阅书稿，给予热情鼓励并惠赐书序。江苏大学党委常委、宣传部部长金丽馥教授，江苏大学《高校教育管理》原主编陈燕编审，文学院我们的同事邓桂姣博士等专家学者，在书名、体例、章节安排等方面奉献了真知灼见。我们铭感在心！

本书是“十三五”江苏省高等学校重点教材，获江苏大学2018年重点教材建设项目和2019年江苏省高等学校教材建设项目资助，江苏大学教务处为本书的编著提供了政策和力所能及的经费支持。江苏大学出版社施康社长、董国军副总编、米小鸽主任对书稿的修改和完善提出了诸多宝贵的意见和建议，责任编辑张平和张冠耐心细致的编辑审校，对书稿质量的提升和价值展现大有助益。江苏大学文学院主要领导高度重视本书编著工作，为教材顺利出版提供了宝贵的支持和帮助。我们谢忱在心！

樊和平《如何做一个学问人》认为：“作为一个教师，必须找到教学与科研、著作与论文之间的平衡点。把教材当作专著写，把专著当作论文写。”“把教材当作专著写”，正是我们的本心和追求。但囿于学术视野和编著能力，疏漏和不足之处在所难免，敬请学界专家和大学语文教育工作者、本书使用者多提宝贵意见和建议，以便再版时吸纳提升。

编著者

2019年6月19日